Marc Derungs

Kundenorientierte Workflowprojekte

Inhaltsverzeichnis

1. Einleitung

1.1. Problemstellung

Viele Unternehmen führten in den letzten Jahren Business Process Reengineering (BPR)-Projekte durch. Sie versprachen sich davon radikale Verbesserungen von Geschäftsprozessen hinsichtlich Durchlaufzeit, Abwicklungskosten und Fehlerquote [vgl. Hammer/-Champy 1993; Davenport 1993]. BPR muss für fundamentale Verbesserungen die Leistungen für Prozesskunden hinterfragen und die Bereitstellung dieser Leistungen mit modernsten Mitteln der Informationstechnik (IT) unterstützen. In diesem Sinne ist die IT ein wesentlicher Enabler der Innovation im Rahmen des BPR [s. Österle 1995, S. 48; Hess et al. 1995]. Aus Sicht des Informationssystems erstellt BPR Anforderungsprofile für Geschäftsprozesse. Es entstehen Bedürfnisse nach neuen Applikationen, die beispielsweise den Kundenservice einer Vertriebsgesellschaft mit Hilfe eines elektronischen Produktkatalogs verbessern oder neue Produkte bzw. Leistungen für Bank- und Versicherungskunden anbieten.

Die Umsetzung dieser BPR-Ergebnisse in Anwendungen ist aber oft mit Problemen verbunden [vgl. Schumacher 1995; Grover et al. 1993]. Viele Unternehmen besitzen bereits ein Informationssystem, dessen Applikationen auf betriebliche Funktionsbereiche wie z.B. Personal, Lager, Finanz und nicht auf Prozesse ausgerichtet sind. Das Unternehmen muss bei der Prozessumsetzung diese Altsysteme berücksichtigen, denn sie binden erhebliche Ressourcen - d.h. Kapital - und enthalten Know-how über das angestammte Geschäft [vgl. Joosten et al. 1994, S. 113-133]. Eine Implementierung auf "grüner Wiese", d.h. eine Neuentwicklung des Informationssystems aufgrund des Prozessentwurfs, ist aus Zeit- und auch Kostengründen nicht realistisch [vgl. Gassner 1996].

Viele Softwarehersteller bieten Produkte mit der Bezeichnung Workflowsystem - Synonym für den Begriff Workflow-Managementsystem - an, welche angeblich die Umsetzung von neugestalteten Prozessen unterstützen und dabei die im Unternehmen vorhandenen Applikationen berücksichtigen [vgl. Stark/Lachal 1995]. Aber der Begriff Workflow ist heute ein oft verwendetes Schlagwort, wenn nicht sogar Modewort. Zahlreiche Veranstalter von Konferenzen und Autoren von Beiträgen in Zeitschriften oder Büchern verwenden ihn in ihren Titeln. Es besteht zur Zeit keineswegs ein einheitliches Verständnis dieses Begriffs. Der Markt im Bereich Workflow war vor zwei Jahren schon intransparent [s. Koulopoulos 1994] und ist es heute noch [vgl. O'Connell 1996]. Die Unternehmen werden durch diese Situation verunsichert und hinterfragen kritisch den Einsatz von Workflowsystemen im Rahmen der Umsetzung von Prozessen.

Deshalb sind erfolgreiche Workflowprojekte in diesem Umfeld zumindest in Europa recht selten [vgl. Trammell 1996; Österle/Vogler 1996]. Hinzu kommt, dass solche Vorhaben mit Workflowsystemen heute mehr oder weniger intuitiv ablaufen, da eine Methode für das notwendige ingenieurmässige Vorgehen fehlt. Die Chancen einer reibungslosen Einführung werden dadurch erheblich reduziert [vgl. Jacobson et al. 1994, S. 20].

Zu untersuchen sind somit einerseits die Einsatzmöglichkeiten von Workflowsystemen bei der Umsetzung von Prozessen unter Berücksichtigung von heterogenen Applikationen. Sofern die Verwendung von Workflowsystemen bei solchen Aufgaben sinnvoll ist, ist andererseits eine Methode gefordert, welche zielgerichtet und strukturiert die rasche Umsetzung von Geschäftsprozessen mit Hilfe von Workflowsystemen unterstützt.

1.2. Ziele und Adressaten der Arbeit

Gegenstand der vorliegenden Arbeit ist eine Methode für die Implementierung von neugestalteten Geschäftsprozessen in heterogenen Applikationsarchitekturen. Im Zentrum des Interesses steht dabei der Einsatz von Workflowsystemen. Im Detail verfolgt die Arbeit die nachstehenden Ziele:

- Sie soll aufzeigen, inwieweit heute verfügbare Workflowsysteme insbesondere im Bereich der Integration von heterogenen Applikationen einsetzbar sind.
- Sie soll bestehende Ansätze aufgrund von Anforderungen aus der Problemstellung untersuchen und ihre Defizite ermitteln.
- Darauf aufbauend soll sie einen eigenen, in Pilotprojekten erprobten Vorschlag für eine Methode zur Umsetzung von Geschäftsprozessen mit Hilfe von Workflowsystemen liefern.
- Sie soll diesen Vorschlag in den im Rahmen des Kompetenzzentrums "Prozessentwicklung" (CC PRO) des Instituts für Wirtschaftsinformatik der Universität St. Gallen [s. IWI 1996, S. 27-35] erstellten Ansatz zum Entwurf betrieblicher Prozesse PROMET BPR [s. IMG 1995] integrieren.

Die Darstellung der eigenen Methode soll sich auf die konzeptionellen Grundlagen beschränken. Die zur Durchführung von Projekten oder zur Aus- und Weiterbildung erforderliche Operationalisierung behandelt sie bewusst nicht.

Damit richtet sich die Arbeit an folgende Adressaten in Wissenschaft und Praxis:

- Für den Wissenschaftler ist sie ein Beitrag im Rahmen der Systementwicklung mit Hilfe der Workflowtechnologie, der sowohl den Bezug zur geschäftlichen prozessorientierten als auch zur informationssystemtechnischen Sicht herstellt. Der eigene Methodenvorschlag soll der Forschung im Bereich der evolutionären Weiterentwicklung des Informationssystems dienen.

- Den Praktiker soll sie auf zwei Arten unterstützen: Erstens zeigt sie insbesondere den Führungskräften aus der Informatik auf, welchen Beitrag Workflowsysteme bei der Wiederverwendung von vorhandenen Altsystemen im Unternehmen leisten können und welcher Aufwand damit verbunden ist. Zweitens gibt es den Mitarbeitern in Workflowprojekten das nötige Rüstzeug, um entsprechende Vorhaben konkret zu planen und auch zu realisieren.

1.3. Einordnung der Arbeit

Aufgrund ihrer Zielsetzung und Adressaten ist die Arbeit der Wirtschaftsinformatik zuzuordnen. Die Wirtschaftsinformatik behandelt als wissenschaftliche Disziplin die Konzeption, Entwicklung, Wartung und Nutzung von Systemen, in denen die computergestützte Informationsverarbeitung im Betrieb angewendet wird [vgl. Mertens et al.1991, S. 1]. Sie ist eine betriebswirtschaftliche, anwendungsorientierte Disziplin[1], die sich mit der Gestaltung und Lenkung der formalen, computergestützten Informationsverarbeitung im Betrieb unter Nutzung der technischen Lösungsmöglichkeiten der Informatik befasst [vgl. Österle 1981, S. 11].

Die vorliegende Arbeit konzentriert sich auf den Gestaltungsaspekt von Informationssystemen, d.h. auf deren Entwurf. Sie soll ein Konzept schaffen, das es ermöglicht, Workflowsysteme auf konkrete betriebliche Problemstellungen anzuwenden. Dabei steht die Umsetzung von Geschäftsprozessen in heterogenen Applikationsarchitekturen im Vordergrund.

1.4. Forschungsmethodik

Diese Arbeit entstand in den Jahren 1994 - 1996 im Rahmen des Kompetenzzentrums "Prozess- und Systemintegration" (CC PSI) des Forschungsprogramms "Informationsmanagement Universität St. Gallen" (IM HSG) am Institut für Wirtschaftsinformatik der Universität St. Gallen [s. IWI 1996, S. 45-52].

Das Forschungsprogramm IM HSG versteht Informationsmanagement bzw. Wirtschaftsinformatik als angewandte Wissenschaft. Eine solche Wissenschaft ist interdisziplinär, ihre Probleme entstehen in der Praxis, ihr Forschungsziel ist das Gestalten der betrieblichen Wirklichkeit, ihre Aussagen sind wertend und normativ, und ihr Fortschrittskriterium ist die praktische Problemlösungskraft ihrer Modelle und Handlungsanweisungen [vgl. Ulrich 1984, S. 178-191]. Auf der Grundlage dieser Charakteristika hat das Forschungsprogramm einen arbeitsteiligen Forschungsprozess zwischen Praxis und Wissen-

---

1 Die Betriebswirtschaftslehre befasst sich als angewandte Wissenschaft mit der Gestaltung, Lenkung und Entwicklung von produktiven, sozialen Systemen [vgl. Bleicher 1991, S. 35; Ulrich 1984, S. 13].

schaft definiert, der zu neuen Erkenntnissen im Informationsmanagement führt [s. Österle et al. 1992, S. 35-36]. Das IM HSG umfasst eine Reihe von Kompetenzzentren, die sich über einen längeren Zeitraum mit strategischen Themen des Informationsmanagements und angrenzender Gebiete in enger Kooperation mit dem Institut für Wirtschaftsinformatik der Universität St. Gallen und führenden Unternehmen aus der Schweiz und Deutschland beschäftigen.

Schwerpunkt der Forschung des CC PSI ist der Entwurf einer umfassenden Methode zur Weiterentwicklung von Informationssystemen, welche die Planung und Durchführung der Integration von heterogenen Applikationen in Unternehmen umfasst. Statt einer integrierten Gesamtlösung steht dabei die Integration von Teillösungen im Vordergrund, statt einer umfassenden Soll-Informationssystem-Architektur wird eine Architektur der Schnittstellen angestrebt.

Das CC PSI hat hierzu seine Forschung auf die Themen Frontend- und Backend-Integration ausgerichtet. Die Arbeiten verfolgen im Bereich Frontend-Integration als Teillösung das Ziel, mit einer Methode die Umsetzung von Geschäftsprozessen mit Hilfe eines Workflowsystems in einer heterogenen Applikationsarchitektur zu unterstützen. Demgegenüber ist die Backend-Integration für die Konsistenz des Informationssystems in bezug auf die Daten zuständig [s. Derungs et al. 1995a, S. 1-3]. Die vorliegende Arbeit befasst sich mit der Frontend-Integration und hat den oben erwähnten Forschungsprozess wie folgt umgesetzt:

- Die Partnerunternehmen im CC PSI und das Institut für Wirtschaftsinformatik definierten die Anforderungen an eine Methode für die Prozessumsetzung mit besonderer Berücksichtigung der Integration von heterogenen Applikationen.
- Das Institut erhob einerseits die vorhandenen Integrationsansätze im Umfeld von Workflowsystemen und andererseits die bestehenden Methoden.
- Unternehmen und Institut verglichen die Ergebnisse, identifizierten grundlegende Defizite und überarbeiteten die Anforderungen an eine Methode.
- Darauf aufbauend entwickelte das Institut einen ersten Prototyp einer Methode für die Prozessumsetzung mit Hilfe eines Workflowsystems.
- Die Unternehmen setzten die Methode in Pilotprojekten ein.
- Unternehmen und Institut diskutierten die Ergebnisse und Erfahrungen aus den Pilotprojekten.
- Auf der Basis der gesammelten Anregungen und Erfahrungen entwickelte das Institut eine neue Version der Methode, die zur Zeit wieder in die Projektarbeit in den Unternehmen einfliesst.

Darüber hinaus waren die einzelnen Versionen der Methode auch Basis der Arbeit in einer Reihe von Beratungsprojekten der Information Management Gesellschaft (IMG) St. Gallen/München. Die in diesen Projekten gesammelten Erfahrungen sind ebenfalls in den beschriebenen Forschungsprozess eingegangen.

1.5. Aufbau der Arbeit

Der Aufbau der Arbeit orientiert sich stark am oben beschriebenen Forschungsprozess (s. Abschnitt 1.4.) und dokumentiert die Ergebnisse aus den Jahren 1994 - 1996:

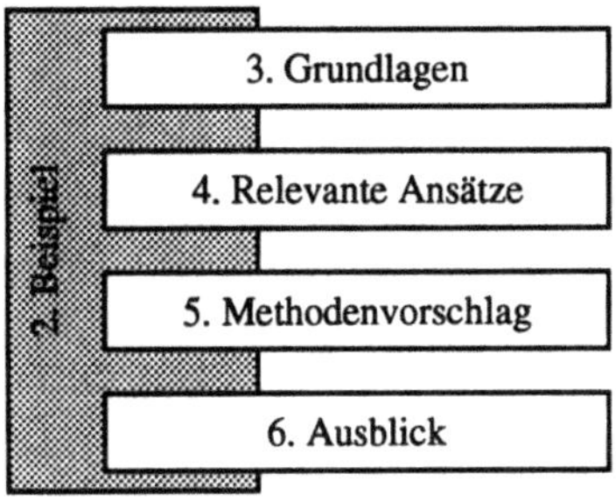

Bild 1.5./1: Aufbau der Arbeit im Überblick

Mit Hilfe eines einfachen Beispiels führt Kapitel zwei in das Thema ein. Es erläutert die Problemstellung im Detail und ist zugleich für alle folgenden Kapitel Grundlage, um abstrakte Konzepte an einem durchgängigen Beispiel zu erklären. Es begleitet die ganze Arbeit.

Nach einigen Abgrenzungen und Begriffserläuterungen werden in Kapitel drei die Anforderungen an Methoden zur Prozessumsetzung mit Hilfe eines Workflowsystems definiert. Kapitel vier gibt einen Überblick sowohl über eine kleine Auswahl von Workflowsystemen als auch über verfügbare Ansätze für die Prozessumsetzung und stellt sie den in Kapitel drei abgeleiteten Anforderungen gegenüber.

Auf Basis der Ergebnisse aus Kapitel vier wird in Kapitel fünf ein eigener Vorschlag für eine Methode für die Prozessumsetzung mit Hilfe eines Workflowsystems entwickelt. Der Methodenvorschlag enthält ein Metamodell, Dokumentationsmodell und eine ausführliche Beschreibung der Techniken.

Kapitel sechs fasst die Ergebnisse der Arbeit zusammen und gibt einen Ausblick.

2. Beispiel und Problemabgrenzung

Ziel der vorliegenden Arbeit ist es, eine Methode zur Umsetzung von Geschäftsprozessen mit Hilfe eines Workflowsystems in einer heterogenen Applikationsarchitektur zu entwickeln. Hierzu liefert Kapitel fünf einen konkreten Lösungsvorschlag, der auf bestimmte Probleme eingeht. Eine Problemanalyse muss die kritischen Punkte aber im voraus identifizieren und strukturieren. Dies ist Gegenstand der folgenden Abschnitte.

Mit Hilfe eines einfachen Beispiels führt Kapitel zwei in das Thema ein. Das Beispiel soll ein intuitives Verständnis für die zugrundeliegende Fragestellung vermitteln und daraus möglichst konkrete Problembereiche bei der Prozessumsetzung ableiten. Dabei stehen die genauen Definitionen der verwendeten Begriffe noch nicht so sehr im Vordergrund (die Grundlagen in Kapitel drei behandeln sie im Detail). Vielmehr soll die Problemanalyse den erforderlichen Handlungsbedarf aufzeigen.

Das Beispiel beschreibt eine private Telefongesellschaft, nachfolgend als Telefon AG bezeichnet, welche Kommunikationsdienstleistungen anbietet[1]. Es handelt sich dabei um ein durchgängiges Beispiel, das die ganze Arbeit begleiten wird. Trotzdem ist es - vor allem aufgrund seiner Einfachheit - übersichtlich und muss nicht zusätzlich vereinfacht werden. Das Beispiel besitzt den wesentlichen Vorteil, dass z.B. der Ablauf für den Auftrag eines Neuanschlusses allgemein bekannt ist und keine grossen fachlichen Kenntnisse voraussetzt.

Abschnitt 2.1. beschreibt die Ausgangssituation der Telefon AG und damit vor allem die Gründe, die bei ihr ein BPR-Projekt auslösen. Die wichtigsten Entwurfsergebnisse aus dem BPR und die Anforderungen daraus an die Computerunterstützung für die Prozesse dokumentiert Abschnitt 2.2. Anschliessend werden in Abschnitt 2.3. die Anforderungen aus dem BPR mit dem in der Telefon AG vorhandenen Informationssystem konfrontiert. Aus dieser Gegenüberstellung leitet der Abschnitt 2.4. die zentralen Problembereiche bei der Prozessumsetzung ab.

2.1. Ausgangssituation

Der Markt ist im Bereich der Telekommunikation im Wandel. Dabei geht es aber nicht nur um kleine Modifikationen, sondern zu einem grossen Teil um grundlegende Strukturveränderungen. Die Aufmerksamkeit von Politik, Wirtschaft und Öffentlichkeit sind auf diesen Sektor gerichtet, und sie erwarten wesentliche Erneuerungen [vgl. de Pury et al. 1995, S. 18-21 und S. 48-51; Henzler/Späth 1995. S. 247-252; Gates 1995, S. 232-244].

---

1 Es ist ein fiktives, keinesfalls aber unrealistisches Beispiel. Die Inhalte der Abschnitte 2.2. bis 2.4. stammen aus konkreten Projekten. Sie wurden anonymisiert und auf die Telefon AG übertragen.

Für die Telefon AG bedeutet dies, dass sie ihre Chancen und Risiken im veränderten Umfeld analysieren und darauf aufbauend ihr Geschäft neu gestalten muss. Dabei will sie gleichzeitig auch eigene Schwachstellen beheben und Stärken ausbauen. Mögliche Schwächen der Telefon AG sind beispielsweise:

- Die Durchlaufzeit eines Auftrags für einen Neuanschluss dauert oft ein Vielfaches seiner reinen Bearbeitungszeit. In vielen Fällen sind es nur Kleinigkeiten (z.B. unvollständige Adresse, fehlende Unterschrift auf Zusatzformular), die eine rasche Erledigung des Auftrags verhindern. Der Auftrag bleibt liegen und verzögert somit die gesamte Weiterverarbeitung. Hinzu kommt, dass das Weiterleiten von Aufträgen in Papierform an die nächste Stelle sehr zeitintensiv und fehleranfällig ist.

- Die Auskunftsbereitschaft der Telefon AG über einen noch nicht abgeschlossenen Auftrag, z.B. gegenüber dem Kunden, ist gering. Es fehlen im Unternehmen die erforderlichen Informationen über den aktuellen Bearbeitungsstand eines Auftrages. Eine Führung des Geschäftsablaufs auf Basis von Kennzahlen ist so kaum möglich.

- Der Kundendienst kann einen Auftrag auf Wunsch des Kunden nur mit grossem Aufwand ändern. Die Hauptursache dafür ist, dass der aktuelle Bearbeitungsstand und der zuständige Sachbearbeiter nicht zentral bekannt sind.

- Unzählige Formulare und Dokumente in Papierform prägen bis heute die Auftragsabwicklung. Dieser Sachverhalt verstärkt die Bedeutung der zuerst genannten Punkte und ist für weitere Probleme verantwortlich, z.B. Doppelerfassungen, Medienbrüche, Fehlerquellen.

- Die Kosten der Administration steigen stetig, ohne jedoch die Abwicklung (z.B. in bezug auf die Durchlaufzeit, Auskunftsbereitschaft) zu verbessern.

- Hinzu kommt, dass einerseits bestimmte Kunden aufgrund der grossen Gerätevielfalt und der Möglichkeiten an Kommunikationsdiensten spezifische Beratung wünschen. Andererseits wollen insbesondere Elektriker die Aufträge ihrer Kunden z.B. für Neuanschlüsse möglichst direkt selbst erfassen. Beide Bedürfnisse kann die Telefon AG zur Zeit nicht befriedigen.

Ähnliche Situationen beschreiben auch vergleichbare Beispiele aus der Praxis: z.B. im Bereich der Rechnungsabwicklung [Iten 1996, S. 254-255], im Kreditbereich [Götzer 1995, S. 174-176], in der Wertschriftenabwicklung [Sauter 1996, S. 218] oder allgemein im Dienstleistungssektor [Bullinger 1994][1].

---

1 Eine empirische Analyse und Auswertung von 13 Fallbeispielen aus der Praxis ist in [Joosten et al. 1994, S. 21-111] enthalten.

Die bevorstehenden Veränderungen im Telekommunikationsmarkt und die vorhandenen Schwächen in der Abwicklung von Aufträgen sind für die Telefon AG die hauptsächlichen Beweggründe, ihr Geschäft neu zu gestalten. Dabei will sie vor allem die neuen Möglichkeiten der Informationstechnologie nutzen, um entscheidende Wettbewerbsvorteile gegenüber ihrer Konkurrenz aufzubauen. Ein Projekt zum Prozessentwurf mit der Bezeichnung "Business Process Redesign" (BPR) soll diese Fragestellungen behandeln.

2.2. Ergebnisse aus dem Prozessentwurf

In Anlehnung an PROMET BPR [s. IMG 1995] hat das Business Process Redesign in der Telefon AG folgende vier Bereiche bearbeitet:

- Identifikation der *Leistungen*, welche sie ihren Kunden künftig anbieten will.
- Ableiten von *Aufgabenketten*, welche die Art und Weise der Leistungserstellung beschreiben.
- Bestimmung der wichtigsten Elemente des *Informationssystems* zur Unterstützung der Prozesse.
- Aufbau eines *Führungssystems*, das mit Hilfe von Kennzahlen die Weiterentwicklung von Prozessen in vorgezeichneten Bahnen unterstützt.

Anhang I beschreibt hierzu für das Beispiel alle relevanten Entwurfsdokumente aus dem BPR. Die folgenden Abschnitte übernehmen daraus nur diejenigen Ergebnisse, welche für die Problemanalyse hilfreich sind. Ihre Notation orientiert sich an PROMET BPR [vgl. IMG 1995; Österle 1995].

Die Telefon AG hat sich im Projekt von Anfang an auf das künftige Geschäft (Soll) konzentriert und führt keine zeit- und kostenaufwendige Modellierung des Ist-Zustandes durch. Die Kenntnisse der involvierten Mitarbeiter über das Geschäft reichen hierzu in der Regel aus. Ein weitgehender Verzicht auf die Erfassung des Ist-Zustandes fördert die Kreativität bei der Entwicklung innovativer Gestaltungsansätze [vgl. Hess 1996, S. 104; Österle 1995, S. 88]. So hat sie aufgrund der - gegenüber ihren Kunden - geplanten Leistungen die Prozesse identifiziert und abgegrenzt. Vor allem aus Komplexitätsgründen betrachtet sie beim Entwurf jeweils nur einen Prozess. Im folgenden steht der Prozess "Service" im Mittelpunkt. Er umfasst die Beratung von Kunden und die vollständige Bearbeitung von Aufträgen im Rahmen von Anschlüssen.

Das Kontextdiagramm in Bild 2.2./1 gibt für den Prozess "Service" der Telefon AG einen Überblick über den Austausch von Leistungen mit anderen Prozessen. Die Kunden erhalten vom Prozess "Service" zu Beginn Beratung und erteilen bzw. erfassen selbst online einen Auftrag (z.B. Neuanschluss, Umzug, Kündigung, Änderung ETB-Eintrag,

Änderung bestehender Anschluss). Mit Grosskunden schliesst die Telefon AG einen Rahmenvertrag ab. Der Prozess "Service" bestätigt dem Kunden den Auftrag. Bestellungen für Geräte leitet er - sobald erfasst und geprüft - an den Prozess "Gerätehandel" weiter, der diese vollständig abwickelt.

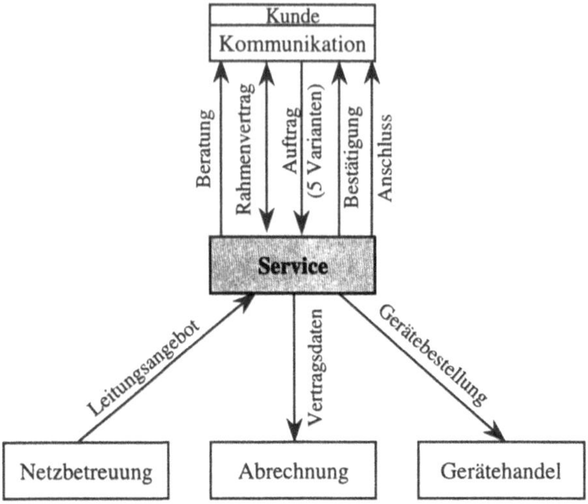

Bild 2.2./1: Kontextdiagramm Prozess "Service"

Der Prozess "Netzbetreuung" stellt das gesamte Telekommunikationsnetz zur Verfügung. Es ist das Leitungsangebot, das der Prozess "Service" nutzen kann. Der Prozess "Abrechnung" übernimmt für die Telefon AG alle Aufgaben des Finanz- und Rechnungswesens. Er erhält hierzu vom Prozess "Service" die Angaben über neue oder geänderte Abonnements und generiert aufgrund der laufenden Nutzung der Telefondienste durch den Kunden monatlich die Abrechnungen.

Ziel ist es, diese Leistungen mit modernen Mitteln der Informationstechnologie zu unterstützen und somit ihre Erstellung zu vereinfachen bzw. zu automatisieren.

Die Leistungserstellung dieses Prozesses umfasst alle Aufgaben von Kunden beraten, Auftrag erfassen über das Bearbeiten bis zur Zuteilung eines Anschlusses/Abonnements. Die grobe Darstellung der Aufgabenkette in Bild 2.2./2 zeigt die Aufgaben und deren Ablauffolge, die Zuordnung der Aufgaben zu Aufgabenträgern und den Umfang der Unterstützung durch das Informationssystem auf.

Ein wichtiger Bestandteil des BPR-Projekts ist es, für die einzelnen Leistungen und Aufgaben konkrete Vorschläge in bezug auf ihre Computerunterstützung zu machen. Für den Prozess "Service" schlägt das Projektteam z.B. folgende Punkte vor:

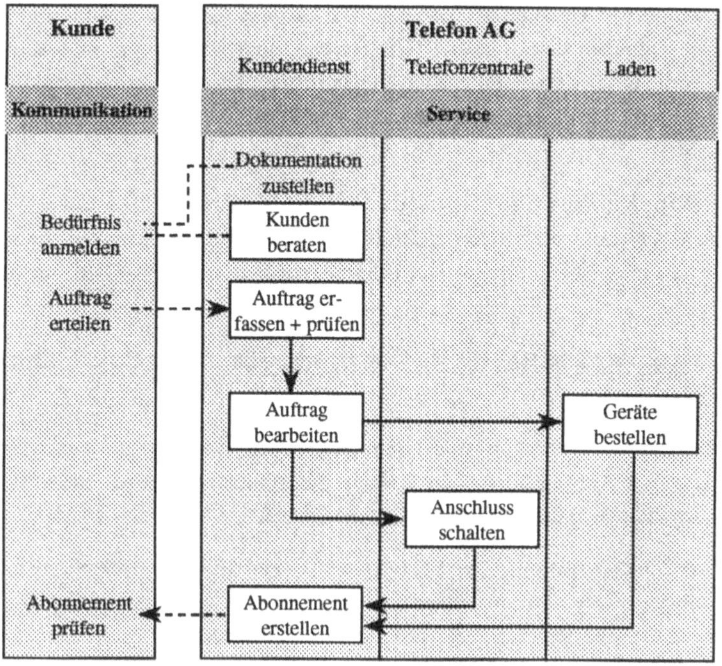

Bild 2.2./2: Aufgabenkette Prozess "Service" (Makro)

- Die Beratung konzentriert sich vor allem auf Firmenkunden. Die Telefon AG strebt für dieses Segment eine enge Zusammenarbeit mit dem Elektrofachhandel an. Dafür ist eine neue Infrastruktur aufzubauen.
- Abonnements werden zentral in einer Datenbank verwaltet. Der Kunde soll alle Aufträge im Rahmen von Abonnements (auch Änderungsaufträge) an eine Stelle richten können.
- Elektriker sollen die Aufträge ihrer Kunden elektronisch/online erfassen und übermitteln können. Ein späterer Ausbau dieses Vertriebskanals auch für die Kunden muss oberstes Ziel sein. Dann können Kunden Aufträge direkt aus dem ETB (elektronisches Telefonbuch) über das Internet erteilen bzw. in Läden dezentral erfassen.
- Schriftliche Kundenaufträge oder Aufträge per Fax werden elektronisch archiviert und sind in der zentralen Auftragsdatenbank verfügbar.
- Neukunden und Kunden mit schlechter Zahlungsmoral sind besonders zu behandeln. Jedoch darf dadurch der Ablauf nicht unnötig verzögert werden.
- Die Telefon AG geht davon aus, dass der Kunde seine Geräte (Telefon, Fax etc.) vermehrt separat beschaffen will. Jedoch kann er weiterhin in einem Auftrag optional ein

Standardgerät der Telefon AG bestellen. Der Prozess "Service" erfasst und übergibt solche Bestellungen dem Prozess "Gerätehandel" und verfolgt sie nicht weiter. Ihre Weiterbearbeitung (Bestellung prüfen, Geräte rüsten und verpacken, Geräte versenden etc.) übernimmt der Prozess "Gerätehandel" und ist deshalb nicht im Prozess "Service" dargestellt.

- Die Angaben für einen Anschluss werden aus den Kundenaufträgen zugleich als Einträge für das elektronische Telefonbuch (ETB) verwendet. Das ETB soll für alle Kunden (z.B. im Internet, bei öffentlichen Telefonanschlüssen, als CD-ROM) für Abfragen verfügbar sein.
- Nummernvergabe, Schaltung etc. wird soweit wie möglich automatisiert (digitale Telefonzentralen).
- Über den ganzen Prozess muss ein Führungssystem automatisch Kennzahlen (z.B. Durchlaufzeit je Auftrag, Anzahl Neukunden, Kanalnutzung) erheben und in Berichten für die zuständigen Gremien zusammenfassen können.

Das ist eine Zusammenfassung der Ergebnisse aus dem BPR der Telefon AG und stellt grob ihr künftiges Geschäft im Bereich von Abonnements vor. Das Projektteam hat bis zu diesem Zeitpunkt Restriktionen aufgrund des Ist-Zustandes kaum berücksichtigt. Seine Vorstellungen gehen davon aus, dass der Prozess "Service" unverändert - und ohne grössere Schwierigkeiten - umzusetzen sei. Jedoch bereits bei den ersten Versuchen, auch nur einzelne Aspekte aus dem BPR zu implementieren, gerät das Projektteam mit dem in der Telefon AG vorhandenen Informationssystem in Konflikt.

2.3. Vorhandenes Informationssystem

Das Informationssystem der Telefon AG hat sich in den letzten Jahren aus verschiedenen Applikationen heraus entwickelt. Im Kern besteht es aus drei zentralen Applikationen (Kundenverwaltung, Material und Buchhaltung) und einer dezentralen Applikation (Telefonzentrale). Die dezentrale Applikation ist auf vier Regionen verteilt. Die Applikationen sind schrittweise - im Laufe der Zeit - entstanden:

- Zuerst führte die Telefon AG für die Abteilung Finanz- und Rechnungswesen das *Buchhaltungssystem* ein. Sie musste das System laufend weiterentwickeln, um in dieser Abteilung die steigenden Anforderungen zu befriedigen. Häufig handelte es sich dabei nur um kleine Änderungen. Die beiden wichtigsten grossen Anpassungen betreffen einerseits die Kostenrechnung und andererseits die vollständige Automatisierung der Verarbeitung von Abrechnungen.
- Der Kundendienst erhielt etwa ein Jahr nach der Einführung des Buchhaltungssystems die Applikation *Kundenverwaltung*. Sie verwaltet sowohl alle Kundenstammdaten und

-aufträge als auch Abonnements (Anschlüsse). Zugleich dient sie als elektronisches Telefonbuch für den eigenen Auskunftsdienst.

- Für die *Lagerbewirtschaftung* führte die Telefon AG Ende der 80er Jahre Standardanwendungssoftware ein. Das System übernahm die Verwaltung des gesamten Artikelstamms (Telefongeräte, Fax, Zubehör, Büromaterial etc.) des Unternehmens.
- Die jüngsten und zugleich modernsten Applikationen sind die auf vier Regionen verteilten digitalen *Telefonzentralen*. Sie ersetzen die 15 analogen Zentralen und steuern bzw. kontrollieren heute die eigentliche Telekommunikation. Sie sind sowohl für das Schalten von Anschlüssen als auch den Aufbau, Betrieb und Abschluss von Verbindungen zuständig.

Bild 2.3./1 dokumentiert diese Applikationen der Telefon AG und die Beziehungen (Datentransfer zwischen Applikationen), die sie untereinander besitzen. Zu jeder Applikation sind die wichtigsten Datensammlungen eingezeichnet. Es handelt sich hier um Applikationen, die zur Zeit produktiv sind.

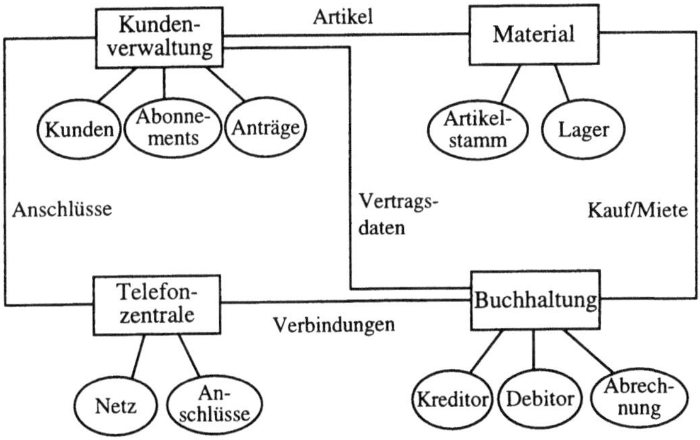

Bild 2.3./1: Applikationen der Telefon AG

Die Applikationen sind auf unterschiedlichen Hardware- und Softwareplattformen (z.B. IBM/MVS, DEC/Unix) realisiert. Die IT-Strategie der Telefon AG gibt zusätzlich technische Rahmenbedingungen (z.B. Client Betriebssystem DOS/Windows, Server Betriebssystem Novell und DEC/Unix, IBM-Host) vor. Sie repräsentieren gemeinsam das technische Umfeld der Telefon AG, in das sich künftige Lösungen einbetten müssen.

2.4. Problembereiche der Prozessumsetzung

Das BPR erstellt für den Prozess "Service" ein Anforderungsprofil an das Informationssystem, d.h. in bezug auf seine Computerunterstützung. Es entstehen Bedürfnisse nach neuen Applikationen oder Daten (vgl. Abschnitt 2.2.). Die Telefon AG besitzt aber bereits ein Informationssystem (vgl. Abschnitt 2.3.). Eine Neuentwicklung des Informationssystems aufgrund des Prozessentwurfs, d.h. eine Implementierung auf "grüner Wiese", ist deshalb aus mehreren Gründen unrealistisch:

- Das BPR verwendet die Informationstechnologie vor allem als Enabler [vgl. Davenport 1993; Hammer/Champy 1993], um mit ihrer Hilfe das Geschäft innovativ zu gestalten. Dabei bleibt der Kern des Geschäfts, für welchen z.B. die Telefon AG teilweise bereits Lösungen besitzt, in vielen Fällen beinahe unverändert bestehen. Die Computerunterstützung fehlt im Prozess "Service" vor allem im Bereich der Innovationen.

- In das vorhandene Informationssystem hat die Telefon AG in den letzten Jahren erhebliche Ressourcen investiert. Ohne diese Investitionen abzuschreiben bzw. zu amortisieren, ist sie kaum bereit, solche Applikationen abzulösen. Der Verlust daraus wäre zu gross [vgl. Jacobson et al. 1994, S. 283-284].

- Die Applikationen enthalten Know-how über das angestammte Geschäft. Das Wissen ist über die Jahre gewachsen und ist in der Regel weder in seiner ganzen Breite und Tiefe dokumentiert noch in den Köpfen der Mitarbeiter präsent [s. Eicker et al. 1992, S. 138; Bennett 1995, S. 20].

- Zur Zeit untersucht die Telefon AG nur die Implementierung des Prozesses "Service". Einerseits werden Teile der hier betroffenen - insbesondere vorhandenen - Applikationen auch von anderen Prozessen, Abteilungen, Stellen etc. der Telefon AG verwendet (Querschnittsfunktionen). Andererseits bestehen zwischen den Applikationen Beziehungen (s. Datentransfers in Bild 2.3./1). Beide Argumente zeigen, dass bei der Implementierung das vorhandene Informationssystem nicht isoliert aus Sicht z.B. des Prozesses "Service" beurteilt werden darf. Ein kleiner Eingriff in das Informationssystem verursacht viele Nebeneffekte.

- Die Neuentwicklung des Informationssystems würde in der Telefon AG ein Vielfaches der jährlichen Entwicklungsbudgets verschlingen, zu viel Zeit beanspruchen und wäre projektmässig kaum führbar. Im weiteren ist das damit verbundene Risiko nicht vertretbar [vgl. Ulrich 1990, S. 16; Jacobson et al. 1994, S. 283].

Aus diesen Gründen ist eine vollständige Neugestaltung oder der Ersatz des gesamten Informationssystems durch integrierte Standardsoftware nicht realistisch. Die Telefon AG muss deshalb bei der Implementierung die vorhandenen Applikationen in den Prozess "Service" einbinden und somit auch weiterhin nutzen. Daraus entstehen aber für das Projektteam bei der Prozessumsetzung erhebliche Probleme, da sowohl die Altsysteme als auch das technische Umfeld enge Rahmenbedingungen setzen und es somit (voraussichtlich) nicht alle Optionen des neugestalteten Prozesses nutzen kann.

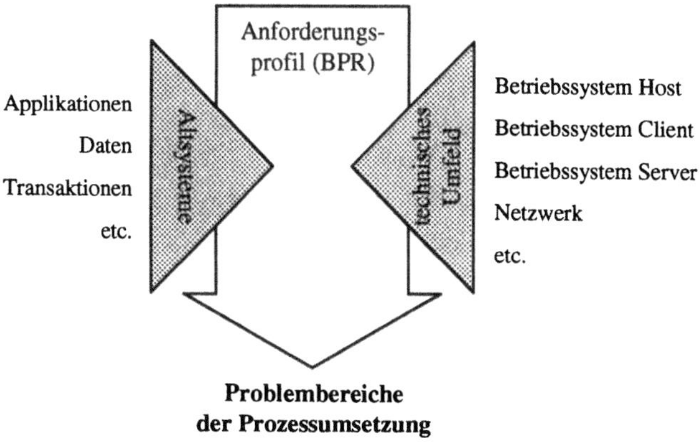

Bild 2.4./1: Ableiten von Problembereichen

Aus dieser Sicht können an verschiedenen Stellen Probleme aufkommen, beispielsweise:

- Die Vorgaben aus dem BPR sind teilweise zu wenig detailliert, und sie formulieren erst grobe Anforderungen an das Informationssystem. Die Bedürfnisse aus dem BPR muss die Telefon AG aus Sicht des Informationssystems noch konkretisieren. Beispielsweise stellt sich die Frage, wie die Innovationen elektronisches Telefonbuch für die Kunden, Archivsystem, Kennzahlen für die Prozessführung etc. die Daten, Funktionen und technische Infrastruktur beeinflussen.

- Die Telefon AG will bestehende Lösungen so weit wie möglich wiederverwenden. Offen ist, inwieweit die vorhandenen Applikationen die Anforderungen aus dem BPR abdecken. Einerseits ist beispielsweise noch nicht geklärt, ob die Transaktion "Auftrag erfassen" im Kundenverwaltungssystem die Bedürfnisse von der Aufgabe "Auftrag erfassen und prüfen" im Prozess "Service" vollständig befriedigt. Andererseits produziert der Prozess "Service" z.B. Leistungen, die Daten voraussetzen, welche im Ist-Informationssystem noch nicht gespeichert sind (z.B. Beratung, Gerätebestellung, Auftragsbestätigung).

- Im weiteren muss die Telefon AG untersuchen, an welchen Stellen kleinere oder grössere Lücken (z.B. Anwendungslücken) zwischen dem Soll (BPR) und Ist (vorhandene Applikationen) existieren. Zum Schliessen solcher Lücken muss sie Massnahmen bzw. Lösungen vorschlagen, welche sowohl in das Informationssystem als auch in das technische Umfeld passen.

- Für die neueren Applikationen (Telefonzentralen) und das Standardsoftwarepaket in der Lagerbewirtschaftung besitzt die Telefon AG eine ausführliche Dokumentation. Hingegen sind die älteren Applikationen (Buchhaltungssystem und Kundenverwaltung) kaum beschrieben. Das Wissen in diesen Bereichen ist auf wenige Mitarbeiter konzentriert. Für die Wiederverwendung von Altsystemen im Prozess "Service" ist eine gezielte - auf bestimmte Bereiche fokussierte - Beschreibung der Systeme unabdingbar.

- Der Prozess "Service" verwendet nicht nur eine Applikation, sondern bindet mehr oder weniger alle Applikationen der Telefon AG ein (z.B. Kundenverwaltung in der Aufgabe "Auftrag erfassen und prüfen", Telefonzentrale in der Aufgabe "Anschluss schalten"). Zusätzlich berücksichtigt er auch potentielle Applikationen, welche Lücken im Informationssystem schliessen sollen (z.B. Archivsystem, elektronisches Telefonbuch). Die Form der Integration dieser Applikationen kann die Telefon AG noch nicht bestimmen.

- Workflowsysteme unterstützen gemäss verfügbaren Marktanalysen die prozessorientierte Sicht auf das Geschäft. Sie steuern die Ablauffolgen von Prozessen [Stark/Lachal 1995, S. 28-31; Erdl/Schönecker 1995, S. 27-30]. Die Telefon AG erachtet z.B. das automatische Weiterleiten von Aufträgen zwischen den Organisationseinheiten Kundendienst, Laden etc. als eine wesentliche Voraussetzung, um die Durchlaufzeiten bei der Bearbeitung von Aufträgen fundamental zu verbessern. Die Telefon AG muss entscheiden, welche Bereiche aus einem Prozess sie mit Hilfe eines Workflowsystems unterstützen will.

- Bei der Diskussion um den Einsatz eines Workflowsystems stellen sich der Telefon AG eine Reihe von Fragen, auf welche ihr zur Zeit noch Antworten fehlen. Beispiele hierzu sind: Welche der obengenannten Probleme löst das Workflowsystem? Welche Anforderungen stellt das Workflowsystem an die Spezifikation im Rahmen des BPR? Wie ordnet sich ein Workflowsystem in die Prozessumsetzung ein? Welche Auswirkungen hat der Einsatz eines Workflowsystems auf das Vorgehen bei der Implementierung des Prozesses "Service"?

Diese kleine Auswahl von Problemen zeigt, dass es sich bei der Implementierung des Prozesses "Service" um ein komplexes Vorhaben handelt. Auf die Prozessumsetzung wirken die unterschiedlichsten Komponenten ein, welche schliesslich erfolgreich zusammenspielen müssen. Im Beispiel muss die Telefon AG Alt- und Neusysteme im Detail planen und deren Einbindung in den Prozess spezifizieren. Dabei hat sie sich mit vielen Fragen auseinanderzusetzen, die neben der Ablaufsteuerung insbesondere den Bereich der Daten und Funktionen betreffen. Letztlich geht es bei der Implementierung des Prozesses "Service" um die Integration von heterogenen Applikationen [vgl. Muth 1995b; Hsu/Howard 1994; Rusinkiewicz/Sheth 1995].

3. Grundlagen

Im Beispiel in Kapitel zwei wurden die meisten Begriffe ohne genaue Erklärung mehr oder weniger unpräzise verwendet. Es konnte aber trotzdem - oder gerade deshalb - ein intuitives Verständnis für die Problemstellung vermittelt werden, und der erforderliche Handlungsbedarf wurde exemplarisch aufgezeigt. Daher sind zu Beginn der Arbeit bestimmte Ungenauigkeiten zulässig bzw. sogar sinnvoll. Die Weiterarbeit in diesem Themenbereich erfordert jedoch sowohl klare Begriffsdefinitionen als auch die Formulierung von konkreten Anforderungen an die zu entwickelnde Lösung, damit keine Missverständnisse entstehen.

Abschnitt 3.1. definiert die zentralen Begriffe der Arbeit und grenzt sie gegeneinander ab. Ausgehend von den vorgestellten Konzepten sowie den Erkenntnissen in Kapitel zwei, leitet Abschnitt 3.2. Anforderungen an ein systematisches Vorgehen bei der Prozessumsetzung ab.

3.1. Begriffe

Zentrale Begriffe in der vorliegenden Arbeit sind der betriebliche Prozess, Workflowsystem, Integration und Prozessumsetzung. Sie werden in den Abschnitten 3.1.1. bis 3.1.4. definiert.

3.1.1. Betrieblicher Prozess

Der Begriff Prozess, wie er in dieser Arbeit verwendet wird, ist Ergebnis des Kompetenzzentrums "Prozessentwicklung" (CC PRO) innerhalb des Forschungsprogramms IM HSG am Institut für Wirtschaftsinformatik der Universität St. Gallen [s. IWI 1996]. Um die Darstellungen nicht unnötig zu überladen, werden die damit verbundenen Definitionen nicht im einzelnen aus der Literatur heraus belegt. [Hess 1996] führt hierzu eine detaillierte Herleitung auf, wobei er auch andere Definitionen bzw. Sichten auf diesen Begriff miteinbezieht.

Ein Prozess erzeugt durch Wertschöpfung Leistungen für seine Prozesskunden. Die Wertschöpfung findet statt, indem die Aufgaben des Prozesses in einer vorgegebenen Ablauffolge erledigt werden. Applikationen der Informationstechnik unterstützen die Ausführung der Aufgaben. Der Prozess besitzt eine eigene Führung, die den Prozess im Sinne der Geschäftsstrategie anhand der daraus abgeleiteten Führungsgrössen lenkt und gestaltet. Ein Unternehmen konzentriert sich auf die wenigen Prozesse, die über seine Wettbewerbsfähigkeit entscheiden. Das Prozessmodell in Bild 3.1.1./1 nach [Österle 1995, S. 48-62], wie es dieser Arbeit zugrundeliegt, zeigt die Komponenten eines Prozesses auf.

- *Leistungen* sind die Ergebnisse eines Prozesses und gehen an interne oder externe Kunden. Ein Prozess erstellt nicht nur, sondern empfängt auch Leistungen. Beispielsweise erhält der Prozess "Service" eine Leistung Auftrag und erstellt daraufhin Leistungen wie Beratung, Bestätigung und Anschluss.

  Leistungen können Marktleistungen sein, d.h. Produkte oder Dienstleistungen, die als solche am Markt angeboten werden (z.B. Geräte, Kommunikation, Beratung). Es kann sich aber auch um unterstützende Leistungen handeln, die notwendig sind, um die Marktleistung bereitzustellen, z.B. Rahmenverträge oder Reklamationen.

  Ihr Wert für den Prozesskunden (Bedürfnis, Qualität etc.) bestimmt den Umfang der Gegenleistung. Auf der Ebene der Leistungen findet der Wettbewerb zwischen konkurrierenden Prozessen statt. Dieser Wettbewerb ist primär unternehmensübergreifend, kann aber auch innerhalb von grossen Unternehmen stattfinden. Leistungen sind der Ausgangspunkt der Prozessentwicklung.

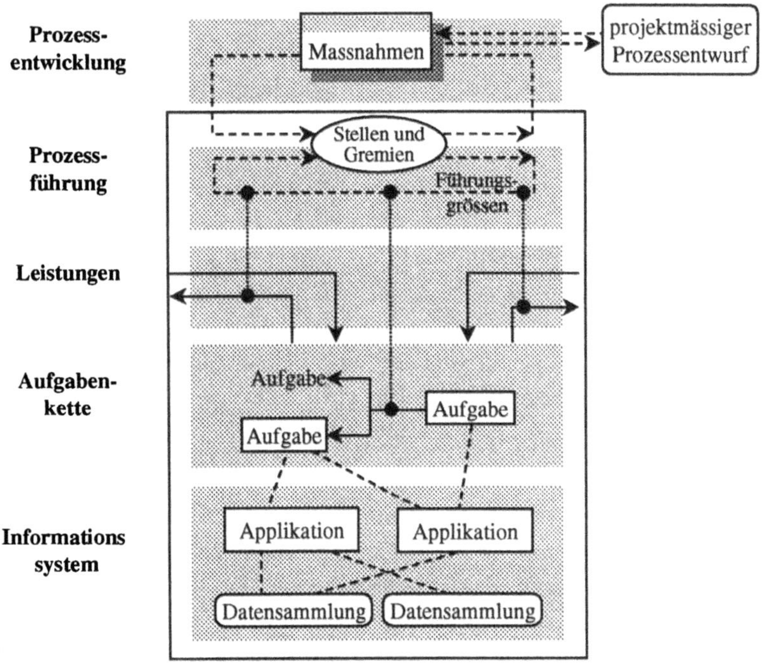

Bild 3.1.1./1: Komponenten des Prozessmodells

- Eine Aufgabe ist eine betriebliche Tätigkeit mit einem definierten Ergebnis (z.B. Kunden beraten, Auftrag erfassen). Sie wird von Menschen oder Maschinen ausgeführt. Die *Aufgabenkette* umfasst die einzelnen Aufgaben eines Prozesses, ihre Ablauffolge und ihre Zuordnung zu Aufgabenträgern (Stellen). Sie spezifiziert die Leistungserbringung.

- Die *Prozessführung* kontrolliert den Prozess. Sie bestimmt Führungsgrössen (z.B. Durchlaufzeit je Auftrag, Anzahl Neukunden, Kanalnutzung), plant Soll-Werte, erhebt Ist-Werte und gibt Anstösse für Massnahmen (Führungskreislauf). Führungsgrössen sind operationalisierte Merkmale eines Prozesses. Sie dienen der Planung und Beurteilung der Prozessqualität im Sinne der kritischen Erfolgsfaktoren, insbesondere Zeit, Qualität, Kosten und Flexibilität.

  Neben Kennzahlen umfasst die Prozessführung auch Stellen, Gremien (z.B. Prozessmanager, Prozesszirkel, Prozessausschuss) und Dokumente der Führung.

- Als *Prozessentwicklung* bezeichnet das Prozessmodell sowohl die einmalige und grundsätzliche Neugestaltung des Prozesses in Form eines Projektes (Prozessentwurf), die radikale Innovationen mit sich bringt, als auch die permanente Weiterentwicklung eines Prozesses (Prozessführung) durch die Prozessbeteiligten selbst.

  Massnahmen lösen Aufträge zur Prozessveränderung im Rahmen der Prozessentwicklung aus. Dabei kann es sich um kurze Aktivitäten einzelner Mitarbeiter oder um grössere Projekte handeln.

- Das *Informationssystem* ist die Gesamtheit der (computerisierten) Informationsverarbeitung. Es besteht aus Applikationen, d.h. Zusammenfassungen computerisierter Arbeitsgänge eines Arbeitsgebiets, und Datensammlungen, d.h. computerisierte dauernde Ablage von Daten, zur Unterstützung der Aufgabenausführung.

  Im Rahmen der Implementierung definiert der Prozessentwurf die Anforderungen an die informationstechnische Unterstützung für einen Prozess.

Anhang I illustriert anhand eines zusammenhängenden Beispiels die Entwurfsergebnisse aus dem Prozessmodell.

3.1.2. Workflowsystem

In den letzten Jahren haben sich sowohl Forschung als auch Praxis mit dem Thema Workflow auseinandergesetzt. Trotzdem hat sich in diesem Bereich bis heute noch keine einheitliche Begriffsdefinition herausgebildet [vgl. die Übersicht in Joosten et al. 1994, S. 6; Khoshafian/Buckiewicz 1995, S. 207-211; Jablonski 1995a, S. 8; Wersch 1995, S. 103-108].

Folgende Umschreibung bildet den Ausgangspunkt in dieser Arbeit: Ein Workflowsystem - Synonym für den Begriff Workflow-Managementsystem - ist ein rechnergestütztes System, das arbeitsteilige Prozesse aktiv steuert [vgl. Hales/Lavery 1991, S. 24;

Hasenkamp/Syring 1993, S. 407]. Systeme dieser Art haben sich zu Beginn vor allem auf den Bürobereich[1] und auf das Dokumenten- oder Formularmanagement [s. Buschor et al. 1993] konzentriert. Mit ihrem Einsatz verfolgen Unternehmen das Ziel, Abläufe - oder Vorgänge - mit Hilfe von Informationstechnik durchgängig zu unterstützen und zu steuern [vgl. Bate/Travell 1994, S. 70; Joosten et al. 1994, S. 114-116; Hales/Lavery 1991, S. 21; Irving/Higgins 1991, S. 8 und S. 32-41]. Vertreter aus dem deutschen Sprachraum verwenden für diese Systeme teilweise auch den Begriff Vorgangssystem bzw. Vorgangsbearbeitung [s. z.B. Rau 1991, S. 170-189; Lippold et al. 1993, S. 3-7; Galler/Scheer 1994, S. 2; Gais 1994, S. 83].

Handelte es sich dabei in den 70er Jahren vorwiegend noch um rigide Produkte, die ein schmales Einsatzspektrum abdeckten und nur geringen Erfolg in der Praxis verzeichnen konnten, haben sich vor allem anfangs der 90er Jahre mehrere vielversprechende Systeme entwickelt, jedoch mit weiterhin geringem Erfolg [vgl. Ellis/Nutt 1996]. Sie zeichnen sich heute dadurch aus, dass sie einerseits einen Prozess abbilden sowie seinen Ablauf steuern und andererseits an definierten Stellen im Arbeitsablauf die entsprechenden Applikationen zur Unterstützung von Aktivitäten einbinden [vgl. Stark/-Lachal 1995, S. 26-34]. Bild 3.1.2./1 beschreibt diesen Sachverhalt.

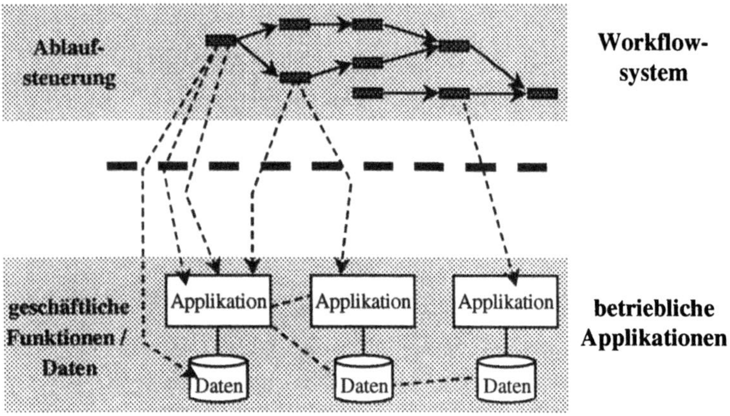

Bild 3.1.2./1: Workflowsystem und heterogene betriebliche Applikationen

Dabei stammen die für den Prozess erforderlichen Informationen bzw. auszuführenden Programme von den betrieblichen Applikationen, die grösstenteils in einem Unternehmen bereits vorhanden sind. Die Applikationen stellen alle geschäftlichen Daten und Funktio-

---

[1] Die Arbeit im Bürobereich - kurz Büroarbeit - umfasst die zielorientierte Erstellung, Bearbeitung, Übertragung sowie Archivierung betrieblicher Informationen [Rau 1991, S. 7]. Weitere Ausführungen im Überblick [s. Gais 1994, S. 9-17; Syring 1994, S. 6-19].

nen zur Verfügung, die ein Prozess benutzt. Das Workflowsystem steuert den Ablauf, verwaltet aber keine geschäftlichen Daten und Funktionen [vgl. WfMC 1996a; Hasenkamp/Syring 1993, S. 407; Kirn 1995, S. 110; Davis 1991].

3.1.3. Integration

Integration ist in der Literatur ein ebenso häufig wie auch inhaltlich unterschiedlich verwendeter Begriff. Ausführliche und auch teilweise kritische Analysen von Ansätzen im Rahmen der Integration (insbesondere aus dem deutschen Sprachraum) sind in [Linß 1995, S. 1-30], [Koller 1994, S. 18-19 und S. 34-40], [Rautenstrauch 1993] oder [Gassner 1996, S. 11-18] beschrieben.

Bei der Integration geht es um das Zusammenführen von einzelnen Teilen zu einem Ganzen bzw. um die Eingliederung einer (neuen) Komponente in ein vorhandenes System[1]. Die Technik erlaubt in bezug auf Informationssysteme zunehmende Integration zwischen bisher getrennten Medien (Text, Daten, Sprache, Bild), zwischen bisher getrennten Bereichen des Unternehmens (z.B. Verkauf, Kundendienst, Telefonzentrale) und zwischen rechtlich getrennten Unternehmen (z.B. zwischen Telefon AG und Elektriker). Die Verknüpfung unterschiedlicher Bereiche über die Integration von Applikationen eröffnet Potentiale für die Neugestaltung von betrieblichen Prozessen [vgl. Riehm/Vogler 1995; Hammer/Champy 1993, S. 91-101; Davenport 1993, S. 51; Jacobson et al. 1994, S. 290-292]. Die Integration verfolgt damit das Ziel, die Synergie zwischen verschiedenen Funktionen des Unternehmens und über Unternehmensgrenzen hinweg zwischen Marktpartnern zu nutzen [vgl. Österle et al. 1992, S. 64; Joosten et al. 1994, S. 113-114].

Im Sinne der Problemstellung in Kapitel zwei bedeutet dies, dass die Telefon AG für den neugestalteten Prozess "Service" nicht eine neue Applikation mit nur einer integrierten Datensammlung realisiert oder dass alle Applikationen auf eine gemeinsame Datensammlung zugreifen, in der alle Informationen ohne Doppelspurigkeiten abgelegt sind. Vielmehr will sie den Prozess durch die betroffenen Bereiche hindurch steuern (s. Abschnitt 2.2.), die Applikationen aus den verschiedenen Bereichen am Arbeitsplatz der Benutzer einbinden (s. Abschnitt 2.4.) und ein konsistentes Informationssystem auf Basis der vorhandenen Applikationen sicherstellen (s. Abschnitt 2.3.). Die Verknüpfung dieser Bestandteile zu einer reibungslosen Zusammenarbeit im Prozess "Service" setzt die Integration in drei Sichten voraus:

---

[1] Ein System ist eine abgegrenzte, geordnete Gesamtheit von Elementen, zwischen denen Beziehungen bestehen [s. Ulrich 1970, S. 100-137]. Jedes System kann in untergeordnete Systeme zerlegt werden (Subsysteme), ist zugleich aber auch Bestandteil eines umfassenderen Systems (des Supersystems). Ein offenes System interagiert mit anderen Systemen, den Umsystemen.

1) Backend-Integration:
   Das Informationssystem setzt sich aus mehreren Applikationen zusammen, die ihre eigenen Daten verwalten, die sich teilweise überlappen können. Applikationen produzieren oder konsumieren Daten von anderen Applikationen. Neu einzuführende Applikationen verursachen oft Überschneidungen mit alten Lösungen. Doppelspurigkeiten und somit redundante Daten sind deshalb unvermeidbar [vgl. Jacobson et al. 1994, 284-287]. Um ein in bezug auf Daten konsistentes Informationssystem zu gewährleisten, auf das Anwender zugreifen, sind Mechanismen erforderlich, die den Datenhaushalt zwischen allen Applikationen kontrollieren. Dies setzt voraus, dass sich die Applikationen gegenseitig verstehen, dass also die auszutauschenden Daten zwischen Applikationen standardisiert sind. Dazu legt die Backend-Integration fest, welche Programme auf Daten anderer Applikationen zugreifen, welche Daten in mehreren Datensammlungen vorhanden (d.h. redundant) sind und wie der Redundanzabgleich zu erfolgen hat. Ziel ist nicht ein unternehmensweites Datenmodell (Applikationen greifen auf gemeinsame Datenbestände zu, d.h. "Integration der Daten"), sondern eine Architektur von Schnittstellen (Integration von eigenständigen Applikationen durch Datenaustausch, d.h. "Integration über Daten") [Gassner 1996, S. 14, Österle 1995, S. 242-247].

2) Desktop-Integration:
   Der Benutzer verwendet an seinem Arbeitsplatz im Prozess verschiedene Applikationen. Sie sind in bezug auf mehrere Aspekte (z.B. Hardware- und Softwareplattform, Benutzeroberfläche, Applikationstyp) heterogen. Ziel ist es, diese heterogenen Applikationen am Arbeitsplatz einzubinden, um damit die an einer bestimmten Stelle im Ablauf relevanten Programme automatisch aufzurufen, die erforderliche Information (in einer einheitlichen Benutzeroberfläche) darzustellen und - sofern das Bedürfnis besteht - Daten zwischen Applikationen am Arbeitsplatz auszutauschen [vgl. Derungs et al. 1995a, S. 16-19]. Der Benutzer erhält dadurch eine durchgängige Computerunterstützung seiner Arbeit.

3) Ablaufsteuerung:
   Die Steuerung eines Prozesses koordiniert alle beteiligten Stellen in seiner Ablauffolge. Die Ablaufsteuerung ist eine Integration im Sinne der Koordination von mehreren Benutzern für die Zusammenarbeit in einem Prozess [Jablonski 1995b, S. 14-15]. Sie stellt den dritten Aspekt im Rahmen der Integration dar.

Die Backend-Integration läuft grundsätzlich im Hintergrund ab. Der Benutzer übt keinen direkten Einfluss auf sie aus. Demgegenüber ist er direkt sowohl mit der Desktop-Integration als auch mit der Ablaufsteuerung konfrontiert. Sie beide beeinflussen seine Arbeit massgeblich, wobei sie Lösungen der Backend-Integration voraussetzen. Aus diesem Grund fasst diese Arbeit die Sichten 2 (Desktop-Integration) und 3 (Ablaufsteuerung) mit dem Begriff Frontend-Integration zusammen - dies als Gegensatz zur Backend-Integration.

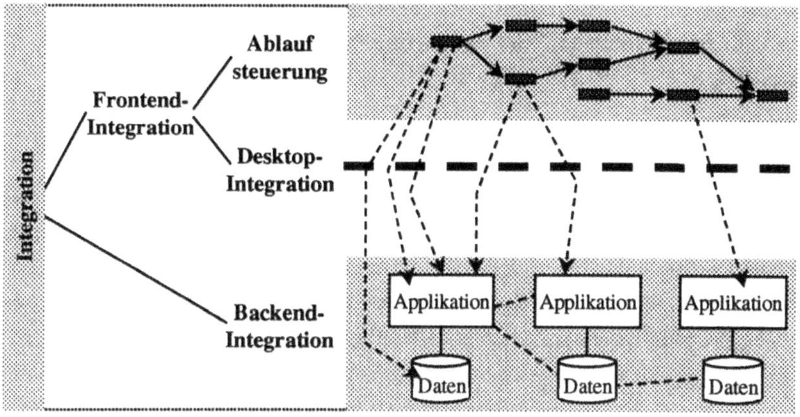

Bild 3.1.3./1: Frontend- und Backend-Integration

Die drei Sichten der Integration lassen sich mit bekannten Beschreibungsmöglichkeiten von Integrationsformen [s. Linß 1995, S. 1-30] nur beschränkt vergleichen. [Gassner 1996, S. 13-16] stellt der Ablaufsteuerung die Integration von Prozessen, der Desktop-Integration die Funktionsintegration und der Backend-Integration die Datenintegration gegenüber. In Anlehnung an [Scheer 1990] oder [Becker 1991, S. 167] unterstützt die Backend-Integration die Frontend-Integration. Es handelt sich aber beim hier gewählten Ansatz um problemorientierte Sichten. Sie können jeweils gleichzeitig die verschiedensten Integrationsobjekte (Daten, Funktionen, Programme), Integrationsrichtungen (horizontal, vertikal) und Integrationsreichweiten (innerbetrieblich, zwischenbetrieblich) betreffen. Die drei Sichten verfolgen nicht die Beschreibung von verschiedenen Integrationsstufen - dies im Gegensatz zu anderen Klassifikationen [s. z.B. Mertens/Morscheuser 1994, S. 447-451; Scheer 1990, S. 162-190] - und den damit verknüpften Integrationszuständen eines Informationssystems. Vielmehr bilden sie den Ausgangspunkt und Rahmen für Integrationsprojekte.

Im folgenden konzentriert sich die Arbeit ausschliesslich auf den Aspekt der Frontend-Integration. Dabei wird sie nicht ideale Integrationszustände beschreiben, sondern im Vordergrund steht in diesem Bereich die Entwicklung eines systematischen Vorgehens, d.h. die Integration als Vorgang oder ein Integrationsansatz [vgl. Linß 1995, S. 6]. Die Backend-Integration ist Gegenstand von anderen Forschungsarbeiten im CC PSI [s. Gassner 1996; Riehm/Vogler 1995]. Sie zusammen bilden eine umfassende Methode zur evolutionären Weiterentwicklung von Informationssystemen, welche die Planung und Durchführung der Integration von heterogenen Applikationen in Unternehmen abdeckt.

Sie soll es erlauben, auf geänderte Anforderungen der Anwender z.B. aufgrund neugestalteter Prozesse rasch und geordnet reagieren zu können [IWI 1996, S. 45-52].

Abschnitt 3.2.2. behandelt am Rande eine weitere Dimension der Integration. Sie betrifft die inhaltliche Abstimmung der Entwurfsmethode, kurz Methodenintegration [vgl. Becker 1996, S. 334].

3.1.4. Prozessumsetzung

Die Prozessumsetzung ist in die Prozessentwicklung eingebettet, welche den Prozessentwurf in Projekten sowie die kontinuierliche, führungsgrössenbasierte Prozessführung beinhaltet (s. Abschnitt 3.1.1.). Ziel eines Prozessentwurfs - Synonym für den Begriff Business Process Redesign (BPR) - ist der einmalige, projektartige "Total-Review" eines Prozesses, der radikale Innovationen mit sich bringt [vgl. Hammer/Champy 1993, S. 32-36]. Darauf aufbauend, konzentriert sich die Prozessführung auf die kontinuierliche Überwachung und Weiterentwicklung des Prozesses [s. Österle 1995, S. 23 und S. 56; Davenport 1993, S. 11].

Die Prozessumsetzung befasst sich mit der Implementierung von neugestalteten Prozessen in ein computerunterstütztes Informationssystem. Dazu setzt sie die Anforderungen aus dem BPR an die Computerunterstützung in Applikationen um. Die Implementierung ist demnach die Realisierung einer Applikation nach Vorgaben des Prozessentwurfs [vgl. Gutzwiller 1994, S. 52-52; Österle 1981, S. 20].

Bild 3.1.4./1 beschreibt den Zusammenhang zwischen Prozessentwurf, Prozessumsetzung und Prozessführung [vgl. IMG 1995, S. AKTI 1 - AKTI 3]. Ist ein "Total-Review" erforderlich, muss ein Prozessentwurfsprojekt gestartet werden. Die anschliessende Implementierung übernimmt die Prozessumsetzung. Die Prozessführung gibt den Anstoss für ein Prozessentwurfsprojekt spätestens dann, wenn die aufgrund ihrer Messungen von Führungsgrössen entdeckten Probleme so fundamental sind, dass sie nicht mehr durch kurzfristige Massnahmen gelöst werden können.

Grundsätzlich sind mehrere Alternativen für die Implementierung eines neugestalteten Prozesses denkbar, wie beispielsweise die Einführung von Standardanwendungssoftware[1], die Eigenentwicklung einer Applikation für den Prozess oder der Einsatz der Workflowtechnologie. Die vorliegende Arbeit beschränkt sich auf die Prozessumsetzung mit Hilfe eines Workflowsystems (vgl. Abschnitt 3.1.2.). Dabei sind die im Unternehmen vorhandenen (heterogenen) Applikationen im Sinne einer evolutionären Weiterentwick-

---

1 Standardanwendungssoftware ist ein fertiges Softwarepaket, das für seinen Anwendungsbereich eine weitgehend allgemeingültige Funktionalität aufweist und auf eine mehrfache Nutzung ausgelegt ist [s. Steinbock 1993, S. 58].

lung des Informationssystems zu berücksichtigen (vgl. Abschnitt 3.1.3.) und in den Prozess zu integrieren.

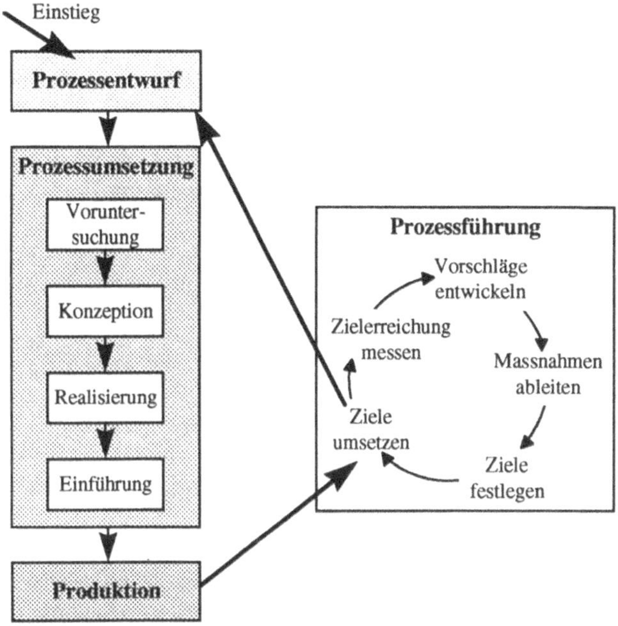

Bild 3.1.4./1: Prozessumsetzung im Rahmen der Prozessentwicklung

Die Arbeit will im Rahmen der Prozessumsetzung konkrete Handlungsanweisungen aufzeigen, welche solche Projekte unterstützen sollen. Vor dem Hintergrund der in Abschnitt 2.4. skizzierten Probleme stehen hierzu vor allem sachliche bzw. inhaltliche Aspekte im Mittelpunkt. Der Fokus richtet sich deshalb im folgenden auch auf die sach-rationale Dimension [s. Krüger 1993, S. 364-365]. Die Arbeit berücksichtigt aus diesem Grund politisch-verhaltensorientierte und wertmässig-kulturelle Dimensionen nicht, wie z.B. allgemeine Grundlagen des Projektmanagements und Change Managements.

Im Rahmen des Business Engineerings [s. Österle 1995, S. 13-18] ist die Prozessumsetzung in die Ebene Informationssystem einzuordnen, in einzelnen Bereichen hat sie aber auch Überlappungen mit der Ebene Prozess. Sie setzt jedoch den Prozessentwurf voraus (vgl. Bild 3.1.4./2) [s. Österle 1996a, S. 3]. Die von ihr gestalteten Dimensionen des Business Engineerings betreffen vor allem Daten und Funktionen. Die Dimension Organisation wird von ihr nur am Rande entworfen, diesbezüglich steht hier die Übernahme und Implementierung der Vorgaben aus der Ebene Prozess im Zentrum des Interesses [vgl. Österle 1995, S. 28-30].

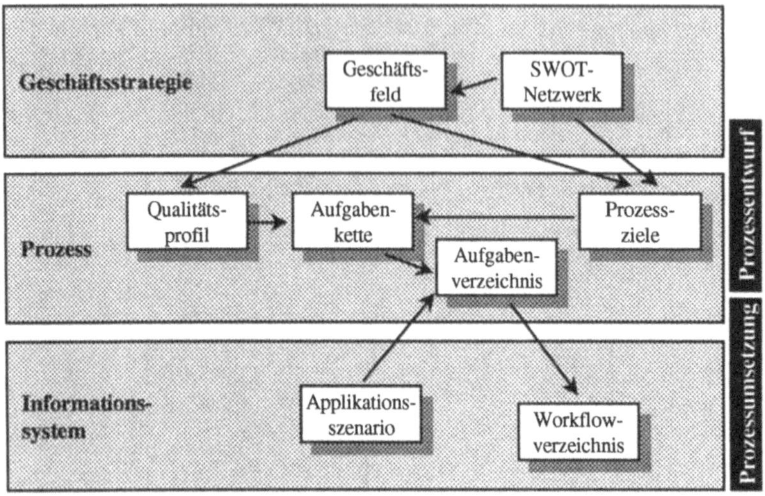

Bild 3.1.4./2: Ebenen und Ergebnisse (Beispiele) des Business Engineerings

3.2. Anforderungen an ein systematisches Vorgehen

Ziel der Arbeit ist es, konkrete Handlungsanweisungen zur Lösung der in Kapitel zwei ausführlich beschriebenen Problemstellung zu entwickeln. Die Grundlagen in Abschnitt 3.1. schaffen hierfür ein einheitliches Verständnis der Begriffe und die notwendige Abgrenzung des Untersuchungsgegenstandes. Schliesslich muss aber der Lösungsvorschlag sowohl das erörterte Problem betreffen als auch in den definierten Rahmen der Grundlagen passen. Um diese Bedingungen zu gewährleisten, fassen die folgenden fünf Anforderungen an die Prozessumsetzung die Kernaussagen der genannten Abschnitte zusammen:

- Systematisches Vorgehen
- Durchgängigkeit zum Prozessentwurf
- Computerunterstützte Ablaufsteuerung
- Evolutionäre Weiterentwicklung des Informationssystems
- Einbindung heterogener Applikationen

Diese fünf Anforderungen begleiten die vorliegende Arbeit und stellen den Bezug des Beschreibungsansatzes in Kapitel fünf zur Problemstellung sicher. Die nachfolgenden Abschnitte gehen auf sie näher ein und begründen deren Notwendigkeit für die skizzierte Problemstellung.

3.2.1. Systematisches Vorgehen

Bereits die Überschrift dieses Abschnitts schliesst die Wahl eines intuitiven Vorgehens für die Prozessumsetzung aus. Verschiedene Publikationen haben die Möglichkeiten und Grenzen der methodischen Unterstützung im Rahmen des Entwurfs von betrieblichen Informationssystemen oder auch Prozessen bereits ausführlich untersucht und empfehlen meistens ein systematisches Vorgehen [s. z.B. Jacobson et al. 1994, S. 20; Hess 1996, S. 16-20]. Der Beschreibungsansatz in Kapitel fünf schliesst sich dieser Meinung an.

Eine Methode zur Umsetzung von Geschäftsprozessen mit Hilfe eines Workflowsystems umfasst die systematische Anleitung des gesamten Entwicklungsprozesses von den ersten Anforderungen und Bedürfnissen bis hin zum implementierten und in das betriebliche Umfeld eingeführten Prozess mit Hilfe eines Workflowsystems [vgl. Heym 1993, S. 14].

Ein Zweig in der Wirtschaftsinformatik hat sich im Zusammenhang mit dem Entwurf betrieblicher Informationssysteme in den letzten Jahren intensiv mit der Entwicklung von Strukturen zur Beschreibung von Methoden beschäftigt [Gutzwiller 1994, S. 15-23; Heym 1993]. In Anlehnung an die Konzepte des Methoden-Engineerings muss der Beschreibungsansatz fünf Komponenten aufweisen: Ergebnisse, Techniken, Entwurfsaktivitäten, Rollen und Metamodell [s. Gutzwiller 1994, S. 12-14].

Eine Entwurfsaktivität ist eine funktionale Verrichtungseinheit, die darauf abzielt, ein oder mehrere definierte Ergebnisse zu erzeugen. Entwurfsaktivitäten können aus Sub-Entwurfsaktivitäten bestehen und in eine Ablauffolge gebracht werden. Die Gesamtheit dieser Ablauffolge ergibt das Vorgehensmodell einer Methode. Entwurfsaktivitäten verwenden Ergebnisse als Input und erzeugen oder verändern ihrerseits Ergebnisse, die Dokumente sein können. Techniken sind Anleitungen zur Erstellung von Ergebnissen. Das Vorgehensmodell beschreibt, wann welche Ergebnisse erzeugt werden; Techniken beschreiben, wie diese Ergebnisse erzeugt werden. Innerhalb einer Methode nehmen Personen und Organisationseinheiten bestimmte Rollen ein. Rollen sind Zusammenfassungen von Entwurfsaktivitäten aus Sicht des Aufgabenträgers. Das Metamodell[1] schliesslich ist das konzeptionelle Datenmodell der Ergebnisse. Es strukturiert die Bestandteile der Ergebnisse in Form eines Datenmodells.

3.2.2. Durchgängigkeit zum Prozessentwurf

Ein Vielzahl von Ansätzen verfolgt mit BPR die fundamentale Neugestaltung von Geschäftsprozessen. Hinter diesem mehr oder weniger einheitlichen Begriff verbergen sich aber unterschiedliche Methoden bzw. Konstruktionsprinzipien für Prozesse [s. Hess/-

---

1 Abschnitt 4.1.2. und Abschnitt 5.1. behandeln Metamodelle ausführlich.

Brecht 1995]. Die Prozessumsetzung geht davon aus, dass sie Anforderungen an das Informationssystem aus einem Prozessentwurf erhält. Ihre Aufgabe ist es, diese Ergebnisse aus dem BPR zu implementieren [vgl. Jacobson et al. 1994, S. 285-287; Manganelli/ Klein 1994; S. 33-38]. Dabei ist eine Abstimmung mit allen verfügbaren BPR-Methoden nicht machbar und kaum sinnvoll. Vielmehr soll der Lösungsvorschlag beispielhaft die Durchgängigkeit zwischen BPR und Prozessumsetzung anhand einer ausgewählten Methode aufzeigen. Der vorliegende Beschreibungsansatz für die Prozessumsetzung mit Hilfe eines Workflowsystems orientiert sich hierfür an der Methode PROMET BPR [s. IMG 1995] und übernimmt daraus in seinen Techniken die BPR-Ergebnisse (s. Anhang I).

Die vollständige Methoden-Integration zwischen PROMET BPR und der Prozessumsetzung setzt voraus, dass der zu entwickelnde Beschreibungsansatz das gesamte Prozessmodell (vgl. Bild 3.1.1./1) abdeckt und nicht nur einzelne Komponenten (z.B. Aufgabenkette) daraus [vgl. Becker 1996, S. 334; Soles 1994b, S. 80-82]. Dies bedeutet folgendes:

- Die Prozessumsetzung spezifiziert die Realisierung von Leistungen mit Hilfe von z.B. Daten, Funktionen, Applikationen. Ihre Bestandteile können sowohl Alt- als auch Neusysteme betreffen.
- Die Prozessumsetzung spezifiziert die Realisierung von Aufgaben (z.B. automatischer Aufruf von Transaktionen, Austausch von Daten zwischen Aufgaben oder Transaktionen) und ihre computerunterstützte Steuerung aufgrund der Aufgabenketten (inkl. Zuständigkeit von Stellen für Aufgaben).
- Die Prozessumsetzung spezifiziert für die Prozessführung beispielsweise die automatische Erhebung von Führungsgrössen und die Erstellung eines Prozessstatusberichts aufgrund der Daten im Informationssystem.
- Die Prozessumsetzung spezifiziert die konkrete Verwendung des Informationssystems für einen Prozess. Dabei analysiert sie die Anforderungen an die informationstechnische Unterstützung für einen Prozess aufgrund der Ergebnisse aus dem Prozessentwurf und vergleicht sie mit dem im Unternehmen vorhandenen Informationssystem. Dieser Abgleich hat zur Folge, dass der Workflow sowohl Alt- als auch Neusysteme planen und einbinden muss.

Beispielsweise gibt die Aufgabenkette eines Prozesses aus PROMET BPR klare Arbeitsanweisungen an die Mitarbeiter. Für die manuelle Ausführung reicht sie in der Regel aus. Demgegenüber verlangt eine computerunterstützte Steuerung eines Prozesses eine detailliertere Spezifikation, welche informationstechnische Aspekte miteinbezieht. Sie ist die Vorgabe für eine Maschine (Computer), welche aufgrund dieser Informationen die Ausführung bzw. Steuerung übernimmt. Die Prozessumsetzung erstellt diese feine Beschreibung eines Prozesses aus Sicht des Informationssystems, ausgehend von den Ergebnissen des Prozessentwurfs [s. Derungs 1996]. Ein Workflow ist das Ergebnis der Prozessumsetzung mit Hilfe eines Workflowsystems.

Einerseits soll der Beschreibungsansatz die Verknüpfung zu PROMET BPR aufzeigen. Andererseits darf dabei die Methoden-Integration nicht dazu führen, dass die unterschiedlichen Ebenen des Entwurfs vermischt werden (vgl. Abschnitt 3.1.4.). Aus diesen Gründen werden in der vorliegenden Arbeit für die eindeutige Unterscheidung der Ebenen Prozess und Workflow (bzw. Informationssystem) unterschiedliche Begriffe verwendet (vgl. Bild 3.2.2./1).

Prozessentwurf / BPR	➔	**Prozessumsetzung**
Prozess	➔	Workflow
Aufgabe	➔	Aktivität
Aufgabenkette	➔	Aktivitätenkette

Bild 3.2.2./1: Begriffe der Ebenen Prozess und Workflow

Bei den Begriffen handelt es sich aber nicht eindeutig um Synonyme. Die Techniken in Kapitel fünf (insbesondere Workflowabgrenzung, Desktop-Integration und teilweise Workflowplanung) erklären im Detail die Unterschiede der Begriffe und zeigen zusätzlich auf, in welchen Situationen es sich um Synonyme handeln kann.

3.2.3. Computerunterstützte Ablaufsteuerung

Das Workflowsystem soll den neugestalteten Prozess steuern. In der Praxis sind immer wieder Einführungen von Workflowsystemen ohne vorherigen Redesign des Prozesses zu beobachten. Welche Potentiale dadurch verschenkt werden, belegen zahlreiche Erfahrungen [s. z.B. O'Connell 1996; Erdl/Schönecker 1995, S. 19-24; Marshak 1995a; Götzer 1995, S. 151-168; Heinrich et al. 1995]. Die meisten Autoren sind sich in diesem Punkt einig, dass das grösste Potential in der Neugestaltung von Prozessen liegt und nicht etwa beim Einsatz eines Workflowsystems. Jedoch versprechen sie sich zusätzlichen Nutzen von Workflowsystemen insbesondere im Bereich der Durchlaufzeiten. Im weiteren bieten sie zwei interessante Ansatzpunkte an [vgl. Soles 1994a, S. 120; Burns 1994, S. 229]:

- Workflowsysteme erlauben die rasche Implementierung von neugestalteten Prozessen, vor allem wenn dabei vorhandene Applikationen zu berücksichtigen sind. Sie übernehmen die Funktion eines Enablers der Prozessumsetzung.
- Workflowsysteme bieten während der Laufzeit die Möglichkeit, die Ausführung der Geschäfte zu überwachen und über sie ein Protokoll (Historie) zu pflegen. Die gesammelten Informationen bilden die Grundlage für die Prozessführung, d.h. für die inkrementelle Weiterentwicklung des Prozesses.

Für die computerunterstützte Ablaufsteuerung im Rahmen der Prozessumsetzung handelt es sich in Anlehnung an PROMET BPR vorwiegend um gut standardisierbare Prozesse, die sowohl eine hohe strategische Bedeutung als auch eine entsprechende Ressourcenbindung (z.B. hohe Ausführungshäufigkeit) aufweisen sollen [s. IMG 1995, S. TECH 11]. Aus Sicht der Prozessführung ist aber zu vermeiden, dass die Automatisierung die Prozesse zementiert und Anpassungen nur noch mit grossem Aufwand möglich sind.

3.2.4. Evolutionäre Weiterentwicklung des Informationssystems

Die Beschreibung der Probleme bei der Prozessumsetzung in Abschnitt 2.4. hat aufgezeigt, dass in einem Unternehmen die vollständige Neuentwicklung des Informationssystems aufgrund des Prozessentwurfs in den seltensten Fällen realistisch ist. Vielmehr müssen alle vorhandenen und geplanten Applikationen bei der Analyse der Anforderungen berücksichtigt werden. Dies setzt aber voraus, dass ausreichende Kenntnis von den Systemen hat existieren [s. Gassner 1996]. Die Verwendung von Applikationen im Prozess umfasst folgende Bereiche [Jacobson et al. 1994, S. 182-184]:

- Der Prozess verwendet die Altsysteme weiterhin. Dabei kann er sie entweder unverändert übernehmen, oder er verlangt, dass die Applikationen (oder Ausschnitte davon) seinen neuen Bedürfnissen anzupassen sind.
- Der Prozess stellt Anforderungen, welche die vorhandenen Systeme nicht ausreichend oder nicht mit vertretbarem Aufwand befriedigen können. In solchen Situationen muss das Unternehmen neue Applikationen auf dem Markt beschaffen oder Speziallösungen selbst entwickeln, um Lücken der Computerunterstützung zu schliessen.

Die Planung dieser Szenarien obliegt der Prozessumsetzung. Ihr Ergebnis ist ein Informationssystem, das sich aus vielen vom Prozess verwendeten Teillösungen (Applikationen) zusammensetzt, die sich gegenseitig verstehen. Die zwischen ihnen auszutauschenden Daten sind über Schnittstellen im Unternehmen standardisiert [s. Gassner 1996, S. 14-16]. Die daraus resultierende Architektur von Schnittstellen betrifft vor allem die Backend-Integration (vgl. Abschnitt 3.1.3.). Jedoch müssen die getroffenen Massnahmen in diesem Bereich mit der Frontend-Integration abgestimmt sein, um die Weiterentwicklung nicht zu erschweren. Die evolutionäre Weiterentwicklung des Informationssystems wird unter anderem dadurch erleichtert, dass die Steuerung des Ablaufs nicht in den betrieblichen Applikationen enthalten ist. Die Auslagerung der Daten aus ihren Programmen in Datenbankmanagementsysteme hat die Wartbarkeit der einzelnen Applikationen verbessert. Zur weiteren Entflechtung der Applikationen sollen Workflowsysteme die Steuerung betrieblicher Prozesse aus den Applikationen herauslösen [vgl. Leymann et al. 1995, S. 2; Götzer 1995, S. 47-49].

3.2.5. Einbindung heterogener Applikationen

Die Bereitstellung von computerunterstützten Funktionalitäten am Arbeitsplatz ist die Aufgabe der Desktop-Integration. Der Sachbearbeiter im Kundendienst der Telefon AG verwendet beispielsweise für die Beratung der Kunden nicht nur die Kundenverwaltung, sondern gleichzeitig die Applikationen Material, Buchhaltung, Archiv und eine Tabellenkalkulation zur Berechnung verschiedener Offerten. Zur Nutzung der Funktionen am Arbeitsplatz muss der Prozess beliebige Anwendungen (Programme) auf beliebigen Plattformen einbinden. Grundsätzlich können die aufzurufenden Applikationen allen Applikationstypen angehören: Administration, Office, Führung, Entwurf, Know-how oder Prozesssteuerung [s. Steinbock 1993, S. 10].

Nicht alle Arten von Systemen sind heute für Unternehmen im Rahmen von Workflowprojekten von gleicher Bedeutung. Zur Zeit verfolgen sie vor allem die Integration von Transaktionssystemen (oft als Host-Systeme bezeichnet), Standardanwendungssoftware, elektronische Archive und PC-Anwendungen (z.B. Textverarbeitung, Tabellenkalkulation) [vgl. Halter 1996, S. 194; Joosten et al. 1994, S. 128; Hsu/Howard 1994, S. 110].

Der Aspekt der Heterogenität betrifft nicht nur Hardware- und Softwareplattformen sowie Applikationstypen. Zusätzlich bezieht sich die Heterogenität bei der Integration auch auf den semantischen Bereich. Im semantischen Bereich tritt sie auf, wenn Unterschiede bezüglich der Bedeutung, Interpretation, Verwendung, Strukturierung und konzeptioneller Beschreibung derselben oder ähnlicher Daten bestehen [vgl. Gassner 1996, S. 12].

In vielen Fällen reicht es aber nicht aus, die erforderlichen Anwendungen am Bildschirm anzuzeigen. Der Benutzer hat zusätzlich das Bedürfnis, bestimmte Daten zwischen den Applikationen auszutauschen. Beispielsweise will der Sachbearbeiter beim Erstellen eines Kundenbriefes mit Hilfe eines Textverarbeitungsprogramms (auf dem PC) die Adresse des Kunden aus der Kundenverwaltung (z.B. Transaktionssystem auf dem Host) übernehmen [s. Derungs et al. 1995a, S. 17-19]. Die Überwindung solcher Medienbrüche ist ebenfalls Gegenstand der Desktop-Integration.

4. Analyse relevanter Ansätze

Sowohl das Beispiel mit der Problemabgrenzung in Kapitel zwei als auch die Grundlagen in Kapitel drei haben aufgezeigt, dass die Prozessumsetzung verschiedene Bereiche betrifft. Die nachfolgenden Abschnitte analysieren dazu ausgewählte Ansätze. Dabei geht es nicht darum, bestimmte Lösungen im Detail zu beschreiben. Vielmehr steht das Ziel im Mittelpunkt, die für die Prozessumsetzung relevanten Aspekte und Erkenntnisse bestehender Ansätze herauszuschälen und - sofern notwendig - im Hinblick auf den zu entwickelnden Beschreibungsansatz aufzuarbeiten.

In Abschnitt 4.1. werden einzelne Workflowsysteme aufgeführt, und es wird untersucht, inwieweit sie die Anforderungen an die Prozessumsetzung abdecken. Anschliessend ist zu prüfen, ob nicht bereits Methoden des Prozessentwurfs die geschilderten Probleme ausreichend behandeln (Abschnitt 4.2.) oder herkömmliche Methoden der Informationssystementwicklung die offenen Punke beantworten (Abschnitt 4.3.).

Gegenstand von Abschnitt 4.4. sind mögliche Integrationsansätze, welche die Prozessumsetzung für die Einbindung von heterogenen Applikationen einsetzen kann. Dabei ist insbesondere die Rolle von Workflowsystemen im Rahmen der Integration zu untersuchen und zu definieren.

Abschliessend fasst Abschnitt 4.5. die Ergebnisse der Analyse bestehender Ansätze in einer kurzen Beurteilung anhand der Anforderungen aus Abschnitt 3.2. zusammen.

4.1. Konzepte von Workflowsystemen

Die Definition in Abschnitt 3.1.2. hat den Begriff Workflowsystem grob umschrieben. Dabei ist wesentlich, dass Workflowsysteme einerseits den Prozess abbilden und steuern und andererseits die betrieblichen Applikationen im Ablauf einbinden. Sie nehmen damit die Stellung zwischen dem Prozess und dem Informationssystem ein, wodurch sie die Prozessumsetzung erleichtern sollen. Im folgenden ist aber zu überprüfen, welchen Einfluss Workflowsysteme tatsächlich auf die Prozessumsetzung haben. Hierzu vertieft in einem ersten Schritt der Abschnitt 4.1.1. die allgemeinen Aussagen in bezug auf Workflowsysteme und grenzt sie in Hinblick auf die Problemstellung zusätzlich ab, indem er existierende Ansätze aufführt. Die detaillierte Analyse einer kleinen Auswahl von Workflowsystemen in Abschnitt 4.1.2. dokumentiert, welche Inhalte solche Systeme heute grundsätzlich abdecken. Abschliessend behandelt Abschnitt 4.1.3. die Frage, welchen Beitrag Workflowsysteme aufgrund dieser Analyse im Rahmen der Prozessumsetzung leisten können.

4.1.1. Überblick

Ziel der folgenden Abschnitte ist es, Lösungsansätze von Workflowsystemen detaillierter zu erläutern und damit einerseits mögliche Einsatzbereiche (4.1.1.1.) und andererseits die wichtigsten Ausprägungen (4.1.1.2.) aufzuzeigen. Anschliessend an diese Abgrenzung und Positionierung der Systeme erklärt Abschnitt 4.1.1.3. den groben Aufbau eines Workflowsystems. Ein kurzer Exkurs weist auf unterschiedliche technische Lösungskonzepte hin (4.1.1.4.).

4.1.1.1. Einsatzbereiche für Workflowsysteme

Mit der Identifikation von Einsatzbereichen für Workflowsysteme versuchen verschiedene Autoren, eine geschäftliche Sicht in die oft technische Diskussion miteinzubringen. Einfache Szenarien sollen dabei darlegen, bei welchen betrieblichen Fragestellungen der Einsatz eines Workflowsystems sinnvoll ist. Folgende Ansätze liefern hierzu einen Beitrag:

- Das interdisziplinäre Forschungsgebiet CSCW (Computer-Supported Cooperative Work) befasst sich mit dem Zusammenhang zwischen Informations- und Kommunikationstechnik und kooperativem Arbeiten. Dabei betrachtet es unterschiedliche Kooperationsformen hinsichtlich der zeitlichen und räumlichen Verteilung der Zusammenarbeit (vgl. Raum-Zeit-Matrix nach [Johansen 1988, S. 13-44]) sowie Zusammensetzung der Kooperationspartner und deren Zielsetzung [vgl. Grudin 1994, S. 24-25; Spurr et al. 1994; Palmer/Fields 1994]. Als ein Teilbereich innerhalb der CSCW-Forschung unterstützen Workflowsysteme insbesondere die *zeitlich versetzte (asynchrone) Kommunikation* zwischen *räumlich entfernten Bearbeitern*. Hierzu bilden sie vor allem *dauerhafte*, im Rahmen von organisatorischen Regelungen festgelegte Kommunikationsbeziehungen und Entscheidungskompetenzen ab [s. Hasenkamp/Syring 1993, S. 407; Galler/Scheer 1994, S. 4].

- Zur Positionierung von vier Applikationstypen in der CSCW-Forschungsdisziplin verfeinert [Teufel 1996, S. 40-42] die Raum-Zeit-Matrix zusätzlich um die drei Merkmale der Gruppenarbeit: Kommunikation, Koordination und Kooperation. Daraus leitet die Autoren ab, dass erstens Workflowsysteme zur Unterstützung von betrieblichen Abläufen für räumlich oder zeitlich verteilte Mitarbeiter einsetzbar sind. Diese Aussage entspricht in etwa der bereits erläuterten CSCW-Abgrenzung (s. oben). Zweitens bezieht sich die Unterstützungsfunktion von Workflowsystemen hauptsächlich auf die *Koordination* solcher Arbeitsgruppen, die Kriterien Kommunikation und Kooperation spielen dabei eine geringere Bedeutung.

- Nicht mehr allgemein aus CSCW-Sicht, sondern konkret im Rahmen der Büroarbeit untersuchen [Picot/Rohrbach 1995] mögliche Einsatzbereiche von Workflowsystemen.

Dazu verwenden sie als Grundlage die Typisierung von Büroaufgaben in Routineaufgaben, sachbezogene Aufgaben und Einzelfallaufgaben [vgl. Nippa 1988, S. 90-93; Rau 1991, S. 21-24]. Sie leiten daraus drei Prozesstypen ab, die sie mit einer Reihe von Variablen (Komplexität, Veränderlichkeit, Detaillierungsgrad, Arbeitsteilung und Interprozessverflechtung) beschreiben. Die Typisierung eines Prozesses (einmaliger Prozess, Regelprozess und Routineprozess) hängt von dem im Prozess vorherrschenden Aufgabentyp ab. Aufgrund ihrer Untersuchungen sind Workflowsysteme uneingeschränkt zur Unterstützung von Routineprozessen geeignet, die sich (weitgehend) aus Routineaufgaben zusammensetzen. Der Prozess ist durch eine hohe Determiniertheit geprägt und somit gut programmierbar. Er ist der typische Einsatzbereich für *transaktionsorientierte Workflowsysteme* [vgl. Koulopoulos 1994, S. 2]. Sobald ein Prozess oder ein Grossteil seiner Aufgaben nicht mehr dem Routinetyp zuzurechnen sind, ist ein Workflowsystem nicht mehr beliebig einsetzbar. Regelprozesse sind aufgrund ihrer Komplexität und Veränderlichkeit nur noch begrenzt determiniert. Für sie eignet sich der Einsatz von *ad-hoc-orientierten Workflowsystemen* [vgl. Palermo/McCready 1992; Silver 1994]. Einmalige Prozesse lassen sich wegen der mangelnden Strukturiertheit von Prozess und Aufgaben nicht mehr sinnvoll mit einem Workflowsystem unterstützen[1].

- Eine ähnliche und teilweise identische Klassifikation für Einsatzbereiche von Workflowsystemen leiten [Palermo/McCready 1992] oder auch [Khoshafian/Buckiewicz 1995, S. 223-226] ab. Sie unterscheiden zwischen *Ad hoc, Production und Administrative Workflow*. Dabei untersuchen sie - neben der Ausführungshäufigkeit, Komplexität, Determiniertheit etc. - insbesondere, ob ein Prozess (oder ein Ausschnitt daraus) das Kerngeschäft des Unternehmens (Production) betrifft oder ob er lediglich zur Unterstützung im Bereich der Administration (Administrative) einzuordnen ist. Damit spalten sie im Prinzip die transaktionsorientierte Klasse [s. Koulopoulos 1994; Picot/Rohrbach 1995] in die beiden Subgruppen Production und Administrative auf. Den Einsatzbereich für ad-hoc-orientierte Systeme zerlegen die genannten Autoren nicht weiter. Somit definiert diese Einteilung drei Segmente von Workflowapplikationen in einem Unternehmen. [Lawrence 1996] und beispielsweise [Schmidt 1995] ergänzen die drei Gruppen um den zusätzlichen Typ *Collaborative* (s. Bild 4.1.1.1./1), der aus Sicht der Komplexität, Determiniertheit und Ausführungshäufigkeit dem Ad hoc Workflow zuzuordnen ist. In bezug auf seine hohe Bedeutung für das Kerngeschäft ist er aber mit dem Typ Production vergleichbar.

---

1 Vergleichbare Kriterien verwenden andere Autoren [s. Nastansky 1993; Hasenkamp/Syring 1994, S. 26-28] für die Abgrenzung zwischen Workflow und Workgroup Computing, wobei das letztere grob den Bereich ad-hoc-orientierter Workflowsysteme abdeckt.

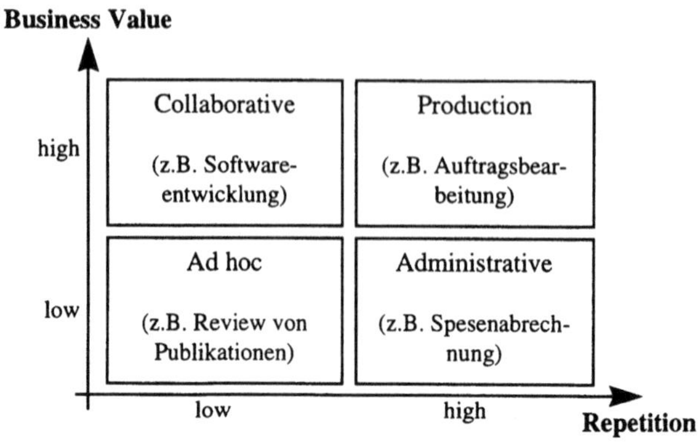

Bild 4.1.1.1./1: Segmente von Workflowapplikationen

Ein Versuch, die Systemtypen von [Picot/Rohrbach 1995] nach ihren Kriterien auf diesen Ansatz anzuwenden, ergibt grob folgendes Bild: Transaktionsorientierte Workflowsysteme decken die Segmente Production und Administrative ab, ad-hoc-orientierte Workflowsysteme werden in den Segmenten Ad hoc und Collaborative eingesetzt.

Weitere Klassifikationen von Workflowsystemen und ihre Einsatzbereiche untersuchen beispielsweise [Carlsen 1995, S. 6-7], [Wersch 1995, S. 102-108] oder [May 1994].

Aus dieser kleinen Auswahl der wichtigsten Ansätze lassen sich drei Folgerungen ziehen:

1) Im Bereich Workflow hat sich noch keine einheitliche Meinung durchsetzen können. Teilweise sind lediglich die unterschiedlichen Begriffe Ursache für diese Situation. In anderen Bereichen hingegen sind auch inhaltliche Unterschiede festzustellen. Ein wichtiger Grund hierfür ist, dass der Workflowmarkt heterogen ist [Moore 1996; Koulopoulos 1994].

2) Zwar lassen sich die verschiedenen Sichten zusammenfassen und liefern eine Reihe von Kriterien, die in ihrer Gesamtheit geeignete Szenarien für den Einsatz von Workflowsystemen strukturell beschreiben [s. Becker 1996, S. 327].

3) Jedoch stammen demgegenüber viele dieser Konzepte aus der Forschung. Ihre Operationalisierung in der Praxis ist häufig schwierig, da einerseits einige Kriterien kaum messbar sind und andererseits die typischen Ausprägungen von Prozessen dieser Art selten existieren [vgl. Marshak 1995b; Halter 1996, S. 176-180]. Sowohl die vorliegenden Ergebnisse aus der Forschung als auch die gemachten Erfahrungen in der Praxis erlauben an dieser Stelle zur Zeit noch keine eindeutige Abgrenzung.

Gerade aufgrund dieser Schwierigkeiten will die vorliegende Arbeit nicht ein möglichst breites Verständnis für den Begriff Workflowsystem wecken. Für einen in diesem Bereich zu weit gefassten Begriff würde sich kaum ein allgemeingültiger Beschreibungsansatz finden lassen, da sehr verschiedenartige Produkte zu berücksichtigen wären. Eine Abgrenzung soll dieses Risiko reduzieren.

Bereits die gewählte Methode für den Prozessentwurf bestimmt weitgehend, welche Produkte daraus zu beachten sind (s. Abschnitt 3.2.2. und 3.2.3.). In Anlehnung an PROMET BPR handelt es sich vorwiegend um gut standardisierbare Prozesse, die sowohl eine hohe strategische Bedeutung als auch eine entsprechende Ressourcenbindung (z.B. hohe Ausführungshäufigkeit) aufweisen sollen [s. IMG 1995, S. TECH 11]. Für solche Prozesse eignen sich - gemäss den aufgeführten Kriterien - vor allem transaktionsorientierte Workflowsysteme.

4.1.1.2. Ausprägungen von Workflowsystemen

Viele Softwarehersteller bieten heute Produkte mit der Bezeichnung Workflow an, welche einerseits meistens der groben Beschreibung entsprechen und andererseits einem bestimmten Typ (vgl. Abschnitt 4.1.1.1.) zuordenbar sind. Ihre Ausprägungen sind aber vielfältig:

- So gibt es beispielsweise im Bereich Bürokommunikation Systeme für das Dokumentenmanagement, die Schriftgutverwaltung, die Formularbearbeitung, das Imaging etc., welche Funktionalitäten sowohl für die Spezifikation von Dokumenten, Formularen etc. im Prozess als auch für die Definition und Steuerung des Ablaufs besitzen [s. Kränzle 1995; Berndt/Leger 1994]. Ähnlich erweitern auch Anbieter von Standardanwendungssoftware ihre Pakete um Workflowfunktionalität, um die Implementierung von Geschäftsprozessen zu unterstützen. Dabei kann bei der Einführung der Software z.B. die Ablauffolge von Transaktionen auf Basis von bereits abgebildeten Referenzprozessen den Bedürfnissen des Unternehmens angepasst werden [vgl. SAP 1995]. Die Steuerung des implementierten Prozesses übernimmt das Softwarepaket [vgl. Wächter et al. 1995; Fritz 1994]. In diesen Applikationen sind Funktionalitäten eines Workflowsystems eingebettet (s. Embedded Workflow in Bild 4.1.1.2./1 [vgl. Stark/Lachal 1995, S. 74-75]).

- Demgegenüber sind auf dem Markt auch Produkte verfügbar, welche lediglich den Entwurf der Ablauffolge von Prozessen und deren Steuerung ermöglichen. Sie konzentrieren sich ausschliesslich auf die Ablaufsteuerung und integrieren für die Ausführung der Arbeit die erforderlichen Applikationen. Es handelt sich dabei um "reine" Workflowsysteme [vgl. Hales/Lavery 1991, S. 65; Stark/Lachal 1995, S. 74-75]. Sie trennen die

Ablaufsteuerung von den betrieblichen Applikationen (s. Modular Approach in Bild 4.1.1.2./1 [vgl. Marshak 1994, S. 18-19]).

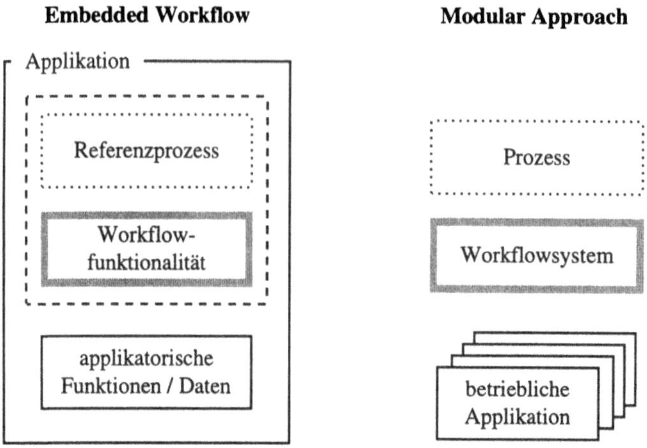

Bild 4.1.1.2./1: Zwei Ansätze von Workflowsystemen

- Als dritte Variante besteht die Möglichkeit, ein Workflowsystem selbst zu entwickeln oder die Steuerung von z.B. Transaktionen in einer eigenentwickelten Applikation fest auszuprogrammieren. Dieser Weg ist sehr aufwendig und heute - da eine grosse Auswahl von Workflowsystemen auf dem Markt besteht - nur in den seltensten Fällen zu wählen [s. Stark/Lachal 1995, S. 74-75]. Früher war dies jedoch eine praktikable Lösung. Verschiedene Unternehmen haben auf diese Art und Weise bereits vor mehreren Jahren Abläufe z.B. in Applikationen auf Grossrechnern implementiert. Aus dieser Sicht handelt es sich beim Thema Workflow nicht um etwas fundamental Neues [Leymann et al. 1995, S. 2; Götzer 1995, S. 47-48].

Im folgenden konzentriert sich die Arbeit aufgrund der Problemstellung auf "reine" Workflowsysteme (Modular Approach). Im Vordergrund steht die Integration von bereits existierenden Applikationen und nicht der Ersatz des vorhandenen Informationssystems durch Standardsoftware bzw. Eigenentwicklung. Im weiteren hat die Prozessumsetzung das Ziel, die Ablaufsteuerung aus den betrieblichen Applikationen herauszulösen (vgl. Abschnitt 3.2.4.).

4.1.1.3. Komponenten eines Workflowsystems

Ein Workflowsystem unterstützt sowohl die Spezifikation von Prozessen als auch ihre aktive Steuerung während der Ausführung. Es setzt sich aus den Grundkomponenten Entwicklungs- und Laufzeitumgebung zusammen [s. Ellis/Nutt 1996; Jablonski 1995a, S. 67-70; WfMC 1996a]:

- Einerseits bildet es einen Prozess ab und implementiert ihn. Die Spezifikation eines Prozesses geschieht in der *Entwicklungsumgebung*. Das Ergebnis dieser Modellierung sind Workflowtypen, die das Workflowsystem in einem Repository verwaltet. Auftrag Neuanschluss, Kündigung, Reklamation sind Beispiele von Workflowtypen der Telefon AG.
- Andererseits ist neben der Entwicklungsumgebung eine *Laufzeitumgebung* nötig, welche die Durchführung einer Workflowinstanz auf Basis von im voraus definierten Workflowtypen sowohl steuert und kontrolliert als auch die Interaktionen mit dem Benutzer ermöglicht. Workflowinstanzen sind konkrete Ausprägungen von Workflowtypen, z.B. Kündigung des Kunden F. Meier vom 12. Juli 1995, Reklamation der Neukauf AG vom 25. November 1995.

Bild 4.1.1.3./1 beschreibt den Zusammenhang zwischen Entwicklungs- und Laufzeitumgebung. Während der Laufzeit generiert zuerst das Workflowsystem auf Basis der spezifizierten Workflowtypen aus dem Repository eine Workflowinstanz und interpretiert sie anschliessend. Damit steuert bzw. überwacht es den Ablauf von Geschäften - d.h. Workflowinstanzen - zwischen den beteiligten Stellen nach Vorgaben der Spezifikation aktiv. Zu jedem Workflowtyp können gleichzeitig mehrere Workflowinstanzen (in unterschiedlichen Bearbeitungszuständen) existieren [Stark/Lachal 1995, S. 29-30; Erdl/-Schönecker 1995, S. 28-31; Leymann et al. 1995, S. 4].

Die Laufzeitumgebung ermittelt die nächsten auszuführenden Aktivitäten, informiert die dafür Verantwortlichen mit Hilfe der Arbeitsliste und überwacht deren fristgerechte Erledigung. Wählt der Benutzer im Postkorb einen Eintrag aus, stellt das Workflowsystem die notwendigen Informationen bereit und startet automatisch die erforderlichen Programme (aus den betrieblichen Applikationen) zur Ausführung einer Aktivität. Zu einer Workflowinstanz führt es während ihrer Lebenszeit für die Prozessführung ein Protokoll (Historie). Die Gremien der Prozessführung verwenden diese Daten für die Weiterentwicklung des Prozesses, d.h. sie bilden die Grundlage für kleinere oder auch grössere Veränderungen von Workflowtypen [vgl. Galler/Scheer 1994, S. 10; Heilmann 1994, S. 14].

Der Benutzer kommuniziert einerseits mit dem Workflowsystem direkt, indem er mit Hilfe einer Arbeitsliste (Postkorb) über zu bearbeitende Geschäfte informiert wird und daraus Einträge auswählen kann. Andererseits kommuniziert er mit den Applikationen, die das System zur Erledigung von Aktvitäten aufruft [vgl. Hollingsworth/Wharton 1994, S. 39-43].

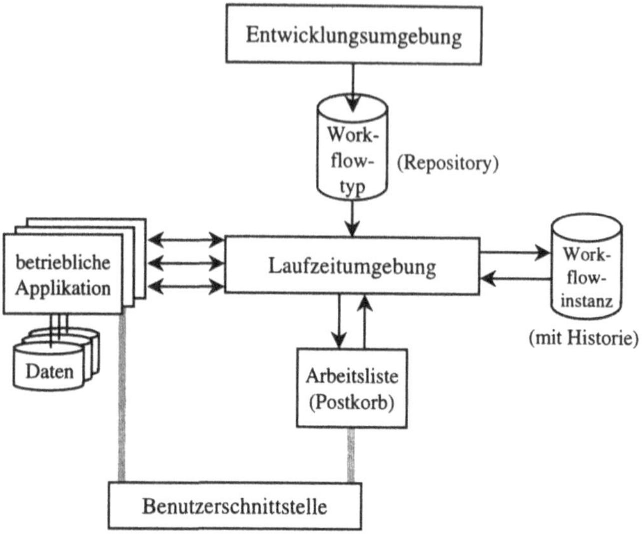

Bild 4.1.1.3./1: Komponenten eines Workflowsystems

Kriterienkataloge formulieren z.B. für die Evaluation konkrete Anforderungen an diese Komponenten der Workflowsysteme [s. BFG 1996; Derungs et al. 1995a; Marshak 1992]. Verfügbare Marktstudien aus der Praxis [s. Stark/Lachal 1995; Erdl/Schönecker 1995; Lippold et al. 1993] und aus der Forschung [s. Kock et al. 1995; Kirn 1995; Wersch 1995; Chroust/Bergmann 1995, S. 80-84] analysieren Workflowsysteme anhand solcher Kriterien. Zur Vertiefung liefern beide Quellen ausführliche und strukturierte Informationen über Fragen in diesem Bereich, weshalb sie an dieser Stelle bewusst nicht weiter aufgeführt werden.

Entsprechend der Problemstellung in Kapitel zwei geht es in dieser Arbeit vorwiegend um das Abbilden von Prozessen mit Hilfe eines Workflowsystems, d.h. im Vordergrund steht die Gestaltung von Workflowtypen in der Entwicklungsumgebung. Im folgenden wird zur Vereinfachung für Workflowtyp nur der Begriff *Workflow* verwendet. An den wenigen Stellen in der Arbeit, wo jedoch Workflowinstanzen zu untersuchen sind, wird darauf besonders hingewiesen.

4.1.1.4. Technische Lösungskonzepte

Die Vielfalt der verfügbaren Workflowsysteme äussert sich auch in der Art ihrer technischen Realisierung. Ihnen liegen unterschiedliche Lösungskonzepte zugrunde. [Marshak 1994, S. 22-30] unterscheidet die drei Architekturmodelle Mail-Based Model, Shared Database Model und Client/Server Database Model [vgl. auch Medina-Mora 1992]. Eine ähnliche Aufteilung wählt auch [Khoshafian/Buckiewicz 1995, S. 220] mit den beiden

Gruppen Message Based Workflow und Server Based Workflow. Dieselbe Klassifikation schlagen auch [Stark/Lachal 1995, S. 35-38] vor, jedoch verwenden sie dafür die Begriffe Forms-Based und Engine-Based. Aus Sicht des Client/Server Modells identifiziert [Muth 1995a] vier Varianten, um Workflowsysteme zu implementieren: Connected, Remote, Store & Forward und Fault Tolerant. Die aufgeführten Konzepte, die trotz unterschiedlicher Begriffe grosse Gemeinsamkeiten besitzen, sind in den angegebenen Literaturstellen ausführlich beschrieben. Sie werden an dieser Stelle bewusst nicht weiter verfolgt, da sie hauptsächlich die Laufzeitumgebung charakterisieren, wie beispielsweise das System ein Arbeitspaket von einer Stelle zur anderen transportiert. Sie betreffen die Entwicklungsumgebung, welche in dieser Arbeit im Mittelpunkt steht, nur am Rande.

Zur Koordination dieser unterschiedlichen Entwicklungen (vgl. Abschnitt 4.1.1.1. bis 4.1.1.4.) im Bereich Workflow auf dem Markt, aber auch an Universitäten, hat die Workflow Management Coalition (WfMC)[1] ein Referenzmodell für Workflowsysteme erstellt. Anwender haben sich in der Black Forest Group (BFG) vereinigt. Ihr erstes Arbeitsergebnis ist die Spezifikation von Anforderungen an Workflowsysteme [s. BFG 1996]. Es bleibt zu hoffen, dass diese Gremien die erwähnten Unklarheiten in naher Zukunft bereinigen werden.

4.1.2. Vergleich von Workflowsystemen

Die Entwicklung eines systematischen Vorgehens für die Einführung von Workflowsystemen setzt vertiefte Kenntnisse über sie voraus. Insbesondere sind die gemeinsamen Gestaltungsbereiche von heute verfügbaren Workflowsystemen zu identifizieren, um die Methode darauf auszurichten. Die gemachten Ausführungen zu diesem Begriff haben erst einen Überblick vermittelt und damit die Themenstellung abgegrenzt. Das reicht aber bei weitem nicht aus.

Zahlreiche Marktstudien aus der Praxis sowie verschiedene Arbeiten aus der Forschung bieten hierzu viel Information. Vorhandene Untersuchungen erstellen umfangreiche Analysen [vgl. Stark/Lachal 1995; Götzer 1995; Lippold et al. 1993] oder geben einen groben Überblick über eine Auswahl von Systemen [vgl. Jablonski 1995a; Kirn 1995; Kock et al. 1995], beschreiben und vergleichen die Funktionen von Workflowsystemen [vgl. Erdl/-Schönecker 1995], erstellen Profile über technische Anforderungen [vgl. IMACO 1995], beschränken sich auf einzelne Aspekte [vgl. Derungs et al. 1995b] oder dokumentieren Erfahrungen aus Laborstudien [vgl. Heinrich et al. 1995; Damschik/Häntschel 1995].

---

[1] Die Workflow Management Coalition (WfMC), 1993 gegründet, ist eine internationale non-profit Organisation. Ihr Ziel ist die Entwicklung von Standards für (1) Workflowterminologie, (2) Interoperabilität und (3) Connectivity. Ihre Mitglieder repräsentieren Hersteller, Anwender und Vertreter aus der Forschung (s. Abschnitt 4.4.3.)

Die Ergebnisse dieser Vergleiche anhand von Anforderungen enthalten meistens eine Bewertung der Produkte. Es fehlt in diesem breiten Spektrum von Erhebungen die Identifikation der wesentlichen gemeinsamen Gestaltungsbereiche der ansonsten so verschiedenartigen Systeme. Der folgende kurze Vergleich will nicht Produkte bewerten, sondern im Überblick aufzeigen, welche Elemente die Methode in Kapitel fünf aus Sicht der Workflowsysteme abdecken muss. Er soll dokumentieren, was ein Workflowsystem im Rahmen der Prozessumsetzung leisten kann, d.h. welche Bereiche der Modellierung es betrifft, und damit das Dokumentationsmodell der Entwicklungsumgebung beschreiben.

Drei Aspekte charakterisieren den Vergleich: die Auswahl der Systeme, der angewendete Beschreibungsansatz und die verwendeten Quellen.

Systemauswahl

Die nachfolgende Untersuchung erstreckt sich auf folgende sechs Workflowsysteme[1]:

- COSA Workflow (Software-Ley)
- FlowMark (IBM)
- OPEN/workflow (Wang)
- Staffware (Staffware)
- Visual WorkFlo (FileNet)
- Work Party (Siemens Nixdorf)

Die Produkte wurden aus rund 30 grob untersuchten Workflowsystemen ausgewählt. Ausschlaggebend für die Wahl sind die dieser Arbeit zugrundeliegende Begriffsdefinitionen (s. Abschnitt 3.1.2.) sowie die weiteren begründeten Abgrenzungen (s. Abschnitt 4.1.1.). Zusätzlich berücksichtigt der Vergleich nur Produkte, die auf dem Markt heute verfügbar sind[2].

Diese Auswahl erlaubt nur einen Einblick in das umfangreiche Gebiet der Workflowsysteme. Sie kann somit das Thema vor allem illustrieren und mit Beispielen aus der Praxis dokumentieren.

---

1 Die Produkte sind in alphabetischer Reihenfolge aufgeführt. Ein Teil der genannten Firmen- und Markennamen unterliegt dem marken-, patent- und warenzeichenrechtlichen Schutz.

2 Verschiedene Workflowsysteme aus (universitärer) Forschung beschreibt beispielsweise [Wersch 1995, S. 109-145].

Beschreibungsansatz

Die Beschreibung der einzelnen Systeme soll aufzeigen, welche Gestaltungsbereiche sie abdecken. Die Darstellung soll das von ihnen jeweils verwendete Begriffssystem transparent machen. Dazu werden in der Arbeit Metamodelle verwendet, welche es ermöglichen, die den ausgewählten Produkten zugrundeliegenden Modelle übersichtlich zu strukturieren [van Gigch 1991, S. 255-258]. Die Metamodelle zeigen auf, was die Hersteller in ihren Produkten unter Workflow verstehen und was sie in der Entwicklungsumgebung abbilden können. Vergleiche von Entwurfsmethoden für Informationssysteme [vgl. Heym 1993] oder für Prozesse [vgl. Hess/Brecht 1995] benutzen erfolgreich für diesen Zweck ebenfalls Metamodelle. Im Bereich Workflow haben sich unter anderem bereits [Jablonski 1994], [Engel 1995] oder [Galler 1995] mit Metamodellen beschäftigt. Sie verfolgen damit jedoch das Ziel, ihr Modell eines Workflowsystems zu beschreiben. [zur Mühlen/Rosemann 1996] setzt Metamodelle für einen sehr detaillierten Vergleich von zwei Produkten ein.

Der Beschreibungsansatz wählt zur Darstellung der Metamodelle vereinfachte ER-Diagramme (Entity-Relationship-Diagram) [s. Chen 1976]. Die spezielle Notation unterscheidet Komponenten (Knoten) und Beziehungen (gerichtete Kanten). Eine Komponente ist ein Gestaltungsobjekt des Workflowsystems wie z.B. Aktivität, Stelle, Programm. Der Aggregationsgrad der Objekte richtet sich alleine nach dem Aggregationsgrad der Betrachtung in der Entwicklungsumgebung des Workflowsystems.

Beziehungen repräsentieren logische Verknüpfungen zwischen Metamodell-Komponenten, beispielsweise die Beziehung zwischen Aktivität und Programm. Die Pfeile zeigen die Leserichtung an. Ein Bogen stellt ein exklusives ODER zwischen Metamodell-Komponenten dar.

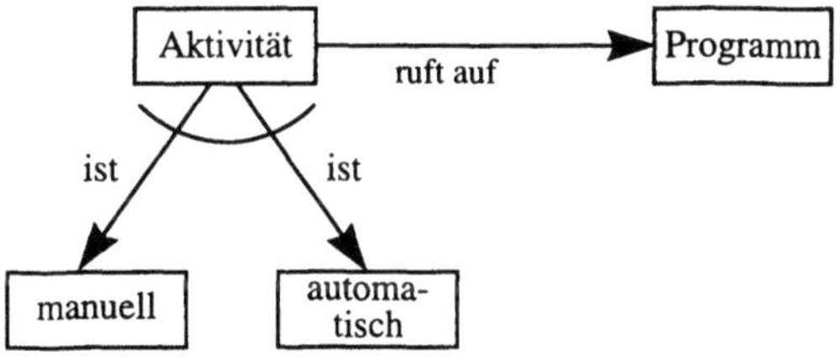

Bild 4.1.2./1: Beispiel für die Notation des ER-Diagramms

Der Vergleich beschränkt sich zur Identifikation der wesentlichen Gestaltungsbereiche von Workflowsystemen auf diese Übersichtsdarstellung in der beschriebenen Form und verzichtet auf eine weitere Detaillierung durch die Angabe von Attributen oder das Auflösen der Beziehungen.

Eine verbale Beschreibung ergänzt die grafische Übersichtsdarstellung der Produkte.

Quellen

Die Darstellung erfolgte auf Basis der zur Verfügung stehenden Publikationen (Bücher, Marktstudien, Zeitschriftenartikel, Konferenzbeiträge), interner Materialien (Handbücher, Schulungsunterlagen) sowie Installationen der Software in Projekten. Diskussionen mit einzelnen Vertretern der Hersteller (s. Anhang II) vertieften die Dokumentenanalyse.

Die detaillierte Erhebung wurde im Juli 1995 abgeschlossen. Eine Aktualisierung der Ergebnisse aufgrund der Weiterentwicklungen der Systeme erfolgte im ersten Halbjahr 1996. Im August 1996 haben die Hersteller die folgenden Darstellungen zur Veröffentlichung freigegeben.

4.1.2.1. COSA Workflow

COSA Workflow ist eine Komponente aus der Produktfamilie COSA (*Co*mputerunterstützte *Sa*chbearbeitung), welche das deutsche Dienstleistungsunternehmen Software-Ley GmbH entwickelt hat [s. Ley 1994; Ley 1995a; Ley 1995b; Ley 1996]. Seit 1990 ist das Produkt auf dem Markt verfügbar. Seine Ziele sind die Modellierung und Simulation der Geschäftsprozessorganisation sowie ihre Realisierung in einer elektronischen Vorgangsbearbeitung. Es soll insbesondere Archivsysteme und Grossrechneranlagen in den Ablauf einbinden.

Metamodell

Zentrales Dokument in der Entwicklungsumgebung von COSA Workflow ist die *Ablaufdefinition*, welche das Gerüst für einen Ablauf darstellt. Sie setzt sich aus mehreren Aktivitäten zusammen und bestimmt ihre Ablauffolge. Eine *Aktivität* ist der kleinste ausführbare Bestandteil eines Ablaufs, der von einer Person zu einem bestimmten Zeitpunkt zu bearbeiten ist. Eine Ablaufdefinition besitzt eine Start- und eine Ende-Aktivität. Eine Call-Aktivität startet einen *Sub-Ablauf*, der eine eigene Ablaufdefinition besitzt und synchron oder asynchron zum aufrufenden Ablauf ausgeführt wird. Eine normale Aktivität ruft mehrere Prozesse (Einzelschritte) auf, die hintereinander auszuführen sind.

Ein *Prozess* ist eine Einzeltätigkeit, die bei der Bearbeitung einer Aktivität auszuführen ist. Beispiele von Prozessen sind: Bearbeitung eines Textes, Ausfüllen eines Formulars, Anzeigen eines Dokuments am Bildschirm, Aufruf betrieblicher Anwendungen oder auch nur ein akustisches Signal am Arbeitsplatz. Eine Aktivität kann auch keine Prozesse aufrufen, wenn sie dem Anwender lediglich zur Wahl des weiteren Ablaufpfads (welcher Zweig der Ablaufdefinition für das Geschäft relevant ist) dient. Zusätzlich unterscheidet COSA zwischen Client- und Serverprozess. Clientprozesse sind Prozesse, welche der Benutzer in seiner Memobox (Postkorb, Arbeitsliste) auswählen, (sequentiell oder parallel) ausführen und bestätigen muss. Demgegenüber laufen Serverprozesse automatisch auf dem Server (sequentiell) ab. Eine spezielle Tabelle in der Datenbank von COSA verwaltet alle (externen) Programme, die von den Prozessen aufgerufen werden können.

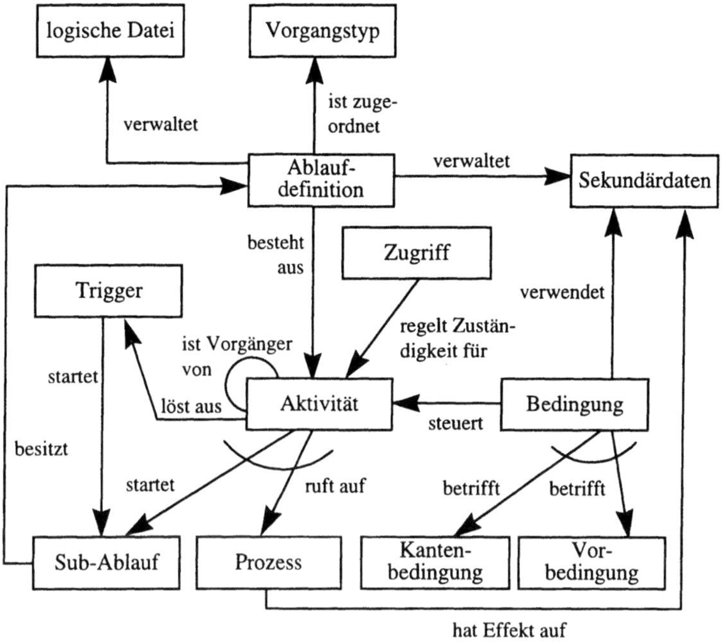

Bild 4.1.2.1./1: Metamodell zu COSA Workflow

Für die feine Steuerung des Ablaufs stehen *Bedingungen* zur Verfügung. *Kantenbedingungen* dienen dazu, Fallunterscheidungen automatisch durchzuführen. Sie sind auf den Kanten zwischen Aktivitäten positioniert. Zusätzlich ist eine Aktivität erst dann ausführbar, wenn alle *Vorbedingungen* erfüllt sind. Für die Formulierung von Bedingungen verwendet das System Variablen, welche die Ablaufdefinition als *Sekundärdaten* verwaltet. Es handelt sich dabei um solche Daten, die das Workflowsystem zur Steuerung des Ablaufs benützt. Die Prozesse haben Effekte (z.B. Lesen, Schreiben) auf Sekundärdaten und können so Werte von Bedingungen beeinflussen. Die Primärdaten sind in den betrieblichen Applikationen gespeichert.

Weitere Attribute beschreiben die Aktivitäten im Detail (z.B. Eintrag in Memobox, Priorität, Überspringen, Weiterleiten, Rücksetzen). Zusätzlich können Aktivitäten auch Termine besitzen, die bei ihrer Überschreitung *Trigger* auslösen können. Ein Trigger startet, sobald das Ereignis eintrifft, beispielsweise eine Aktivität in einem anderen Ablauf (Sub-Ablauf).

Ein wichtiger Aspekt betrifft die Festlegung der *Zugriffe* auf eine Aktivität, d.h. die Zuständigkeit für die Ausführung. Eine Liste definiert die Benutzer, denen der Zugriff gewährt oder verweigert wird.

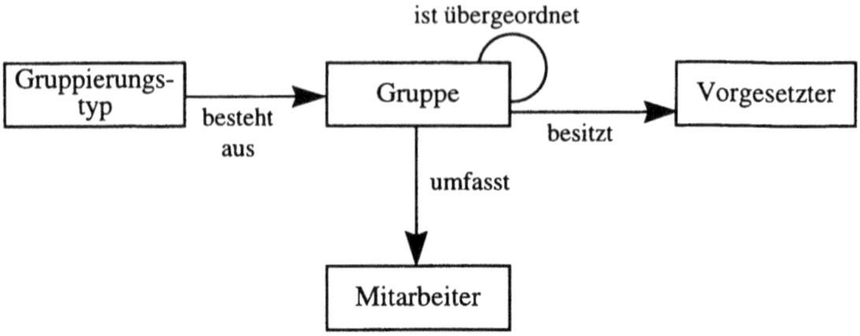

Bild 4.1.2.1./2: Elemente der Aufbauorganisation in COSA Workflow

Die Formulierung der Zugriffsrechte baut auf den Elementen der Aufbauorganisation auf (s. Bild 4.1.2.1./2). Ein Unternehmen kann mehrere *Gruppierungstypen* (Hierarchien) umfassen. Ein Gruppierungstyp besteht aus mehreren Gruppen, die hierarchisch strukturiert sind. Eine *Gruppe* fasst mehrere *Mitarbeiter* zusammen und besitzt einen *Vorgesetzten*. Ein Mitarbeiter kann innerhalb eines Gruppentyps nur Mitglied einer Gruppe sein, hingegen kann er in Gruppen anderer Gruppentypen aufgenommen werden.

Die Ablaufdefinition ist einem bestimmten *Vorgangstyp* zugeordnet. Ein Vorgangstyp "Bestellung" setzt sich beispielsweise zusammen aus den Ablaufdefinitionen von "Bestellung ausfüllen", "Bestellung versenden", "Ware entgegennehmen" und "Rechnung begleichen". Ein Vorgangstyp fasst Ablaufdefinitionen zu einer logischen Gruppe zusammen und verwaltet für sie *logische Dateien*. Es handelt sich dabei um logische Namen, denen während der Laufzeit existierende Dateien (z.B. Dokumente, Images) zugeordnet werden können.

Weiterführende Angaben

Für die Modellierung der Ablaufdefinition verwendet der Entwickler den *CO*SA *N*etzwerk *E*ditor (CONE). Es ist eine grafische Darstellung in Form eines erweiterten Petrinetzes. Der CONE speichert alle Informationen in einem Ablaufskript (Textdatei). Ein Compiler liest dieses Skript und übersetzt es in die Datenbank von COSA.

Für die Gestaltung der Aufbauorganisation steht der *CO*SA *U*ser *E*ditor (COUE) zur Verfügung. Es handelt sich ebenfalls um einen grafischen Editor, der die Informationen entweder in einer Datei oder in der COSA Datenbank abspeichert.

Während der Laufzeit generiert das System aus einer Ablaufdefinition einen *aktiven Ablauf*. Ein Vorgang fasst aktive Abläufe in einer Akte zusammen. Eine Akte ist beispielsweise ein Versicherungsfall, ein Projekt oder ein Auftrag.

4.1.2.2. FlowMark

IBM bietet seit 1993 das Produkt FlowMark an [IBM 1996a; IBM 1996b; Leymann et al. 1995; Leymann/Altenhuber 1994]. Die Firma verfolgt mit dem Einsatz von FlowMark das Ziel, Geschäftsprozesse in einem Unternehmen (neu) zu gestalten und übersichtlich zu dokumentieren. Das System erlaubt im weiteren die aktive Steuerung der Prozesse und baut grundsätzlich auf vorhandenen betrieblichen Applikationen auf. In bezug auf das Informationssystem soll es die betriebliche Ablauflogik aus den Anwendungen herauslösen und so ihre Wartbarkeit, Anpassungsfähigkeit etc. verbessern.

Metamodell

Das Dokumentationsmodell in FlowMark ist das Workflow Model (synonym für Process Model), das die vollständige Spezifikation repräsentiert. Es besteht aus Process Diagram, Staff Definitions, Programs und Data Structures.

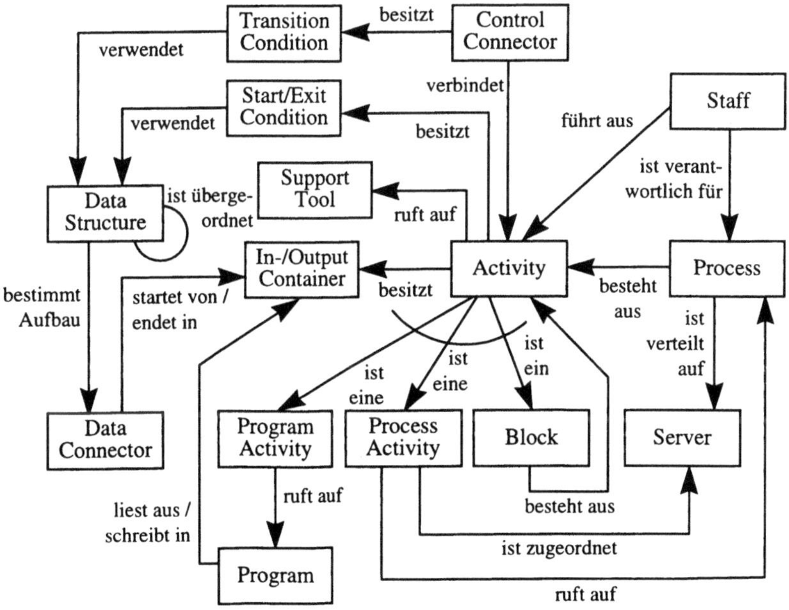

Bild 4.1.2.2./1: Metamodell zu FlowMark

Ein *Process* setzt sich aus mehreren Activities zusammen, die auszuführen sind, um den Process abzuschliessen. Er ist das oberste Element im Workflow Model von FlowMark. Das Unternehmen kann einen Process auf mehrere *Server* verteilen. Eine *Activity* ist ein Schritt in einem Process und repräsentiert die Einheit, welche zur Bearbeitung einer Person zugewiesen ist. Eine Activity kann eine Program Activity, eine Process Activity oder einen Block darstellen.

- Eine *Program Activity* bindet eine externe Anwendung ein, welche entweder automatisch abläuft oder mit welcher der Benutzer interaktiv die Activity abarbeiten kann.
- Eine *Process Activity* ruft einen anderen Process auf und erstellt für diesen während der Laufzeit eine neue Instanz.
- Ein *Block* setzt sich aus mehreren Activities zusammen und ist ein spezielles Konstrukt für die Modellierung. Damit kann der Entwickler einerseits einen komplexen Process über mehrere Detaillierungsebenen zerlegen und strukturieren. Andererseits ermöglicht der Block sowohl die Abbildung von Schleifen (Wiederholung von einer oder mehreren Activities) als auch die Implementierung von Bundles. Ein Bundle unterstützt das mehrfache Erzeugen von Ausprägungen einer Program bzw. Process Activity während der Laufzeit (Instantiierung), auch wann dies nicht determinierbar ist.

Control Connectors bestimmen die Ablauffolge (Control Flow) der Activities in einem Process. Ein Control Connector hat eine Activity als Ursprung und eine andere als Ziel. Eine *Transition Condition* nutzt prozessrelevante Daten aus dem Output Container einer Activity und ist ein logischer Ausdruck, der mit einem Control Connector verbunden ist. Er legt fest, in welchen Situationen die Verbindung zwischen zwei Activities in der Ablauffolge erlaubt ist oder nicht, d.h. die Transition Condition wird zu "wahr" oder "unwahr" evaluiert.

Weitere Bedingungen zur Steuerung des Ablaufs sind in der Activity definiert: Die *Start* Condition spezifiziert, wann eine Activity mit eingehenden Control Connectors (d.h. die Activity ist das Ziel) ausführbar ist. Sie hängt von den Control Connectors und damit auch von den Transition Conditions ab. Beispielsweise ist eine Activity ausführbar (d.h. die Start Condition wird zu "wahr"), wenn ein (OR) oder alle (AND) Control Connectors erfüllt sind. Die *Exit* Condition legt fest, wann eine Activity (Program, Process oder Block Activity) als beendet erklärt ist. Ist eine Exit Condition "wahr", interpretiert das System die ausgehenden Control Connectors.

Activities tauschen untereinander Daten aus. Dazu besitzt eine Activity einen Data *Container*: der Entwickler kann von einem *Output* Container vorausgehender Activities

Daten dem *Input* Container einer nachfolgenden Activity zuweisen[1]. Den daraus resultierenden Datenfluss zwischen Activities beschreibt FlowMark mit Hilfe von *Data Connectors*. Ein Data Connector verbindet einen Output Container einer Activity mit dem Input Container einer anderen. Von einem Output Container ein oder mehrere Data Connectors ausgehen können, bzw. in einen Input Container ein oder mehrere Data Connectors eingehen können. Eine *Data Structure* bestimmt den Aufbau der Data Containers sowie den Datentransfer zwischen Activities (Data Connector). Sie setzt sich aus einer Liste von Variablen (in FlowMark als Members bezeichnet) zusammen, die vom Typ String, Long, Floating Point oder Structure sind. Eine Data Structure kann selbst wieder mehrere Data Structures umfassen. Bei diesen in FlowMark verwalteten Daten handelt es sich um prozess- und steuerungsrelevante Daten.

Ein *Program* ist eine ausführbare Applikation, welche die Arbeit einer Program Activity unterstützt. Bei seinem Aufruf kann es Daten aus dem Input Container der Program Activity lesen, und am Ende seiner Ausführung kann es Daten in ihren Output Container schreiben. Damit ist der Austausch von prozess- und steuerungsrelevante Daten (z.B. Auftragsnummer, Kundennummer) für den Process zwischen betrieblichen Applikationen und FlowMark sichergestellt.

Zu einer Program Activity kann der Entwickler zu ihrer Unterstützung zusätzlich *Support Tools* definieren, welche dem Benutzer zur Verfügung stehen, und die er beliebig oft aus der Activity heraus starten kann (z.B. ein Kalkulationsprogramm während der Interaktion mit dem Hauptprogramm). Sie sind nicht als separate Activities spezifiziert - sondern als eigenständige Programme registriert - und erscheinen deshalb auch nicht im grafischen Process Diagram. Im Unterschied zu einem Program kann ein Support Tool den Input Container seiner Activity lesen, hingegen kann es nicht in ihren Output Container schreiben.

Der *Staff* ist für die Ausführung einer Activity verantwortlich. Es handelt sich dabei um einen Ausdruck, der aus verschiedenen Elementen der Aufbauorganisation (s. Bild 4.1.2.2./2) bestehen kann.

In FlowMark sind für die Definition der Aufbauorganisation folgende Elemente vorgesehen: Ein Unternehmen besteht aus *Organizations*, die hierarchisch strukturiert sind. Eine Organization hat einen Manager und umfasst mehrere *People* (Benutzer) als Mitglieder. Ein Benutzer ist genau einer Organization zugeordnet und kann aber mehrere *Roles* übernehmen. Eine Role beschreibt die Funktion, welche ein oder mehrere Benutzer im Unternehmen innehaben. Ihr steht ein Coordinator vor. Für Benutzer sind Stellvertre-

---

[1] Auch ein Process besitzt - was im Metamodell nicht dargestellt ist - einen Input bzw. Output Container, um ihm beim Aufruf über die Programmierschnittstelle (API) Eingangsdaten übergeben zu können.

tungen möglich. *Level* ist eine zusätzliche Beschreibung von People. Sie drückt mit einer Zahl von 0 bis 9 die Erfahrungsstufe der Mitarbeiter aus.

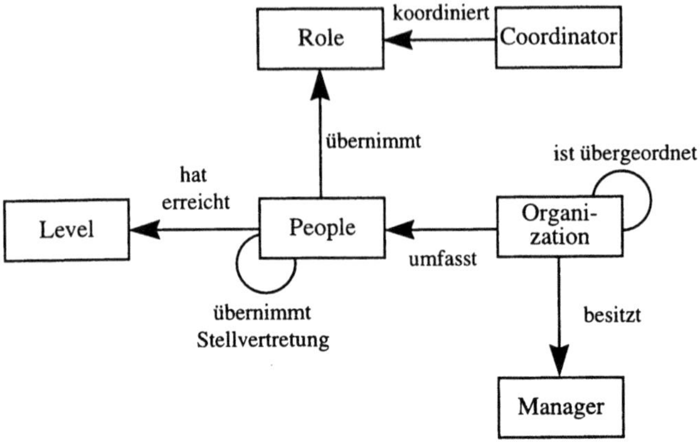

Bild 4.1.2.2./2: Elemente der Aufbauorganisation in FlowMark

Weiterführende Angaben

Für die Abbildung der Gestaltungsbereiche bietet FlowMark sechs Komponenten an. Die *Staff Definition* dokumentiert die Aufbauorganisation eines Unternehmens. Mit Hilfe der *Process Modeling* definiert, animiert und prüft der Entwickler das Process Model, d.h. Processes, Activities und Connectors. Für den Aufruf von Applikationen aus Program Activities definiert die *Program Registration* die dafür ausführbaren Progamme, um damit die Trennung zwischen betrieblicher Ablauflogik und Applikationslogik zu unterstützten. Die *Data Structure Definition* strukturiert und verwaltet den Aufbau der Steuerdaten, welche das Process Model in den Data Containers verwendet. Für die Verteilung von Processes bietet die *Server Definition* die verfügbaren FlowMark Server an. Zusätzlich stehen *Import- und Export-Funktionen* zur Verfügung.

Das Process Diagram ist eine grafische Darstellung mit einer eigenen Notation, in der Knoten die Activities und gerichtete Kanten die Connectors (Control oder Data) repräsentieren. Basis ist ein gerichteter gewichteter Graph.

Die Entwicklungsumgebung speichert alle Daten über das Process Model in der FlowMark Datenbank ab. Der Entwickler kann diese Angaben in eine Skriptdatei mit dem Format *F*lowMark *D*efinition *L*anguage (FDL) exportieren bzw. ein FDL-Skript in die Datenbank importieren.

Hat der Entwickler den Entwurf für das Process Model sowie die Implementierung aller erforderlichen Programme abgeschlossen, kann er das Ergebnis in die Laufzeitumgebung transformieren. Danach steht dem Benutzer zu diesem Process Model ein Template zur Verfügung, zu dem er beliebig viele Instanzen generieren kann.

4.1.2.3. OPEN/workflow

Die Wang Work Management Software setzt sich aus zwei Produkten zusammen: OPEN/image ist ein System zur Verwaltung elektronischer Objekte bzw. Dokumente, und OPEN/workflow kann betriebliche Prozesse automatisieren und Führungsgrössen erheben, wobei dokumentenintensive Abläufe im Vordergrund stehen [s. Wang 1995a; Wang 1995b; Wang 1995c; Wang 1995d]. Seit 1993 bietet Wang OPEN/workflow an, wobei die neueste Version 3.0 erkennbare Veränderungen im Vergleich zu älteren Versionen aufweist.

Metamodell

Ein *Workflow* beschreibt, wie die Arbeit in einem Unternehmen von einer Stelle zur anderen ablaufen muss. Arbeitsgegenstand sind primär *Workitems*, d.h. Documents, Folders oder Batches. OPEN/image stellt die verschiedenen Workitems zur Verfügung. Es unterscheidet Image Documents (z.B. mit Scanner oder Fax erstellt), die mehrere elektronische Pages umfassen, und Non-Image Documents. Ein Folder kann mehrere Workitems beinhalten. Ein Batch ist ein Sammelgefäss für Pages, die ein Scanner erstellt. Sie existieren nur vorübergehend, bis die Pages in Documents gruppiert sind. Für die Bearbeitung von Workitems im Workflow verwendet das System Forms.

Ein Workflow setzt sich aus mehreren *Routes* zusammen, wobei eine Route einen Ausschnitt eines Workflows beschreibt, der auf einer *Domain* (d.h. Server) installiert ist. Damit kann OPEN/workflow Prozesse verteilen.

Eine Route besteht aus mehreren *Worksteps*, welche die einzelnen Arbeitsschritte repräsentieren, und er legt ihre Ablauffolge fest. Ein Workstep definiert, wie ein Workitem an einer bestimmten Stelle im Ablauf zu bearbeiten ist. Das System bietet viele Typen von Worksteps an. Sie lassen sich grob folgendermassen beschreiben:

- In einem *Custom* Workstep bearbeitet der Benutzer oder ein Programm das Workitem.
- OPEN/workflow bietet *System* Worksteps standardmässig an. Es handelt sich dabei einerseits um Steuerungskonstrukte (z.B. Split, Join, Rendezvous, Transfer, Work Introduction). Andererseits befinden sich darunter auch Funktionen aus dem Bereich Imaging, z.B. Archive, Delete, Fax, OCR (Optical Character Recognition).
- Ein *Program* Workstep ist ein spezieller System Workstep. Er ruft eine Funktion aus einer DLL (Dynamic Link Library) auf.

Für die detailliertere Beschreibung von Worksteps verwendet das System *Rules* sowohl für das *Preprocessing* als auch für das *Postprocessing*. Mit Rules kann es bedingte Aktionen definieren, die zu Beginn oder am Ende der Ausführung eines Worksteps ablaufen. Pre- und Postprocessing werden aktiv, wenn ein Workitem in einen Workstep eintritt bzw. ihn verlässt. Sie können die Ablaufsteuerung beeinflussen, indem sie die Steuerdaten der Route verändern (z.B. Werte von Variablen modifizieren, Workitem zu einem andern Workstep weiterleiten, Workitem aus dem Workflow entfernen).

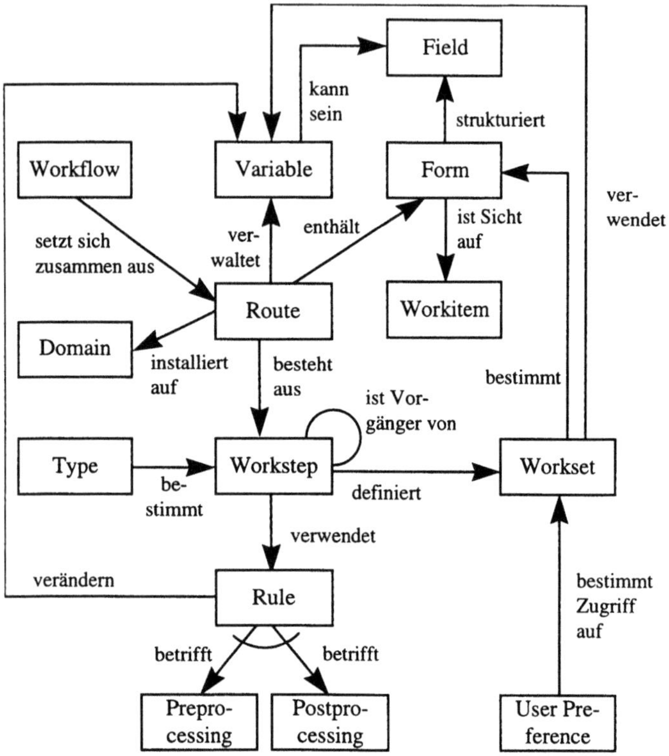

Bild 4.1.2.3./1: Metamodell zu OPEN/workflow

Die Route verwaltet die Steuerdaten, d.h. *Variables*. Zusätzlich enthält sie auch *Forms*, welche für die Bearbeitung von Workitems erforderlich sind. Das System verwendet für alle Workitems, die derselben Class angehören, das gleiche Form. Dabei kann ein Form mehrere Seiten bzw. Sichten zu einem Workitem besitzen. Ein Form strukturiert *Fields*, welche Daten präsentieren oder auch über einen User Exit ein externes Programm aufrufen können. Das Workflowsystem kann ein Field aus einer Form auch für die Steuerung nutzen, d.h. ein Field kann zugleich eine Variable der Route sein.

Alle Workitems, die zu einem Workstep auszuführen sind, sammelt das System in einer Queue. Mit einigen Regeln kann der Entwickler Workitems aus einer Queue auswählen und nach bestimmten Kriterien sortieren. Ein *Workset* ist eine definierte Sicht auf eine Queue zu einem Workstep. Er zeigt die ausgewählten Workitems an. Zu einem Workstep kann das System mehrere Worksets verwalten und ermöglicht so beispielsweise die Verteilung der Workitems auf verschiedene Benutzergruppen. Der Benutzer selektiert ein Workitem nicht direkt aus einer Queue, sondern aus einem Workset. Neben den Regeln für das Selektieren und Sortieren von Workitems aus einer Queue bestimmt das Workset auch, welches Form beim Aufruf eines Workitems zu verwenden ist. Die Regeln eines Worksets basieren auf den Variables. Die Bearbeitung eines Workitems mit Hilfe eines Forms hat Effekte auf die Daten (Variables), die in den Fields angezeigt werden.

Die Verantwortung für die Ausführung von Worksteps spezifiziert OPEN/workflow aufgrund der Worksets. In den *User Preferences* definiert der Administrator, auf welche Worksets ein Benutzer zugreifen darf. Im weiteren besteht auch die Möglichkeit, eine bestimmte Autorisierung in OPEN/image in bezug auf Workitems (z.B. Documents, Folders) einzurichten.

Weiterführende Angaben

OPEN/workflow bietet als Entwicklungsumgebung zwei Komponenten an: den RouteBuilder für die grafische Spezifikation von Prozessen und den FormBuilder für die Definition der Formulare, Bildschirmmasken etc., welche der Benutzer für die Bearbeitung von Workitems einsetzt.

Der RouteManager stellt die Laufzeitumgebung dar und transportiert die Workitems von einem Workstep zu einem anderen. Verschiedene Tools aus dem Bereich der Administration stehen sowohl in der Entwicklungs- als auch in der Laufzeitumgebung zur Verfügung.

Die Ausführungen haben die relevanten Komponenten aus OPEN/image nur am Rande aufgezeigt, weshalb sie auch bewusst nicht im Metamodell eingezeichnet sind.

4.1.2.4. Staffware

Staffware ist eines der ältesten Produkte, das mit der Bezeichnung Workflowsystem auf dem Markt verfügbar ist [s. Staffware 1994a; Staffware 1994b; Staffware 1994c; Staffware 1994d; AIC 1995a; AIC 1995b]. Die Firma FCMC aus England hat Staffware entwickelt und bietet es seit 1987 an. Seit 1994 trägt die Firma den gleichen Namen wie ihr Produkt - Staffware. Ziel von Staffware ist die Automatisierung von einfachen oder komplexeren informationsverarbeitenden Prozessen. Einfachere Prozesse kann es vollständig mit seiner Funktionalität abdecken, bei komplexeren Prozessen bindet es weitere betriebliche Anwendungen für umfangreiche Computerunterstützung ein.

Metamodell

Eine *Procedure* setzt sich aus mehreren *Steps* zusammen und definiert ihre Ablauffolge. Staffware unterscheidet im wesentlichen vier Typen von Steps:

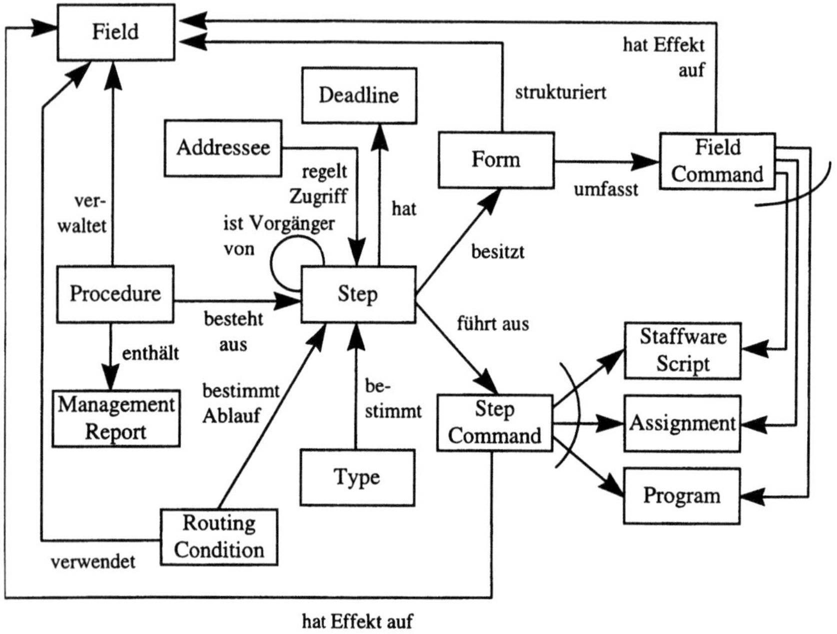

Bild 4.1.2.4./1: Metamodell zu Staffware

- Ein *Normal Step* ist benutzerinteraktiv und verwendet entweder eine Form von Staffware oder ruft eine Applikation auf. Er erscheint in den Work Queues (Postkörben) der betroffenen Mitarbeiter.
- Ein *Automatic Step* erscheint nie in einer Work Queue und startet automatisch ein Programm auf dem Server. Der Austausch von Parametern zwischen der Procedure in Staffware und dem aufgerufenen Programm kann über ein Transferfile (Zwischendatei) geschehen.
- Ein *Event Step* wird durch ein externes oder internes Ereignis ausgelöst. Der Event Step erlaubt es, beispielsweise eine Procedure anzuhalten oder zu unterbrechen. Die

Fortführung geschieht erst nach Eintritt des Ereignisses. Auch der Event Step erscheint nicht in einer Work Queue eines Benutzers.

- Für die Synchronisation paralleler Laufwege gelangen spezielle *Wait Steps* zum Einsatz.

Am Anfang einer Procedure steht ein Start Step, den Abschluss markiert ein End Step. Für alle Steps können *Deadlines* spezifiziert werden. Zur Steuerung setzt Staffware *Routing Conditions* ein, welche die Wahl von verschiedenen Zweigen im Ablauf der Procedure ermöglichen. Sie beinhalten einen Ausdruck, der auf Variablen aus den Steuerdaten (*Field*) basiert.

Ein Normal Step kann eine Form als Bildschirmmaske verwenden. Eine *Form* enthält mehrere Fields für die Ein- und Ausgabe von Daten. Mit einem speziellen *Field Command* innerhalb einer Form besteht die Möglichkeit, Funktionen zu starten. Ein Field Command ruft entweder ein *Staffware Script* oder ein externes Unix bzw. Windows *Program* auf oder führt ein *Assignment* (d.h. einem Field einen neuen Wert zuweisen) aus. In einem Form können mehrere Field Commands existieren und ihre Funktionen initialisieren.

Die gleichen Arten von Funktionsaufrufen kann der Entwickler auch direkt im Step (und nicht innerhalb einer Form) festlegen. Dazu verwendet er *Step Commands*. Dabei sind drei Varianten zu unterscheiden:

- Die Funktion wird ausgeführt, sobald der Benutzer den Step während der Laufzeit aus seiner Work Queue startet (Initial).
- Die Funktion wird ausgeführt, wenn der Benutzer während der Laufzeit z.B. die Form ein erstes Mal bearbeitet hat und den Step in seine Work Queue zurücklegen will, um später die Arbeit in diesem Step wieder aufzunehmen (Keep).
- Die Funktion wird ausgeführt, wenn der Benutzer während der Laufzeit z.B. die Form vollständig bearbeitet hat und den Step freigeben bzw. abschliessen will (Release).

Forms, Field Commands und Step Commands haben Effekte auf bestimmte Fields. Die Fields repräsentieren sowohl die Daten für die Steuerung als auch die Daten der Geschäftsabwicklung. Alle Daten sind als Fields definiert, und die Procedure verwaltet sie. Externe Programme sind für ihre eigenen Daten selbst verantwortlich, können jedoch die Fields einer Procedure lesen und schreiben.

Eine Procedure kann mehrere *Management Reports* enthalten. Während der Laufzeit geben sie auf Wunsch Auskunft über alle, nur aktive oder bereits abgeschlossene Instanzen einer Procedure.

Ein *Addressee* bestimmt, wer für die Ausführung eines Steps verantwortlich ist, d.h. in welchen Work Queues ein Step während der Laufzeit erscheinen wird. Der Ausdruck in Addressee basiert auf folgenden Elementen der Benutzerverwaltung von Staffware:

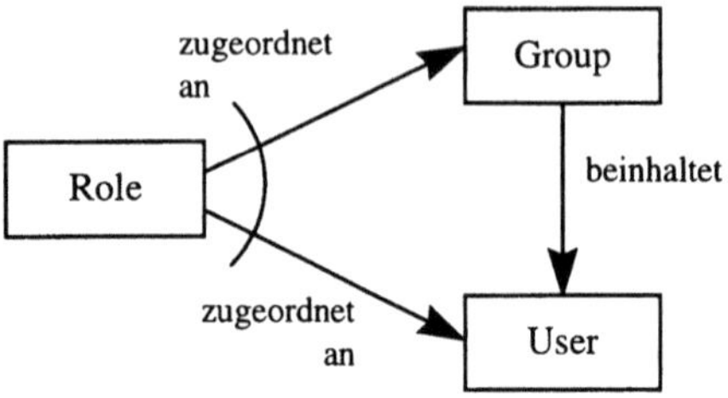

Bild 4.1.2.4./2: Elemente der Aufbauorganisation in Staffware

Im Mittelpunkt stehen die Komponenten *Group* und *User*. Eine Group kann mehrere User beinhalten, und ein User kann mehreren Groups angehören. Staffware verwendet für die Verwaltung von Groups das gleiche Profil wie für Users. Mit *Roles* bezeichnet das System Funktionen oder Stellen, denen Users oder Groups zugeordnet werden können.

Weiterführende Angaben

Die Entwicklungsumgebung von Staffware bietet den *G*raphical *W*orkflow *D*efiner (GWD), den Graphical Forms Designer und einen Script Editor an. Der GWD stellt die Procedure grafisch dar.

Der Entwickler spezifiziert die Angaben über Users und Groups direkt auf dem Server des Workflowsystems und nicht in der eigentlichen Entwicklungsumgebung.

Die Angaben aus der Spezifikation in der Entwicklungsumgebung speichert Staffware in einer flat-file Datenbank ab. Zu einer Instanz bündelt es alle Daten, die der Benutzer über Forms bearbeitet, in einem Case und speichert sie ebenfalls in dieser Datenbank ab. Eine relationale Datenbank kann die flat-file Version ersetzen.

4.1.2.5. Visual WorkFlo

FileNet bietet seit mehreren Jahren im Bereich Document Image Processing zusammen mit dem Archivsystem Image Management System (IMS) das Produkt WorkFlo Business System an [s. FileNet 1993; FileNet 1994a]. Für die Entwicklung von Workflowanwendungen steht darin eine höhere Programmiersprache PC WorkFlo zur Verfügung, welche unter anderem die Funktionen vom Archivsystem benutzen kann[1]. 1994 hat FileNet

[1] Andere Programmiersprachen können PC WorkFlo ersetzen und die Funktionen vom IMS über das entsprechende API aufrufen.

Visual WorkFlo auf dem Markt eingeführt [s. FileNet 1995; FileNet 1994b; FileNet 1994c; FileNet 1994d; FileNet 1994e]. Es handelt sich dabei um ein objektorientiertes Workflowsystem, das Geschäftsprozesse automatisiert (mit PC WorkFlo und IMS waren es früher vor allem papierintensive Prozesse). Dabei unterscheidet Visual WorkFlo zwischen der eigentlichen Ablaufsteuerung, welche die für die Arbeit erforderlichen Softwarekomponenten entsprechend dem Prozess ordnet, und den einzelnen Softwarekomponenten, welche während der Laufzeit die Arbeit ausführen bzw. unterstützen.

Metamodell

Visual WorkFlo kennt zwei Ebenen im Rahmen der Entwicklung von Workflowapplikationen. Mit Hilfe von *Work Classes* spezifiziert es die Ablaufsteuerung. Demgegenüber verwendet es *Work Performer Classes*, welche die Arbeit an definierten Stellen im Ablauf übernehmen bzw. unterstützen.

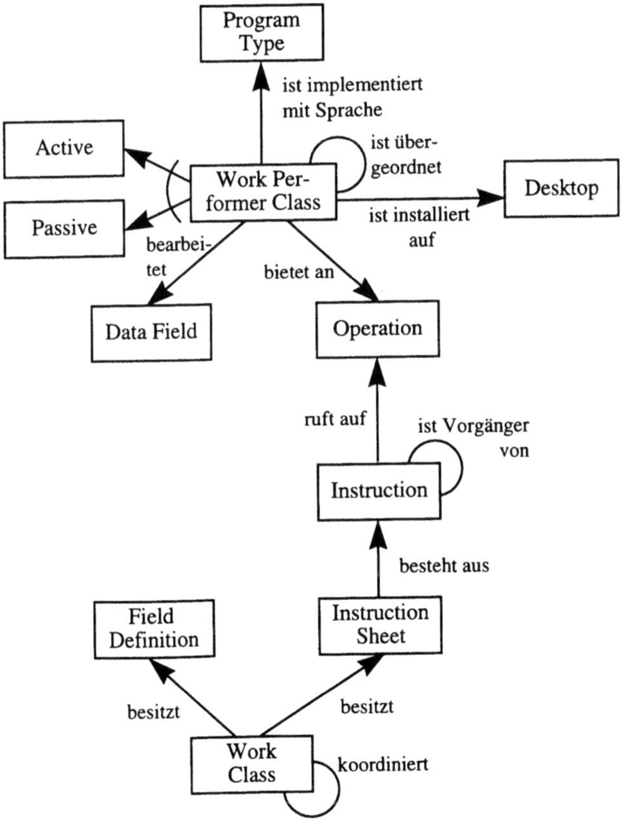

Bild 4.1.2.5./1: Metamodell zu Visual WorkFlo

Eine *Work Class* besitzt eine Field Definition und mehrere Instruction Sheets. Die *Field Definition* legt die Input, Input/Output und Output Datenfelder (Variablen) einer Work Class fest. Ein *Instruction Sheet* setzt sich aus mehreren Instructions zusammen und definiert ihre Reihenfolge. Eine *Instruction* ist ein einzelner Schritt in der Ablauffolge. Alle Work Classes sind hierarchisch strukturiert, und zwischen ihnen bestehen Vererbungsbeziehungen in bezug auf Field Definition und Instruction Sheet.

Eine Instruction ist entweder eine System Instruction, die ein Element der Ablauflogik (Steuerungskonstrukt) für das Instruction Sheet darstellt (z.B. Branch, BindToUser, BindToStation, Call, Fork, Goto, Join, Split, Wait, While), oder sie ruft eine *Operation* auf, die einem Programmaufruf entspricht. Eine Operation ist ein Programm (oder eine Prozedur), das von einer *Work Performer Class* angeboten wird.

Eine Work Performer Class ist auf mehreren *Desktops* der Benutzer installiert. Es handelt sich um ein Modul (Softwarekomponente), das die erforderlichen Operations für die Instruction Sheets zur Verfügung stellt. Sie sind nicht im Workflowsystem realisiert, sondern z.B. mit Hilfe eines Makros in Microsoft Word bzw. Excel, in Visual Basic, PC WorkFlo, PowerBuilder, C oder C++. Zu einer Work Performer Class sind *Data Fields* als Parameter zu bestimmen, welche beim Start, Perform oder Stop der Operation mit dem Workflowsystem auszutauschen sind. Die Spezifikation der Field Definition einer Work Class muss die Data Fields der verwendeten Work Performer Classes abgleichen.

Auch die Work Performer Classes sind - wie die Work Classes - hierarchisch strukturiert. Jedoch bezieht sich ihre Vererbung lediglich auf Data Fields, nicht hingegen auf Operations.

Im Gegensatz zu anderen Workflowsystemen verfügt Visual WorkFlo nicht über eine explizite Zuteilung von Instructions an Rollen. Es ist möglich, Instructions zu einem bestimmten Benutzer (User oder Group) oder zu einer Workstation zuzuordnen. Grundsätzlich hat der Sachbearbeiter auf seinem Desktop alle Work Performer Classes (Softwarekomponenten) installiert, die er ausführen darf. Das Workflowsystem verwaltet zu jeder Work Performer Class eine Queue. Während der Laufzeit schreibt der Server zu jeder Instanz entsprechend der Operation (d.h. die Instruction aus dem Instruction Sheet), die auszuführen ist, einen Eintrag in die zum Work Performer gehörende Queue. Anschliessend überprüft er bei jeder Queue, welcher (aktive) Desktop über den erforderlichen Work Performer verfügt und zur Zeit frei (nicht beschäftigt) ist. Ist dies der Fall, startet er den Work Performer auf dem Desktop. Dieses Verfahren gilt nur für Passive Work Performers (s. unten). Zusätzliche Regeln spezifizieren die Verwendung von Queues.

Im weiteren sind zwei Arten von Work Performer Classes zu unterscheiden. Ein *Active* Work Performer kann unabhängig von Visual WorkFlo existieren. Er wird nicht - wie oben beschrieben - durch eine Instruction aus einer Work Class gestartet. Er kann hingegen über das API von Visual WorkFlo auf das Workflowsystem zugreifen (z.B. Daten verändern, in Queues lesen oder schreiben). Demgegenüber wird ein *Passive* Work Performer immer aus einem Instruction Sheet heraus automatisch aufgerufen.

Weiterführende Angaben

Visual WorkFlo setzt sich aus drei Komponenten zusammen: Der WorkFlo/*Composer* erlaubt die Spezifikation von Instruction Sheets, Field Definitions und Work Performer Classes. Der WorkFlo/*Performer* ist die Laufzeitumgebung auf dem Desktop und ermöglicht die Ausführung der Work Performers. Der WorkFlo/*Conductor* ist ein Administrationswerkzeug für die Prozessführung (Management und Monitoring) während der Laufzeit.

Die Modellierung im WorkFlo/Composer setzt voraus, dass alle Work Performer Classes im voraus definiert sind, bevor eine Work Class sie in ihrem Instruction Sheet aufrufen kann. Ist der Entwurf einer Work Class abgeschlossen, kopiert der Entwickler sie in die Laufzeitumgebung. Während der Laufzeitumgebung erzeugt Visual WorkFlo zu einer Work Class ein Work Object (Instantiierung). Das Work Object besitzt seine eigenen Field Definitions und sein eigenes Instruction Sheet. Im WorkFlo/Conductor kann der Benutzer - sofern er die notwendige Autorisierung besitzt - die Field Definitions (z.B. Werte von Data Fields) oder auch das Instruction Sheet eines Work Objects ad-hoc verändern bzw. anpassen. Dabei verändert er die zugrundeliegende Work Class nicht.

Die Kommunikation für den Datenaustausch zwischen Passive Work Performers und Work Objects basiert in Visual WorkFlo auf *Adaptors*. Beispielsweise verfügt FileNet über Adaptors für folgende Typen von Work Performers: Makros in Microsoft Word bzw. Excel, Programme in Visual Basic, PC WorkFlo, PowerBuilder, C oder C++. Active Work Performers kommunizieren mit dem Workflowsystem über das API.

Visual WorkFlo benötigt keinen Postkorb, aus dem z.B. die Benutzer die zu bearbeitenden Instanzen auswählen können[1]. Sobald ein Benutzer an seinem Arbeitsplatz bereit ist, startet das Workflowsystem automatisch auf seinem Desktop die auszuführenden Passive Work Performers, und der Benutzer (sofern es sich um interaktive Work Performers handelt) muss sie abarbeiten.

---

1 Ein Postkorbs bzw. eine Arbeitsliste kann mit Hilfe von Active Work Performers realisiert werden, welche die entsprechenden Queues abfragen.

4.1.2.6. Work Party

Siemens Nixdorf Informationssysteme AG hat Work Party entwickelt und bietet es seit 1992 als eine Softwarelösung zur rechnergestützten Bearbeitung von betrieblichen Vorgängen an [s. SNI 1994a; SNI 1994b]. Das System unterstützt die formale Beschreibung von Vorgängen sowie ihre Durchführung.

Metamodell

Ein *Vorgang* ist die formale Beschreibung eines betrieblichen Ablaufs als Teil der gesamten Ablauforganisation. Work Party bildet sie in verschiedenen Ausprägungen von Mappen ab (Entwicklungsmappe, Prototypmappe, Mustermappe, Vorgangsmappe und Archivmappe). Der Vorgang verwaltet seine *Vorgangsparameter*, welche die Steuerung des Ablaufs ermöglichen. Zusätzlich kann er auch *Anlagen* aufnehmen. Es handelt sich dabei um Datenobjekte (z.B. Brief in einer Textverarbeitung) des Vorgangs, die in der Vorgangsmappe (aktive Vorgänge, d.h. Instanzen während der Laufzeit) oder in der Mustermappe (Grundlage für die Bildung von Vorgangsinstanzen) gespeichert sind.

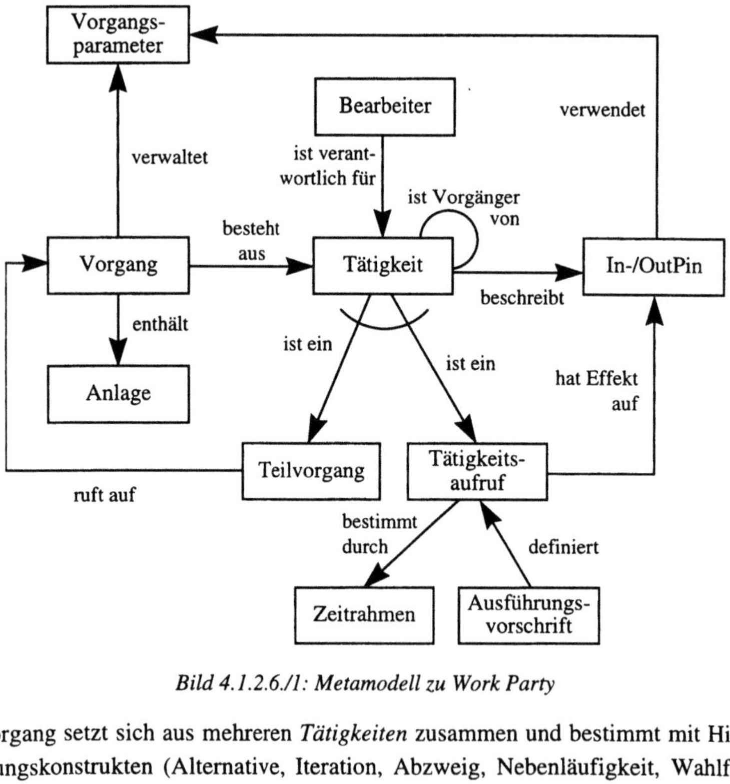

Bild 4.1.2.6./1: Metamodell zu Work Party

Ein Vorgang setzt sich aus mehreren *Tätigkeiten* zusammen und bestimmt mit Hilfe von Steuerungskonstrukten (Alternative, Iteration, Abzweig, Nebenläufigkeit, Wahlfreiheit) ihren Ablauf. Eine Tätigkeit beschreibt den kleinsten, nicht mehr unterbrechbaren Arbeitsschritt eines Vorgangs. Es ist die Einheit, an der sich die Arbeitsteiligkeit orientiert.

Eine Tätigkeit repräsentiert entweder einen Tätigkeitsaufruf oder einen Teilvorgang. Ein *Teilvorgang* ruft die Ablaufbeschreibung eines anderen Vorgangs auf. Für den Tätigkeitsaufruf gibt es insgesamt fünf Möglichkeiten, welche seine *Ausführungsvorschrift* beschreiben:

- Bei einer *Leertätigkeit* bleibt der Tätigkeitsaufruf leer, d.h. dem Benutzer wird nur ein bestimmter Text als Information angezeigt.
- Kann der grafische Vorgangseditor von Work Party die Ablaufbeschreibung nicht entwerfen, kann der Entwickler individuelle Programmstücke *direkt programmieren*. Dazu verwendet er das Quellformat von Work Party (CPS).
- Über den Befehl Request kann der Vorgang eine *ComfoMerge* Tätigkeit aufrufen.
- Über den Befehl Request kann der Vorgang ein *ausführbares Programm* in fast beliebiger Sprache aufrufen.
- Eine *manuelle* Tätigkeit.

Im Zusammenhang mit der Definition eines Teilvorgangs oder eines Tätigkeitsaufrufs verwendet Work Party In-/OutPins. Damit spezifiziert es den Austausch von Daten zwischen einer Tätigkeit im Vorgang und dem aufgerufenen Programm. Der Tätigkeitsaufruf liest oder schreibt in den *In-/OutPin*, er hat einen Effekt darauf. Die In-/OutPins bauen auf den Vorgangsparametern auf.

Zusätzlich besitzt ein Tätigkeitsaufruf einen *Zeitrahmen*, in dem die Tätigkeit auszuführen ist. Er beschreibt die maximale Bearbeitungsdauer und einen Erinnerungszeitpunkt.

Vielfältige Möglichkeiten bietet Work Party für die Festlegung der Bearbeiter, die eine beschriebene Tätigkeit ausführen sollen und dürfen. Es verwendet hierfür das Produkt ORM (*O*rganisations- und *R*essourcen*m*anagement). Bild 4.1.2.6./2 zeigt ein stark vereinfachtes Metamodell von ORM auf [s. SNI 1994c; SNI 1994d].

Eine Tätigkeit in einem Vorgang kann für seine Bearbeitung einen Adressausdruck formulieren, der sich aus mehreren Elementen der Aufbauorganisation von ORM zusammensetzt.

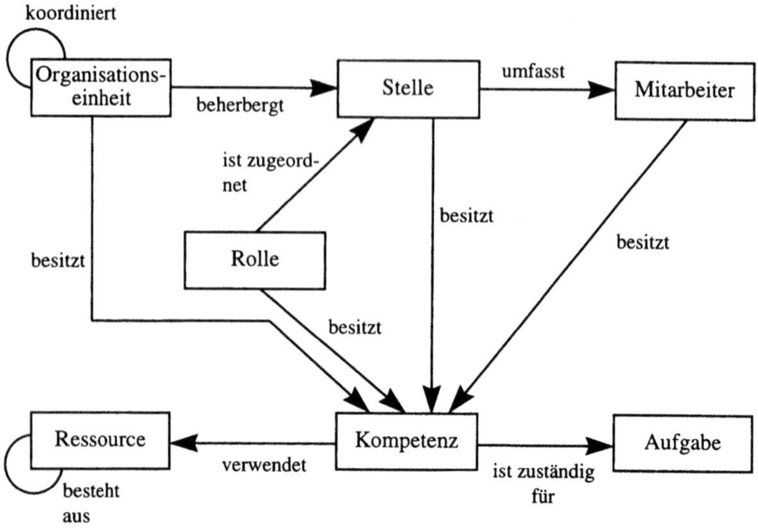

Bild 4.1.2.6./2: Elemente der Aufbauorganisation in ORM (Work Party)

Weiterführende Angaben

Work Party besteht aus den Komponenten Work Party/PC *Organisationstool*, Work Party/PC *Laufzeitsystem* sowie Work Party *Services*, und es nutzt das Organisations- und Ressourcenmanagementsystem *ORM*.

Das Organisationstool ist das Werkzeug des Entwicklers und dient dem Entwurf von *Muster*vorgängen. Ihre Grundlage ist das beschriebene Metamodell, und die Entwurfsergebnisse sind in der Entwicklungsumgebung in Entwicklungsmappen abgelegt. Der Entwickler übergibt sie dem Vorgangsadministrator in das produktive System, wo sie in Mustermappen abgespeichert sind. Aus ihnen leitet das Laufzeitsystem konkrete Vorgänge (Instanzen) ab und legt für sie je eine Vorgangsmappe an. Der Bearbeiter startet sie und führt ferner ihre Tätigkeiten aus, für die er berechtigt ist. Das Laufzeitsystem steuert die Vorgänge. Der Administrator pflegt das System und hat zusätzlich die Möglichkeit, bei Störungen in den Betrieb einzugreifen. Die Work Party Services verwalten die Protokolle über die ausgeführten Vorgänge und unterstützen den Austausch von Vorgangsmappen zwischen Arbeitsgruppen.

4.1.3. Beitrag im Rahmen der Prozessumsetzung

Die folgenden Ausführungen nehmen keine Bewertung der sechs vorgestellten Workflowsysteme vor. Dazu wäre sicherlich mehr als die blosse Betrachtung der Metamodelle notwendig. Eine grosse Anzahl unterschiedlicher Komponenten, die auch noch stark vernetzt sind, sagt nichts darüber aus, wie umfassend und verständlich eine Beschreibung eines Produkts ist. Deshalb stehen hier vor allem ihre gemeinsamen Konzepte und Gestaltungsbereiche im Mittelpunkt. Dabei ist folgender Frage nachzugehen: Welchen Beitrag leisten die Workflowsysteme im Rahmen der Prozessumsetzung?

Vergleich der Metamodelle

Ein intuitiver Vergleich der sechs Tools zeigt auf, dass sie sich stark unterscheiden. Die dabei verwendete Begriffsvielfalt prägt diesen ersten Eindruck erheblich. Trotzdem lassen sich vergleichbare Muster identifizieren, und sie geben Aufschluss über gemeinsame Gestaltungsbereiche. Ein Vergleich der vorgestellten Workflowsysteme ist in Bild 4.1.3./1 dokumentiert. Darin sind die vielen Metamodell-Komponenten der sechs untersuchten Produkte nach ihren wesentlichen Gestaltungsbereichen geordnet.

Die wichtigsten Aussagen daraus fassen die nachstehenden Punkte zusammen:

- Im Zentrum aller untersuchten Produkte steht die Ablauforganisation. Alle Werkzeuge verwenden jedoch hierfür eine eigene grafische Darstellung und bezeichnen die zentralen Objekte der Steuerung unterschiedlich (z.B. Activity, Step, Instruction, Tätigkeit, Workstep).
- Einzelne Systeme verfügen lediglich über elementare Steuerungskonstrukte. Andere hingegen bieten mächtige Mechanismen an, mit deren Hilfe der Entwickler leicht und übersichtlich den Ablauf modellieren kann. Alle Workflowsysteme greifen aber bei der detaillierten Spezifikation von Bedingungen im Kontrollfluss auf Steuerungsdaten (Variablen) zurück, welche die Systeme eines Workflows verwalten.
- Die Repräsentation der Steuerdaten erfolgt auf unterschiedliche Art und Weise: lose Definition von Variablen, Definition von Feldern in Bildschirmmasken, Spezifikation von Input- und Output-Schnittstellen oder Entwurf von detaillierten Datenstrukturen für die Beschreibung eines Datenflusses.
- Die Zuweisung der Verantwortung für die Ausführung von Activities, Steps, Instructions etc. geschieht meistens mit einem Adressausdruck, der sich aus mehreren Elementen der Aufbauorganisation zusammensetzt.
- Im Bereich der Modellierung einer Aufbauorganisation bieten die Produkte Konzepte mit markanten Unterschieden an. Sowohl komplexe Gebilde mit beinahe beliebigen Strukturen als auch die einfache Verwaltung von Benutzern (mit einem Passwort) sind in den vorgestellten Metamodellen abgebildet.

- Alle Systeme berücksichtigen die Einbindung von externen Programmen in den Ablauf. Die hierfür verwendeten Konzepte erläutert Abschnitt 4.4. im Detail.

	COSA Workflow	**FlowMark**	**OPEN/workflow**	**Staffware**	**Visual WorkFlo**	**Work Party**
Ablauforganisation	Vorgangstyp, Ablaufdefinition, Aktivität, Sub-Ablauf	Process, Activity, Program Activity, Process Activity, Block	Workflow, Route, Workstep	Procedure, Step, Management Report	Work Class, Instruction Sheet	Vorgang, Tätigkeit, Teilvorgang
Steuerung	Bedingung, Kantenbedingung, Vorbedingung, Trigger	Control Connector, Transition Condition, Start/ Exit Condition	Rule, Preprocessing, Postprocessing, Type	Routing Condition, Type, Deadline	Instruction	Zeitrahmen, Ausführungsvorschrift
Daten	Sekundärdaten	In-/Output Container, Data Connector, Data Structure	Variable	Field	Field Definition, Data Field	Vorgangsparameter, In-/OutPin
Autorisierung	Zugriff	Staff	Workset	Addressee	Desktop	Bearbeiter
Aufbauorganisation	Gruppierungstyp, Gruppe, Mitarbeiter, Vorgesetzter	Organization, People, Role, Level, Manager, Coordinator	User Preference	Group, User, Role	User	Organisationseinheit, Stelle, Rolle, Mitarbeiter, Ressource, Kompetenz, Aufgabe
Informationssystem	Prozess	Program, Server, Support Tool	Domain	Step Command, Field Command, Staffware Script, Assignment, Program	Work Performer Class, Operation, Program Type	Tätigkeitsaufruf
Applikationslogik	logische Datei		Form, Field Workitem	Form		Anlage

Bild 4.1.3./1: Gestaltungsbereiche der untersuchten Workflowsysteme

- Komponenten von betrieblichen Applikationen wie geschäftliche Daten, Funktionen und ihre Präsentation sind in den vorgestellten Systemen überhaupt nicht oder nur am Rande berücksichtigt. Beispielsweise sind einfache Bildschirmmasken mit Feldern abbildbar. Jedoch handelt es sich bei den untersuchten Produkten um keinen zentralen Bestandteil, sondern er ist mit anderen Lösungen (z.B. Fremdprodukte) beinahe beliebig austauschbar.
- Dokumente, Images etc. spielen bei Workflowsystemen hauptsächlich in Verbindung mit einem Dokumentenmanagementsystem eine Rolle [s. Buschor et al. 1993; Berndt/-Leger 1994; Kränzle 1995]. Sie stehen nicht bei allen Systemen im Mittelpunkt.

Weitere Bestandteile einer Methode

Der Vergleich aufgrund von Metamodellen hat die wichtigsten Objekte des Entwurfs im Rahmen von Workflowprojekten aufgezeigt. Dies betrifft jedoch nur einen Aspekt einer Methode, wie es in Abschnitt 3.2.1. für ein systematisches Vorgehen definiert wurde. Es fehlen insbesondere Ergebnisse, Techniken, Entwurfsaktivitäten und Rollen.

Entwurfsergebnisse sind insofern in den Workflowsystemen enthalten, als auf bestimmte Themen ausgerichtete Bildschirmmasken die Eingaben im Entwurf strukturieren. Beispielsweise geben die Systeme vor, wie ein Ablauf mit grafischen Editoren zu modellieren ist, wie Aktivitäten mit Hilfe von Bildschirmmasken zu beschreiben sind oder welche Attribute für den Aufruf von externen Programmen zu ergänzen sind. Ein Vorgehensmodell mit Entwurfsaktivitäten, das beschreibt, wann welche Ergebnisse zu erstellen sind, ist explizit in keinem Werkzeug enthalten. Grob geben sie jedoch ein Vorgehen implizit vor, da Eingaben in bestimmte Bildschirmmasken im Entwurf erst möglich sind, wenn andere Ergebnisse vorliegen. In Visual WorkFlo kann z.B. der Entwickler erst ein Instruction Sheet erstellen, wenn die erforderlichen Work Performers definiert sind (s. Abschnitt 4.1.2.5.). Demgegenüber beschreibt beispielsweise FlowMark eine Activity und das von ihr aufgerufene Programm erst, wenn der Process (Ablauf) bestimmt ist (s. Abschnitt 4.1.2.2.).

Grobe Vorgehensmodelle dieser Art dokumentieren teilweise auch die Handbücher der einzelnen Produkte und ihre Schulungsunterlagen. Jedoch führen sie nur das Endergebnis im Workflowsystem auf und machen keine Aussage, wie die Ergebnisse im Detail - z.B. in mehreren Schritten über verschiedene Abstraktionsebenen hinweg - zu erstellen sind. Es fehlen Techniken, welche diesen Vorgang unterstützen. Sofern ein Rollenmodell in bezug auf eine Entwurfsmethode überhaupt vorhanden ist, entspricht es in seiner Detaillierung dem Vorgehensmodell (z.B. Entwickler für den Entwurf und die Implementierung, Benutzer und Administrator im Betrieb). Genauere Ausführungen fehlen.

Aspekte der Prozessumsetzung

In Anlehnung an die Problemabgrenzung in Kapitel zwei betrifft die Prozessumsetzung nicht nur die Ablaufsteuerung, wie sie ein Workflowsystem übernehmen kann. Daneben ist auch miteinzubeziehen, dass einerseits wesentliche Anforderungen aus einem Prozessentwurf (BPR-Projekt) stammen und andererseits vorhandene Lösungen aus dem Informationssystem zu berücksichtigen sind. Offene Fragen hierzu sind: Wie übernehmen die Workflowsysteme die Ergebnisse aus dem BPR? Wie berücksichtigen Workflowsysteme im Unternehmen vorhandene Applikationen?

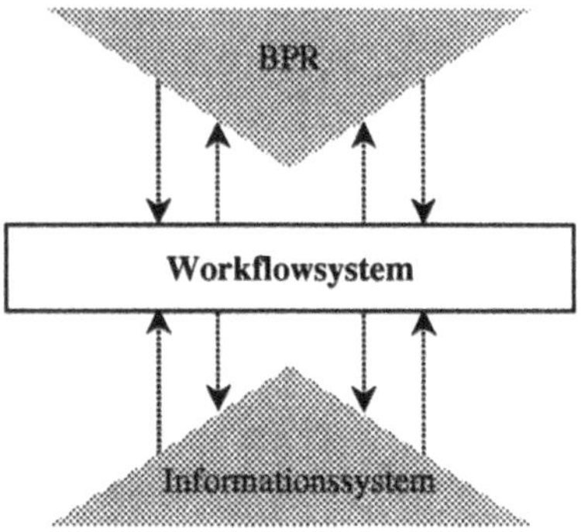

Bild 4.1.3./2: Aspekte der Prozessumsetzung

Zu beiden Fragen sucht auch die Workflow Management Coalition (WfMC) mit dem Referenzmodell (s. Bild 4.4.3./1 auf S. 79) Antworten [s. WfMC 1996a]. Mit ihrem Interface 1 will sie die Durchgängigkeit zum BPR schaffen (Process Definition Tools), und das Interface 3 verfolgt die Verknüpfung von Workflowsystemen mit betrieblichen Applikationen (Invoked Applications).

Im Bereich BPR gibt es eine Vielzahl von methodischen Ansätzen [s. Hess/Brecht 1995]. Zusätzlich zu den Methoden haben in den letzten Jahren verschiedene Hersteller Software-Tools für die Dokumentation der Entwurfsergebnisse, für die Entscheidungsunterstützung beim Entwurf oder für das Projektmanagement im Rahmen von BPR-Projekten entwickelt [s. Bach et al. 1995a]. Die WfMC verfolgt mit dem Interface 1 das Ziel, die Informationen aus BPR-Tools automatisch mit einem beliebigen Workflowsystem auszutauschen. Hierzu spezifiziert sie eine einheitliche Schnittstelle zwischen beiden Systemarten. In Anbetracht der vielen Systeme, die sowohl im Bereich BPR [s. Bach et al. 1995a] als auch Workflow (s. Abschnitt 4.1.2.) markante Unterschiede aufweisen, wird es wohl sehr schwierig sein, hierzu eine umfassende Schnittstellenspezifikation zu identifizieren. Die ersten Ergebnisse dazu von der WfMC zeigen, dass damit lediglich die Darstellungen von Aufgabenketten (d.h. Bezeichner der Aufgaben und ihre Ablauffolge) aus dem BPR unverändert als Aktivitätenketten in ein Workflowsystem importiert werden können [vgl. WfMC 1995a]. Einfache Lösungen dieser Art haben die Hersteller bereits realisiert. Zusätzliche Angaben über Aufgaben bzw. Aktivitäten oder auch spezielle Steuerungskonstrukte sind zur Zeit kaum austauschbar. Ebenso berücksichtigt diese Schnittstelle die Anforderungen an einen Prozess aus dem BPR in bezug auf Leistungen, Prozessführung und Informationssystem (s. Abschnitt 3.1.1.) nicht.

Die Standardisierung der Einbindung von betrieblichen Applikationen in ein Workflowsystem, und somit das Interface 3 der WfMC, sind noch wesentlich komplexer als die entsprechenden Bestrebungen im Zusammenhang mit dem Interface 1. Grund dafür ist, dass die zu integrierenden Applikationen um ein Vielfaches heterogener sind als die Tools im Rahmen der ersten Schnittstelle. Die WfMC kann hierzu noch keine konkreten Ergebnisse vorweisen [vgl. WfMC 1996d]. Abschnitt 4.4. untersucht deshalb diese Fragestellung vertieft.

Zusammenfassend bieten die Workflowsysteme verschiedene technische Konzepte, welche die Prozessumsetzung aufgreifen kann. Im Vordergrund steht bei ihnen, wie der Vergleich der Systeme mit Hilfe von Metamodellen gezeigt hat, die Ablaufsteuerung. Bei der Übernahme von Ergebnissen aus BPR-Tools bzw. bei der Einbindung von Applikationen in Workflowsysteme sind technische Lösungen bereits teilweise vorhanden oder in Arbeit. Jedoch stellen in beiden Bereichen Workflowsysteme nicht die notwendige Hilfe bereit, um aus fachlicher Sicht alle Anforderungen aus dem BPR umzusetzen und dabei nicht nur die Integration von Applikationen technisch zu lösen, sondern ihre Einbindung zu planen und im Detail zu entwerfen. Bei einem Workflowsystem handelt es sich zur Zeit noch um ein Werkzeug für die Ablaufsteuerung und nicht um eine Methode der Prozessumsetzung. In diesem Sinne haben sie noch nicht einen vergleichbaren Entwicklungsstand von z.B. CASE-Systemen erreicht, welche als Entwicklungsumgebung eine Methode für die Informationssystementwicklung beinhalten [vgl. McClure 1989, S. 3-16; Gutzwiller 1994, S. 15-23].

4.2. Methoden für den Prozessentwurf

Heute existieren viele Ansätze mit der Bezeichnung BPR oder Prozessentwurf. Die folgenden Abschnitte sollen untersuchen, ob nicht bereits sie auch Fragen im Rahmen der Implementierung von Prozessen ausreichend behandeln. Die nachstehenden Aussagen hierzu stützen sich vorwiegend auf die Analyse bestehender BPR-Methoden von [Hess/Brecht 1995] ab:

- Verschiedene Ansätze beschreiben ein systematisches Vorgehen, das insbesondere Ergebnisse und teilweise auch Techniken bereitstellt. Das vollständige Spektrum einer Methode können nur wenige Vertreter abdecken.

- Im Zentrum aller Methoden steht der Ablauf. Spezielle Techniken und Tools unterstützen seine Gestaltung. Sie setzen hierzu für die Entscheidungsunterstützung unter anderem auch ausgewählte Simulationstechniken ein [s. Bach et al. 1995a]. Die Ergebnisse im Bereich Ablauf sind in der Regel sehr detailliert und geben klare Anweisungen für die Ablaufsteuerung vor. Für die automatische Steuerung mit Hilfe eines Workflowsystems sind sie (geringfügig) zu ergänzen.

- Der Bezug zum Informationssystem ist bei den meisten Autoren vorhanden, jedoch in geringer Intensität. Im Vordergrund stehen dabei die Innovationen der Informationstechnik, einerseits zur Unterstützung von Prozessen und andererseits als ein wesentlicher Auslöser von radikalen Veränderungen in Unternehmen und der Koordination zwischen Unternehmen (vgl. z.B. Informationstechnik als Enabler in [Hammer/ Champy 1993, S. 83-101; Österle 1995, S. 138-154]).

- Die Spezifikation des Informationssystems aufgrund eines neugestalteten Prozesses beschränkt sich meistens auf eine grobe Umschreibung der gewünschten Funktionalität von Applikationen. Gemäss einer Untersuchung von abgeschlossenen BPR-Projekten im deutschsprachigen Raum ist auch in der Praxis eine detaillierte Spezifikation des Informationssystems im Rahmen eines BPR-Projekts eher selten [s. Hess et al. 1995, S. 11-12].

- Die Methoden dokumentieren Ist-Prozesse nur am Rande, sie konzentrieren sich vorwiegend auf die Gestaltung neuer Prozesse. Eine grobe Ist-Aufnahme befasst sich kaum mit dem Informationssystem im Detail (z.B. mit den vorhandenen Transaktionen). Im Vordergrund steht die Abwicklung des Geschäfts aus Sicht der Mitarbeiter oder Kunden. Die Praxis hat den Zero-Base Ansatz [vgl. z.B. Hammer/Champy 1993] zwar noch nicht realisiert, allerdings legt sie in BPR-Projekten deutlich weniger Wert auf eine Analyse der Ist-Prozesse als in klassischen Organisations- und Informationssystem-Projekten [s. Hess et al. 1995, S. 10-11]. Insbesondere bezieht sich die Ist-Analyse nur am Rande auf das Informationssystem.

Zusammenfassend bietet das systematische Vorgehen von ausgewählten BPR-Methoden einen geeigneten Anknüpfungspunkt für die Prozessumsetzung. Die Methoden liefern im voraus definierte Ergebnisse, auf denen die Implementierung aufbauen kann. Die Planung der Ablaufsteuerung erhält bereits im BPR eine grosse Beachtung und liefert konkrete Ergebnisse für die Realisierung. Demgegenüber reicht die Spezifikation des Informationssystems aus dem Prozessentwurf für die Implementierung noch nicht aus. Sie ist weiter zu verfeinern, um die Durchgängigkeit vom Prozess zum Informationssystem zu gewährleisten. [Manganelli/Klein 1994] zeigen auf, wie dieser Übergang bei einer Neuentwicklung der Applikationen aussehen kann. Sowohl sie als auch andere Vertreter aus dem BPR leisten keinen direkten Beitrag zur Planung und

Gestaltung der evolutionären Weiterentwicklung des Informationssystems auf Basis vorhandener Applikationen.

4.3. Methoden für die Informationssystementwicklung

Die Informationssystementwicklung behandelt die Umsetzung von Anforderungen an die Computerunterstützung eines Unternehmens in Eigenschaften des Informationssystems [vgl. Österle 1981, S. 16-17]. Darunter sind Ansätze zur (groben) Gestaltung des gesamten Informationssystems [s. z.B. Hilbers 1992; Krcmar 1990], zur Entwicklung von Applikationen [s. z.B. Gutzwiller 1994; Booch 1994; Heym 1993; Barker 1992; Yourdon 1989], zur Einführung von Standardsoftware [s. z.B. IMG 1994] und für das Reverse Engineering und Reengineering [s. z.B. Eicker et al. 1992; Chikofsky/Cross 1990] zu verstehen. [Gassner 1996, S. 53-73] hat verschiedene Vorschläge aus diesen Bereichen aus Sicht der konzeptionellen Integration im Hinblick auf eine evolutionäre Weiterentwicklung des Informationssystems untersucht. Seine Aussagen gelten grundsätzlich auch an dieser Stelle.

Viele Autoren dieser Kategorie schlagen ein systematisches Vorgehen vor und begleiten den Entwicklungsprozess von der Anforderungsspezifikation bis zum lauffähigen System intensiv. Die erst seit kurzer Zeit verstärkte Gewichtung der Prozessicht im Rahmen von Organisations- und Informationssystem-Projekten hat bereits Auswirkungen auf Methoden für die Informationssystementwicklung gezeigt. Sie erweitern ihre Modelle um diesen Aspekt und nehmen den Prozessgedanken primär in den frühen Phasen der Systementwicklung auf, d.h. bei der Analyse oder Anforderungsspezifikation. Der Prozess bildet den Ausgangspunkt, von dem sie die Ergebnisse übernehmen und mit ihren bekannten Techniken weiterbearbeiten. Verschiedene Ansätze verfolgen diesen Weg. Stellvertretend für sie sollen drei unterschiedliche Beispiele dies dokumentieren:

- [Manganelli/Klein 1994] beschreiben mit ihrer Methode Rapid Re fünf Phasen: Preparation, Identification, Vision, Solution (unterteilt in Technical und Social Design) und Transformation[1]. Die Phase Technical Design verbindet die Ergebnisse aus den frühen Phasen, die als Ziel den Entwurf von neuen Prozessen verfolgen, mit Techniken aus dem Information Engineering. Damit zeigen sie unter anderem auf, wie das BPR an dieser Stelle um die Datenmodellierung zu erweitern ist. Die Phase Transformation erstellt aufgrund des Technical Design für die Implementierung der Prozessvision, neben anderen Schritten, vorerst eine externes (Complete Business System Design) und anschliessend ein internes (Perform Technical Design) Modell. Die Techniken in dieser

[1] Die vorliegende Arbeit könnte diesen Ansatz ebenso gut im Abschnitt 4.2. aufführen. Wegen seinen umfangreichen Ausführungen zur Implementierung ist er den Methoden zur Informationssystementwicklung (4.3.) zugeordnet.

Phase stammen aus dem Information Engineering, wobei die Autoren empfehlen, bekannte Darstellungen aus der Informationssystementwicklung zu verwenden. Im Vordergrund steht bei Rapid Re die Entwicklung von neuen Applikationen. Am Rande geht sie auch auf den Einkauf einer Standardsoftware als Alternative ein [Manganelli/-Klein 1994, S. 196-201].

- Oracle Designer/2000 baut auf CASE*Method [s. Barker 1992] auf und umfasst eine Reihe von Werkzeugen für die Analyse der Geschäftsanforderungen und ihren Entwurf sowie die Implementierung in Applikationen. Die wichtigsten Komponenten und zugleich auch Phasen im Vorgehensmodell von Oracle Designer/2000 sind: Process Modeling, Systems Modeling, Systems Design und Systems Generation [s. Oracle 1995a; Oracle 1995b; Oracle 1995c; Oracle 1995d].

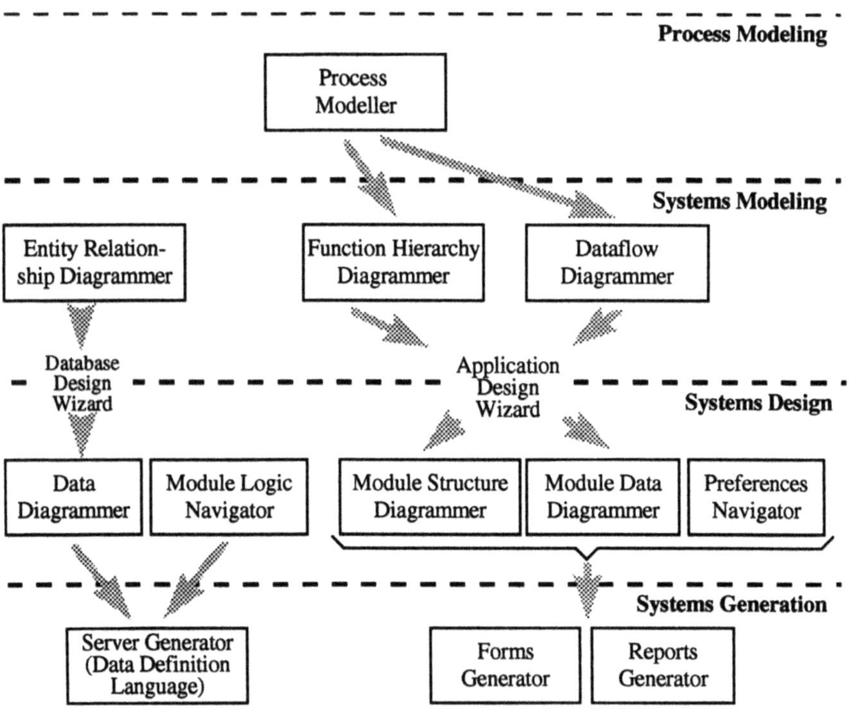

Bild 4.3./1: Überblick über Oracle Designer/2000

Die Ergebnisse aus dem Process Modeling fliessen in die Module Function Hierarchy Diagrammer und Dataflow Diagrammer, beides Elemente des Systems Modeling, ein. Die Verknüpfung des Entity Relationship Diagrammer, der bei Oracle eine zentrale Stellung einnimmt, mit dem Process Modeling geschieht im Systems Modeling über den Dataflow Diagrammer. Der Einsatz dieser Entwicklungsumgebung verlangt nicht zwingend, dass ein Projektteam die Ergebnisse im Process Modeling erstellt. Es handelt sich um ein optionales Werkzeug. Auch ist die Verbindung zwischen Process Modeling und Systems Modeling noch nicht so eng ausgestaltet, wie sie beispielsweise zwischen Systems Modeling und Systems Design mit dem Database bzw. Application Design Wizard besteht. Das Ziel der Entwicklungsumgebung ist das Erstellen von neuen Applikationen. Auch beim Reverse Engineering mit Oracle Designer/2000 werden grundsätzlich neue - auf Basis einer alten Anwendung - Applikationen generiert.

- Das von LION Gesellschaft für Systementwicklung mbH in Bochum angebotene Produkt LEU (*L*ION *E*ntwicklungs*u*mgebung) diente ursprünglich der Entwicklung von Applikationen. LEU will Konzepte aus den eng verknüpften Gebieten der Softwareentwicklung und des Workflow-Managements zusammenführen [s. Slaghuis 1996; Gruhn/Haack 1995; Gruhn 1993]. Dazu verknüpft LEU die Ablauf-, Daten- und Aufbaumodellierung. Das Datenmodell beschreibt und strukturiert die vom Prozess betroffenen und bearbeiteten Objekte. Die Ablaufmodellierung ist der Kernpunkt von LEU und spezifiziert mit Hilfe von FUNSOFT-Netzen (dabei handelt es sich um höhere Petrinetze) die Ablauffolge der Aktivitäten im Prozess. Die Beschreibung der Aktivitäten betrifft auch die Bearbeitung (Eingabe und Ausgabe) von Daten aus dem Datenmodell. Die Aufbaumodellierung definiert schliesslich sowohl die Verantwortung von Stellen für die Ausführung von Aktivitäten als auch die Zugriffsrechte auf Daten. Damit versucht LEU eine durchgehende Modellierung von Prozessen und Daten für die Entwicklung von neuen Applikationen zu erlauben.

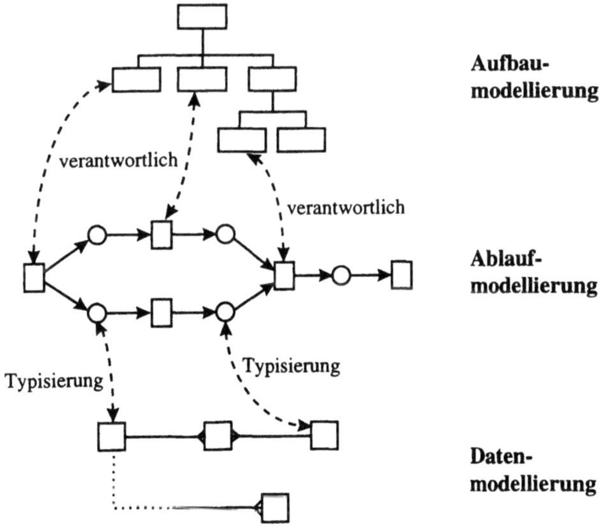

Bild 4.3./2: Überblick LION Entwicklungsumgebung

Die Beispiele zeigen, wie Methoden zur Informationssystementwicklung Prozesse in ihr Vorgehen einbinden und so den Übergang vom Prozess zum Informationssystem mit Techniken unterstützen. Aus dem Prozess leiten sie konkrete Anforderungen an Daten und Funktionen ab, welche sie weiter spezifizieren und am Ende implementieren. Jedoch geht es dabei in der Regel um die Entwicklung von neuen Applikationen, die Einbindung des vorhandenen Informationssystems ist nicht berücksichtigt.

Obwohl diese Ansätze den Prozess (teilweise auch nur die Ablauforganisation) betonen, steht die computerunterstützte Ablaufsteuerung nicht so sehr im Mittelpunkt des Interesses. Der Prozess dient vor allem der Anforderungsspezifikation in Form von z.B. Leistungen und Aufgabenketten, und sein Ablauf muss nicht zwingend automatisiert werden, so z.B. in Rapid Re und Oracle Designer/2000. LEU hingegen verfolgt das Ziel, die realisierten Prozesse in der Laufzeitumgebung zu steuern. Dabei ist aber die Ablauflogik in der Applikation enthalten, und das Konzept verlangt die strikte Trennung der Ablaufsteuerung von den betrieblichen Daten sowie Funktionen nicht.

Ausgearbeitete Ansätze, welche die Ablaufsteuerung z.B. mit Hilfe eines Workflowsystems realisieren wollen, sind zur Zeit kaum verfügbar. Das Vorgehensmodell zur Einführung eines Workflowsystems von [Küng 1995] konzentriert sich auf die Analyse von Abläufen und auf ihre Abbildung in einem Workflowsystem. Im Vordergrund steht die computerunterstützte Ablauforganisation und nicht der Prozess mit seinen wesentlichen Elementen wie Leistungen, Informationssystem, Führung und Aufgaben (s. Abschnitt 3.1.1.). Es fehlt deshalb am Ende auch der Bezug zu den betrieblichen Applikationen und ihre Verwendung im Ablauf. Ausführungen zu Entwurfsergebnissen, Techniken und Rollen im Sinne einer Methode (s. Abschnitt 3.2.1.) sind nicht enthalten. Dieses grobe Vorgehensmodell unterscheidet sich - bei diesem Detaillierungsgrad - nur geringfügig von einem allgemeinen Phasenmodell für Projekte [s. z.B. Zehnder 1991; Litke 1991].

In eine ähnliche Richtung geht auch der Vorschlag von [Galler/Scheer 1995], jedoch gibt er bereits konkretere Hinweise in bezug auf die Einbindung von betrieblichen Applikationen im Ablauf. Seine Grundlage ist ARIS (Architektur integrierter Informationssysteme [s. Scheer 1992]). Workflowsysteme sollen in diesem Ansatz im wesentlichen bereits existierende Softwarekomponenten regelbasiert konfigurieren und integrieren. Das Generieren von Softwarekomponenten geschieht auf klassische Art z.B. mit einem CASE-Werkzeug. Aber auch eine erweiterte Version dieses Ansatzes [s. Galler et al. 1995] stellt die Ablauforganisation in den Vordergrund, und die Integration von betrieblichen Anwendungen wird nach wie vor nur am Rande erwähnt. Die wesentlichen Schritte dazu betreffen lediglich: Funktionen, Ablaufsteuerung und Daten/Datenfluss verfeinern sowie Programme/Schnittstellen definieren. Demgegenüber erfahren Aspekte wie z.B. Evaluation Organisationstool, Analyse von Ist-Abläufen, Evaluation Workflowsystem und die organisatorische Einführung eine weit grössere Beachtung. Dies, obwohl in derselben

Untersuchung an verschiedenen Stellen die Ergebnisse einer Umfrage auf eine sehr hohe Bedeutung der Integrationsproblematik im Rahmen von Workflowprojekten hinweisen [s. z.B. Galler et al. 1995, S. 16 und S. 19-21].

Hersteller von Workflowsystemen und auch Beratungsunternehmen haben bis heute noch keine Methoden für die Informationssystementwicklung unter besonderer Berücksichtigung von Workflowsystemen im Sinne der Prozessumsetzung publiziert, oder sie sind für Dritte nicht zugänglich. Aufgrund der Tatsache, dass sowohl Konferenzen als auch Fachbeiträge erhebliche Schwierigkeiten bei Projekten dieser Art dokumentieren [vgl. Österle/Vogler 1996], ist anzunehmen, dass ausgereifte Konzepte und Handbücher fehlen.

Zusammenfassend bieten Methoden der Informationssystementwicklung keinen umfassenden Ansatz für die Prozessumsetzung. Sie stellen für die verschiedenen Bereiche konkrete Techniken zur Verfügung, welche zu übernehmen sind. Allerdings behandeln sie vor allem die Neuentwicklung von Applikationen und weniger die evolutionäre Weiterentwicklung des Informationssystems. Hierzu gibt z.B. der Ansatz von [Jacobson et al. 1994, S. 282-290] grobe Anhaltspunkte. Er zeigt im Überblick auf, wie ein neugestalteter Use Case (entspricht etwa dem in dieser Arbeit verwendeten Begriff Prozess) mit den implementierten Use Cases im Altsystem grob zu vergleichen ist und wie ein schrittweises Vorgehen aussehen kann.

4.4. Integrationsansätze

Die Grundlagen in Kapitel drei haben einerseits den Begriff Integration definiert (3.1.3.) und andererseits Anforderungen an die Integration im Rahmen der Prozessumsetzung abgeleitet (3.2.). Dabei steht die Desktop-Integration im Vordergrund, d.h. das Einbinden von Applikationen am Arbeitsplatz des Sachbearbeiters. Die folgenden Abschnitte zeigen auf, welche Konzepte im Überblick der Desktop-Integration dafür zur Verfügung stehen (4.4.1.) und welche Beziehungen zwischen ihnen und einem Workflowsystem bestehen (4.4.2.). Abschnitt 4.4.3. ordnet diese Aussagen in das Referenzmodell der WfMC ein, und Abschnitt 4.4.4. schliesst diese Ausführungen zur Integration mit einer kurzen Beurteilung ab.

4.4.1. Möglichkeiten der Desktop-Integration

Eine Applikation unterscheidet drei Bereiche: die Präsentation von Anfragen und Ergebnissen, die Daten sowie die eigentliche Funktionalität, welche Berechnungen und Veränderungen der Daten vornimmt. In einer Client/Server-Anwendung kooperieren diese Bereiche als selbständige Einheiten. Client/Server bezieht sich auf die Rollen, welche den einzelnen Softwareeinheiten zukommen: ein Client fordert einen Dienst an, ein Server leistet den Dienst. Diese logische Trennung bedeutet nicht zwingend, dass die einzelnen Bestandteile auf verschiedenen Rechnern laufen [s. Riehm/Vogler 1995, S. 4; Petzold/-Schmitt 1993].

Aus Sicht des Client/Server-Modells stellen bei der Desktop-Integration die betrieblichen Applikationen, welche bei der Telefon AG bereits zu einem grossen Teil existieren, den Server dar. Der Client ist für den Aufruf dieser Applikationen (Server) an bestimmten Stellen im Ablauf und den Austausch von Daten zwischen Applikationen am Arbeitsplatz verantwortlich. Die Integration ist dadurch bestimmt, auf welchen Bereich einer betrieblichen Applikation (Präsentation, Funktion oder Daten) der Client zugreifen kann. Bild 4.4.1./1 identifiziert drei zentrale Ansätze für die Integration [vgl. Halter 1996, S. 192-194; Dechent/Ljubojevic 1993, S. 69-71]:

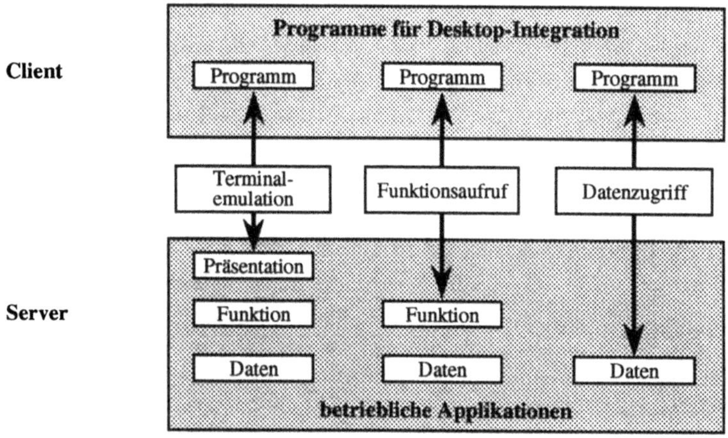

Bild 4.4.1./1: Möglichkeiten der Desktop-Integration

- Der Aufruf einer Applikation ist mit der Präsentationsebene fest verbunden, und alle Ein- bzw. Ausgaben der Applikation erfolgen ausschliesslich über die Benutzerschnittstelle (Terminalemulation). Dieser Typ gelangt vor allem bei bestehenden zeichen- und transaktionsorientierten Hostanwendungen zum Einsatz. Dieses Verfahren verwendet zur Integration vorhandener Anwendungen z.B. das HLLAPI-Protokoll (High Level Language Application Programming Interface, IBM). Dabei simuliert es alle Eingaben des Benutzers mit Hilfe einer Terminalemulation in der betrieblichen Anwendung und kann gleichzeitig die zeichenorientierten Inhalte einer Bildschirmmaske lesen. Aus diesem Grund trägt dieser Mechanismus die Bezeichnung "Screen Scraping" [vgl. Pearce 1995, S. 17-19; Bonaccorsi 1994; Chappell et al. 1994, S. 20][1].

[1] Ein ausführliches Beispiel hierzu dokumentiert [IBM 1994a].

- SAP erleichtert beispielsweise den Zugriff auf Geschäftsfunktionen in ihrem System R/3 (ab Version 3.1) über die spezielle Programmierschnittstelle *B*usiness *A*pplication *P*rogramming *I*nterface (BAPI). Damit spricht der Funktionsaufruf nicht elementare Funktionsbausteine (Prozeduren) an, sondern höhere Dienste mit direktem geschäftlichem Bezug [s. SAP 1996]. Die betriebliche Applikation ermöglicht damit den direkten Aufruf von Funktionen und es werden dabei Daten zwischen ihr und dem Client ausgetauscht.
- Die dritte Variante erlaubt den direkten Zugriff auf die Daten der betrieblichen Applikation. SQL ist ein Beispiel für diesen Integrationsansatz.

Alle Konzepte haben ihre Vor- und Nachteile. Der direkte Zugriff auf die Daten ist in bestimmten Situationen ein gangbarer Weg, er entspricht aber nicht unbedingt den Zielen der Wiederverwendung von Altsystemen. So umgeht der Datenzugriff teilweise die Funktionen, welche das Altsystem anbietet, und muss diese an bestimmten Stellen (z.B. im Programm für die Desktop-Integration) rekonstruieren, um z.B. Berechnungen, Plausibilitätsprüfungen oder Sicherung der Datenkonsistenz weiterhin zu gewährleisten. Dieser Weg unterstützt deshalb die formulierten Anforderungen zu wenig.

Wegen mangelnder Stabilität des Protokolls, Problemen im Bereich der Sicherheit, hohen Antwortzeiten, hohem Programmieraufwand etc. ist die Alternative "Screen Scraping" vor allem bei der Integration von Hostanwendungen nur eine unbefriedigende Lösung [s. IBM 1994a, S. 15]. Sie ist heute zwar weit verbreitet, da sie ohne Änderungen an bestehenden Applikationen zeichenorientierte Bildschirme (z.B. IBM 3270 Terminals) durch eine moderne, grafikorientierte Oberfläche ersetzen kann. Jedoch sollte ihr wenn möglich die Integration über Funktionsaufrufe aus mehreren Gründen vorgezogen werden. Dieser Weg setzt aber voraus, dass die Anwendungen über Programmierschnittstellen entsprechende betriebliche Funktionen bereitstellen und nicht nur elementare Funktionsbausteine. Schliesslich bestimmen die Altsysteme bzw. die Applikationsarchitektur die Wahl der Integration.

Die Integration von Anwendungen auf dem Desktop (PC) wie z.B. Textverarbeitung, Tabellenkalkulation, Grafikprogramme, Terminkalender erfolgt bislang in der Regel über den de facto Standard DDE (Dynamic Data Exchange) von Microsoft. DDE hat sich im Bereich von PC-Applikationen durch seine grosse Verbreitung durchgesetzt. Aber die Mächtigkeit von DDE ist von den einzelnen Applikationen abhängig (z.B. Hotlink, Warmlink, Coldlink [s. IBM 1994b, S. 287-290]). Künftig wird OLE (Object Linking and Embedding) von Microsoft in diesem Bereich DDE ersetzen [s. Orfali et al. 1994].

OLE ist Bestandteil von COM (Common Object Model) von Mircrosoft und sein Ausgangspunkt sind Applikationen auf dem Desktop. Mit OLE können in einem Dokument Komponenten aus unterschiedlichen Applikationen nahtlos zusammengefügt werden. Ihm liegt lediglich ein objektbasiertes Konzept zugrunde (Verkapselung von Daten und Funktionen) [s. Brockschmidt 1995]. Direkter Konkurrent von COM ist die OpenDoc Initiative von Apple, IBM und anderen Herstellern mit ähnlichen Zielsetzungen [s. OpenDoc 1996; CILabs 1996]. OpenDoc unterstützt die Realisierung einer verteilten, objektorientierten Umgebung und ist kompatibel mit CORBA (Common Object Request Broker) der Object Management Group (OMG) [s. OMG 1996]. Zentrale Komponente von CORBA ist der Object Request Broker (ORB), der die Kommunikation zwischen Objekten (z.B. Applikationen) übernimmt und daher die Aufgabe hat, Anfragen eines Objekts an ein oder mehrere Zielobjekte weiterzuleiten. Detaillierte Ausführungen zu diesen Ansätzen der Objektverteilung und ihre Verwendung für die Integration finden sich in [Orfali et al. 1996; Mowbray/Zahavi 1995].

Mit der Bezeichnung Middleware bieten viele Hersteller heute Produkte an, welche unter anderem technische Mechanismen für die beschriebenen Aufgaben der Desktop-Integration zur Verfügung stellen. Diese Tools unterstützen neben den erwähnten Zugriffsdiensten auf Daten, Funktion und Präsentation weitere Dienste z.B. für die Verteilung, Sicherheit, Systemmanagement, Transaktionsmanagement. Middleware gilt als eine Softwareschicht, die zwischen den Applikationen und den Plattformen liegt. Sie soll die Services der unterschiedlichen Plattformen bei der Entwicklung von betrieblichen Applikationen so bereitstellen, als werde nur eine einzige Plattform benutzt. Damit können logisch getrennte Bestandteile auf verschiedenen Rechnern, die über ein Netzwerk verbunden sind, verteilt werden. Einen Überblick und eine Klassifikation von Middleware gibt beispielsweise [Riehm/Vogler 1996]. Darin sind die verschiedensten Produkte für Daten-, Funktions- und Präsentationszugriffe beschrieben, wie sie auch in der vorliegenden Arbeit zu verwenden sind.

4.4.2. Integration mit Hilfe von Workflowsystemen

Die Definition des Begriffes Workflowsystem zu Beginn dieser Arbeit (s. Abschnitt 3.1.2.) sagt aus, dass diese Systeme unter anderem die betrieblichen Applikationen an definierten Stellen im Arbeitsablauf einbinden. Bild 4.1.1.3./1 unterstreicht diese Aussage, indem es darstellt, wie während der Laufzeit Anwendungen aufgerufen werden. Zusätzlich hat der Vergleich in Abschnitt 4.1.2. aufgezeigt, dass die einzelnen Systeme aus einer Aktivität (bzw. die Begriffe aus den produktspezifischen Metamodellen: Activity, Step, Instruction, Tätigkeit, Workstep) heraus externe Programme starten können. Im folgenden ist zu untersuchen, wie die vorgestellten Integrationsansätze (s. Abschnitt 4.4.2.) mit diesen Konzepten aus dem Bereich Workflow zusammenhängen.

Eine Umfrage bei über 20 Workflowsystemen hat untersucht, wie sie die Einbindung von heterogenen Applikationen behandeln [s. Derungs et al. 1995b]. Die Studie hat folgendes Resultat ergeben:

- Vor allem ältere Workflowsysteme verfügen über eine eigene Skriptsprache, welche bestimmte Zugriffe auf Daten, Funktionen oder auf die Ebene Präsentation erlauben (z.B. WorkFlo von FileNet, Staffware).
- Demgegenüber verzichten jüngere Workflowsysteme (z.B. COSA von Software Ley, FlowMark von IBM, Visual WorkFlo von FileNet, WorkFlow von CSE) auf die Entwicklung einer eigenen Skriptsprache zur Integration von heterogenen Applikationen. Sie verwenden dazu in einer (beliebigen) Entwicklungsumgebung Middleware, um die entsprechenden Zugriffsmechanismen standardmässig einzusetzen.

Die Bedeutung der Integrationsmechanismen verlagert sich immer mehr von Workflowsystemen in Richtung Middleware, wo sich einzelne Produkte auf bestimmte Zugriffsdienste spzeialisiert haben. Das bedeutet, dass Workflowsysteme nicht direkt betriebliche Applikationen einbinden und mit ihnen Daten austauschen. Vielmehr rufen sie kleinere Programme auf, welche die gewünschten Applikationen integrieren (vgl. Bild 4.4.2./1). Die Entwicklung solcher Programme, welche die Aufgaben der Desktop-Integration wahrnehmen, erfolgt mit modernen Software-Entwicklungsumgebungen. Klassenbibliotheken stellen beispielsweise in ihnen die erforderlichen Werkzeuge der Integration bereit. Die Möglichkeiten der Integration legt somit nicht das Workflowsystem fest, sondern die zur eingesetzten Entwicklungsumgebung verfügbare Middleware.

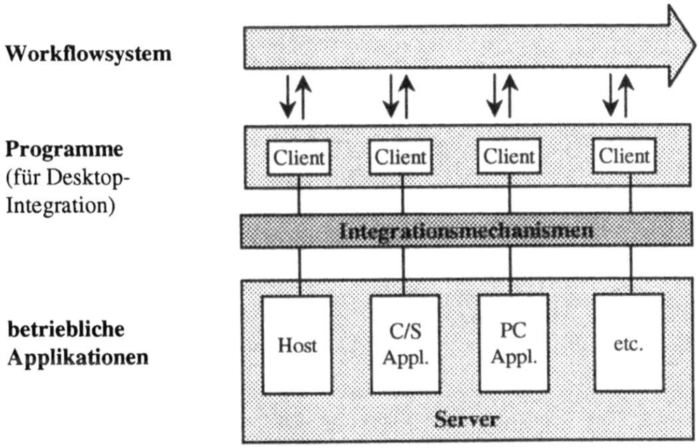

Bild 4.4.2./1: Desktop-Integration und Workflowsysteme

Aus Sicht eines Workflows handelt es sich bei einem Client-Programm um eine Aktivität und bei den Server-Applikationen um die zu integrierenden heterogenen Applikationen. Die Letztgenannten betreffen nicht nur "reine" Client/Server-Anwendungen, sondern decken das breite Spektrum von Hostsystemen, Client/Server-Applikationen, PC-Anwendungen etc. ab.

Beispielsweise bezeichnet IBM in FlowMark ein solches separates Programm, das ein Workflowsystem zur Integration von Applikationen aufrufen kann, als Building Block. Für die Integration kann der Service Broker die Verbindung zu einer Applikation aufbauen und die Services dieser Applikation dem Entwickler von Building Blocks anbieten. Der Entwickler muss sich nicht mehr um die Verteilung, Plattformen etc. von Applikationen kümmern. Dies ist Aufgabe des Service Brokers. Das Programm für die Desktop-Integration (Building Block) sendet eine Anfrage (Request) an den Broker, der sie an die gewünschten Applikationen weiterleitet und die Antwort der Applikation dem Building Block zurücksendet [s. IBM 1996b].

Bild 4.1.1.3./1 auf Seite 40 dokumentiert stark vereinfacht, dass das Workflowsystem die betrieblichen Applikationen direkt aufruft. Diese Darstellung ist aufgrund der Aussagen in bezug auf die Desktop-Integration wie folgt zu ergänzen: Ein Workflowsystem ruft während der Laufzeit zu jeder Aktivität, in welcher der Sachbearbeiter für ihre Ausführung auf betriebliche Applikationen zugreifen muss, ein Programm auf. Diese Programme übernehmen je Aktivität die Aufgaben der Desktop-Integration. Sie sind zugleich die implementierten Aktivitäten. Bild 4.4.2./2 illustriert diesen Sachverhalt.

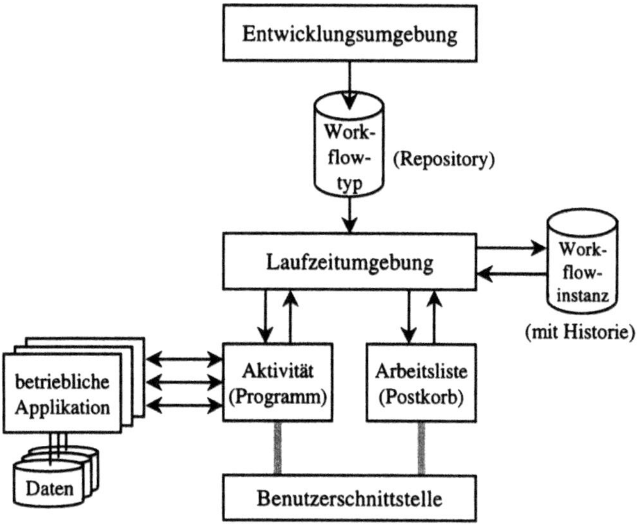

Bild 4.4.2./2: Aktivitäten als Programme für die Desktop-Integration

4.4.3. Einordnung in die WfMC

Das Ziel der WfMC ist die Entwicklung von Standards für (1) Workflowterminologie, (2) Interoperabilität und (3) Connectivity. Sie hat die relevanten Begriffe in einem Glossar systematisiert und ein Referenzmodell entwickelt, das Workflowsysteme charakterisiert [s. WfMC 1996a]. Das Schwergewicht der Arbeiten der WfMC betrifft zur Zeit die Spezifikation von Schnittstellen zwischen Workflowsystemen und BPR-Tools für die Prozessdefinition (Interface 1), Postkorbanwendungen z.B. für den Zugriff auf den Arbeitsvorrat (Interface 2), externen Applikationen für die Integration betrieblicher Applikationen (Interface 3), Workflowsystemen anderer Hersteller (Interface 4) und Werkzeugen für das Monitoring oder die Administration (Interface 5). Erste Ergebnisse zu den einzelnen Schnittstellen liegen vor: z.B. Interface 1 [s. WfMC 1995a], Interface 2 [s. WfMC 1995b; WfMC 1995c] und Interface 4 [s. WfMC 1996b; WfMC 1996c]. Hersteller haben teilweise bereits selbständig, unabhängig von der WfMC, Schnittstellen definiert, z.B. MAPI (Messaging Application Programming Interface) von Microsoft [s. Microsoft 1996]. Abschnitt 4.1.3. hat den Beitrag von Interface 1 für diese Arbeit kurz durchleuchtet.

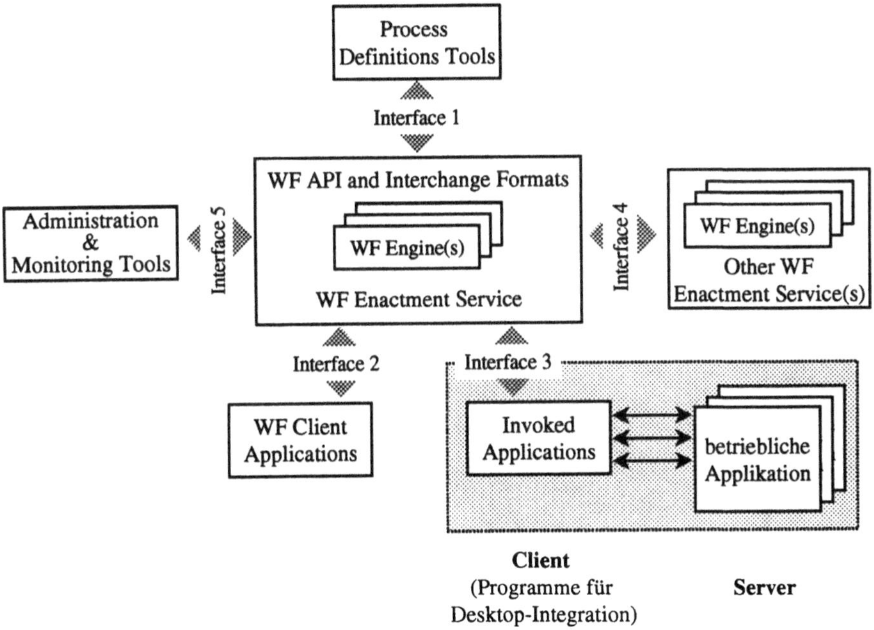

Bild 4.4.3./1: Desktop-Integration im Referenzmodell der WfMC

Bild 4.4.3./1 beschreibt, wie die erläuterten Aspekte der Desktop-Integration im Referenzmodell der WfMC einzuordnen sind. Hinsichtlich der Integration von betrieblichen Applikationen steht das Interface 3 (Invoked Applications) im Mittelpunkt. Gerade in diesem Bereich kann die WfMC noch keine ausreichenden Ergebnisse vorweisen. Die vorliegende Arbeit wird nicht diese Schnittstelle im Sinne der WfMC technisch spezifizieren, sondern - aufgrund der Anforderungen in Abschnitt 3.2. - eine Methode für die Prozessumsetzung formulieren, in der die Integration von betrieblichen Applikationen ein wesentlicher Bestandteil ist.

Die WfMC will in diesem Bereich spezifizieren, wie ein Workflowsystem betriebliche Applikationen entweder direkt oder über einen Tool Agent[1] integrieren kann [vgl. Hollingsworth/Wharton 1994, S. 42]. Der direkte Aufruf setzt voraus, dass die einzubindende Applikation für die Kommunikation (Datenaustausch) die Schnittstelle des Workflowsystems oder umgekehrt ansprechen kann. Die WfMC bezeichnet solche Systeme als *Workflowenabled Applications*. Vor allem bei Altsystemen, welche einerseits diese Fähigkeit kaum besitzen und andererseits ein Workflowsystem nicht alle möglichen Arten von Schnittstellen heterogener Applikationen abdecken kann, soll ein *Tool Agent*, welcher sowohl mit dem Workflowsystem kommunizieren als auch Altsysteme mit Hilfe von Middleware einbinden kann, die Integration ermöglichen. Bild 4.4.3./2 zeigt diese beiden Alternativen für das Interface 3 grob auf.

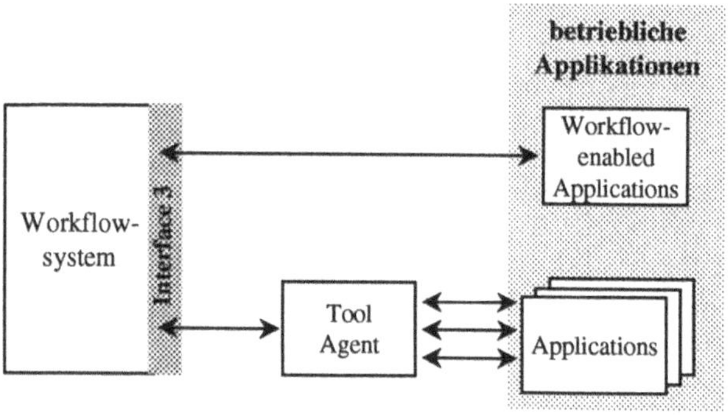

Bild 4.4.3./2: Interface 3 der WfMC

Mit dem gewählten Ansatz der Desktop-Integration (s. Abschnitt 4.4.1. und 4.4.2.) deckt diese Arbeit insbesondere die Variante Tool Agent ab. Vor allem aus Sicht der Einbindung von z.B. in der Telefon AG vorhandenen Altsystemen ist ihr direkter Aufruf durch das Workflowsystem und der Datenaustausch zwischen ihnen kaum realistisch. Altsysteme verfügen in den seltensten Fällen über die hierfür erforderlichen Schnittstellen, die ein Workflowsystem direkt verwenden kann [vgl. Kurbel et al. 1995, S. 447]. Ein Tool Agent, der Middleware einsetzt, kann ein wesentlich breiteres Spektrum von Schnittstellenarten zu Applikationen auf verschiedenen Plattformen abdecken. Jedoch bestehen auch hier Grenzen: neben technischen Restriktionen sind insbesondere auch ökonomische Argumente zu berücksichtigen.

---

1 Eine Arbeitsgruppe der WfMC, welche für das Interface 3 zuständig ist, diskutiert unter anderem, ob der Begriff Tool Agent zu ersetzen ist, z.B. durch den Begriff Application Driver.

4.4.4. Beitrag im Rahmen der Prozessumsetzung

Die dargestellten Lösungsansätze im Bereich der Desktop-Integration zeigen auf, welche technischen Hilfsmittel der Prozessumsetzung für die Einbindung von heterogenen Applikationen in den Ablauf zur Verfügung stehen. Zusätzlich belegen sie, wie ein Workflowsystem sie aus technischer Sicht einsetzen kann. Für eine Methode der Prozessumsetzung, die von Prozessen ausgeht, welche den Aspekt des Informationssystems nur grob berücksichtigen, sind technische Konzepte für die Implementierung absolut notwendig. Jedoch reichen sie für den Entwurf vom Prozess bis zum Informationssystem bei weitem nicht aus.

4.5. Beurteilung der behandelten Ansätze

Die Abschnitte 4.1. bis 4.4. haben verschiedene Ansätze kurz beschrieben und insbesondere untersucht, inwieweit sie einen Beitrag für die Prozessumsetzung liefern können.

Anforderungen / **behandelte Ansätze**	Systematisches Vorgehen	Durchgängigkeit zum Prozessentwurf	Computerunterstützte Ablaufsteuerung	Evolutionäre Weiterentwicklung des Informationssystems	Einbindung heterogener Applikationen
Workflowsysteme	❍	❍	●		❍
Prozessentwurf	●	❍	❍		
Informationssystementwicklung	●	❍	❍	❍	
Integrationsansätze					❍

Legende:

Ansatz liefert keinen Beitrag

❍ Ansatz liefert einen kleinen Beitrag

● Ansatz liefert einen wesentlichen Beitrag

Bild 4.5./1: Beurteilung der behandelten Ansätze

Bild 4.5./1 fasst das Ergebnis dieser Analyse zusammen. Die Zeilen enthalten die untersuchten Ansätze, die Spalten die Anforderungen aus Abschnitt 3.2. In den Zellen ist ersichtlich, inwieweit ein Ansatz Hinweise für die Prozessumsetzung bieten kann. Dabei geht es nicht um eine Bewertung, sondern die Darstellung soll aufzeigen, aus welchen

Quellen die Prozessumsetzung in bezug auf ihre Anforderungen konkrete Lösungskonzepte übernehmen bzw. ableiten kann. Hierzu unterscheidet die Beurteilung zwischen "Ansatz liefert keinen Beitrag", "Ansatz liefert einen kleinen Beitrag" und "Ansatz liefert einen wesentlichen Beitrag".

Die grobe Beurteilung verdeutlicht, dass keiner der behandelten Ansätze zu allen Anforderungen einen Beitrag leisten kann. Jedoch decken sie bereits verschiedene Aspekte der Prozessumsetzung zumindest teilweise ab, und sie ergänzen sich an vielen Stellen gegenseitig. Es fehlt jedoch ein zusammenhängendes Vorgehen, welcher die Prozessumsetzung umfassend behandelt und hierfür eine Methode zur Verfügung stellt.

Deshalb wird Kapitel fünf grundsätzlich von den Ergebnissen dieser Untersuchung ausgehen und nicht für alle Anforderungen vollständig neue Lösungen entwickeln. Dabei muss es die bestehenden Verfahren einbinden, sie speziellen Anforderungen der Prozessumsetzung anpassen oder entsprechend erweitern. Zusätzlich kommen in einzelnen Bereichen neue Elemente hinzu. Ziel der Methode für die Prozessumsetzung wird es sein, diese Bestandteile zu einem Ganzen zusammenzubinden.

5. Eine Methode für die Prozessumsetzung

Die Analyse bestehender Ansätze hat Lösungswege und ihre grundlegenden Defizite in bezug auf die Anforderungen an die Prozessumsetzung aufgedeckt. Auf Basis dieser Erkenntnisse, der Anforderungen in Abschnitt 3.2. und der Überlegungen aus der Problemabgrenzung in Kapitel zwei wird in Kapitel fünf ein eigener Methodenvorschlag entwickelt.

Der Aufbau dieses Kapitels orientiert sich sehr stark an dem Konzept des Methoden-Engineerings (s. Abschnitt 3.2.1.). Bild 5./1 zeigt die fünf Komponenten des Methoden-Engineerings mit Hilfe der in Abschnitt 4.1.2. definierten Notation auf: Ergebnisse, Techniken, Entwurfsaktivitäten, Rollen und Metamodell.

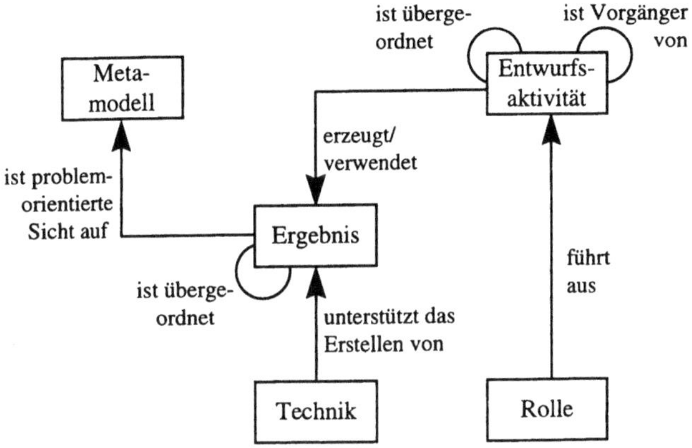

Bild 5./1: Komponenten des Methoden-Engineerings

Im Gegensatz zu den Teilen Metamodell, Ergebnisse und Techniken lassen sich bezüglich Entwurfsaktivitäten und Rollen kaum allgemeingültige Aussagen treffen. Der Grund dafür ist, dass Art und Umfang der bereitstehenden Ressourcen, der Ausbildungsstand und Erfahrungshintergrund der beteiligten Mitarbeiter, die zur Verfügung stehende Zeit und nicht zuletzt die Kooperationskultur zwischen den involvierten Organisationseinheiten unternehmens- und projektspezifisch sind. Ausserdem lässt sich ohne Berücksichtigung der politisch-verhaltensorientierten Gestaltungsdimension sowie ohne Einbezug von Zielformulierung, Alternativenbeurteilung und Entscheidungsfindung kein abgerundetes Vorgehens- und Rollenmodell definieren. Deshalb konzentriert sich das Kapitel fünf vorerst auf Metamodell (Abschnitt 5.1.), Dokumentationsmodell (Abschnitt 5.2.) und Techniken (Abschnitt 5.3.).

Anschliessend werden in einer Übersicht die durchgängige Integration der vorgeschlagenen Methode für die Prozessumsetzung in den Prozessentwurf beschrieben (Abschnitt 5.4.) und abschliessend anhand der bekannten Anforderungen beurteilt (Abschnitt 5.5.).

5.1. Metamodell

In Abschnitt 4.1.2. wurden Metamodelle verwendet, damit man sich einen schnellen Überblick über das Begriffssystem eines Workflowsystems verschaffen konnte. In Kapitel fünf wird aber ein anderes Ziel verfolgt. Es soll nicht ein schneller Überblick vermittelt werden, sondern die Begriffe einer Methode für die Prozessumsetzung sollen festlegt werden und damit sowohl der gewählte Realitätsausschnitt genau beschrieben als auch eine Grundlage für die Qualitätssicherung im Rahmen des Methoden-Engineerings geschaffen werden.

Das folgende Metamodell beschreibt nicht ein Workflowsystem, sondern die Bestandteile der Entwurfsergebnisse einer Methode für die Prozessumsetzung. Zu diesem Zweck ist die in Abschnitt 4.1.2. verwendete Notation zu erweitern. Ein Metamodell umfasst Metaentitätstypen (synonym: Metamodell-Komponenten, Objekte), Beziehungen und Attribute. Metaentitätstypen sind atomare Bestandteile von Entwurfsergebnissen, so z.B. Aktivität, Arbeitsschritt oder Stelle. Beziehungen beschreiben die logische Verknüpfung zwischen Metaentitätstypen; beispielsweise führt eine Stelle eine oder mehrere Aktivitäten aus. Attribute sind Eigenschaften von Metaentitätstypen. Für den Metaentitätstyp Aktivität sind dies unter anderem Aktivitätenname, Input- und Output-Schnittstelle, Zeitbedarf.

Im Datenmodell repräsentieren Knoten (Rechtecke) die Metaentitätstypen und Kanten die Beziehungen. Bild 5.1./1 zeigt ein Beispiel:

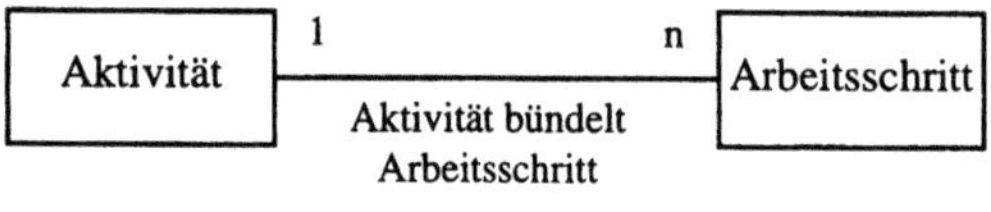

Bild 5.1./1: Beispiel für die Notation des Datenmodells

Das Datenmodell dokumentiert die Kardinalitäten (Arten der Beziehungen) an beiden Enden jeder Kante: "1" für genau eine, "c" für keine oder eine, "cn" für keine, eine oder mehrere und "n" für eine oder mehrere. In Bild 5.1./1 ist dies eine 1:n-Beziehung zwischen Aktivität und Arbeitsschritt. Eine Aktivität bündelt einen oder mehrere Arbeitsschritte, ein Arbeitsschritt wird in genau einer Aktivität verwendet.

Die folgenden Darstellungen verzichten auf eine detaillierte Normalisierung. Multiple Beziehungen (Beziehungen mit zwei "n") werden nur aufgelöst, wenn dadurch das Metamodell wesentliche Merkmale der Methode hervorheben kann.

Der Bogen in Bild 5.1./2 stellt ein exklusives ODER zwischen Metaentitätstypen dar [vgl. Lindtner 1992, S. 22; Robinson/Berrisford 1994, S. 198]. Das Beispiel sagt aus, dass ein Arbeitsschritt entweder manuell oder IT-unterstützt ist.

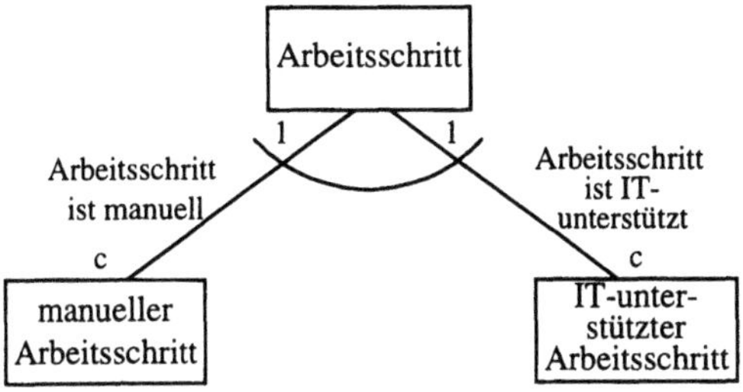

Bild 5.1./2: Exklusive Beziehungsgruppe

Da ein Gesamtmodell mit allen Metaentitätstypen auf einem A4-Blatt unübersichtlich ist, wird das Metamodell in problemorientierte Sichten aufgeteilt. Jede Sicht ist ein Ausschnitt von thematisch zusammengehörenden Metaentitätstypen aus dem Gesamtmodell (Abschnitt 5.1.1.). Metaentitätstypen können daher auch in mehreren Sichten vorkommen.

Abschnitt 5.1.2. beschreibt die Metaentitätstypen im Detail nach einem einheitlichen Raster:

- *Bezeichner*
  Name des Metaentitätstyps.
- *Beschreibung*
  Verbale Beschreibung des Metaentitätstyps.
- *Attribute*
  Name und Bedeutung der Attribute des Metaentitätstyps. Alle Attribute, die den **Identifikationsschlüssel** eines Metaentitätstyps bilden, sind fett gedruckt. *Fremdschlüssel* sind kursiv hervorgehoben.
- *Beziehungen*:
  Beschreibung der Beziehungen des Metaentitätstyps zu anderen Metaentitätstypen in einer Richtung (Assoziation; die Gegen-Assoziationen sind in den anderen Metaentitätstypen beschrieben). Bei der Beschreibung einer Beziehung ist jeweils die Sicht angegeben, in der die Beziehung zu finden ist.

5.1.1. Die vier Sichten der Prozessumsetzung

Grundlage für die Ableitung der zentralen Sichten der Prozessumsetzung sind die Problemabgrenzung in Kapitel zwei und die Ergebnisse der Analyse bestehender Ansätze in Kapitel vier. Folgende drei Sichten lassen sich daraus identifizieren:

- Das Workflowsystem übernimmt die *Ablaufsteuerung* von Aktivitäten.
- In einem Unternehmen bietet das *Informationssystem* mit seinen Applikationen sämtliche betrieblichen Funktionen bzw. Daten an.
- Die *Desktop-Integration* übernimmt die Einbindung von (heterogenen) betrieblichen Applikationen in Aktivitäten. Für sie stehen moderne Entwicklungsumgebungen zur Verfügung.

Neben diesen prozessorientierten Aspekten muss die Implementierung eines Prozesses auch die relevanten aufbauorganisatorischen Fragen in Form eines *Berechtigungskonzepts* berücksichtigen. Solche Überlegungen stehen zwar nicht im Mittelpunkt der Betrachtung. Jedoch bindet sie das Metamodell so weit ein, dass diese Anforderungen an Workflowsysteme abgedeckt sind.

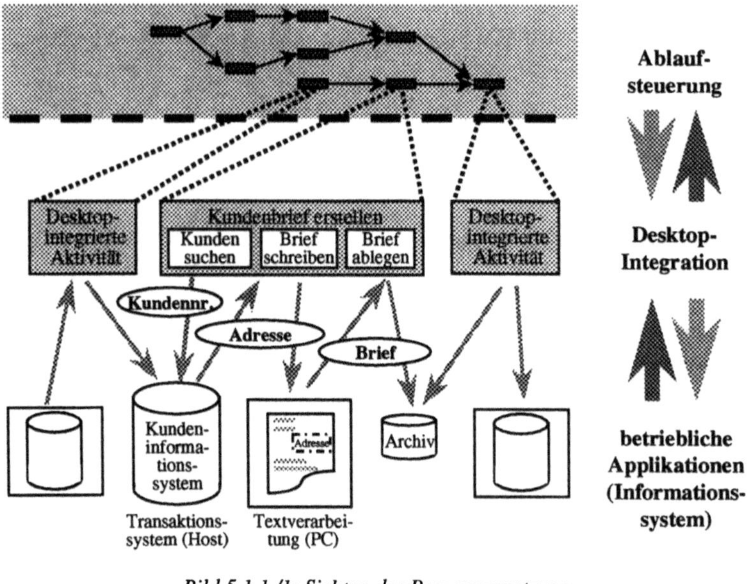

Bild 5.1.1./1: Sichten der Prozessumsetzung

Die folgenden Abschnitte beschreiben im Überblick die vier problemorientierten Sichten des Metamodells: Ablaufsteuerung (5.1.1.1.), Berechtigungskonzept (5.1.1.2.), Desktop-Integration (5.1.1.3.) und Informationssystem (5.1.1.4.).

5.1.1.1. Sicht 1: Ablaufsteuerung

Ein Workflowsystem implementiert einen Prozess mit Hilfe von Aktivitätenketten, welche (hierarchisch) strukturierbar sind. Zu einer Aktivitätenkette gehört eine Menge von Aktivitäten, für deren Ablaufsteuerung das Workflowsystem verantwortlich ist. Aktivitäten sind Bausteine [s. Doblaski 1995], d.h. mehrere Aktivitätenketten mit unterschiedlichen Ablauffolgen können sie verwenden.

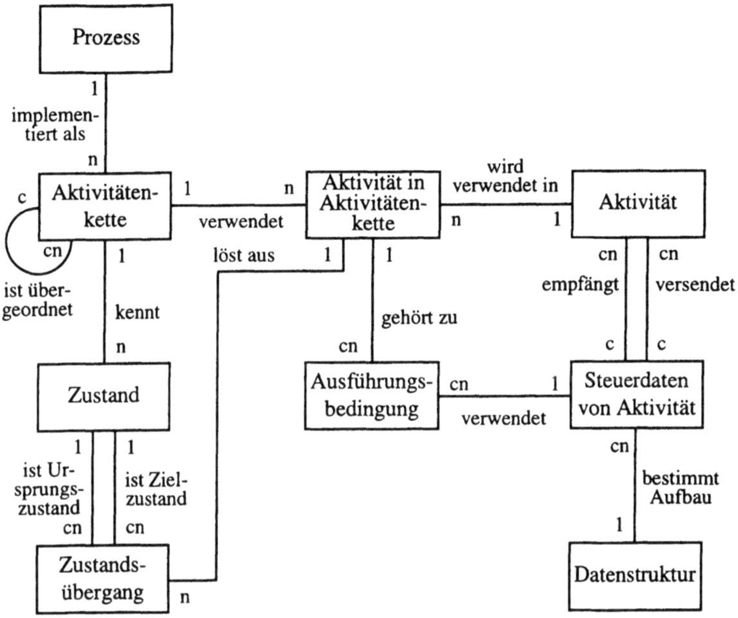

Bild 5.1.1.1./1: Sicht Ablaufsteuerung

Für die Spezifikation der Ablauffolge verwenden die verfügbaren Workflowsysteme unterschiedliche - oft grafische - Darstellungstechniken [vgl. Stark/Lachal 1995]. Es konnte sich aber bis heute in diesem Bereich noch kein Standard durchsetzen. Für den Entwurf auf konzeptioneller Ebene hat sich eine zustandsorientierte Betrachtung als sinnvoll und praktikabel herausgestellt [vgl. Versteegen 1996]: Eine Aktivitätenkette (aus Sicht des Sachbearbeiters ein Geschäft) kennt bestimmte Phasen, d.h. Zustände (z.B. Auftrag konfiguriert, geprüft, beurteilt). In einem Zustand kann der Sachbearbeiter im voraus definierte Aktivitäten ausführen. Aktivitäten lösen einen Zustandsübergang aus.

Zusätzliche Ausführungsbedingungen halten für Aktivitäten je Zustand fest, in welchen Situationen sie ausgeführt werden dürfen. Die Variablen und ihre zulässigen Werte basieren auf den Steuerdaten. Steuerdaten bestimmen sowohl Input als auch Output von

Aktivitäten. Sie bilden im Workflowsystem die Grundlage für die Ablaufsteuerung. Eine Datenstruktur definiert den Aufbau der Steuerdaten.

Die detaillierte Beschreibung von Aktivitäten geschieht mit Hilfe von Arbeitsschritten (s. Sicht 3). Zu einer Aktivität ruft das Workflowsystem ein Programm auf, das seine Arbeitsschritte im Sinne der Desktop-Integration verknüpft.

5.1.1.2. Sicht 2: Berechtigungskonzept

Die Sicht Berechtigungskonzept hat im Metamodell Workflow die Aufgabe, die Verantwortung für die Ausführung von Aktivitäten organisatorisch zu verankern. Eine allgemeingültige Darstellung dieser Sicht ist problematisch, da sie stark vom einzelnen Unternehmen sowie vom eingesetzten Workflowsystem abhängt und somit nicht absolut gelten kann. Die Ausführungen im Bereich Berechtigungskonzept verfolgen deshalb nur das Ziel, die wesentlichen aufbauorganisatorischen Komponenten in bezug auf Workflow zu skizzieren.

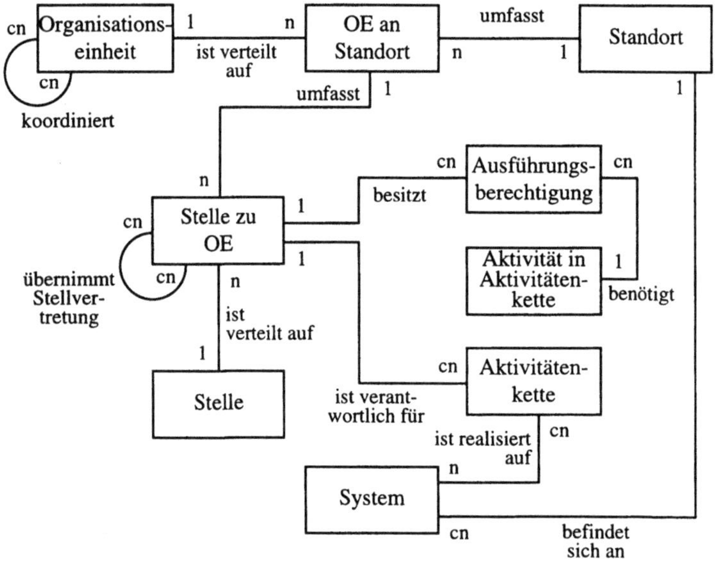

Bild 5.1.1.2./1: Sicht Berechtigungskonzept

Das Organigramm eines Unternehmens stellt die Aufbauorganisation dar und bildet mehrere Organisationseinheiten (OE) ab. Die OEs befinden sich an geographischen Standorten, und ihnen sind Stellen zugeteilt. Für die Ausführung von Aktivitäten sind Stellen verantwortlich, zwischen Stellen sind Regeln in bezug auf ihre Stellvertretungen definiert. Die Ausführungsberechtigung für eine Stelle bezieht sich immer auf Aktivitäten, die in einer bestimmten Aktivitätenkette verwendet werden.

Überdies ist jeweils eine Stelle für eine Aktivitätenkette insgesamt als Prozessadministrator verantwortlich.

Im Metamodell ist der Aspekt "Mitarbeiter" nicht enthalten. In der Praxis übernehmen Mitarbeiter die Verantwortung für Stellen. Diese Zuordnung ist nicht Gegenstand des Entwurfs und somit auch nicht Bestandteil dieses Metamodells.

Eine Aktivitätenkette ist auf einem oder mehreren Systemen (Rechner, Plattform) realisiert, und jedes System befindet sich an einem Standort.

5.1.1.3. Sicht 3: Desktop-Integration

Die Desktop-Integration hat die Aufgabe, dem Benutzer alle zur Ausführung einer Aktivität erforderlichen Applikationen an seinem Arbeitsplatz zur Verfügung zu stellen. Dazu muss sie einerseits die gewünschten Programme aufrufen und andererseits den Datenaustausch zwischen ihnen möglichst weit automatisieren [s. Bonaccorsi 1994; Hackathorn 1993, S. 51-53; Rivizzigno 1994].

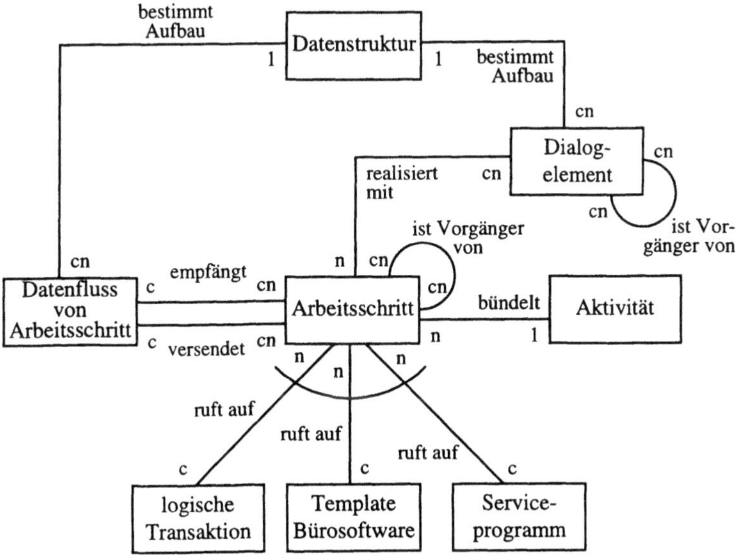

Bild 5.1.1.3./1: Sicht Desktop-Integration

Arbeitsschritte beschreiben im Detail die Aktionen von Aktivitäten, d.h. den Aufruf von betrieblichen Applikationen. Ihre Rangfolge innerhalb einer Aktivität ist durch eine Ablauffolge bestimmt. Benutzerinteraktive Arbeitsschritte einer Aktivität sind mit Hilfe von Bildschirmmasken, Listen, Reports etc. im Form von Dialogelementen realisiert. Der Dialogfluss bestimmt die Reihenfolge der Dialogelemente zu einer Aktivität. Eine Datenstruktur definiert den Aufbau eines Dialogelements.

Ein Arbeitsschritt kann manuell oder IT-(Informationstechnik) unterstützt sein[1]. Im letzteren Fall ruft er entweder eine logische Transaktion, ein Template Bürosoftware oder ein Serviceprogramm auf. Für diese Zugriffe sind - abhängig von der einzubindenden Funktion - spezifische Integrationsansätze nötig, welche den automatischen Datenaustausch zwischen heterogenen Applikationen ermöglichen. Der Datenfluss zwischen Arbeitsschritten beschreibt diesen Datenaustausch. Eine Datenstruktur definiert den Aufbau des Datenflusses.

Im Sinne der Desktop-Integration handelt es sich bei einer Aktivität um ein Programm, das je Arbeitsschritt eine Applikation einbindet und zwischen den Arbeitsschritten ihren Datenfluss regelt. Zu einer Aktivität ruft das Workflowsystem ein Programm dieser Art auf.

5.1.1.4. Sicht 4: Informationssystem

Ein Prozess stellt Anforderungen an die Unterstützung durch das Informationssystem. Es lassen sich aus ihm sowohl Daten- als auch Funktionsanforderungen ableiten. Für die Realisierung ist ein Abgleich dieser Anforderungen mit den im Unternehmen vorhandenen Applikationen und Datensammlungen nötig. Zusätzlich ist der Prozess in unternehmensspezifische, technische Rahmenbedingungen eingebettet, die aufgrund der IT-Strategie beim Abgleich der Anforderungen und der Implementierung zu berücksichtigen sind.

Applikationen sind für Datensammlungen verantwortlich, welche Datenstrukturen umfassen, bzw. Datenstrukturen beschreiben den formalen Aufbau von Datensammlungen. Die Komponenten einer Datenstruktur sind selbst Datenstrukturen. Datenelemente sind jene Teile von Datenstrukturen, die sich in einem gegebenen oder unterstellten Zusammenhang logisch nicht mehr sinnvoll unterteilen lassen.

Eine Applikation bietet entweder logische Transaktionen, Serviceprogramme oder Templates von Bürosoftware an. Bürosoftware, logische Transaktionen und Serviceprogramme haben Effekte auf Datenstrukturen. Sowohl Applikationen als auch Datensammlungen sind auf Systemen (Plattform, Rechner) realisiert.

---

1 Manuelle Arbeitsschritte sind nicht direkt Gegenstand einer Implementierung. Aus diesem Grund führt sie das Metamodell nicht explizit auf.

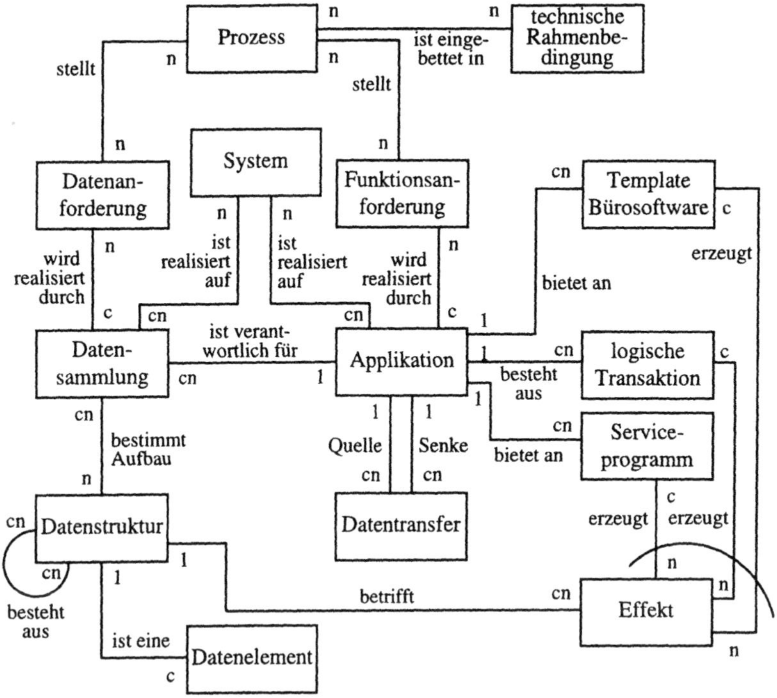

Bild 5.1.1.4./1: Sicht Informationssystem

Der Datentransfer zwischen Applikationen muss redundante Daten abgleichen. Die Analyse der Datentransfers zwischen Applikationen ist vor allem bei der Einführung von neuen bzw. bei der Ablösung von alten Applikationen z.B. aufgrund des Anforderungsprofils des Prozesses von grosser Bedeutung. Er steht aus Sicht der Frontend-Integration nicht im Mittelpunkt (s. Abschnitt 3.1.3.)[1].

Aus Sicht der Implementierung eines Prozesses ist für ein Unternehmen von Interesse, welche vorhandenen Applikationen sie weiterhin nutzen kann bzw. für welche Anforderungen sie neue Applikationen einsetzen muss.

---

[1] Die Backend-Integration behandelt den Datentransfer zwischen Applikationen [s. Gassner 1996, S. 40-52]. Die Datenstruktur eines Datentransfers wird deshalb im Metamodell nicht im Detail untersucht bzw. dargestellt.

5.1.2. Beschreibung des Metamodells

Die folgenden Abschnitte ergänzen die Übersichtsdarstellung des Metamodells in Abschnitt 5.1.1. um eine detaillierte Beschreibung der einzelnen Komponenten, d.h. Metaentitätstypen, nach einem einheitlichen Raster.

5.1.2.1. Aktivität

Beschreibung: Aktivitäten sind in sich geschlossene Verrichtungseinheiten im Arbeitsablauf, welche das Workflowsystem aktiv steuert [s. WfMC 1996a]. Sie fassen Arbeitsschritte zusammen, die der Benutzer im gleichen fachlichen und zeitlichen Zusammenhang anwendet und in einem Zug ausführt [vgl. Morschheuser et al. 1996]. Aktivitäten können sowohl vollständig automatisch im Hintergrund als auch im Dialog mit dem Benutzer ablaufen.

Für Aktivitäten, die Benutzerinteraktionen voraussetzen, erstellt das Workflowsystem während der Laufzeit Einträge in den Postkörben derjenigen Mitarbeiter, die für die Ausführung berechtigt sind. Zur Bearbeitung einer Aktivität wählt der Sachbearbeiter den entsprechenden Eintrag in seinem Postkorb aus und beginnt die Arbeitsschritte abzuarbeiten. Mit Ausführung aller relevanten Arbeitsschritte einer Aktivität schliesst der Mitarbeiter ihre Bearbeitung ab. Das Workflowsystem bestimmt, welche Aktivität in der Ablauffolge durch wen als nächste auszuführen ist und erstellt entweder entsprechende Einträge in den Postkörben der Mitarbeiter oder startet - bei vollständig automatischen Aktivitäten - deren Ausführung direkt [vgl. Jablonski 1995a, S. 69-70].

Das Workflowsystem ist für die Steuerung von Aktivitäten zuständig. Dabei ruft es zu einer Aktivität ein Programm auf und übergibt zu Beginn bzw. übernimmt am Ende seiner Ausführung Steuerdaten (s. Abschnitt 4.4.2.). Solche Programme fassen die Arbeitsschritte einer Aktivität zusammen und übernehmen je Aktivität die Aufgaben der Desktop-Integration[1].

Im Sinne der Wiederverwendung können Aktivitäten als "Baustein" in

---

[1] Ein Workflowsystem steuert die Ablauffolge von Aktivitäten. Für die Implementierung von Aktivitäten und somit die Desktop-Integration (vgl. Sicht 3) stehen herkömmliche Programmiersprachen und immer häufiger moderne Client/Server-Entwicklungsumgebungen zur Verfügung. Sie müssen einerseits die Arbeitsschritte einer Aktivität steuern und andererseits Applikationen integrieren.

Der für die Ausprogrammierung von Aktivitäten erforderliche Programmentwurf (z.B. Modularisierung im Sinne der strukturierten Programmierung) wird im Metamodell nicht dargestellt.

einer oder mehreren Aktivitätenketten verwendet werden. Als Komponenten (Bausteine) sind sie isoliert und nicht im voraus in einer festen Ablauffolge eingebunden [s. Doblaski 1995]. Ablauffolge und Ausführungsberechtigung von Aktivitäten ergeben sich erst auf Basis der Verwendung von Aktivitäten in konkreten Aktivitätenketten.

Attribute: **Aktivitätennummer:** Identifikationsnummer der Aktivität.

Aktivitätenname: Name der Aktivität.

Beschreibung: Kurze Beschreibung erläutert den fachlichen Hintergrund (Inhalt) der Aktivität sowie deren Bedeutung.

Input-Schnittstelle: Identifikationsnummer der Steuerdaten von Aktivität, welche die Aktivität zu Beginn vom Workflowsystem empfängt.

Output-Schnittstelle: Identifikationsnummer der Steuerdaten von Aktivität, welche die Aktivität am Ende an das Workflowsystem versendet.

Zeitbedarf: Durchschnittlicher, minimaler und maximaler Zeitbedarf pro Ausführung.

Beziehungen: zu "Aktivität in Aktivitätenkette" (Sicht 1, 2): Eine Aktivität wird in einer oder mehreren Aktivitätenketten verwendet.

zu "Steuerdaten von Aktivität" (Sicht 1): Eine Aktivität kann Steuerdaten vom Workflowsystem empfangen.

zu "Steuerdaten von Aktivität" (Sicht 1): Eine Aktivität kann Steuerdaten an das Workflowsystem versenden.

zu "Arbeitsschritt" (Sicht 3): Eine Aktivität bündelt einen oder mehrere Arbeitsschritte.

5.1.2.2. Aktivität in Aktivitätenkette

Beschreibung: Eine Aktivitätenkette verwendet eine vordefinierte Auswahl von Aktivitäten in einer bestimmten Ablauffolge. Der Metaentitätstyp Aktivität in Aktivitätenkette dokumentiert diesen Sachverhalt. Die Aktivität in Aktivitätenkette wird durch eine Stelle interaktiv oder automatisch ausgeführt.

Sowohl die Ausführungsberechtigung als auch die Definition der Ablauffolge mit Hilfe von Zustandsübergängen und Ausführungsbedingungen beziehen sich nicht auf Aktivitäten als Bausteine, sondern auf Aktivitäten in Aktivitätenketten.

Attribute: **Aktivität in Aktivitätenkettennummer:** Identifikationsnummer einer Aktivität in Aktivitätenkette. Dieselbe Aktivität kann in einer Aktivitätenkette (an verschiedenen Stellen im Ablauf) auch mehrfach vorkommen.

Aktivität: Identifikationsnummer der Aktivität, die in der Aktivitätenkette verwendet wird.

Aktivitätenkette: Identifikationsnummer der Aktivitätenkette, welche die Aktivität verwendet.

Priorität: Dringlichkeit, mit der eine Aktivität in Aktivitätenkette während der Laufzeit auszuführen ist.

Wiedervorlage: Ob, in welcher Form und wie oft eine Aktivität wiedervorgelegt werden darf.

Zeitrahmen: Maximaler Zeitrahmen, innerhalb dessen die Aktivität nach Erhalt auszuführen ist, d.h. Bearbeitungs- und Liegezeit, und mögliche Aktionen bei einer Überschreitung des Zeitrahmens.

Ausführungen: Anzahl der Ausführungen pro Jahr.

Beziehungen: zu "Aktivität" (Sicht 1, 3): Eine Aktivitätenkette besteht aus einer oder mehreren Aktivitäten, wobei sie dieselbe Aktivität mehrfach verwenden kann.

zu "Aktivitätenkette" (Sicht 1,2): Eine Aktivität wird in einer oder mehreren Aktivitätenketten verwendet.

zu "Zustandsübergang" (Sicht 1): Eine Aktivität in Aktivitätenkette kann einen oder mehrere Zustandsübergänge der Aktivitätenkette auslösen.

zu "Ausführungsbedingung" (Sicht 1): Zu einer Aktivität in Aktivitätenkette sind keine, eine oder mehrere Ausführungsbedingungen aufgrund von Steuerdaten definiert.

zu "Ausführungsberechtigung" (Sicht 2): Eine Aktivität in Aktivitätenkette ist keiner, einer oder mehreren Stellen zu OEs zur Ausführung zugeordnet.

5.1.2.3. Aktivitätenkette

Beschreibung: Ein Workflowsystem implementiert einen Prozess mit Hilfe von Aktivitätenketten, welche (hierarchisch) strukturierbar sind. Zu einer Aktivitätenkette gehört eine Menge von Aktivitäten, für deren Ablaufsteuerung das Workflowsystem verantwortlich ist. Realisiert sind sie auf Systemen (Plattform, Rechner), die geographisch verteilt sein können (s. Abschnitt 4.1.2.].

Die Zerlegung eines Prozesses in Aktivitätenketten orientiert sich einerseits an den Leistungen (Leistungsbündel) und somit am Kundenbedürfnis, und andererseits berücksichtigt sie auch Aspekte der Implementierung, d.h. des Informationssystems.

Eine Aktivitätenkette vermittelt die ablauforganisatorische Sicht und damit eine geeignete Übersicht über den ganzen Workflow. Aktivitätenketten grenzen diejenigen Einheiten im Prozess ab, welche zusammen mit dem Berechtigungskonzept, der Desktop-Integration und dem Informationssystem je einen Workflow darstellen. Die Verantwortung für einen Workflow übernimmt der Prozessadministrator. Seine Verantwortung umfasst vor allem die Wartung und den Betrieb der technischen Infrastruktur (z.B. Beratung und Schulung der Benutzer, Vergabe und Verwaltung von Zugriffsrechten, Koordination von Änderungsanträgen, Erstellung von Auswertungen und Prozessberichten für die entsprechenden Gremien der Prozessführung).

Für die Analyse und Abbildung der Ablauffolge von Aktivitäten in Aktivitätenketten steht eine Vielzahl von Darstellungstechniken zur Verfügung (s. Abschnitt 4.1.2. oder [Stark/Lachal 1995; Erdl/Schönecker 1995])[1]. In der Konzeption wählt die Methode eine zustandsorientierte Betrachtung des Ablaufs. Sie ermöglicht es, eine flexible und durch starke Nebenläufigkeit geprägte Ablaufsteuerung in übersichtlicher Form zu untersuchen. Der Ansatz geht davon aus, dass eine Aktivitätenkette Zustände (Phasen) kennt, in denen eine oder mehrere Aktivitäten ausführbar sind.

Attribute: **Aktivitätenkettennummer:** Identifikationsnummer der Aktivitätenketten (und zugleich des Workflows).

---

1 Der Begriff Ablauf und Aktivitätenkette sind Synonyme. Andere Autoren verwenden dafür auch den Begriff Kontrollfluss [s. beispielsweise Jablonski 1995a, S. 34; Reinwald 1993, S. 27-29]

Aktivitätenkettenname: Name der Aktivitätenkette (und zugleich des Workflows).

Prozess: Identifikationsnummer des Prozesses, für welchen die Aktivitätenkette einen bestimmten Ausschnitt implementiert.

Transaktionsvolumen: Anzahl der Ausführungen in einem Zeitabschnitt.

Potential: Potential bzw. Nutzen einer Implementierung mit Hilfe eines Workflowsystems.

Strukturierung: Grad der Strukturierung der Aktivitätenkette.

Standardisierung: Grad der Standardisierung der Aktivitätenkette.

Arbeitsteilung: Grad der Arbeitsteilung der Aktivitätenkette (z.B. Anzahl beteiligter Stellen).

Wertschöpfungsanteil: Anteil, den die Aktivitätenkette im Rahmen des Prozesses an der Wertschöpfung bzw. Leistungserstellung erbringt.

Veränderbarkeit: Stabilität der Aktivitätenkette über einen Zeitabschnitt.

Prozessadministrator: Identifikationsnummer der Stelle zu OE, welche für die Aktivitätenkette verantwortlich ist.

System: Identifikationsnummer des Systems, auf dem die Aktivitätenkette realisiert ist.

untergeordnete Aktivitätenkette: Identifikationsnummer der untergeordneten Aktivitätenkette.

übergeordnete Aktivitätenkette: Identifikationsnummer der übergeordneten Aktivitätenkette.

Beziehungen: zu "Prozess" (Sicht 1, 4): Eine Aktivitätenkette implementiert einen Ausschnitt aus einem Prozesses.

zu "Aktivität in Aktivitätenkette" (Sicht 1, 2): Eine Aktivitätenkette besteht aus einer oder mehreren Aktivitäten. Sie kann auch dieselbe Aktivität mehrfach verwenden.

zu "Aktivitätenkette" (Sicht 1, 2): Eine Aktivitätenkette hat keine oder eine übergeordnete Aktivitätenkette.

zu "Aktivitätenkette" (Sicht 1, 2): Eine Aktivitätenkette hat keine, eine oder mehrere untergeordnete Aktivitätenketten.

zu "Zustand" (Sicht 1): Eine Aktivitätenkette kennt einen oder mehrere Zustände.

zu "Stelle zu OE" (Sicht 2): Eine Aktivitätenkette hat eine Stelle, die als Prozessadministrator für sie verantwortlich ist.

zu "System" (Sicht 2, 4): Eine Aktivitätenkette ist auf einem oder mehreren Systemen realisiert.

5.1.2.4. Applikation

Beschreibung: Die Informationsverarbeitung in einem Unternehmen erfolgt mit Hilfe von Applikationen. Eine Applikation dient der Aufnahme, Verarbeitung, Speicherung und Abgabe betrieblich relevanter Informationen. Sie wird durch eine definierte Funktionalität und die zur Verarbeitung in Datensammlungen abgelegten Daten charakterisiert. Eine Applikation ist verantwortlich für Datensammlungen. Sie fasst computerisierte Arbeitsgänge bzw. Aufgaben (z.B. logische Transaktionen) eines Arbeitsgebiets, die im wesentlichen gleiche Daten verarbeiten, zusammen [s. Gutzwiller 1994, S. 235].

Im Rahmen der Implementierung von Prozessen sind häufig mehrere Applikationstypen involviert (zu Applikationstypen der Informationstechnik vgl. [Steinbock 1993, S. 10]). Aus Sicht der Integration und der dazu verfügbaren Mechanismen ist zur Zeit folgende Einteilung sinnvoll: Eine Applikation stellt Templates Bürosoftware zur Verfügung, oder sie bietet logische Transaktionen bzw. Serviceprogramme an.

Attribute: **Applikationsnummer:** Identifikationsnummer der Applikation.

Applikationsname: Name der Applikation.

Beschreibung: Verbale Beschreibung der Applikation, die in kurzer Form Auskunft über Funktionalität, Verwendung, Alter, Herkunft etc. einer EDV-Lösung gibt. Im Mittelpunkt der Beschreibung steht der Überblick über die Hauptfunktionen der Applikation.

System: Identifikationsnummer des Systems, auf welchem die Applikation realisiert ist.

Verantwortung: Name des Applikationsverantwortlichen (oder Bezeichnung der Stelle, welche für dic Applikation verantwortlich ist).

Version: Versionennummer und ev. verwendete Sprache (z.B. Version 3.1 e, Version 1.1 d)

Beziehungen: zu "Template Bürosoftware" (Sicht 3, 4): Eine Applikation kann keine, ein oder mehrere Templates Bürosoftware zur Verfügung stellen.

zu "logische Transaktion" (Sicht 3, 4): Eine Applikation kann aus keiner, einer oder mehreren logischen Transaktionen bestehen.

zu "Serviceprogramm" (Sicht 3, 4): Eine Applikation kann kein, ein oder mehrere Serviceprogramme anbieten.

zu "Datensammlung" (Sicht 4): Eine Applikation ist für keine, eine oder mehrere Datensammlungen verantwortlich.

zu "Datentransfer" (Sicht 4): Eine Applikation ist keinmal, einmal oder mehrmals Quelle eines Datentransfers zwischen Applikationen.

zu "Datentransfer" (Sicht 4): Eine Applikation ist keinmal, einmal oder mehrmals Senke eines Datentransfers zwischen Applikationen.

zu "Funktionsanforderung" (Sicht 4): Eine Applikation hat eine oder mehrere Funktionsanforderungen (aus Prozessen) implementiert.

zu "System" (Sicht 2, 4): Eine Applikation ist auf einem oder mehreren Systemen realisiert.

5.1.2.5. Arbeitsschritt

Beschreibung: Arbeitsschritte sind elementare Verrichtungen einer Aktivität. Die Zerlegung einer Aktivität in Arbeitsschritte erfolgt in erster Linie nach dem Kriterium der Atomarität (d.h. ein Arbeitsschritt wird nicht weiter zerlegt). Arbeitsschritte sind entweder manuell oder IT-unterstützt (exklusives ODER) und beschreiben eine Aktivität im Detail[1]. Der notwendige Detaillierungsgrad ist erst dann erreicht, wenn eine verantwortliche Stelle (Sachbearbeiter oder System) mit Hilfe der Arbeitsschritte die Aktivität vollständig und korrekt ausführen kann [vgl. Morschheuser et al. 1996].

Arbeitsschritte können automatisch im Hintergrund oder mit Benutzer-

[1] Bei der Implementierung stehen die manuellen Arbeitsschritte - für die es keine IT-Unterstützung gibt, z.B. ein Telefonat, Erstellen eines Dossiers in Papierform - nicht im Zentrum des Interesses. Die Realisierung mit Hilfe eines Workflowsystems im Rahmen der Integration von betrieblichen Applikationen berücksichtigt nur IT-unterstützte Arbeitsschritte. Das Metamodell verzichtet deshalb auf die explizite Dokumentation von manuellen Arbeitsschritten.

interaktionen ablaufen. Im Gegensatz zu automatischen sind interaktive Arbeitsschritte mit einem Benutzerdialog realisiert. IT-unterstützte Arbeitsschritte beziehen sich auf eine logische Transaktion, ein Serviceprogramm oder ein Template Bürosoftware. Sie integrieren betriebliche Applikationen. Für den Benutzer sind sie durch ein Formular, ein Dokument, eine (kleine Gruppe von) Bildschirmmaske(n) etc. bestimmt.

Die Ablauffolge legt fest, in welcher zeitlichen und logischen Abhängigkeit die Arbeitsschritte einer Aktivität auszuführen sind. Ihre Steuerung ist nicht direkt Gegenstand vom Workflowsystem.

Attribute: **Arbeitsschrittnummer:** Identifikationsnummer des Arbeitsschritts.

Aktivität: Identifikationsnummer der Aktivität, welche diesen Arbeitsschritt verwendet.

Arbeitsschrittname: Name des Arbeitsschritts.

Beschreibung: Eine verbale Beschreibung erläutert den fachlichen Hintergrund (Inhalt) eines Arbeitsschritts, die Integration von Applikationen sowie deren Bedeutung im Rahmen einer Aktivität.

Input-Schnittstelle: Identifikationsnummer des Datenflusses von Arbeitsschritt, welchen der Arbeitsschritt zu Beginn seiner Ausführung empfängt.

Output-Schnittstelle: Identifikationsnummer des Datenflusses von Arbeitsschritt, welchen der Arbeitsschritt am Ende seiner Ausführung versendet.

Applikation: Identifikationsnummer des Templates Bürosoftware, der logischen Transaktion oder des Serviceprogramms, welche der Arbeitsschritt aufruft.

Integrationsansatz: Art der Integration von betrieblichen Applikationen (z.B. über Präsentationsebene, Funktionsaufruf, direkter Datenzugriff [s. Bonaccorsi 1994; Hsu/Howard 1994; O'Connell 1994; Rivizzigno 1994]).

Aufruf: Bestimmt das Zeitverhalten (synchron bzw. asynchron) und die Präsentation des Aufrufs (im Vordergrund bzw. im Hintergrund).

Datenübernahme: Spezifiziert die Art des Datentransfers zwischen Arbeitsschritten, d.h. zwischen Applikationen (z.B. manuell, automatisch).

Dialogelement: Identifikationsnummer des Dialogelements, welches der Arbeitsschritt verwendet.

Vorgänger: Identifikationsnummer des Arbeitsschritts, der in der Ablauffolge der Arbeitsschritte in einer Aktivität Vorgänger (Quelle) ist.

Nachfolger: Identifikationsnummer des Arbeitsschritts, der in der Ablauffolge der Arbeitsschritte in einer Aktivität Nachfolger (Senke) ist.

Beziehungen: zu "Aktivität" (Sicht 1, 3): Ein Arbeitsschritt ist einer Aktivität zugeordnet.

zu "Arbeitsschritt" (Sicht 3): Ein Arbeitsschritt hat keinen, einen oder mehrere Arbeitsschritte als Vorgänger (Quelle).

zu "Arbeitsschritt" (Sicht 3): Ein Arbeitsschritt hat keinen, einen oder mehrere Arbeitsschritte als Nachfolger (Senke).

zu "Datenfluss von Arbeitsschritt" (Sicht 3): Ein Arbeitsschritt kann Daten von anderen Arbeitsschritten empfangen.

zu "Datenfluss von Arbeitsschritt" (Sicht 3): Ein Arbeitsschritt kann Daten an andere Arbeitsschritte versenden.

zu "Dialogelement" (Sicht 3): Ein Arbeitsschritt ist mit keinem, einem oder mehreren Dialogelementen realisiert.

zu "Template Bürosoftware" (Sicht 3, 4): Ein Arbeitsschritt greift auf kein oder ein Template Bürosoftware zu.

zu "logische Transaktion" (Sicht 3, 4): Ein Arbeitsschritt ruft keine oder eine logische Transaktion auf.

zu "Serviceprogramm" (Sicht 3, 4): Ein Arbeitsschritt ruft kein oder ein Serviceprogramm auf.

5.1.2.6. Ausführungsbedingung

Beschreibung: Ein Workflowsystem regelt die Steuerung von Aktivitäten in Aktivitätenketten mit Hilfe von Steuerdaten, die es über Schnittstellen mit Aktivitäten austauscht.

Ausführungsbedingungen legen für eine Aktivität in Aktivitätenkette die Bedingungen fest, unter denen sie ausführbar ist. Die Bedingungen setzen sich aus den zulässigen Werten der Steuerdaten zusammen, wobei sich eine Ausführungsbedingung auf eine Ausprägung (ein Datenelement) der Steuerdaten von Aktivität bezieht (s. Abschnitt 4.1.2.).

Attribute: ***Aktivität in Aktivitätenkette:*** Identifikationsnummer der Aktivität in Aktivitätenkette, für welche die Ausführungsbedingung gilt.

Steuerdaten: Identifikationsnummer der Steuerdaten von Aktivität, welche die Ausführungsbedingung verwendet.

Ausprägung: Zulässiger Wert der Steuerdaten, welcher für die Ausführung einer Aktivität in Aktivitätenkette erfüllt sein muss (z.B. Attributwert, leere Zelle oder "*").

Beziehungen: zu "Aktivität in Aktivitätenkette" (Sicht 1, 2): Eine Ausführungsbedingung gehört zu einer Aktivität in Aktivitätenkette.

zu "Steuerdaten von Aktivität" (Sicht 1): Eine Ausführungsbedingung verwendet ein Element der Steuerdaten von Aktivität.

5.1.2.7. Ausführungsberechtigung

Beschreibung: Die Ausführungsberechtigung bestimmt, welche Stelle zu OE welche Aktivitäten in Aktivitätenketten ausführen darf. Dieses Berechtigungskonzept betrifft nur den Bereich der Steuerung von Aktivitäten in Aktivitätenketten und gilt somit innerhalb des Workflowsystems. Die Autorisierung von (heterogenen) betrieblichen Applikationen ist damit nicht abgedeckt.

Attribute: ***Stellen zu OE:*** Identifikationsnummer der Stelle zu OE, welche aufgrund der Ausführungsberechtigung die Aktivität in Aktivitätenkette ausführen darf.

Aktivität in Aktivitätenkette: Identifikationsnummer der Aktivität in Aktivitätenkette, welche in der Ausführungsberechtigung der Stelle zu OE zugeordnet ist.

Berechtigungsart: Art der Ausführungsberechtigung (z.B. Ausführen, Weiterleiten, Löschen, Lesen).

Beziehungen: zu "Aktivität in Aktivitätenkette" (Sicht 1, 2): Eine Stelle zu OE führt keinc, eine oder mehrere Aktivitäten in Aktivitätenketten aus.

zu "Stelle zu OE" (Sicht 2): Eine Aktivität in Aktivitätenkette wird keiner, einer oder mehreren Stellen zu OEs zugeordnet.

5.1.2.8. Datenanforderung

Beschreibung: Datenanforderung führt alle Datenstrukturen (Entitätstypen) auf, welche der Prozess verwendet. Zusätzlich wird für alle Datenanforderungen im Detail abgeklärt, in welchen Datensammlungen sie gespeichert sind oder ob aus ihnen ein zusätzlicher Bedarf an das Informationssystem entsteht.

Attribute: **Datenanforderung:** Bezeichner der Datenanforderung aus dem Anforderungsprofil eines Prozesses.

Beschreibung: Beschreibung der Datenanforderung.

Prozess: Identifikationsnummer des Prozesses, welcher die Datenanforderung stellt.

Datensammlung: Identifikationsnummer der Datensammlung, welche die Datenanforderung abdeckt.

Bedarf: Beschreibt den Bedarf (z.B. abgedeckt in vorhandener Datensammlung, zusätzlicher Bedarf nach neuer Datensammlung, Datenanforderung wird nicht realisiert).

Beziehungen: zu "Prozess" (Sicht 1, 4): Eine Datenanforderung wird von einem oder mehreren Prozessen ausgelöst.

zu "Datensammlung" (Sicht 4): Eine Datenanforderung wird durch keine oder eine Datensammlung realisiert und damit abgedeckt[1].

5.1.2.9. Datenelement

Beschreibung: Ein Datenelement beschreibt jenen Teil der Datenstruktur, der sich in einem gegebenen oder unterstellten Zusammenhang logisch nicht mehr sinnvoll unterteilen lässt [s. Gassner 1996, S. 43].

Das Datenelement entspricht im relationalen Datenmodell einem Attribut.

---

[1] Die Prozessumsetzung untersucht den Unterschied zwischen dem Anforderungsprofil aus dem Prozess (z.B. Datenanforderungen) und dem vorhandenen Informationssystem (z.B. Datensammlungen). Entweder werden die Datenanforderungen mit einer Datensammlung (z.B. bereits vorhanden, neu zu beschaffen) realisiert oder überhaupt nicht. Die Realisierung einer Datenanforderung geschieht nicht mit mehreren Datensammlungen.

Entstehen aus der Realisierung von z.B. einer Datenanforderung Redundanzen gegenüber dem vorhandenen Informationssystem, sind diese Probleme mit Hilfe von Datentransfers zwischen Applikationen (vgl. Sicht 4) zu lösen.

Attribute: **Datenelementnummer:** Identifikationsnummer des Datenelements.

Datenelementname: Name des Datenelements.

Beschreibung: Verbale Beschreibung des Datenelements (z.B. Häufigkeit des Vorkommens, Eingabe bzw. Ausgabe, Berechnungsformel).

Datentyp: Datentyp des Datenelements.

Datenstruktur: Identifikationsnummer der Datenstruktur, welche das Datenelement darstellt.

Beziehungen: zu "Datenstruktur" (Sicht 1, 3, 4): Ein Datenelement ist eine Datenstruktur.

5.1.2.10. Datenfluss von Arbeitsschritt

Beschreibung: Der Datenfluss zwischen Arbeitsschritten erfolgt über Schnittstellen. Sie sind Verbindungsstellen zwischen Arbeitsschritten. Über sie wickeln Arbeitsschritte die Übernahme bzw. Übergabe von Daten ab (z.B. der Austausch von Informationen zwischen zwei Applikationen am Arbeitsplatzrechner des Sachbearbeiters).

Die Datenstruktur bestimmt den Aufbau der Daten, welche ein Arbeitsschritt empfängt bzw. versendet. Damit beschreibt sie die Input- und Output-Schnittstellen von Arbeitsschritten.

Der Datenfluss von Arbeitsschritt betrifft neben Schlüsselwerten (vgl. Steuerdaten von Aktivität in der Sicht 1) auch weitere beschreibende Datenelemente, wie z.B. Kundennummer, Kundenname, Strasse, Ort, Dokumentennummer aus Archiv, Zins, Kreditlimite, Termin, Sicherheiten[1].

Attribute: **Datenfluss von Arbeitsschrittnummer:** Identifikationsnummer des Datenflusses von Arbeitsschritt.

Datenstruktur: Identifikationsnummer der Datenstruktur, welche den Aufbau des Datenflusses von Arbeitsschritt bestimmt.

---

1 Die Verbindung Datenfluss von Arbeitsschritt mit Steuerdaten von Aktivität erfolgt an den Grenzen der Aktivität, d.h. bei den ersten bzw. letzten Arbeitsschritten innerhalb einer Aktivität. Im Metamodell ist diese Verbindung über die Datenstruktur sichergestellt, die den Aufbau sowohl des Datenflusses von Arbeitsschritt als auch der Steuerdaten von Aktivität bestimmt.

Beziehungen: zu "Arbeitsschritt" (Sicht 3): Ein Datenfluss von Arbeitsschritt kann von keinem, einem oder mehreren Arbeitsschritten versandt (Output) werden.

zu "Arbeitsschritt" (Sicht 3): Ein Datenfluss von Arbeitsschritt kann von keinem, einem oder mehreren Arbeitsschritten empfangen (Input) werden.

zu "Datenstruktur" (Sicht 1, 3, 4): Ein Datenfluss von Arbeitsschritt hat einen formalen Aufbau, den eine Datenstruktur bestimmt.

5.1.2.11. Datensammlung

Beschreibung: Applikationen sind verantwortlich für Datensammlungen. Die Zusammenfassung von Daten zu Datensammlungen erfolgt unter Berücksichtigung ihrer Speicherung, Verarbeitung und Verwendung durch Applikationen. Datensammlungen dienen der dauernden Ablage von Daten. Um Daten innerhalb einer Datensammlung zu ordnen, bestimmt eine Datenstruktur ihren formalen Aufbau [s. Gassner 1996, S. 43-44; Gutzwiller 1994, S. 155].

Die Datensammlung entspricht im relationalen Datenmodell einer Datenbank.

Attribute: **Datensammlungsnummer:** Identifikationsnummer der Datensammlung.

Datensammlungsname: Bezeichner der Datensammlung.

Beschreibung: Verbale Beschreibung (Inhalt) der Datensammlung.

Realisierungsform: Eine Datensammlung kann beispielsweise in einem Filesystem oder einer Datenbank realisiert sein.

verantwortliche Applikation: Identifikationsnummer der Applikation, welche für die Datensammlung verantwortlich ist.

Datenstruktur: Identifikationsnummer der Datenstruktur, welche den formalen Aufbau der Datensammlung bestimmt.

System: Identifikationsnummer des Systems, auf welchem die Datensammlung realisiert ist.

Beziehungen: zu "Datenstruktur" (Sicht 1, 3, 4): Eine Datensammlung hat einen formalen Aufbau, den eine oder mehrere Datenstrukturen bestimmen.

zu "Datenanforderung" (Sicht 4): Eine Datensammlung realisiert eine oder mehrere Datenanforderungen (aus Prozessen).

zu "System" (Sicht 2, 4): Eine Datensammlung ist auf einem oder mehreren Systemen realisiert.

zu "Applikation" (Sicht 4): Für eine Datensammlung ist eine Applikation verantwortlich.

5.1.2.12. Datenstruktur

Beschreibung: Die Datenstruktur spezifiziert den formalen Aufbau von Daten. Sie ist eine strukturierte Zusammenfassung von Datenelementen und wird durch die Definition von Komponenten und die Beziehungen zwischen ihnen beschrieben. Die Komponenten einer Datenstruktur sind entweder selbst Datenstrukturen oder Datenelemente [s. Gassner 1996, S. 43].

Beispielsweise empfängt ein Arbeitsschritt einen Datenfluss (Input), der sich aus zwei Datenstrukturen zusammensetzt. Die beiden (untergeordneten) Datenstrukturen stammen von zwei unterschiedlichen Arbeitsschritten. Sie versenden den Datenfluss (Output) an andere Arbeitsschritte.

Eine Datenstruktur entspricht im relationalen Modell einem Entitätstyp.

Attribute: **Datenstrukturnummer:** Identifikationsnummer der Datenstruktur.

Datenstrukturname: Name der Datenstruktur.

Beschreibung: Beschreibung (Inhalt, Herkunft, Verwendung, Alter etc.) der Datenstruktur.

übergeordnete Datenstruktur: Identifikationsnummer der übergeordneten Datenstruktur.

untergeordnete Datenstruktur: Identifikationsnummer der untergeordneten Datenstruktur.

Beziehungen: zu "Datenstruktur" (Sicht 1, 3, 4): Eine Datenstruktur besteht aus keiner, einer oder mehreren (untergeordneten) Datenstrukturen.

zu "Datenstruktur" (Sicht 1, 3, 4): Eine Datenstruktur kommt in keiner, einer oder mehreren (übergeordneten) Datenstrukturen vor.

zu "Datenelement" (Sicht 4): Eine Datenstruktur kann ein Datenelement sein.

zu "Steuerdaten von Aktivität" (Sicht 1): Eine Datenstruktur bestimmt den formalen Aufbau von keiner, einer oder mehreren Steuerdaten von Aktivitäten.

zu "Datenfluss von Arbeitsschritt" (Sicht 3): Eine Datenstruktur bestimmt den formalen Aufbau von keinem, einem oder mehreren Datenflüssen von Arbeitsschritten.

zu "Datensammlung" (Sicht 4): Eine Datenstruktur bestimmt den formalen Aufbau von keiner, einer oder mehreren Datensammlungen.

zu "Dialogelement" (Sicht 3): Eine Datenstruktur bestimmt den formalen Aufbau von keinem, einem oder mehreren Dialogelementen.

zu "Effekt" (Sicht 4): Eine Datenstruktur ist keinmal, einmal oder mehrmals von Effekten betroffen.

5.1.2.13. Datentransfer

Beschreibung: Ein Datentransfer beschreibt die Weitergabe von Daten zwischen zwei Applikationen nach vereinbarten Regeln zum Abgleich von z.B. Redundanzen. Die Aufgabe des Datentransfers ist es, die Abweichung von Daten zwischen Kopie und Original - sobald sie grösser ist als erlaubt - im Rahmen der Backend-Integration für die Konsistenz des Informationssystems auszugleichen[1].

Attribute: **Datentransfernummer:** Identifikationsnummer des Datentransfers.

Quelle: Identifikationsnummer der Applikation, welche Quelle des Datentransfers ist.

Senke: Identifikationsnummer der Applikation, welche Senke des Datentransfers ist.

Beschreibung: Beschreibung wesentlicher Merkmale, des Grundes und des Ablaufs des Datentransfers.

Art: Beschreibung der Form des Datentransfers (z.B. Batch- oder On-

---

[1] Der Datentransfer beschreibt die Schnittstellen im Applikationsszenario (d.h. die Beziehungen zwischen Applikationen), das einen Überblick über die Applikationsarchitektur im Unternehmen gibt. Es handelt sich dabei um ein Übersichtsdokument, es wird nicht direkt durch diese Methode erstellt bzw. verändert.

In der Backend-Integration spielt der Datentransfer eine zentrale Rolle [s. Gassner 1996, S. 40-52]. Dabei werden einerseits die Datenstrukturen von Datentransfers im Detail untersucht. Andererseits wird auch festgehalten, welche logische Transaktion oder welches Serviceprogramm einen Datentransfer erzeugt. Die Frontend-Integration kann beide Aspekte mehr oder weniger vernachlässigen.

line-Schnittstelle, übers Netzwerk oder mit Hilfe einer Diskette, synchron oder asynchron).

Redundanzbeziehung: Angabe, ob von diesen Daten das Original oder eine Kopie in einer anderen Datensammlung existiert.

Periodizität: Häufigkeit (z.B. täglich, wöchentlich, laufend) und Zeitpunkt bzw. auslösendes Ereignis (z.B. nach der Datensicherung um 23.00 Uhr, nach Freigabe) des Datentransfers.

Bewegungen/Zeiteinheit: Angabe, wie gross die Veränderung der Daten in einem Zeitabschnitt ist (Fluktuation).

Menge: Pro Durchführung (durchschnittlich) ausgetauschte Daten.

Übernahmedaten: Auflistung der Datenelemente, welche von einer Applikation an die andere übergeben werden.

Beziehungen: zu "Applikation" (Sicht 4): Ein Datentransfer hat eine Applikation als Quelle.

zu "Applikation" (Sicht 4): Ein Datentransfer hat eine Applikation als Senke.

5.1.2.14. Dialogelement

Beschreibung: Dialogelemente stellen die Kommunikation zwischen dem Benutzer und dem Informationssystem sicher. Applikationen verwenden entweder Dialogelemente (z.B. Bildschirmmasken, Menüs), oder sie produzieren Dialogelemente (z.B. Listen, Messages, Dokumente) [s. Steinweg 1995, S. 119; 259-275].

Ein interaktiver Arbeitsschritt ist mit Dialogelementen realisiert, welche entweder von der aufgerufenen Applikation bereitgestellt werden oder neu zu entwickeln sind[1].

Der Benutzer navigiert in einer vordefinierten Reihenfolge durch die Dialogelemente. Der Dialogfluss beschreibt diesen Ablauf, in der die Dialogelemente einer Aktivität am Bildschirm durchlaufen werden.

Attribute: **Dialogelementnummer:** Identifikationsnummer des Dialogelements.

---

1 Die Prozessumsetzung berücksichtigt nur solche Dialogelemente, welche von einer Aktivitätenkette aufgrund von Arbeitsschritten verwendet werden.

Dialogelementname: Name des Dialogelements.

Vorgänger: Identifikationsnummer des Dialogelements, das im Dialogfluss in einer Aktivität Vorgänger (Quelle) ist.

Nachfolger: Identifikationsnummer des Dialogelements, das im Dialogfluss in einer Aktivität Nachfolger (Senke) ist.

Datenstruktur: Identifikationsnummer der Datenstruktur, welche den formalen Aufbau des Dialogelements bestimmt.

Beziehungen: zu "Dialogelement" (Sicht 3): Ein Dialogelement hat kein, ein oder mehrere Dialogelemente als Vorgänger (Quelle).

zu "Dialogelement" (Sicht 3): Ein Dialogelement hat kein, ein oder mehrere Dialogelemente als Nachfolger (Senke).

zu "Datenstruktur" (Sicht 1, 3, 4): Ein Dialogelement hat einen formalen Aufbau, den eine Datenstruktur bestimmt.

zu "Arbeitsschritt" (Sicht 3): Ein Dialogelement wird von einem oder mehreren Arbeitsschritten verwendet.

5.1.2.15. Effekt

Beschreibung: Applikationen greifen auf Datenstrukturen zu, d.h. sie erzeugen Effekte. Effekte beschreiben die Art der Verwendung der Daten, wobei zwischen Erzeugen (Append), Lesen (Read), Verändern (Modify) oder Löschen (Delete) von Daten unterschieden wird [vgl. Österle 1995, S. 297-298; Robinson/Berrisford 1994, S. 220-223].

Attribute: **Effektnummer:** Identifikationsnummer des Effekts.

Zugriffsart: Beschreibung des Effekts auf die Daten (Append, Read, Modify oder Delete).

erzeugt durch Applikation: Identifikationsnummer des Templates Bürosoftware, der logischen Transaktion oder des Serviceprogramms, welches bzw. welche den Effekt erzeugt.

Datenstruktur: Identifikationsnummer der Datenstruktur, welche durch den Effekt betroffen ist.

Beziehungen: zu "Template Bürosoftware" (Sicht 3, 4): Ein Effekt kann durch ein Template Bürosoftware erzeugt werden.

zu "logische Transaktion" (Sicht 3, 4): Ein Effekt kann durch eine logische Transaktion erzeugt werden.

zu "Serviceprogramm" (Sicht 3, 4): Ein Effekt kann durch ein Serviceprogramm erzeugt werden.

zu "Datenstruktur" (Sicht 1, 3, 4): Ein Effekt betrifft eine Datenstruktur.

5.1.2.16. Funktionsanforderung

Beschreibung: Funktionsanforderungen legen fest, welche Funktionen ein Prozess fordert und durch welche Applikation sie unterstützt werden sowie an welchen Stellen dadurch ein zusätzlicher Bedarf nach Computerunterstützung entsteht.

Attribute: **Funktionsanforderung:** Bezeichner der Funktionsanforderung aus dem Anforderungsprofil eines Prozesses.

Beschreibung: Beschreibung der Funktionsanforderung.

Prozess: Identifikationsnummer des Prozesses, welcher die Funktionsanforderung stellt.

Applikation: Identifikationsnummer der Applikation, welche die Funktionsanforderung abdeckt.

Bedarf: Beschreibt den Bedarf (z.B. abgedeckt in vorhandener Applikation, zusätzlicher Bedarf nach neuer Applikation, Funktionsanforderung wird nicht realisiert)

Beziehungen: zu "Prozess" (Sicht 1, 4): Eine Funktionsanforderung wird von einem oder mehreren Prozessen ausgelöst.

zu "Applikation" (Sicht 4): Eine Funktionsanforderung wird durch keine oder eine Applikation realisiert und damit abgedeckt[1].

5.1.2.17. Logische Transaktion

Beschreibung: Eine logische Transaktion ist eine funktionale, in sich geschlossene Verrichtungseinheit auf dem Rechner. Sie wird online durch den Benutzer

[1] Die Prozessumsetzung untersucht den Unterschied zwischen dem Anforderungsprofil aus dem Prozess (z.B. Funktionsanforderungen) und dem vorhandenen Informationssystem (z.B. Applikationen). Entweder werden die Funktionsanforderungen mit einer Applikation (z.B. bereits vorhanden, neu zu beschaffen) realisiert oder überhaupt nicht. Die Realisierung einer Funktionsanforderung geschieht nicht mit mehreren Applikationen.

am Bildschirm oder durch eine zeitliche Bedingung (Batch) ausgelöst und muss abgeschlossen bzw. unwiderruflich abgebrochen werden, bevor eine weitere Verrichtungseinheit ausgeführt werden kann [Hackathorn 1993, S 61-67; Gutzwiller 1994, S. 236].

Eine logische Transaktion wird mit einem Programm (Hauptprogramm) implementiert. Das Hauptprogramm verwendet mehrfach verwendbare Prozeduren [vgl. Briem/Denzel 1993, S. 29; Hackathorn 1993, S. 62; Gutzwiller 1994, S. 50 f].

Die Integration von logischen Transaktionen erfolgt heute meistens über die Präsentationsebene, d.h. über die von der logischen Transaktion verwendeten Bildschirmmasken (Dialogelemente).

Attribute: **Transaktionsnummer:** Identifikationsnummer der logischen Transaktion.

Transaktionsname: Name der logischen Transaktion.

Beschreibung: Verbale Beschreibung der logischen Transaktion.

Ausführungsart: Angabe, ob die Transaktion Online oder Batch ausgeführt wird.

Applikation: Identifikationsnummer der Applikation, welcher die logische Transaktion angehört.

Ausführungshäufigkeit/Zeitintervall: Angabe, wie oft eine Transaktion in einem Zeitabschnitt ausgeführt wird.

Bildschirm: Identifikation der Bildschirmmasken, Listen und Berichte (Dialogelemente), welche die logische Transaktion verwendet (z.B. Referenz auf ein Muster bzw. eine Hardcopy)[1].

Beziehungen: zu "Arbeitsschritt" (Sicht 3): Eine logische Transaktion wird von einem oder mehreren Arbeitsschritten verwendet.

zu "Applikation" (Sicht 4): Eine logische Transaktion ist Bestandteil einer Applikation.

---

1 Es empfiehlt sich, nur ein Muster bzw. eine Hardcopy z.B. einer ausgefüllten Bildschirmmaske beizulegen. Eine vollständige Nachdokumentation der Altsysteme in diesem Bereich ist zu aufwendig. Deshalb dokumentiert das Metamodell an dieser Stelle die Dialogelemente nur als Attribut. Die Beziehung zum Metaentitätstyp "Dialogelement" (s. Sicht 3) wird bewusst nicht dargestellt.

zu "Effekt" (Sicht 4): Eine logische Transaktion erzeugt einen oder mehrere Effekte.

5.1.2.18. OE an Standort

Beschreibung: Organisationseinheiten (OE) befinden sich an Standorten.

Attribute: **OE/Standortnummer:** Identifikationsnummer der OE an Standort.

OE: Identifikationsnummer der Organisationseinheit, die sich am Standort befindet.

Standort: Identifikationsnummer des Standorts, welcher die Organisationseinheit beherbergt.

Beziehungen: zu "Organisationseinheit" (Sicht 2): Ein Standort umfasst eine oder mehrere Organisationseinheiten.

zu "Standort" (Sicht 2): Eine Organisationseinheit ist auf einen oder mehrere Standorte verteilt.

zu "Stelle zu OE " (Sicht 2): Eine OE an Standort umfasst eine oder mehrere Stellen.

5.1.2.19. Organisationseinheit

Beschreibung: Der Begriff Organisationseinheit (OE) beinhaltet eine reine betriebswirtschaftliche Betrachtung. Eine Organisationseinheit ist ein eigenständiger, permanenter Teil der Aufbauorganisation des Unternehmens. Sie bildet alle Typen von Geschäftseinheiten, Abteilungen, Sektionen, Gruppen, Büros etc. ab.

Die Aufbauorganisation beschreibt die Über- und Unterordnungsverhältnisse zwischen Organisationseinheiten. Verschiedene Organisationsformen sind möglich: z.B. funktionale Organisation, Matrixorganisation [s. Schmidt 1994, S. 263-279; Krüger 1993, S. 95-115; Gomez/Zimmermann 1992, S. 32-141].

Ist ein Unternehmen auf mehrere Standorte verteilt, kann sich eine Organisationseinheit an einem oder mehreren Standorten befinden.

Attribute: **OE-Nummer:** Identifikationsnummer der Organisationseinheit.

OE-Name: Name der Organisationseinheit.

übergeordnete OE: Identifikationsnummer der Organisationseinheit, welche in der Aufbauorganisation übergeordnet ist.

untergeordnete OE: Identifikationsnummer der Organisationseinheit, welche in der Aufbauorganisation untergeordnet ist.

Weisungsbefugnis: Weisungsbefugnis der übergeordneten gegenüber der untergeordnete Organisationseinheit.

Beziehungen: zu "OE an Standort" (Sicht 2): Eine Organisationseinheit ist auf einen oder mehrere Standorte verteilt.

zu "Organisationseinheit" (Sicht 2): Eine Organisationseinheit ist keiner, einer oder mehreren Organisationseinheiten übergeordnet.

zu "Organisationseinheit" (Sicht 2): Eine Organisationseinheit ist keiner, einer oder mehreren Organisationseinheiten untergeordnet.

5.1.2.20. Prozess

Beschreibung: Ein Prozess fasst eine Menge von Aufgaben, die in einer vorgegebenen Ablauffolge zu erledigen sind und durch Applikationen der Informationstechnik unterstützt werden, als Einheit zusammen. Seine Wertschöpfung besteht aus Leistungen an andere Prozesse innerhalb und ausserhalb des eigenen Unternehmens. Er wird über kritische Erfolgsfaktoren und Führungsgrössen durch Prozessmanager, Prozesszirkel und Prozessausschuss weiterentwickelt (s. Abschnitt 3.1.1.).

Ein Unternehmen konzentriert sich auf die wenigen Prozesse, die über seine Wettbewerbsfähigkeit entscheiden. Diese Prozesse werden zusammen mit der Abgrenzung von Geschäftsfeldern, der Festlegung des Produktsortiments oder der Aufbauorganisation und anderen Schlüsselentscheiden festgelegt.

Die Prozessumsetzung hat die Aufgabe, einen Prozess mit Hilfe von Applikationen und Datensammlungen sowie die Ablaufsteuerung mittels Workflowsystem zu realisieren. Dabei muss sie vorhandene Applikationen, Datensammlungen und die technischen Rahmenbedingungen im Unternehmen berücksichtigen.

Attribute: **Prozessnummer:** Identifikationsnummer des Prozesses.

Prozessname: Name des Prozesses

Prozessgrundsatz: Grundlegendes, langfristig gültiges Prinzip bei der Implementierung und Weiterentwicklung des Prozesses.

Leistungen: Verbale Beschreibung der wichtigsten Leistungen eines Prozesses (Leistungen sind das Ergebnis eines Prozesses).

Prozesszerlegung: Aufzählung der wichtigsten untergeordneten Prozesse (Mikro-Prozesse), die den Prozess vor allem aus Sicht des Kunden (Leistungsbündel) zerlegen.

Aufgaben: Verbale Beschreibung der wichtigsten Aufgaben des Prozesses.

OE: Aufzählung der wichtigsten in den Prozess involvierten Organisationseinheiten.

Prozessführung: Aufzählung der wichtigsten Führungsgrössen für die Prozessführung.

Rahmenbedingung: Identifikationsnummer der technischen Rahmenbedingung, welche bei der Implementierung zu berücksichtigen ist.

Beziehungen: zu "Datenanforderung" (Sicht 4): Ein Prozess stellt eine oder mehrere Datenanforderungen an das Informationssystem.

zu "Funktionsanforderung" (Sicht 4): Ein Prozess stellt eine oder mehrere Funktionsanforderungen an das Informationssystem.

zu "technische Rahmenbedingung" (Sicht 4): Ein Prozess ist in eine oder mehrere technische Rahmenbedingungen eingebettet.

zu "Aktivitätenkette" (Sicht 1, 2): Ein Prozess wird bei der Implementierung mit Hilfe eines Workflowsystems in eine oder mehrere Aktivitätenketten zerlegt.

5.1.2.21. Serviceprogramm

Beschreibung: Serviceprogramme sind mehrfach verwendbare Funktionen einer Applikation.

Die Integration von Serviceprogrammen erfolgt auf Funktionsebene, d.h. direkt beim Aufruf des Serviceprogramms werden Daten über im voraus definierte Input- und Output-Schnittstellen ausgetauscht. Applikationen bieten Serviceprogramme über eine Programmierschnittstelle (API) an (s. Abschnitt 4.4.1.).

Attribute: **Serviceprogrammnummer:** Identifikationsnummer des Serviceprogramms.

Serviceprogrammname: Name des Serviceprogramms.

Beschreibung: Verbale Beschreibung des Serviceprogramms.

Ausführungsart: Angabe, ob das Serviceprogramm Online oder Batch ausgeführt wird.

Applikation: Identifikationsnummer der Applikation, welche das Serviceprogramm anbietet.

Ausführungshäufigkeit/Zeitintervall: Angabe, wie oft ein Serviceprogramm in einem Zeitabschnitt ausgeführt wird.

Schnittstelle: Grobe Beschreibung der Input- und Output-Schnittstelle des Serviceprogramms.

Beziehungen: zu "Arbeitsschritt" (Sicht 3): Ein Serviceprogramm wird von einem oder mehreren Arbeitsschritten verwendet.

zu "Applikation" (Sicht 4): Ein Serviceprogramm wird von einer Applikation angeboten.

zu "Effekt" (Sicht 4): Ein Serviceprogramm erzeugt einen oder mehrere Effekte.

5.1.2.22. Standort

Beschreibung: Standorte sind physische, geographische Punkte. An einem Standort sind Organisationseinheiten angesiedelt. Der Standort beschreibt die Organisationseinheit zusätzlich und macht aus ihr ein real fassbares Gebilde. Organisationseinheiten an unterschiedlichen Standorten weisen auf Transportwege hin. Standorte können z.B. sein: Land, Region, Ort, Strasse, Etage.

Attribute: **Standortnummer:** Identifikationsnummer des Standortes.

Adresse: Geographische Bezeichnung des Standortes.

Beziehungen: zu "OE an Standort" (Sicht 2): Ein Standort umfasst eine oder mehrere Organisationseinheiten.

zu "System" (Sicht 2, 4): An einem Standort befinden sich keine, ein oder mehrere Systeme.

5.1.2.23. Stelle

Beschreibung: Eine Stelle ist die Gesamtheit der Erwartungen an den Inhaber einer Position (Stelleninhaber). Sie umfasst im Rahmen des Metamodells alle Rechte, Privilegien, Pflichten und Verpflichtungen des Stelleninhabers in seinem Verhältnis zum Unternehmen (vgl. Ausführungen zur Rolle in [Wunderer/Grunwald 1980, S. 129]). Eine Stelle ist somit ein Bündel von Aktivitäten, welche der Stelleninhaber ausführen kann/muss. Stellen sind in Organisationseinheiten eingebettet und auf bestimmte Standorte verteilt.

Attribute: **Stellennummer:** Identifikationsnummer der Stelle.

Stellenname: Name der Stelle.

Beschreibung: Beschreibung der Stelle (vgl. Stellenbeschreibung im Harzburger Modell in [Wunderer/Grunwald 1980, S. 289]).

Beziehungen: zu "Stelle zu OE" (Sicht 2): Eine Stelle ist in eine oder mehrere OEs an Standorten eingebettet.

5.1.2.24. Stelle zu OE

Beschreibung: Stellen sind in OEs an Standorten eingebettet

Attribute: **Stelle zu OE:** Identifikationsnummer der Stelle zu OE.

OE an Standort: Identifikationsnummer der OE an Standort, in welche die Stelle eingebettet ist.

Stelle: Identifikationsnummer der Stelle, welche auf OE an Standort verteilt ist.

Stellvertreter: Identifikationsnummer der Stelle zu OE, welche die Vertretung übernimmt.

Stellvertretung: Identifikationsnummer der Stelle zu OE, für welche die Stellvertretung übernommen werden muss.

Beziehungen: zu "OE an Standort" (Sicht 2): Eine Stelle ist in eine oder mehrere OEs an Standorten eingebettet.

zu "Stelle" (Sicht 2): Eine OE an Standort umfasst keine, eine oder mehrere Stellen.

zu "Stelle zu OE" (Sicht 2): Eine Stelle zu OE übernimmt für keine, eine oder mehrere Stellen zu OEs die Stellvertretung.

zu "Stelle zu OE" (Sicht 2): Eine Stelle zu OE wird von keiner, einer oder mehreren Stellen zu OEs vertreten.

zu "Ausführungsberechtigung" (Sicht 2): Eine Stelle zu OE besitzt die Berechtigung zur Ausführung von keiner, einer oder mehreren Aktivitäten in Aktivitätenketten.

zu "Aktivitätenkette" (Sicht 1, 2): Eine Stelle zu OE ist für keine, eine oder mehrere Aktivitätenketten als Prozessadministrator verantwortlich.

5.1.2.25. Steuerdaten von Aktivität

Beschreibung: Der Austausch von Steuerdaten zwischen Aktivität und Workflowsystem erfolgt über Schnittstellen. Sie sind Verbindungsstellen zwischen Aktivitäten. Über sie empfangen bzw. versenden Aktivitäten Steuerdaten. Aufgrund der Steuerdaten übernimmt das Workflowsystem die Ablaufsteuerung der Aktivitäten mit Hilfe der relevanten Ausführungsbedingungen [s. WfMC 1996a; Jablonski 1995a, S. 46].

Die Datenstruktur bestimmt den Aufbau der Daten, welche eine Aktivität empfängt bzw. versendet. Damit beschreibt sie die Input- und Output-Schnittstellen von Aktivitäten.

Das Workflowsystem speichert die erforderlichen Steuerdaten selbst ab, unabhängig davon, ob sie bereits in einer betrieblichen Applikation vorhanden sind. Um Inkonsistenzen aufgrund dieser redundanten Datenhaltung zu vermeiden, betreffen Steuerdaten von Aktivitäten idealerweise nur Schlüsselwerte, wie z.B. Kundennummer, Dokumentennummer aus elektr. Archiv, Geschäftsfallnummer.

Attribute: **Steuerdaten von Aktivitätennummer:** Identifikationsnummer der Steuerdaten von Aktivität.

Datenstruktur: Identifikationsnummer der Datenstruktur, welche den Aufbau der Steuerdaten von Aktivität bestimmt.

Beziehungen: zu "Aktivität" (Sicht 1, 3): Steuerdaten von Aktivität können von keiner, einer oder mehreren Aktivitäten versandt (Output) werden.

zu "Aktivität" (Sicht 1, 3): Steuerdaten von Aktivität können von keiner, einer oder mehreren Aktivitäten empfangen (Input) werden.

zu "Datenstruktur" (Sicht 1, 3, 4): Steuerdaten von Aktivität haben einen formalen Aufbau, den eine Datenstruktur bestimmt.

zu "Ausführungsbedingung" (Sicht 1): Steuerdaten von Aktivität werden in keiner, einer oder mehreren Ausführungsbedingungen verwendet.

5.1.2.26. System

Beschreibung: Ein System ist eine Plattform, auf der Applikationen, Datensammlungen oder Aktivitätenketten - die das Workflowsystem steuert - realisiert sind.

Attribute: **Systemnummer:** Identifikationsnummer des Systems.

Systemname: Name des Systems.

Beschreibung: Beschreibung des Systems.

Standort: Identifikationsnummer des Standortes, an dem sich das System befindet.

Beziehungen: zu "Applikation" (Sicht 4): Auf einem System sind keine, eine oder mehrere Applikationen installiert.

zu "Datensammlung" (Sicht 4): Auf einem System sind keine, eine oder mehrere Datensammlungen installiert.

zu "Standort" (Sicht 2): Ein System befindet sich an einem Standort.

zu "Aktivitätenkette" (Sicht 1, 2): Auf einem System sind keine, eine oder mehrere Aktivitätenketten installiert.

5.1.2.27. Technische Rahmenbedingung

Beschreibung: Die technischen Rahmenbedingungen sagen aus, welche Informationstechnik (IT) im Unternehmen zur Verfügung steht und wie die Weiterentwicklung gemäss IT-Strategie geplant ist. Der Prozess ist in sie eingebettet. Alle Massnahmen im Rahmen der Prozessumsetzung müssen mit ihnen abgestimmt sein und ihnen wenn möglich entsprechen.

Attribute: **Rahmenbedingungsnummer:** Identifikationsnummer der technischen Rahmenbedingung.

Informationstechnik: Kategorie, Rubrik etc., auf welche sich die Rahmenbedingung bezieht (z.B. PC-Standardsoftware, PC-Hardware, Betriebssystem Client, Betriebssystem Server, Netzwerk, Entwicklungsumgebung, Datenbank)

Rahmenbedingung: Ausprägung der Rahmenbedingung.

Gültigkeit: Zeitspanne, in welcher die Rahmenbedingung im Unternehmen anzuwenden ist.

Beziehungen: zu "Prozess" (Sicht 1, 4): Eine technische Rahmenbedingung ist für einen oder mehrere Prozesse gültig.

5.1.2.28. Template Bürosoftware

Beschreibung: Bürosoftware dient der Unterstützung von typischen Bürotätigkeiten. Sie umfasst alle Anwendungen vom Informationssystemtyp Büro. Beispiele sind Textverarbeitung, Tabellenkalkulation, Grafik [s. Steinbock 1993, S. 97-101].

Arbeitsschritte verwenden im Rahmen von Bürosoftware vordefinierte Templates, d.h. Standardvorlagen. Die Standardvorlage strukturiert beispielsweise den Text eines Briefes und damit den Inhalt eines Arbeitsschritts, welcher Bürosoftware verwendet.

DDE und OLE sind heute die am meisten verwendeten Integrationsmechanismen im Rahmen von Bürosoftware.

Attribute: **Bürosoftwarenummer:** Identifikationsnummer des Templates Bürosoftware.

Applikation: Identifikationsnummer der Applikation, welcher das Template Bürosoftware angehört.

Standardvorlage: Bezeichner der Standardvorlage (Template), welche die Bürosoftware in diesem Kontext verwendet.

Beschreibung: Beschreibung der Funktionalität der Bürosoftware unter besonderer Berücksichtigung der Standardvorlage.

Installation: Template Bürosoftware ist lokal auf dem Desktop oder zentral auf einem Server mit einem bestimmten Betriebssystem installiert.

Beziehungen: zu "Arbeitsschritt" (Sicht 3): Ein Template Bürosoftware wird von einem oder mehreren Arbeitsschritten verwendet.

zu "Applikation" (Sicht 4): Ein Template Bürosoftware verwendet eine Applikation.

zu "Effekt" (Sicht 4): Ein Template Bürosoftware erzeugt einen oder mehrere Effekte.

5.1.2.29. Zustand

Beschreibung: Ein Zustand entspricht einer Zeitspanne während der Laufzeit [vgl. Rumbaugh et al. 1993, S. 107; Gutzwiller 1994, S. 134]. Die Attributwerte der Steuerdaten beschreiben den Zustand einer Aktivitätenkette, wobei eine Kombination von Attributwerten zu einem Zustand zusammengefasst wird. Die identifizierten Zustände repräsentieren die Phasen einer Aktivitätenkette (z.B. eines Auftrags), welche der Sachbearbeiter mitverfolgt und auch überwacht.

Eine Aktivitätenkette kennt mehrere Zustände, die sie in ihrem Leben einnehmen kann. Während der Laufzeit ist sie zu einem Zeitpunkt genau in einem Zustand.

In einem Zustand kann der Benutzer eine oder mehrere Aktivitäten ausführen, die je einen vordefinierten Zustandsübergang verursachen. Die Ausführungsbedingungen bestimmen zusätzlich, ob eine Aktivität in einem Zustand aufgrund der konkreten Situation (Geschäft) überhaupt zur Verfügung steht.

Attribute: **Zustandsnummer:** Identifikationsnummer des Zustands.

Zustandsname: Bezeichner des Zustands.

Aktivitätenkette: Identifikationsnummer der Aktivitätenkette, welche diesen Zustand kennt.

Beziehungen: zu "Aktivitätenkette" (Sicht 1,2): Ein Zustand gehört zu einer Aktivitätenkette.

zu "Zustandsübergang" (Sicht 1): Ein Zustand ist in keinem, einem oder mehreren Zustandsübergängen Ursprungszustand.

zu "Zustandsübergang" (Sicht 1): Ein Zustand ist in keinem, einem oder mehreren Zustandsübergängen Zielzustand.

5.1.2.30. Zustandsübergang

Beschreibung: Die Zustandsübergänge bestimmen, in welcher zeitlichen und logischen Abhängigkeit die Aktivitäten in Aktivitätenketten auszuführen sind. Sie verbinden die einzelnen Aktivitäten in Aktivitätenketten zu einem Ablauf und stellen den Kontrollfluss dar.

Aktivitäten lösen Zustandsübergänge aus. In einem Zustand kann der Benutzer eine oder mehrere Aktivitäten ausführen, die je einen vordefinierten Zustandsübergang verursachen. Eine Aktivität führt eine Aktivitätenkette von einem Ursprungszustand in einen Zielzustand, wobei der Ursprungs- und der Zielzustand gleich sein können.

Die Realisierung (Implementierung) der Ablauffolge erfolgt häufig mit Hilfe eines grafischen Modellierungseditors und ist Bestandteil (Gegenstand) vieler Workflowsysteme[1].

Attribute: **Zustandsübergangsnummer:** Identifikationsnummer des Zustandsübergangs.

Aktivität: Identifikationsnummer der Aktivität in Aktivitätenkette, welche den Zustandsübergang auslöst.

Ursprungszustand: Identifikationsnummer des Zustands, welcher Ursprungszustand (Quelle) ist.

Zielzustand: Identifikationsnummer des Zustands, welcher Zielzustand (Senke) ist.

Beziehungen: zu "Zustand" (Sicht 1): Ein Zustandsübergang geht von einem definierten Ursprungszustand aus.

zu "Zustand" (Sicht 1): Ein Zustandsübergang geht in einen definierten Zielzustand über.

zu "Aktivität in Aktivitätenkette" (Sicht 1, 2): Ein Zustandsübergang wird durch eine Aktivität in Aktivitätenkette ausgelöst.

---

1 Die meisten Workflowsysteme verwenden keine zustandsorientierte Modellierung der Ablaufsteuerung von Aktivitäten. Für die Konzeption zur Identifikation von Steuerdaten und insbesondere übersichtliche Spezifikation von flexiblen Abläufen (z.B. mit der Möglichkeit zur Konfiguration von Aktivitätenketten während der Laufzeit) hat sie sich in Projekten als nützlich erwiesen [vgl. Versteegen 1996].

5.2. Dokumentationsmodell

Das Metamodell in Abschnitt 5.1. hat alle relevanten Entwurfsobjekte für die Prozessumsetzung strukturiert. Damit lässt sich aber noch kein Projekt durchführen. Das Projektteam bearbeitet nicht gleichzeitig alle Entwurfsobjekte, sondern fasst sie erstens in Dokumenten (Entwurfsergebnisse) zusammen. Zweitens entstehen durch eine derartige Teilung und Verteilung zwangsläufig Interdependenzen zwischen den Entwurfsergebnissen, die zu einer zeitlichen Strukturierung führen. Das bedeutet, dass die Mitarbeiter sie in einer bestimmten Ablauffolge erstellen.

Abschnitt 5.2.1. liefert einen Überblick über die Entwurfsergebnisse, Abschnitt 5.2.2. beschreibt die Abhängigkeiten zwischen ihnen.

5.2.1. Entwurfsergebnisse

Bild 5.2.1./1 gibt einen Überblick über die Dokumente für die Methode zur Prozessumsetzung und ordnet sie bestimmten Themenbereichen aus der Problemstellung (s. Kapitel zwei) zu.

Gegenstand	**Entwurfsergebnis**
Ist-Informationssystem eines Unternehmens	Applikationsszenario Schnittstellenbeschreibung Beschreibung Datenstruktur Beschreibung logische Transaktion und Serviceprogramm
Anforderungen an die Computerunterstützung aus einem Prozess	IT-Szenario Datenanforderungen Funktionsanforderungen
Umfang eines Workflows	Arbeitsschrittliste (strukturiert) Workflowverzeichnis Workflowkontextdiagramm
Integration von heterogenen Applikationen	Aktivitätenverzeichnis Aktivitäten- und Arbeitsschrittbeschreibung
Ablauf von Aktivitäten in einem Workflow	Aktivitätenkettendiagramm Zustandsübergangsdiagramm Ausführungsbedingungen Berechtigungskonzept
Benutzerschnittstelle im Ablauf	Dialogflussdiagramm Beschreibung Dialogelement
lauffähiges System für einen Prozess	Workflowsteuerung Programmentwurf Aktivität (Programm)

Bild 5.2.1./1: Zuordnung der Entwurfsergebnisse zu Themenbereichen

Die nachfolgenden Abschnitte beschreiben grob die einzelnen Entwurfsergebnisse der Prozessumsetzung. Dazu wird ein einheitliches Raster verwendet:

- *Bezeichner*
  Name des Entwurfsergebnisses.
- *Beschreibung*
  Verbale Beschreibung des Entwurfsergebnisses.
- *Technik*
  Name der Entwurfstechnik aus Abschnitt 5.3., welche die Erstellung des Entwurfsergebnisses unterstützt.
- *Beispiel*
  Ein Verweis auf ein Beispiel in Abschnitt 5.3. (Techniken).
- *Metamodell*
  Angabe des vom Dokument abgedeckten Metamodellausschnitts (d.h. Auflistung der wesentlichen Metaentitätstypen aus Abschnitt 5.1.).

5.2.1.1. Aktivität (Programm)

Beschreibung: Für jede desktopintegrierte Aktivität wird ein Programm erstellt, das die Applikationen einbindet und aus verschiedenen Modulen besteht. Es entspricht den Vorgaben aus dem Programmentwurf (s. S. 127). Workflowsysteme rufen zur Bearbeitung von Aktivitäten je ein Programm auf.

Technik: Implementierung

Beispiel: s. Abschnitt 5.3.7.2

Metamodell: Ist nicht direkt im Metamodell enthalten, indirekt über den Programmentwurf (S. 127) bzw. die Aktivitätenbeschreibung (S. 122).

5.2.1.2. Aktivitätenbeschreibung

Beschreibung: Die Aktivitätenbeschreibung dokumentiert die Aktivitäten mehr oder weniger unabhängig von ihrer Verwendung in einem Workflow. Für die Einbindung bzw. den Aufruf von Aktivitäten in einem Workflow sind ihre Schnittstellen spezifiziert. Aktivitäten fassen Arbeitsschritte zusammen, welche entweder IT-unterstützt oder manuell ausgeführt werden. Die Ablauffolge der Arbeitsschritte ist neben der Schnittstellenbeschreibung ein wichtiger Bestandteil in diesem Entwurfsdokument.

Technik: Desktop-Integration

Beispiel: Bild 5.3.4.2./5, S. 186

Metamodell: Aktivität, Arbeitsschritt, Steuerdaten von Aktivität, Applikation

5.2.1.3. Aktivitätenkettendiagramm

Beschreibung: Das Aktivitätenkettendiagramm beschreibt die Ablauffolge von Aktivitäten, welche das Workflowsystem während der Laufzeit steuert. Inhaltlich und in bezug auf den Detaillierungsgrad entspricht es der oft grafischen Darstellung eines Workflows in einem Workflowsystem. Es widerspiegelt einen stark strukturierten Ablauf von Aktivitäten. Flexiblere Abläufe sind wohl abbildbar, sie produzieren jedoch häufig unübersichtliche Grafiken.

Technik: Workflowplanung

Beispiel: Bild 5.3.5.2./2, S. 199

Metamodell: Aktivitätenkette, Aktivität in Aktivitätenkette, Stelle (oder Organisationseinheit)

5.2.1.4. Aktivitätenverzeichnis

Beschreibung: Das Aktivitätenverzeichnis gliedert die Arbeitsschritte aus der strukturierten Arbeitsschrittliste (s. S. 124) in Aktivitäten. Aktivitäten sind in sich geschlossene Verrichtungseinheiten im Arbeitsablauf, welche das Workflowsystem aktiv steuert. Sie fassen Arbeitsschritte zusammen, die der Benutzer im gleichen fachlichen und zeitlichen Zusammenhang anwendet und in einem Zug ausführt.

Technik: Desktop-Integration

Beispiel: Bild 5.3.4.2./2, S. 180

Metamodell: Aktivität, Arbeitsschritt

5.2.1.5. Applikationsszenario

Beschreibung: Das Applikationsszenario gibt einen Überblick über die Applikationsarchitektur im Unternehmen. Es beschreibt den Zustand, der für die Implementierung des Prozesses zur Verfügung stehen wird und umfasst einerseits eine grafische Übersichtsdarstellung und andererseits ein Verzeichnis mit detaillierten Angaben zu den einzelnen Applikationen.

Technik: Ist-Informationssystembeschreibung

Beispiel: Bild 5.3.1.2./1, S. 137 und Bild 5.3.1.2./2, S. 138

Metamodell: Applikation, Datensammlung, Datentransfer, System

5.2.1.6. Arbeitsschrittbeschreibung

Beschreibung: Die Arbeitsschrittbeschreibung dokumentiert die Arbeitsschritte unter besonderer Berücksichtigung der Integration von heterogenen betrieblichen Applikationen. Neben der Festlegung von der Art der Integration bildet der Datentransfer zwischen Arbeitsschritten über ihre Schnittstellen einen Schwerpunkt der Beschreibung.

Technik: Desktop-Integration

Beispiel: Bild 5.3.4.2./10, S. 194

Metamodell: Arbeitsschritt, Aktivität, logische Transaktion, Serviceprogramm, Template Bürosoftware, Datenfluss von Arbeitsschritt, Effekt, Dialogelement

5.2.1.7. Arbeitsschrittliste (strukturiert)

Beschreibung: Die Arbeitsschrittliste stellt die weiter verfeinerten Aufgaben aus dem BPR (Aufgabenketten) strukturiert dar. Aufgaben, die nicht weiter zerlegt werden, bezeichnet die Methode als Arbeitsschritte. Dieses Entwurfsergebnis übernimmt eine zentrale Rolle beim konzeptionellen Übergang vom BPR zum Workflow.

Technik: Workflowabgrenzung

Beispiel: Bild 5.3.3.2./2, S. 166

Metamodell: Prozess, Arbeitsschritt

5.2.1.8. Ausführungsbedingungen

Beschreibung: Die Ausführungsbedingungen legen für alle Aktivitäten je Ursprungszustand die Bedingungen fest, unter denen eine Aktivität ausführbar ist. Die Bedingungen setzen sich aus Werten der Steuerdaten zusammen.

Technik: Workflowplanung

Beispiel: Bild 5.3.5.2./6, S. 204

Metamodell: Aktivität in Aktivitätenkette, Zustand, Steuerdaten von Aktivität, Ausführungsbedingung

5.2.1.9. Berechtigungskonzept

Beschreibung: Das Berechtigungskonzept für einen Workflow räumt einer organisatorischen Stelle den Zugriff auf bestimmte Aktivitäten ein.

Technik: Workflowplanung

Beispiel: Bild 5.3.5.2./7, S. 207

Metamodell: Aktivität in Aktivitätenkette, Ausführungsberechtigung, Stelle, Stelle zu OE, Organisationseinheit, Standort, OE an Standort

5.2.1.10. Beschreibung Datenstruktur

Beschreibung: Beschreibt den formalen Aufbau von Datensammlungen, welche Daten von Applikationen im Sinne einer dauernden Ablage speichern. Zentrale Komponenten des Ergebnisses sind verbale Beschreibung und die Datenelemente.

Technik: Ist-Informationssystembeschreibung

Beispiel: Bild 5.3.1.2./6, S. 145

Metamodell: Datensammlung, Datenstruktur, Datenelement

5.2.1.11. Beschreibung Dialogelement

Beschreibung: Die Struktur von Dialogelementen und ihr Inhalt sind in der Beschreibung festgehalten. Eine Datenstruktur definiert den Aufbau von Dialogelementen analog zur Datenstruktur von Datensammlungen. Sie stellt den Bezug zu Applikationen her.

Technik: Dialogspezifikation

Beispiel: Bild 5.3.6.2./3, S. 214

Metamodell: Dialogelement, Datenstruktur

5.2.1.12. Beschreibung logische Transaktion und Serviceprogramm

Beschreibung: Beschreibt Funktionen (Dienste), welche das Ist-Informationssystem zur Verfügung stellt und die der Prozess verwendet. Im Zentrum der Beschreibung sowohl von logischen Transaktionen als auch von Serviceprogrammen stehen einerseits eine verbale Beschreibung und andererseits die Dokumentation der Effekte, welche die Funktionen auf Daten haben.

Technik: Ist-Informationssystembeschreibung

Beispiel: Bild 5.3.1.2./4, S. 142 und Bild 5.3.1.2./5, S. 144

Metamodell: logische Transaktion, Serviceprogramm, Applikation, Effekt

5.2.1.13. Datenanforderungen

Beschreibung: Sie führen alle Datenstrukturen (Entitätstypen) auf, welche der Prozess verwendet. Zusätzlich wird für alle Datenanforderungen im Detail abgeklärt, in welchen Datensammlungen sie gespeichert sind oder ob aus ihnen ein zusätzlicher Bedarf an das Informationssystem entsteht. Bei Lücken sind konkrete Lösungsvorschläge zu formulieren.

Technik: IS-Planung

Beispiel: Bild 5.3.2.2./8, S. 160

Metamodell: Prozess, Datenanforderung, Datensammlung, Datenstruktur

5.2.1.14. Dialogflussdiagramm

Beschreibung: Das Dialogflussdiagramm beschreibt die Reihenfolge, in der die Dialogelemente einer Aktivität am Bildschirm durchlaufen werden. Es stellt eine benutzerorientierte Sicht auf die Ablauffolge von Arbeitsschritten innerhalb einer Aktivität dar.

Technik: Dialogspezifikation

Beispiel: Bild 5.3.6.2./2, S. 212

Metamodell: Aktivität, Dialogelement

5.2.1.15. Funktionsanforderungen

Beschreibung: Funktionsanforderungen, die primär aus Aufgabenketten ableitbar sind, legen fest, welche Aufgaben durch welche Applikationen unterstützt werden und wo ein zusätzlicher Bedarf nach Computerunterstützung besteht. Wenn bestimmte Funktionen noch nicht im Altsystem enthalten sind, werden konkrete Lösungsvorschläge formuliert.

Technik: IS-Planung

Beispiel: Bild 5.3.2.2./9, S. 161

Metamodell: Prozess, Funktionsanforderung, Applikation, logische Transaktion, Serviceprogramm, Template Bürosoftware

5.2.1.16. IT-Szenario

Beschreibung: Das IT-Szenario sagt aus, welche Informationstechnik (IT) im Unternehmen zur Verfügung steht und wie die Weiterentwicklung, abhängig von Daten- bzw. Funktionsanforderungen, gemäss IT-Strategie geplant ist.

Technik: IS-Planung

Beispiel: Bild 5.3.2.2./5, S. 155

Metamodell: technische Rahmenbedingung, Prozess

5.2.1.17. Programmentwurf

Beschreibung: Der Programmentwurf legt je Aktivität fest, wie die Desktop-Integration zu implementieren ist. Im Zentrum steht dabei die Spezifikation der Module einer Aktivität.

Technik: Implementierung

Beispiel: Bild 5.3.7.2./1, S. 218

Metamodell: Ist nicht direkt im Metamodell enthalten, indirekt über die Aktivitätenbeschreibung (S. 122).

5.2.1.18. Schnittstellenbeschreibung

Beschreibung: Die Schnittstellenbeschreibung dokumentiert die Datentransferbeziehungen zwischen je zwei Applikationen im Applikationsszenario. Sie verdeutlicht die Austauschbeziehung und hebt die grosse Bedeutung von Schnittstellen insbesondere in heterogenen Applikationsarchitekturen hervor.

Technik: Ist-Informationssystembeschreibung

Beispiel: Bild 5.3.1.2./3, S. 140

Metamodell: Datentransfer, Applikation

5.2.1.19. Workflowkontextdiagramm

Beschreibung: Das Workflowkontextdiagramm vermittelt einen Überblick über alle Applikationen, welche die identifizierten Workflows zu einem Prozess benutzen, und über ihre wichtigsten Austauschbeziehungen mit dem Prozess.

Technik: Workflowabgrenzung

Beispiel: Bild 5.3.3.2./6, S. 172

Metamodell: Aktivitätenkette, Applikation, Datenstruktur

5.2.1.20. Workflowsteuerung

Beschreibung: Die Workflowsteuerung stellt das aufgrund der Vorgaben der Workflowplanung parametrisierte Workflowsystem dar. Sie steuert die Aktivitäten und ruft jeweils die realisierten Programme auf.

Technik: Implementierung

Beispiel: s. Abschnitt 5.3.7.2

Metamodell: Ist nicht direkt im Metamodell enthalten, indirekt über die Aktivitätenkette (S. 123) und das Berechtigungskonzept (S. 125).

5.2.1.21. Workflowverzeichnis

Beschreibung: Das Workflowverzeichnis führt alle zu einem Prozess identifizierten Workflows auf. Ein Workflow repräsentiert einen Ausschnitt aus dem Prozess, der mit Hilfe eines Workflowsystems implementiert wird. Die Prozessumsetzung realisiert für einen Workflow eine Anwendung (Software), welche einerseits die Steuerung des Prozessablaufs übernimmt und andererseits die betrieblichen Anwendungen während der Ausführung einbindet.

Technik: Workflowabgrenzung

Beispiel: Bild 5.3.3.2./5, S. 171

Metamodell: Prozess, Aktivitätenkette

5.2.1.22. Zustandsübergangsdiagramm

Beschreibung: Im Gegensatz zum Aktivitätenkettendiagramm unterstützt das Zustandsübergangsdiagramm die übersichtliche Darstellung auch von flexibleren

	Abläufen. Es wendet dazu die Eigenschaften einer Zustandsmaschine auf den Workflow an. Es dokumentiert mit Hilfe der Aktivitäten die Übergänge von einem Ursprungs- in einen Zielzustand.
Technik:	Workflowplanung
Beispiel:	Bild 5.3.5.2./5, S. 203
Metamodell:	Aktivitätenkette, Zustand, Zustandsübergang, Aktivität in Aktivitätenkette

5.2.2. Abhängigkeiten der Entwurfsergebnisse

Zwischen den in Abschnitt 5.2.1. beschriebenen Dokumenten bestehen inhaltliche Abhängigkeiten. So ist es wenig sinnvoll, das Aktivitätenkettendiagramm vor dem Workflowverzeichnis zu entwerfen oder eine Aktivität zu programmieren, ohne ihre Funktionsanforderungen festzulegen.

Im Hinblick auf solche Abhängigkeiten fasst die Prozessumsetzung die Erstellung der Entwurfsergebnisse in Phasen zusammen. In Anlehnung an andere Methoden im Bereich der Systementwicklung enthält sie folgende Phasen [vgl. Steinweg 1995; IMG 1994; Gutzwiller 1994; Eva 1992; Olle et al. 1991, S. 45-67; Humphrey 1990]: Voruntersuchung, Konzeption, Realisierung und Einführung.

- Die *Voruntersuchung* verfolgt bei der Prozessumsetzung das Ziel, die Ausgangssituation und vor allem die Anforderungen des Prozesses an seine Computerunterstützung zu analysieren und die Umsetzung mit Hilfe eines Workflowsystems zu planen.

- Aufgrund der Ergebnisse aus der Voruntersuchung hat die *Konzeption* die zentrale Aufgabe, den Workflow aus konzeptioneller Sicht (d.h. möglichst unabhängig vom konkreten Implementierungswerkzeug) im Detail zu spezifizieren.

- Die *Realisierung* hat die Aufgabe, die Ergebnisse aus der Konzeption mit konkreten Werkzeugen zu implementieren.

- In der Phase *Einführung* wird der implementierte Prozess in das Produktivsystem überführt, die Applikationen werden den Benutzern übergeben, letzte Korrekturen vorgenommen, und die Zielerreichung wird überprüft. Diese Phase unterscheidet sich kaum von vergleichbaren Einführungsphasen aus anderen Vorgehensmodellen und ist deshalb nicht Gegenstand dieser Arbeit.

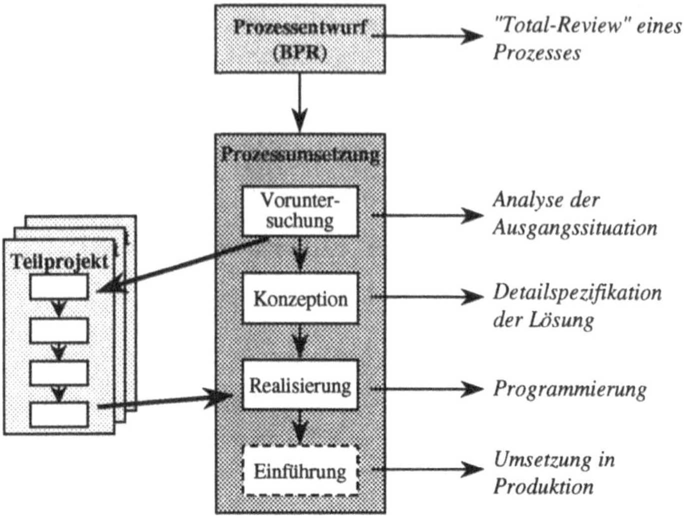

Bild 5.2.2./1: Phasen der Prozessumsetzung

Im Rahmen der Voruntersuchung identifiziert das Projektteam häufig zusätzliche Anforderungen an die Infrastruktur (z.B. Beschaffung von Hardware oder Software, Neuentwicklung von Applikationen, Anpassung oder Ablösung einer bestehenden Applikation, Bereitstellung von Serviceprogrammen), auf welcher der Workflow - d.h. die Prozessumsetzung - aufbaut (s. Bild 5.2.2./1). Dabei handelt es sich vorwiegend um solche Komponenten, welche zwar von einem Workflow gefordert und benutzt werden, aber beinahe unabhängig von ihm entwickelt werden können. Diese Vorhaben laufen separat als Teilprojekte ab und setzen andere Methoden ein (z.B. Methode zur Einführung von Standardsoftware, Methoden der Backend-Integration) als die eigentliche Prozessumsetzung. Der Workflow gibt die Spezifikation der Anforderungen an diese Komponenten (Teilprojekte) vor, ansonsten konzentriert er sich auf die Frontend-Integration.

Unter Berücksichtigung dieser groben Umschreibung des Vorgehens und der Auflistung der Ziele zu den einzelnen Phasen zeigt Bild 5.2.2./2 die Zuordnung der Entwurfsergebnisse zu den drei Phasen.

Diese Zuordnung der Ergebnisse zu den Phasen im Vorgehensmodell trägt folgenden Aspekten besondere Rechnung:

- Sie berücksichtigt die Vorgaben aus dem Prozessentwurf, indem sie zu Beginn die Anforderungen aus dem Prozess an seine Computerunterstützung identifiziert.

- Sie berücksichtigt frühzeitig die vorhandenen Applikationen in einem Unternehmen, indem sie während der Analyse der Anforderungen schrittweise die relevanten Ausschnitte des Informationssystems miteinbezieht.

Phase	**Entwurfsergebnis**
Voruntersuchung	• Applikationsszenario und Schnittstellenbeschreibung • Beschreibung Datenstruktur • Beschreibung logische Transaktion und Serviceprogramm • IT-Szenario • Daten- und Funktionsanforderungen • Arbeitsschrittliste (strukturiert) • Workflowverzeichnis und -kontextdiagramm
Konzeption	• Aktivitätenverzeichnis und -beschreibung • Arbeitsschrittbeschreibung • Aktivitätenkettendiagramm • Zustandsübergangsdiagramm • Ausführungsbedingungen • Berechtigungskonzept • Dialogflussdiagramm • Beschreibung Dialogelement
Realisierung	• Workflowsteuerung • Programmentwurf • Aktivität (Programm)

Bild 5.2.2./2: Phasen der Prozessumsetzung und ihre Dokumente

- Sie berücksichtigt, dass ein umfangreicher Prozess sowohl für die Detailspezifikation als auch für die Implementierung in kleinere, überschaubare Einheiten zu zerlegen ist. Dazu grenzt die Voruntersuchung die betroffenen Workflows ab.
- Sie berücksichtigt bereits in der Voruntersuchung eine Beurteilung der erarbeiteten Ergebnisse und damit Entscheidungen über Weiterführung, Rücksprünge oder sogar über den Abbruch des Projekts.
- Sie berücksichtigt die Trennung zwischen Ablaufsteuerung und betrieblichen Applikationen. Neue Bedürfnisse nach Daten oder Funktionen werden durch Applikationen und nicht durch das Workflowsystem befriedigt.
- Sie berücksichtigt sowohl in der Konzeption als auch in der Realisierung hauptsächlich Aspekte der Frontend-Integration, nämlich die Desktop-Integration und die Ablaufsteuerung.
- Sie berücksichtigt den unterschiedlichen Abstraktionsgrad der einzelnen Phasen: von einer groben fachlichen Sicht in der Voruntersuchung über eine detaillierte logische

Sicht in der Konzeption bis hin zu physischen Aspekten der Implementierung in der Realisierung.

Die vorgeschlagene Strukturierung ist ein erster Ansatzpunkt, muss aber noch verfeinert werden. Es fehlen insbesondere konkretere Beziehungen zwischen den einzelnen Dokumenten innerhalb der Phasen. Bild 5.2.2./3 zerlegt die Phasen in kleinere Untersuchungsbereiche und ordnet ihnen Entwurfsergebnisse zu, die aufeinander abgestimmt parallel zu erstellen sind. In der Darstellung sind solche Bündel von Dokumenten als Knoten und die Ablauffolge als gerichtete Kanten eingezeichnet.

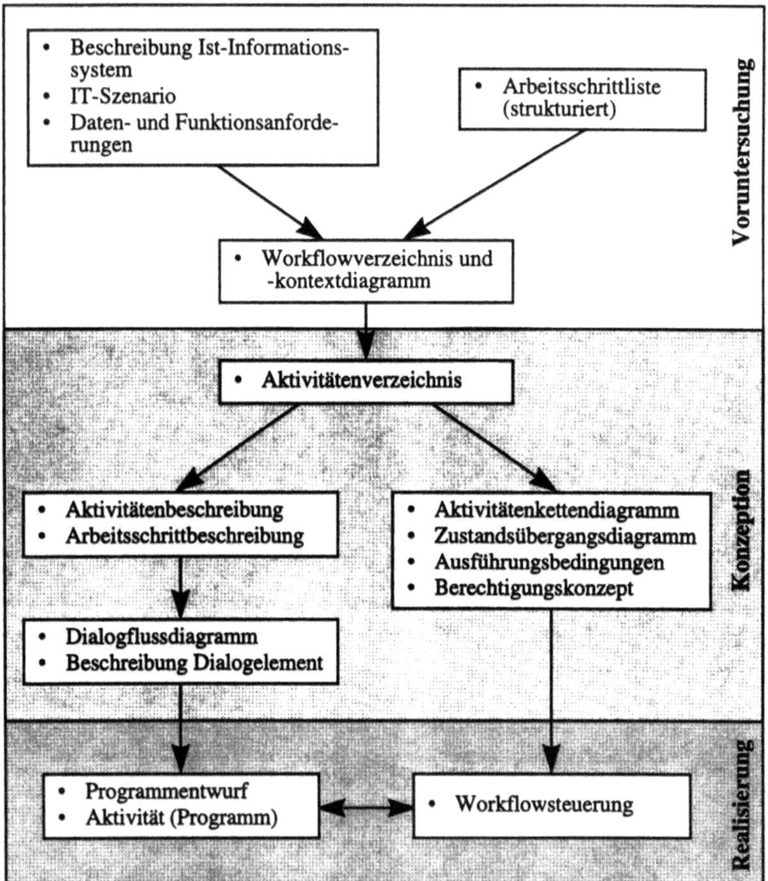

Bild 5.2.2./3: Abhängigkeiten der Dokumente in der Prozessumsetzung

• Voruntersuchung: Die Analyse der Anforderungen an Daten und Funktionen aus dem Prozess und ihr Abgleich mit den Rahmenbedingungen im Unternehmen setzt voraus, dass zugleich dasselbe Projektteam sowohl die applikatorischen als auch technischen Restriktionen sammelt. Unabhängig davon lassen sich parallel dazu die Ergebnisse aus dem BPR überprüfen und eventuell verfeinern. Eine detaillierte Abgrenzung für die Planung des weiteren Vorgehens kann erst am Schluss dieser Phase erfolgen, da sie einerseits auf den Anforderungen (die weitere Teilprojekte auslösen können) und andererseits auf den verfeinerten Ergebnissen aus dem BPR basiert.

- Konzeption: Ausgangspunkt ist die Identifikation der Aktivitäten. Danach lassen sich mehr oder weniger unabhängig voneinander einerseits ihre Ablauffolge und die Ausführungsberechtigungen und andererseits ihre Detailbeschreibung und Dialogspezifikation entwerfen.
- Realisierung: Ähnlich wie die Konzeption verfolgt auch die Realisierung eine Zweiteilung. So implementiert sie die Aktivitäten als Programme im Sinne der Desktop-Integration, ausgehend von einem Programmentwurf. Parallel dazu parametrisiert sie das Workflowsystem nach Vorgabe der Konzeption. Abschliessend bindet sie die Programme als Aktivitäten in die Workflowsteuerung ein.

Die vorliegende Arbeit geht auf die unternehmens- und projektspezifische Ableitung eines Vorgehensmodells mit detaillierten Entwurfsaktivitäten, aufbauend auf dem Dokumentationsmodell, nicht näher ein.

5.3. Techniken

Mit Hilfe der Entwurfsergebnisse aus Abschnitt 5.2. kann ein Projektleiter die Prozessumsetzung planen und konkrete Aufträge für die beteiligten Arbeitsgruppen formulieren. Sie sind die Basis eines ergebnisorientierten Projektmanagements. Die Projektmitarbeiter fordern aber zusätzlich Techniken, d.h. Handlungsanweisungen, um die verlangten Resultate zu erarbeiten. Techniken sind Anleitungen zur Erstellung von Entwurfsergebnissen (vgl. Bild 5./1). Die nachfolgenden Abschnitte beschreiben die sieben zentralen Techniken der Prozessumsetzung.

Technik	**Entwurfsergebnis**
Ist-Informationssystembeschreibung (Abschnitt 5.3.1.)	Applikationsszenario, Schnittstellenbeschreibung, Beschreibung Datenstruktur, Beschreibung logische Transaktion und Serviceprogramm
IS-Planung (Abschnitt 5.3.2.)	IT-Szenario, Datenanforderungen, Funktionsanforderungen
Workflowabgrenzung (Abschnitt 5.3.3.)	Arbeitsschrittliste (strukturiert), Workflowverzeichnis, Workflowkontextdiagramm
Desktop-Integration (Abschnitt 5.3.4.)	Aktivitätenverzeichnis, Aktivitätenbeschreibung, Arbeitsschrittbeschreibung
Workflowplanung (Abschnitt 5.3.5.)	Aktivitätenkettendiagramm, Zustandsübergangsdiagramm, Ausführungsbedingungen, Berechtigungskonzept
Dialogspezifikation (Abschnitt 5.3.6.)	Dialogflussdiagramm, Beschreibung Dialogelement
Implementierung (Abschnitt 5.3.7.)	Workflowsteuerung, Programmentwurf, Aktivität

Bild 5.3./1: Techniken und ihre Entwurfsergebnisse

Bild 5.3./1 gibt einen Überblick über die Techniken und zeigt auf, für welche Entwurfsergebnisse sie verantwortlich sind. Die Zuordnung der Ergebnisse zu Techniken richtet sich nach den betroffenen Themenbereichen (vgl. Bild 5.2.1./1). Das bedeutet, dass eine Technik für die Erarbeitung von Resultaten zuständig ist, welche demselben Problembereich angehören.

Die Beschreibung der einzelnen Techniken verwendet ein zweiteiliges Schema. Der erste Abschnitt erläutert die Ziele der jeweiligen Technik und ordnet sie in die Prozessumsetzung ein. Eine Übersichtsdarstellung über den gewählten Ansatz schliesst diesen Teil ab. Auf Basis dieser Einführung stellt der zweite Abschnitt jeweils konkrete Empfehlungen zum Vorgehen vor. Dabei dokumentiert das Fallbeispiel der Telefon AG aus Kapitel zwei die Techniken im Detail und rundet so ihre Beschreibung ab.

5.3.1. Ist-Informationssystembeschreibung

Damit ein Abgleich der Anforderungen aus dem BPR mit dem Ist-Informationssystem überhaupt möglich ist, muss im voraus ein Überblick über die bestehenden EDV-Lösungen erarbeitet werden. Die Ist-Informationssystembeschreibung hat die Aufgabe, die Prozessumsetzung im Abgleich der BPR-Anforderungen mit dem vorhandenen Informationssystem zu unterstützen.

5.3.1.1. Ziele und geplante Ergebnisse

Grundsätzlich verwendet die Prozessumsetzung an dieser Stelle die unternehmenseigene Dokumentation der Systeme, sofern vorhanden. Fehlt im Unternehmen eine solche Dokumentation, stellt diese Technik die notwendigen Hilfsmittel zur Verfügung, um die erforderlichen Angaben zu erheben.

Es wird aber mit dieser Technik keine Vollerhebung des Informationssystems durchgeführt. Notwendig ist primär eine Applikationsübersicht und eine grobe Beschreibung der Applikationen mit ihren wichtigsten Schnittstellen, um den von der Prozessumsetzung betroffenen Bereich des Informationssystems abzugrenzen [vgl. Jacobson et al. 1994, S. 286]. Detaillierte Beschreibungen von Transaktionen, Serviceprogrammen und Datenstrukturen des Ist-Systems sind erst dann erforderlich und sinnvoll, wenn aufgrund von (aus dem Prozess) abgeleiteten Daten- bzw. Funktionsanforderungen der konkrete Bedarf bekannt ist. Eine Nachdokumentation des Ist-Informationssystems wird somit nur partiell in klar abgegrenzten Bereichen und im Bedarfsfall erstellt.

Die Beschreibung des Ist-Informationssystems beinhaltet folgende Ergebnisse:

- Applikationsszenario und Applikationsverzeichnis
- Schnittstellenbeschreibung
- Beschreibung von Transaktionen und Serviceprogrammen
- Beschreibung von Datenstrukturen

5.3.1.2. Anleitung für die Erarbeitung der Resultate

Die Ist-Informationssystembeschreibung dokumentiert nicht das Vorgehen zur Erstellung einer Nachdokumentation des vorhandenen Informationssystems, sondern vielmehr den Input für die weiteren Techniken (s. Abschnitt 5.3.2. bis 5.3.7.). Die Entwurfstechniken werden die Verwendung dieser Ergebnisse im Detail beschreiben.

Schritt 1: Applikationsübersicht erstellen

Die Übersicht über das Informationssystem in Form einer Applikationsarchitektur muss zwei Aspekte berücksichtigen: Erstens muss sie alle relevanten Applikationen erfassen und beschreiben. Zweitens muss sie die Beziehungen zwischen Applikationen, insbesondere die Datentransferbeziehungen zwischen je zwei Applikationen, ausreichend dokumentieren [s. IMG 1994, S. VORU 37 - VORU 40]. Demnach setzt sich die Applikationsübersicht aus folgenden Komponenten zusammen:

- Applikationsszenario und Applikationsverzeichnis
- Schnittstellenbeschreibung

Bei einem Workflowprojekt im Rahmen einer heterogenen Applikationsarchitektur ist eine Übersicht über die im Unternehmen vorhandenen Applikationen und ihre zentralen Schnittstellen bereits frühzeitig zu erstellen, um das Vorhaben abzugrenzen.

Applikationsszenario und Applikationsverzeichnis

Das Applikationsszenario als Übersicht führt alle für die Prozessumsetzung relevanten Applikationen auf. Da es kaum möglich ist, von vornherein nur die relevanten Applikationen zu identifizieren, ist der Ausgangspunkt in der Regel eine grobe, "unternehmensweite" Applikationsarchitektur, in der dann schrittweise die Abgrenzung vorgenommen wird.

Grundlage für das Applikationsszenario bildet nicht die Situation von heute, sondern ein realistisches Szenario, welches ein Bild der Applikationsarchitektur zum Zeitpunkt der geplanten Einführung widerspiegelt. Das Applikationsszenario beschreibt demnach den Zustand, der für die Implementierung des Prozesses zur Verfügung stehen wird. Es reflektiert somit weder den Ist- noch den Idealzustand im Sinne einer Soll-Architektur. Es ist gewöhnlich der Zustand in 6 bis 18 Monaten [s. Österle 1996a, S. 12]. Bild 2.3./1 dokumentiert die Applikationen der Telefon AG, die zur Zeit verfügbar sind. Die Telefon AG plant, für ihre Kunden ein elektronisches Telefonbuch (ETB) auf dem Internet einzurichten. Damit sollen die Kunden einerseits aktuelle Telefonnummern selbständig suchen und andererseits auch Aufträge an die Telefon AG online erfassen können. Diese Applikation existiert zwar noch nicht, jedoch ist sie im Rahmen des Prozesses "Service" zu planen und in das Applikationsszenario in Bild 5.3.1.2./1 aufzunehmen. Das Applikationsszenario enthält folgende Elemente:

- Applikation:
  Jede relevante Applikation wird im Applikationsszenario als ein Rechteck dargestellt. Im Rechteck sind Bezeichner und optional Nummer der Applikation genannt.

- Datensammlung:
  Die Applikation ist Besitzer von Datensammlungen und somit für ihre Definition, ihren Inhalt und die Manipulation der darin abgelegten Daten verantwortlich. Im Applikationsszenario sind je Applikation die wichtigen Datensammlungen, für die sie verantwortlich ist, als Ellipsen eingetragen.

- Schnittstelle:
  Wenn zwei Applikationen nach vereinbarten Regeln Daten untereinander austauschen, beschreibt das Applikationsszenario diese Beziehung als eine Schnittstelle. Diese Datentransferbeziehung wird als eine Kante in der Grafik eingezeichnet und mit einer Nummer (Schnittstelle) identifiziert. Zusätzlich kann bei Bedarf die Kante mit den auszutauschenden Daten beschriftet werden.

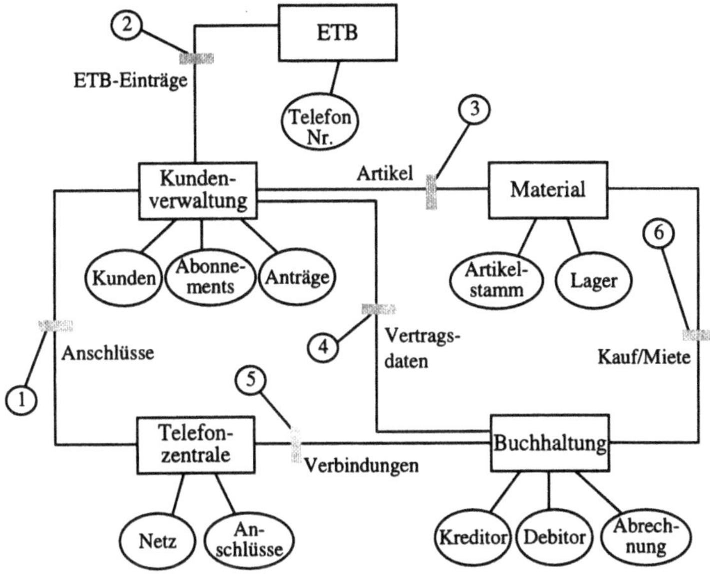

Bild 5.3.1.2./1: Applikationsszenario

Die grafische Darstellung der Applikationen ermöglicht einen groben Überblick und kann nur wenig Information beinhalten, ansonsten wird die Grafik unübersichtlich und kann nicht mehr als Übersichtsdokument verwendet werden. Detailinformationen zu Applikationen und Datensammlung werden besser in Tabellen aufgeführt. Das Applikationsverzeichnis dokumentiert die Applikationen so weit, dass ein sinnvoller Abgleich mit den BPR-Anforderungen möglich ist. Es enthält folgende Elemente:

- Applikation:
  Bezeichner (und Nummer) der Applikation wie im Applikationsszenario.

- Beschreibung:
  Verbale Beschreibung der Applikation, die in kurzer Form Auskunft über Funktionalität, Verwendung, Alter, Herkunft etc. einer EDV-Lösung gibt. Im Mittelpunkt der Beschreibung steht der Überblick über die Hauptfunktionen der Applikation.

- Plattform:
  Beschreibung der Hardware- und Softwarevoraussetzungen für den Einsatz der Applikation.

Applikation	**Beschreibung**	**Plattform**	**Datensammlung**	**Verteilung**	**Verantwortung**
Kunden-verwaltung	Verwaltung von allen Kunden mit ihren Aufträgen und Anschlüssen (inkl. Historie).	IBM/MVS	Kunden Abonnements Aufträge	1 (zentral)	V. Maier
Telefon-zentrale	Steuerung und Kontrolle der Telefonzentrale je Region, Schalten von Anschlüssen und Aufbau, Betrieb und Abschluss von Telefonverbindungen.	DEC/Unix	Netz Anschlüsse	4 (regional)	P. Kunz
ETB (Einführung: Juni 97)	Elektr. Telefonbuch mit Firmen- und Privatkunden. Grundlage für Auskunft, Internet / WWW etc.	DEC/Unix	Privatkunden Firmenkunden	1 (zentral)	D. Beck
Material (SW-Paket)	Verwaltet gesamten Artikelstamm (Telefon, Fax, Zubehör, Büromaterial etc.) der Telefon AG inkl. Lagerbewirtschaftung.	DEC/Unix	Artikelstamm Lager	1	X. Müller
Buchhaltung	Bilanz, Erfolgsrechnung, Kostenrechnung und Abrechnungen je Anschluss.	IBM/MVS	Kreditor Debitor Abrechnung	1	F. Burger

Bild 5.3.1.2./2: Applikationsverzeichnis

- Datensammlung:
  Auflistung aller wichtigen Datensammlungen, für welche die Applikation verantwortlich ist. Den formalen Aufbau einer Datensammlung spezifiziert die Datenstruktur.
- Verteilung:
  Dokumentiert die Art der Verteilung der Applikation, z.B. zentral oder dezentral nach Regionen verteilt.
- Verantwortung:
  Der Applikationsverantwortliche ist der geeignete Ansprechpartner während der IS-Planung für das Projektteam, das mit der Prozessumsetzung beschäftigt ist. Er liefert die nötigen Informationen für den Abgleich der Anforderungen mit dem Ist-System oft sehr schnell und ohne grossen Aufwand und erspart so dem Projektteam umfangreiche Nachdokumentationen.

Vor allem die Applikationsübersicht kann sich während der Voruntersuchung schrittweise verändern. Durch das Anforderungsprofil aus der Prozessumsetzung entstehen neue informationssystemtechnische Bedürfnisse wie z.B. Applikationen, die schliesslich in das Applikationsszenario bzw. in das Applikationsverzeichnis eingehen. Die IS-Planung (s. Abschnitt 5.3.2.) aktualisiert das Applikationsszenario laufend.

Schnittstellenbeschreibung

Die Schnittstellenbeschreibung dokumentiert die Datentransferbeziehungen zwischen zwei Applikationen im Applikationsszenario. Sie verdeutlicht die Austauschbeziehung und hebt die grosse Bedeutung von Schnittstellen insbesondere in heterogenen Applikationsarchitekturen hervor. Die genaue Beschreibung der Schnittstellen zwischen Applikationen ist für das Verstehen des Applikationsszenarios zentral [s. Gassner 1996, S. 99-131]. Dies gilt insbesondere dann, wenn es bei der Prozessumsetzung auch darum geht, neue Applikationen (z.B. elektronisches Telefonbuch oder Produktkatalog, Expertensystem für Kundenberatung, Ablösung Altsystem durch Standardsoftware) einzuführen. Da es bei der Prozessumsetzung in heterogenen Applikationsarchitekturen kaum reine Workflowprojekte geben wird und deshalb vielmehr die Integration von Alt- und Neusystemen unumgänglich sein wird, muss auch hier der Schnittstellenbeschreibung grundsätzlich ein hoher Stellenwert beigemessen werden.

Die Schnittstellenbeschreibung berücksichtigt folgende Elemente [vgl. Gassner 1996, S.152-155; IMG 1994, S. VORU 40]:

- Schnittstelle:
  Nummer und Bezeichner der Schnittstelle aus dem Applikationsszenario.

- Beschreibung:
  Verbale Beschreibung der Schnittstelle, die in kurzer Form Auskunft über wesentliche Merkmale, Grund und Ablauf des Datenaustauschs etc. gibt.

Schnittstelle: 2 Telefonbucheintrag von Kundenverwaltung nach ETB
Beschreibung: Der Redaktor des ETB erstellt die Telefonbucheinträge in der Kundenverwaltung. Aus Gründen der Sicherheit und des Datenschutzes haben Kunden nicht direkt Zugriff auf die Applikation Kundenverwaltung, sondern für sie stellt die Telefon AG eine spez. Applikation ETB zur Verfügung. Bei Änderungen der Einträge in der Kundenverwaltung werden die Angaben automatisch über einen Datentransfer im öffentlichen ETB aktualisiert.
Art der Schnittstelle: Batch (Medium: Netz), asynchron
Periodizität/Auslöser: täglich, zwischen 01.00 und 03.00 Uhr
Betroffene Applikationen **Von**: Kundenverwaltung **Nach**: ETB
Übernahmedaten: ETB-Eintrag Name oder Firma Beruf Fernmeldekennzahl / Rufnummer Strasse / Nr. PLZ Ort Ein-/Aus-/Umschaltdatum

Bild 5.3.1.2./3: Schnittstellenbeschreibung

- Art der Schnittstelle:
  Beschreibung, ob die Schnittstelle eine Batch- oder Online-Schnittstelle ist, ob für den Datentransfer ev. Speichermedien zur Zwischenspeicherung verwendet werden (synchron oder asynchron) und welcher Integrationsansatz eingesetzt wird.

- Periodizität/Auslöser:
  Beschreibung der Häufigkeit (z.B. täglich, wöchentlich, laufend) und des Zeitpunktes bzw. des auslösenden Ereignisses (z.B. nach der Datensicherung um 23.00 Uhr, nach Freigabe des ETB-Eintrags) des Datenaustauschs.

- Betroffene Applikationen:
  Liste der von der Datentransferbeziehung (Schnittstelle) betroffenen Applikationen. Diese sind mit Bezeichner (und Nummer) aus dem Applikationsverzeichnis zu übernehmen.

- Übernahmedaten:
  Liste sämtlicher Datenelemente, welche eine Applikation der anderen übergibt werden. Der (grobe) formale Aufbau der Datenelemente ist mit einer Datenstruktur beschrieben. Angaben betr. Datentyp (z.B. String, Number, Date) und Feldlänge sind in frühen Phasen eines Workflowprojekts nicht unbedingt notwendig.

Diese relativ grobe Schnittstellenbeschreibung reicht grundsätzlich für das eigentliche Workflowprojekt der Prozessumsetzung aus, muss aber insbesondere bei der Integration von neuen Applikationen weiter verfeinert werden.

Schritt 2: Transaktionen und Serviceprogramme beschreiben

Im Gegensatz zur Applikationsübersicht hängt die Verwendung der folgenden Ergebnisse sehr stark davon ab, ob eine unternehmenseigene Dokumentation existiert. Auch ist es nicht immer erforderlich, die Dokumente vollständig auszufüllen. So reichen in vielen Fällen bereits wenige zentrale Elemente aus, um z.B. den Abgleich in der IS-Planung (s. Abschnitt 5.3.2.) zu beurteilen. Diese Ergebnisse werden nur für direkt betroffene Bereiche erstellt.

Logische Transaktion

Die Beschreibung von Transaktionen ist erforderlich, um im Abgleich zu überprüfen, ob z.B. die gewählte Transaktion aus dem Ist-Informationssystem den BPR-Anforderungen entspricht. Hierzu muss die Beschreibung einer Transaktion folgende Elemente aufweisen [vgl. Gassner 1996, S. 147-149]:

- logische Transaktion:
  Bezeichner (und Nummer) der logischen Transaktion.

- Beschreibung:
  Eine kurze Beschreibung erläutert den fachlichen Hintergrund der Transaktion sowie ihre Bedeutung für das Informationssystem bzw. für die Applikation.

- Applikation:
  Eine Transaktion ist direkt einer Applikation zugeordnet.

- Ausführungshäufigkeit/Zeitintervall:
  Angabe, wie oft eine Transaktion in einem Zeitabschnitt ausgeführt wird.

- Ausführungsart:
  Angabe, ob die Transaktion Online oder Batch ausgeführt wird.

- Effekte:
  Führt alle Effekte einer Transaktion auf die bearbeiteten Daten (z.B. Entitätstypen)

detailliert auf. Die Beschreibung dokumentiert betroffene Datenstrukturen und zugehörige Effekte. Mögliche Effekte sind:

R - Lesen (Read)

M - Verändern (Modify)

A - Hinzufügen (Append)

D - Löschen (Delete)

- Bildschirmmasken/Dokumente:
  Identifikation von Bildschirmmasken, Listen und Berichten (Dialogelement), welche die Transaktion verwendet. Es empfiehlt sich, nur ein Muster bzw. eine Hardcopy z.B. einer ausgefüllten Bildschirmmaske beizulegen. Bildschirme stellen die Kommunikation von Transaktionen mit dem Benutzer dar. Die Integration von logischen Transaktionen erfolgt über ihre Bildschirmmasken (vgl. Abschnitt 4.4.1.).

Logische Transaktion: Kunden aufnehmen				
Beschreibung: Aufnahme eines Kunden in die Datensammlung von Kundenverwaltung. Eingabe und Prüfung der Stammdaten und Zuweisung einer Kundennummer sowie weitere Angaben (z.B. Region, Kundenbetreuer).				
Applikation: Kundenverwaltung				
Ausführungshäufigkeit/Monat: 4'000	**Ausführungsart:** Online			
Effekte auf Daten:	**Append**	**Read**	**Modify**	**Delete**
Kunde	X			
Ort		X		
Kundenbetreuer		X		
Region		X		
Geschäftstyp		X		
Bildschirmmasken/Dokumente: Stammdaten (KV_10800)				

Bild 5.3.1.2./4: Logische Transaktion

Die zentralen Bestandteile der Darstellung einer Transaktion sind eine verbale Beschreibung und die Effekte auf Daten [vgl. Olle et al. 1991, S. 256]. Sie liefern die erforderlichen Informationen für die Beantwortung der Frage, ob die identifizierte Transaktion die BPR-Anforderungen abdeckt. Die weiteren Elemente der Beschreibung kommen erst dann zum Zuge, wenn es z.B. um die Auswahl einer Transaktion aus einer Menge von Transaktionen mit gleichen oder ähnlichen Effekten auf Daten geht. Ebenso werden diese zusätzlichen Beschreibungsbestandteile als Kriterien für die Beurteilung der Integrationsfähigkeit von Transaktionen in ein Workflowsystem verwendet.

Serviceprogramm

Auch bei der Dokumentation von Serviceprogrammen stehen verbale Beschreibungen und Effekte auf Daten im Zentrum des Interesses. Der Kern der Beschreibung eines Serviceprogramms entspricht somit dem einer logischen Transaktion. Ebenfalls unterscheiden sich die ergänzenden Elemente der Beschreibung nur geringfügig voneinander. Aus Sicht der Integration betrachten wir Serviceprogramme als "dialoglose Transaktionen" (vgl. Abschnitt 0.), die als mehrfach verwendbare Programme im Workflow aufgerufen werden können. Logische Transaktionen bieten zu ihrer Integration Bildschirmmasken (Präsentation) an, welche in einem vorgegebenen Dialogablauf miteinander verkettet sind. Demgegenüber bestimmt die Schnittstelle einer Applikation für ihre Serviceprogramme lediglich den Input und Output der Daten, die das Serviceprogramm verarbeitet. Ihre Integration erfolgt über eine Programmierschnittstelle (API) direkt auf Funktionen und ist unabhängig von einem Dialog in Form von Bildschirmmasken. Die Beschreibung eines Serviceprogramms verwendet somit folgende Elemente [vgl. Gassner 1996, S. 149-150]:

- Serviceprogramm:
  Bezeichner (und Nummer) des Serviceprogramms.
- Beschreibung:
  Eine kurze Beschreibung erläutert den fachlichen Hintergrund des Serviceprogramms sowie dessen Bedeutung für das Informationssystem bzw. für die Applikation.
- Applikation:
  Ein Serviceprogramm ist direkt einer Applikation zugeordnet.
- Ausführungshäufigkeit/Zeitintervall:
  Angabe, wie oft ein Serviceprogramm in einem Zeitabschnitt ausgeführt wird.
- Ausführungsart:
  Angabe, ob das Serviceprogramm Online oder Batch ausgeführt wird.
- Effekte:
  Führt alle Effekte eines Serviceprogramms auf die bearbeiteten Daten (z.B. Entitätstypen) detailliert auf. Die Beschreibung dokumentiert betroffene Datenstrukturen und zugehörige Effekte. Mögliche Effekte sind:

  R - Lesen (Read)

  M - Verändern (Modify)

  A - Hinzufügen (Append)

  D - Löschen (Delete)

- Schnittstelle:
  Die Schnittstelle eines Serviceprogramms spezifiziert alle Input- und Output-Daten, welche das Serviceprogramm benötigt. Beim Aufruf des Serviceprogramms übergibt z.B. der Workflow die Input-Daten dem Serviceprogramm. Dieses verarbeitet den Input gemäss seiner Spezifikation und liefert schliesslich das Ergebnis als Output dem Workflow zurück.

<table>
<tr><td colspan="5">Serviceprogramm: ETB-Eintrag suchen</td></tr>
<tr><td colspan="5">Beschreibung:
Durch die Angabe von Name, Vorname und Ort (oder eines Teiles davon) wird eine Liste aller Teilnehmer mit ihren Rufnummern ausgegeben, welche die aufgeführten Kriterien erfüllen. Ein Teilnehmer kann auch mehrere Anschlüsse (Rufnummern) besitzen. Die Liste stellt die Verbindung zu den jeweiligen ETB-Einträgen her.</td></tr>
<tr><td colspan="5">Applikation: ETB</td></tr>
<tr><td>Ausführungshäufigkeit/Monat: 20'000</td><td colspan="4">Ausführungsart: Online</td></tr>
<tr><td>Effekte auf Daten:</td><td>Append</td><td>Read</td><td>Modify</td><td>Delete</td></tr>
<tr><td>Teilnehmer</td><td></td><td>X</td><td></td><td></td></tr>
<tr><td>Ort</td><td></td><td>X</td><td></td><td></td></tr>
<tr><td>Anschluss</td><td></td><td>X</td><td></td><td></td></tr>
<tr><td colspan="5">Schnittstelle:</td></tr>
<tr><td rowspan="3">Input</td><td colspan="4">Name</td></tr>
<tr><td colspan="4">Vorname</td></tr>
<tr><td colspan="4">Ort</td></tr>
<tr><td rowspan="4">Output</td><td colspan="4">Anschrift (Name, Vorname, Strasse, Ort)</td></tr>
<tr><td colspan="4">Rufnummer</td></tr>
<tr><td colspan="4">Beruf</td></tr>
<tr><td colspan="4">Kategorie</td></tr>
</table>

Bild 5.3.1.2./5: Serviceprogramm

Weder für logische Transaktionen noch für Serviceprogramme führt die Prozessumsetzung eine Vollerhebung durch. Primär verwendet sie - sofern vorhanden - die unternehmenseigene Dokumentation, die in beiden Bereichen mindestens eine verbale Beschreibung und die Effekte auf Daten aufführen muss. Erst sekundär sollen die dargestellten Dokumente im Sinne einer Nachdokumentation verwendet werden, jedoch nur für klar abgegrenzte Bereiche, die für den Abgleich relevant sind.

Schritt 3: Datenstrukturen beschreiben

Logische Transaktionen oder Serviceprogramme haben Effekte auf Daten, die in Datensammlungen gespeichert sind. Die Beschreibung der Effekte bezieht sich weder auf Datensammlungen noch auf einzelne Datenelemente. Meistens sind die Effekte auf Datenstrukturen schriftlich festgehalten. Somit erreicht die Beschreibung den notwendigen Feinheitsgrad, verliert sich aber nicht im Detail. Die Beschreibung von Datenstrukturen dokumentiert folgende Elemente [vgl. Gassner 1996, S. 140-142]:

<table>
<tr><td colspan="2">Datenstruktur: Kunde</td></tr>
<tr><td colspan="2">Beschreibung:
Ein Kunde ist ein Geschäftspartner, der Beziehungen mit der Telefon AG pflegt. Alle Kunden sind entweder Privat- oder Firmenkunden. Kunde fasst alle Daten über Kunden zusammen, die der Abonnementsdienst benötigt. Daten mit Kundenbezug für das elektronische Telefonbuch (ETB) oder für die Buchhaltung werden aus der Kundenverwaltung in die entsprechenden Datensammlungen kopiert.</td></tr>
<tr><td colspan="2">Datensammlung: Kunden</td></tr>
<tr><td>Anzahl: 150'000</td><td>Bewegungen/Monat: 10'000</td></tr>
<tr><td colspan="2">Redundanzbeziehungen:</td></tr>
<tr><td>Original in:
Kunden</td><td>Kopie in:
ETB
Buchhaltung</td></tr>
<tr><td colspan="2">Datenelemente</td></tr>
<tr><td>Kundennummer</td><td>Nummer identifiziert einen Kunden eindeutig</td></tr>
<tr><td>Name</td><td>Name, Vorname und Zusätze</td></tr>
<tr><td>Strasse, Nummer</td><td></td></tr>
<tr><td>Ort, PLZ</td><td></td></tr>
<tr><td>Telefonnummer</td><td>bei mehreren Anschlüssen eine Hauptnummer</td></tr>
<tr><td>Kundentyp</td><td>Firma, Privat</td></tr>
<tr><td>Kunde seit</td><td>Datum</td></tr>
</table>

Bild 5.3.1.2./6: Datenstruktur (z.B. für Entitätstyp)

- Datenstruktur:
  Bezeichner (und Nummer) der Datenstruktur.

- Beschreibung:
  Eine kurze Beschreibung erläutert Inhalt, Herkunft, Verwendung, Alter etc. der Daten.

- Datensammlung:
  Eine Datenstruktur bestimmt den formalen Aufbau von Daten (bzw. einen Ausschnitt) innerhalb einer Datensammlung.

- Anzahl:
  Angabe, wie viele Daten mit dieser Datenstruktur zu einem Zeitpunkt existieren.

- Bewegungen/Zeiteinheit:
  Angabe, wie gross die Veränderung der Daten mit dieser Datenstruktur in einem Zeitabschnitt ist (Fluktuation).

- Redundanzbeziehung:
  Beschreibt, ob von dieser Datenstruktur das Original oder eine Kopie in einer anderen Datensammlung existiert.

- Datenelemente:
  Beschreibt den eigentlichen Aufbau der Datenstruktur mit Hilfe ihrer Datenelemente (z.B. Attribute). Minimal muss die Beschreibung die Datenelemente strukturiert aufführen und ihre Semantik erläutern. Ergänzend können die Datenelemente (abhängig vom verwendeten Datenbanksystem) wie folgt dokumentiert werden:

  - Identifikationsschlüssel der Datenstruktur
  - Fremdschlüssel zur Datenstruktur
  - Wertebereich/Format des Datenelements
  - verbale Beschreibung des Datenelements
  - zusätzliche Integritätsbedingungen für Datenelemente

Zentraler und zugleich wichtigster Bestandteil der Beschreibung von Datenstrukturen während der Voruntersuchung sind verbale Beschreibung und Strukturierung der Datenelemente. Die weiteren Punkte sind optional, ebenso die ausführliche Spezifikation der Datenelemente. In den meisten Fällen reicht eine minimale Beschreibung aus, nur selten werden in späteren Phasen der Prozessumsetzung weitere Angaben im Bereich der Datenstrukturen erforderlich.

Auch die Beschreibung der Datenstrukturen darf keinesfalls losgelöst von der IS-Planung (s. Abschnitt 5.3.2.) erfolgen. Auch hier gelten die bei der Beschreibung von Transaktionen und Serviceprogrammen gemachten Aussagen:

- Grundsätzlich wird die vorhandene, unternehmenseigene Dokumentation der Datenstrukturen verwendet. Wenn diese fehlt, kommen obige Dokumente zum Einsatz.
- Es wird keine Vollerhebung der Datenstrukturen im voraus getätigt. Erst für den eigentlichen Abgleich der BPR-Anforderungen mit dem Informationssystem werden in klar abgegrenzten Bereichen die Datenstrukturen beschrieben. Ziel dieses Vorgehens ist es zu untersuchen, ob eine vorhandene Datenstruktur den BPR-Anforderungen tatsächlich entspricht.

5.3.2. IS-Planung

Gegenstand eines Workflowprojekts ist es, einen neugestalteten Prozess mit Hilfe eines Workflowsystems zu implementieren. Dabei verfolgt die Prozessumsetzung das Ziel, vorhandene Altsysteme - soweit sinnvoll - zu berücksichtigen und im Prozess einzubinden.

Hierzu muss die IS-Planung (Informationssystem-Planung) den Soll-Prozess dem Ist-Informationssystem gegenüberstellen.

5.3.2.1. Ziele und geplante Ergebnisse

Die IS-Planung hat die Aufgabe, die Anforderungen aus dem BPR an das Informationssystem in Form eines Anforderungsprofils abzuleiten und mit dem Ist-Informationssystem zu vergleichen. Der Abgleich zeigt der Unternehmung schliesslich für den Prozess im Detail auf,

- welche vorhandenen Applikationen sie einsetzen kann,
- welche Mittel für das Informationssystem sie auf dem Markt beschaffen muss,
- wofür sie Speziallösungen selbst entwickeln muss und
- welche Anforderungen aus dem BPR sie nicht realisieren kann.

Ein grober Abgleich der BPR-Anforderungen mit dem Informationssystem muss bereits in den frühen Phasen des Prozessentwurfs erfolgen, damit nicht unrealistische Prozesse entworfen werden, die sich nicht umsetzen lassen.

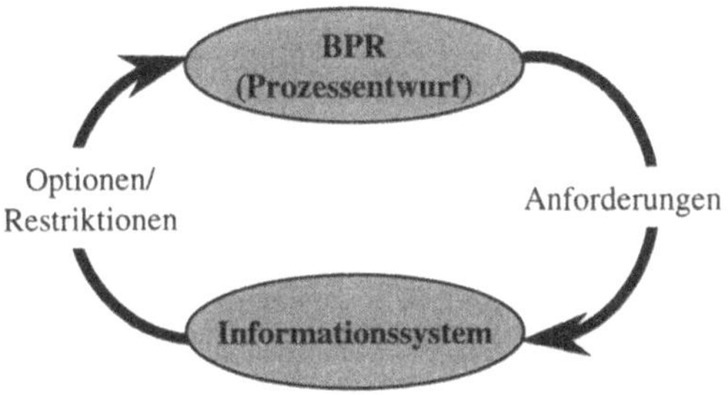

Bild 5.3.2.1./1: Prinzip IS-Abgleich

Das Prinzip des Abgleichs im BPR bzw. in der Voruntersuchung der Prozessumsetzung (IS-Planung) ist das gleiche (vgl. Bild 5.3.2.1./1), der Unterschied liegt im Grad der Detaillierung. Das BPR formuliert Anforderungen an das Informationssystem, die auf ihre Realisierbarkeit hin zu überprüfen sind. Das Ergebnis der Prüfung sind entweder informationssystemtechnische Optionen oder Restriktionen, die das BPR aufnimmt und in seinen Anforderungen weiterverarbeitet. Der grobe Abgleich während des Prozessentwurfs verfolgt das Ziel, realistische Prozesse zu entwerfen [s. Hess 1996, S. 214-218]. Demgegenüber untersucht die IS-Planung zu Beginn der Prozessumsetzung die Anforderungen sehr detailliert. Sie liefert konkrete Entscheidungsgrundlagen für die Art der Realisierung und zeigt deren Konsequenzen für das Informationssystem in Form von Massnahmen auf. Ihr Ziel ist die Realisierung, d.h. Implementierung, von Prozessen.

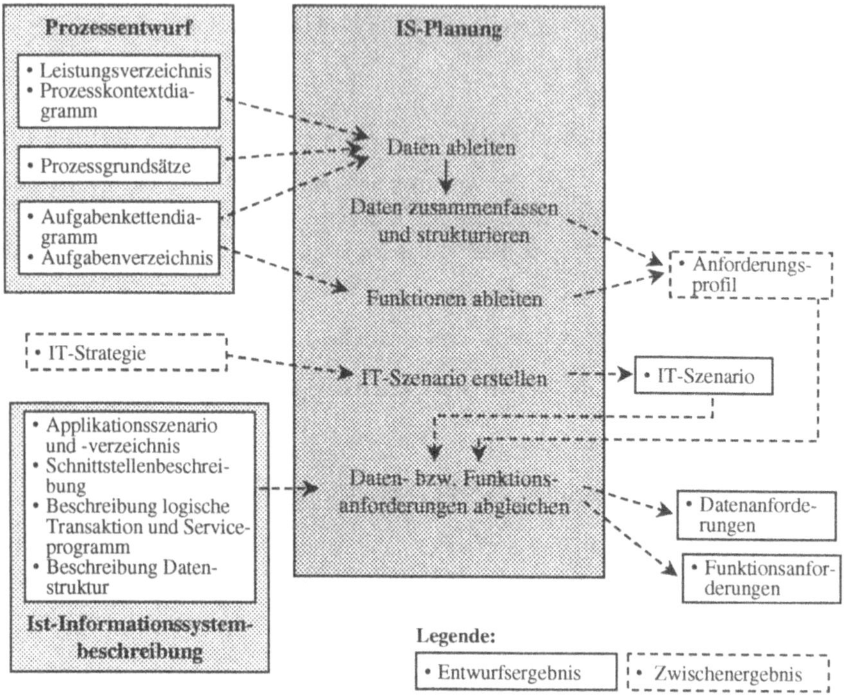

Bild 5.3.2.1./2: Übersicht IS-Planung

Bild 5.3.2.1./2 verschafft einen Überblick über die IS-Planung. In der Mitte sind die einzelnen Schritte aufgeführt. Links stehen die Dokumente, welche sie als Input aus anderen Techniken übernimmt, und rechts sind ihre Entwurfsergebnisse (Output) aufgelistet. Die gerichteten Kanten dokumentieren die Beziehungen zwischen Input, Schritten der Entwurfstechnik und Output. Damit sind inhaltliche Abhängigkeiten zwischen Entwurfsergebnissen definiert, nicht aber ihre zeitliche Ablauffolge. Zwischenergebnisse sind Dokumente, die aufgrund ihrer Eigenschaften bewusst nicht im Dokumentationsmodell (s. Abschnitt 5.2.) enthalten sind.

5.3.2.2. Anleitung für die Erarbeitung der Resultate

Die Schritte 1 bis 3 erstellen vorerst aufgrund der Ergebnisse aus dem Prozessentwurf ein applikatorisches Anforderungsprofil, d.h. sie untersuchen für einen Prozess die Daten und Funktionen der gewünschten Computerunterstützung. Anschliessend vergleichen Schritt 4 und 5 das Anforderungsprofil mit den applikatorischen und technischen Rahmenbedingungen im Unternehmen und leiten daraus Massnahmen für die Umsetzung, d.h. das weitere Vorgehen, ab.

Eine zentrale Rolle während der IS-Planung nimmt die Ist-Informationssystembeschreibung ein. Sie ist in das folgende Vorgehen der IS-Planung eingebettet.

Schritt 1: Daten ableiten

Einen wesentlichen Gestaltungsbereich bei der Entwicklung von Informationssystemen betreffen die Daten, welche das System verarbeiten muss [vgl. Manganelli/Klein 1994, S. 132-138; Scheer 1994, S. 11-14]. Die Implementierung eines Prozesses mit Hilfe eines Workflowsystems folgt den Grundsätzen der Entwicklung von Informationssystemen und muss deshalb frühzeitig abklären, welche Daten der umzusetzende Prozess während seiner ganzen Lebenszeit verarbeitet, d.h. liest (read), verändert (modify), hinzufügt (append) oder löscht (delete). Daten sind in Form von Datenstrukturen (Entitätstypen) und Datenelementen (Attribute) schrittweise abzuleiten. Für das Ableiten von erforderlichen Daten aus dem Prozess stehen folgende Quellen zur Verfügung (s. Anahng I):

- Leistungen (Prozesskontextdiagramm, Leistungsverzeichnis)
- Aufgaben (Aufgabenkettendiagramm, Aufgabenverzeichnis)
- Prozessgrundsätze

Quelle 1: Leistungen

Leistungen, die ein Prozess abgibt (Output) oder bezieht (Input), bilden im BPR den Ausgangspunkt, um den Kunden grösseren Nutzen zu stiften. Das Erstellen von Leistungen erfolgt durch den Prozess und entspricht der Wertschöpfung. Der Leistungsfluss, insbesondere zwischen administrativen Prozessen, induziert häufig den Austausch von Daten (Datenfluss) oder setzt voraus, dass die beteiligten Prozesse Daten mit direktem oder indirektem Bezug auf die Leistungen verarbeiten und verwalten.

So muss beispielsweise der Prozess "Service" einerseits Daten über Angebote, Verträge, Abonnements sammeln, damit er die entsprechenden Leistungen überhaupt erbringen kann. Andererseits muss er auch Informationen wie z.B. Aufträge von Kunden, Angaben aus den zusätzlichen Dokumenten (z.B. HR-Auszug) empfangen und speichern, damit er die Inputs weiterverarbeiten kann.

Leistungen, die mit einem Datenfluss zwischen Prozessen verknüpft sind, verwenden häufig auch Formulare, Dokumente etc., um den Datenaustausch zu realisieren. Diese Dokumente liefern zusätzliche Angaben für die Datenanforderungen.

Die Leistungen stehen beim Ableiten von Datenanforderungen aus dem umzusetzenden Prozess im Mittelpunkt. Sie liefern aus dem Prozesskontextdiagramm und auch aus dem detaillierten Leistungsverzeichnis eine grosse Menge an Datenanforderungen für den

Prozess. Der Aufwand, um aus den im Prozessentwurf identifizierten Leistungen die für den Prozess erforderlichen Daten abzuleiten, ist gering. Ein weiteres Argument, weshalb die Leistungen beim Ableiten von Daten eine zentrale Rolle spielen, ist, dass sie direkt die Wertschöpfung des Prozesses darstellen.

Quelle 2: Aufgaben

Das Ableiten von Daten aufgrund der Leistungen deckt die Austauschbeziehungen zwischen Prozessen ab, welche den grössten Teil der Anforderungen beinhalten, da die Leistungen der Prozesswertschöpfung entsprechen. Zur Vollständigkeit sind die Prozesse auch intern, d.h. ihre einzelnen Aufgaben, nach weiteren Datenanforderungen zu untersuchen.

Aufgaben sind betriebliche Funktionen mit einem bestimmbaren Ergebnis, d.h. sie verwenden oder liefern ein wichtiges Ergebnis (vgl. Abschnitt 3.1.1.). In vielen Fällen, insbesondere im Bereich administrativer Prozesse, handelt es sich bei solchen Ergebnissen um Daten. Die Prozessumsetzung mit Hilfe eines Workflowsystems untersucht vorwiegend computerunterstützte Aufgaben.

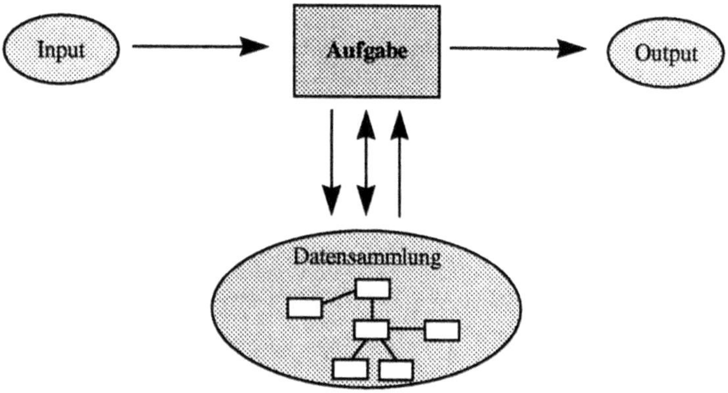

Bild 5.3.2.2./1: Datenanforderungen aus Aufgaben

Die Daten lassen sich somit aufgrund von computerunterstützten Aufgaben wie folgt ableiten (vgl. Bild 5.3.2.2./1): Eine Aufgabe empfängt Parameter, damit sie den erforderlichen Input für ihre Ausführung zur Verfügung hat. Während der Ausführung liest, modifiziert, schreibt oder löscht die Aufgabe Daten in Datensammlungen, d.h. sie hat Effekte auf Daten. Das Ergebnis der Aufgabe ist ein Output (z.B. gültiger Output, Fehlermeldung) [s. Robinson/Berrisford 1994, S.93; Rock-Evans 1992, S. 168].

Beispielsweise liest die Aufgabe "Kunden suchen" mit Hilfe der Kunden-Nr. (Input) die Kundenstammdaten in der Datenbank. Als Output liefert die Aufgabe die Angaben über den Kunden (z.B. Name, Vorname, Adresse).

Das Hauptaugenmerk beim Ableiten von Daten aus Aufgaben sind die Effekte auf Datensammlungen, d.h. welche Datenstrukturen sie verarbeiten. Die genaue Analyse der Inputs bzw. Outputs von Aufgaben ist sehr aufwendig und liefert kaum neue Erkenntnisse in bezug auf die Datenanforderungen. Das Modellieren von Datenflüssen zwischen Aufgaben ist vergleichbar mit der Analyse von Inputs bzw. Outputs. Da aber das Ableiten von Daten aus Aufgaben nur grob und ergänzend zur Überprüfung der Datenanforderungen aus Leistungen verwendet wird, verzichtet die Methode an dieser Stelle auf das detaillierte Spezifizieren von Datenflüssen. Der Aufwand hierfür wäre zu gross und lässt sich für die IS-Planung nicht rechtfertigen.

Stellt der Prozessentwurf bereits Ergebnisse mit Datenflüssen zur Verfügung, können diese selbstverständlich für das Ableiten von Daten verwendet werden. Ausgangspunkt für Datenanforderungen sind aber primär die Leistungen.

Quelle 3: Prozessgrundsätze

Als Eckpfeiler für Prozessentwurf und auch Prozessumsetzung zeigen die Prozessgrundsätze in bezug auf Daten solche Anforderungen auf, die im Prozess im Rahmen des BPR eine Hauptrolle spielen. Das Ableiten von Daten unterstützen sie in zwei Bereichen:

- Einerseits zeigen sie Lücken auf, welche die Quellen 1 und 2 noch nicht abdecken. Die Telefon AG will neben der elektronischen Auftragserfassung zusätzlich die schriftlichen Aufträge von Kunden als Images in einem elektronischen Archiv speichern. Die Images sind in elektronischer Form separat zu verwalten, woraus eine neue Datenanforderung entsteht.

- Andererseits erlauben sie eine grobe Bewertung der abgeleiteten Datenanforderungen in bezug auf ihre Bedeutung für den Prozess. So geht z.B. aus den Prozessgrundsätzen der Telefon AG deutlich hervor, dass die Unterscheidung von Firmen- und Privatkunden für den Prozess sehr wichtig ist. Die Umsetzung muss diese Datenanforderungen abbilden.

Die Prozessgrundsätze haben somit im Bereich der Datenanforderungen subsidiären Charakter, dürfen aber insbesondere bei der Bewertung der Anforderungen nicht unterschätzt werden.

Schritt 2: Daten zusammenfassen und strukturieren

Schöpfen wir die drei Quellen zur Ableitung von Daten aus, dann erhalten wir eine grosse Zahl von Daten für den Prozess "Service". Ziel dieses Schrittes ist es, die abgeleiteten Daten zusammenzufassen und übersichtlich zu strukturieren, bevor schliesslich die Datenanforderungen aufgrund eines Abgleichs mit dem vorhandenen Informationssystem identifiziert werden (vgl. Bild 5.3.2.2./2).

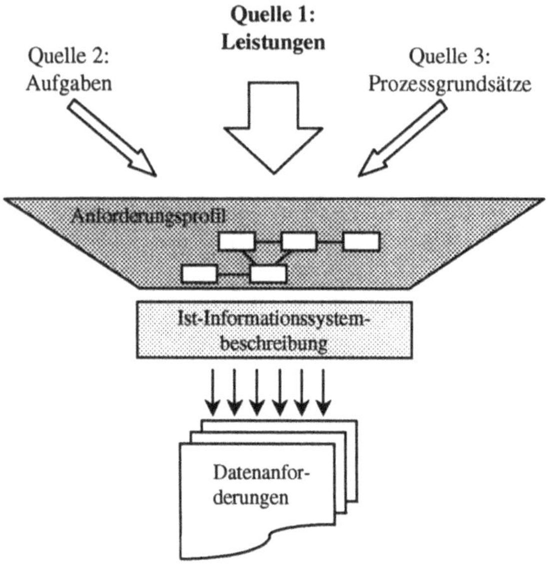

Bild 5.3.2.2./2: Datenanforderungen abgleichen (Prinzip)

Damit man sich einen Überblick über die vom Prozess verwendeten Daten verschaffen kann, geht es zunächst darum, sie in einem einfachen Anforderungsprofil zu strukturieren [Jacobson et al. 1994, S. 285; Manganelli/Klein 1994, S. 136]. Die übliche Form der Datenstrukturierung sind ER-Diagramme [vgl. Rumbaugh et al. 1993; Raasch 1993; Rock-Evans 1992]. Das ER-Diagramm unterstützt in diesem Zusammenhang den Datenabgleich wie folgt:

- Zusammenfassung der Ergebnisse aus den drei Quellen
- Aufdecken von Überschneidungen bzw. Redundanzen der abgeleiteten Daten
- eine logisch konzeptionelle Sicht auf die Daten mit konstantem Detaillierungsgrad
- Beziehungen der Daten und deren Bedeutung im Prozesszusammenhang

Bild 5.3.2.2./3 zeigt das ER-Diagramm für den Prozess "Service" der Telefon AG mit Hilfe der in Abschnitt 4.1.2. definierten Notation auf. Grundsätzlich kann das Projektteam eine beliebige Notation anwenden. Wichtig ist aber, dass die Mitarbeiter mit ihr vertraut sind und keinen allzu grossen Einarbeitungsaufwand haben.

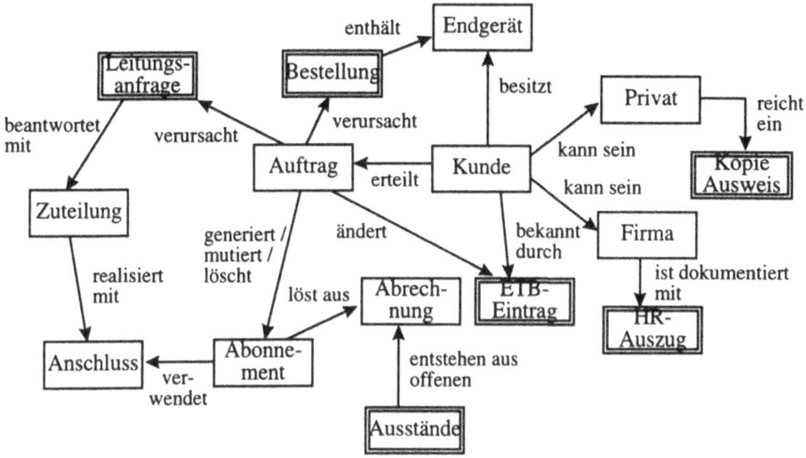

Bild 5.3.2.2./3: ER-Diagramm Prozess "Service" (Soll)

Kardinalitäten der Beziehungen sind nicht eingetragen. Als Ergänzung kann obige Darstellung z.B. folgende Notation aufnehmen: 1 (einfache), c (konditionelle), n (multiple) und cn (konditionell-multiple) Beziehung (vgl. Abschnitt 5.1.).

Kunde	Privat	Firma
Name oder Firma	Beruf	Branche
Rufnummer	Zivilstand	Vertreter
Strasse / Nr.	Geburtsdatum	
PLZ		
Ort		
PC-Konto		
Bankverbindung		
Kundensprache		

Bild 5.3.2.2./4: Einrückungsliste (Ausschnitt)

Das ER-Diagramm als Übersichtsdarstellung in der IS-Planung muss nicht in einer normalisierten Form vorliegen. Es stellt die aus Sicht des Prozesses wichtigen Datenstrukturen und ihre Beziehungen dar. Für den feinen Abgleich sind oft Anforderungen an Daten auf Stufe Datenelement (Attribut) von Bedeutung. Für diesen Zweck eignet sich zur Dokumentation eine Einrückungsliste je Datenstruktur.

Bild 5.3.2.2./3 zeigt das ER-Diagramm für den Prozess "Service" der Telefon AG mit Hilfe der in Abschnitt 4.1.2. definierten Notation auf. Grundsätzlich kann das Projektteam eine beliebige Notation anwenden. Wichtig ist aber, dass die Mitarbeiter mit ihr vertraut sind und keinen allzu grossen Einarbeitungsaufwand haben.

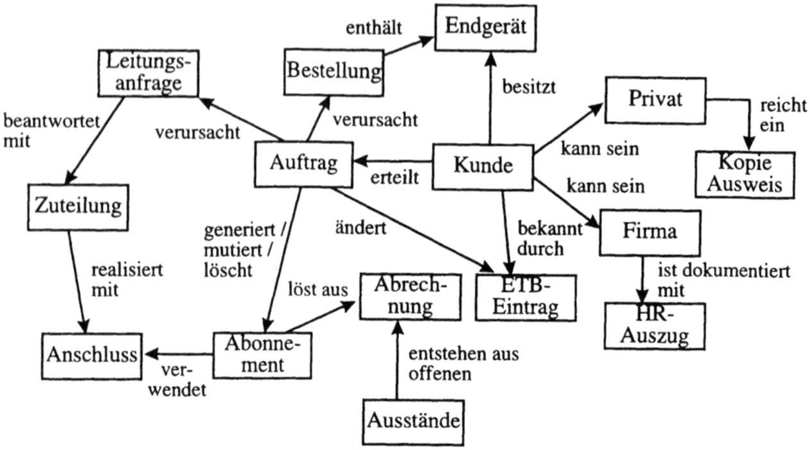

Bild 5.3.2.2./3: ER-Diagramm Prozess "Service" (Soll)

Kardinalitäten der Beziehungen sind nicht eingetragen. Als Ergänzung kann obige Darstellung z.B. folgende Notation aufnehmen: 1 (einfache), c (konditionelle), n (multiple) und cn (konditionell-multiple) Beziehung (vgl. Abschnitt 5.1.).

Kunde	Privat	Firma
Name oder Firma	Beruf	Branche
Rufnummer	Zivilstand	Vertreter
Strasse / Nr.	Geburtsdatum	
PLZ		
Ort		
PC-Konto		
Bankverbindung		
Kundensprache		

Bild 5.3.2.2./4: Einrückungsliste (Ausschnitt)

Das ER-Diagramm als Übersichtsdarstellung in der IS-Planung muss nicht in einer normalisierten Form vorliegen. Es stellt die aus Sicht des Prozesses wichtigen Datenstrukturen und ihre Beziehungen dar. Für den feinen Abgleich sind oft Anforderungen an Daten auf Stufe Datenelement (Attribut) von Bedeutung. Für diesen Zweck eignet sich zur Dokumentation eine Einrückungsliste je Datenstruktur.

Informationstechnik	**1996**	**1999**	**danach**
PC-Standardsoftware			
• Büro	MS-Office	MS-Office	MS-Office
• Terminalemulation	Rumba	Rumba	Rumba
PC-Hardware			
• Prozessor	Intel 486	offen	offen
• Monitor	14'	21'	21'
Betriebssystem			
• Client	DOS/Windows, DEC/Unix	Windows	Windows
• Server	Novell, DEC/Unix	Windows, DEC/Unix	Windows, DEC/Unix
Grossrechner	MVS (IBM)	MVS (IBM)	MVS (IBM)
Netzwerk			
• Technologie	Token Ring	ATM	ATM
• Kapazität	16 MBit/s	155 MBit/s	offen
Workflowsystem	Staffware	Staffware	Staffware
Middleware			
• Transaktionsmonitor	CICS	CICS	CICS
• Messaging	MQSeries	MQSeries	MQSeries
• Objektverteilung	OLE	OLE/CORBA	OLE/CORBA
Datenbank	Oracle	Oracle	Oracle
CASE	ADW	ADW	ADW
GUI-Tool	-	Visual Age	Visual Age

Bild 5.3.2.2./5: IT-Szenario

Das IT-Szenario in Bild 5.3.2.2./5 widerspiegelt die technischen Gegebenheiten im Unternehmen. Es enthält die wichtigsten technischen Entscheide wie z.B.:

- Hardware- und Softwareplattformen
- Anwendungssoftware
- Middlewareplattformen
- Kommunikation
- Entwicklungsplattformen
- Methoden und Standards

Das IT-Szenario soll einerseits den aktuellen Zustand im Unternehmen aufzeigen und andererseits auch die Entwicklungspfade gemäss IT-Strategie skizzieren. Es ist unternehmensweit gültig, unabhängig von einem konkreten Prozess. Fragen bei der Erstellung des IT-Szenarios sind:

- Welche IT kann der Prozess realistischerweise nutzen?
- Was ist zum Zeitpunkt der Einführung verfügbar?
- Welche Restriktionen ergeben sich daraus für die Prozessumsetzung?
- Welche weiterreichenden IT-Pläne kann sich die Prozessumsetzung zunutze machen?

Die Entscheide aufgrund der Daten- und Funktionsanforderungen (s. Schritt 5) müssen mit dem IT-Szenario abgeglichen werden, denn neue EDV-Lösungen müssen in die technische Landkarte passen. Ein neugestalteter Prozess verändert das IT-Szenario nicht grundlegend, eventuell teilweise, wenn gute Gründe es rechtfertigen.

Das IT-Szenario spielt eine zentrale Rolle beim Abgleich der Daten- bzw. Funktionsanforderungen. Es ist ausschlaggebend für die technische Machbarkeit von Massnahmen der Prozessumsetzung.

Schritt 5: Daten- bzw. Funktionsanforderungen abgleichen

Bis zu diesem Zeitpunkt hat das Projektteam das Bedürfnis nach Daten und Funktionen aus Sicht des umzusetzenden Prozesses spezifiziert. Der folgende Schritt hat nun die Aufgabe zu prüfen, ob das vorhandene Informationssystem diese Bedürfnisse befriedigen kann. Er berücksichtigt sowohl applikatorische als auch informationssystemtechnische Aspekte.

Grober Abgleich

Ein grober Abgleich erfolgt zwischen dem ER-Diagramm für den Prozess und den Datensammlungen aus dem Applikationsszenario (vgl. Abschnitt 5.3.1.), um damit den Umfang der Datenanforderungen im Überblick festzuhalten. Dabei werden im ER-Diagramm diejenigen Entitätstypen besonders hervorgehoben (in Bild 5.3.2.2./6 sind solche Entitätstypen mit einem doppelten Rahmen dargestellt), für welche noch keine entsprechende Datensammlung besteht. Das Schliessen von solchen Lücken zieht oft grössere Massnahmen nach sich.

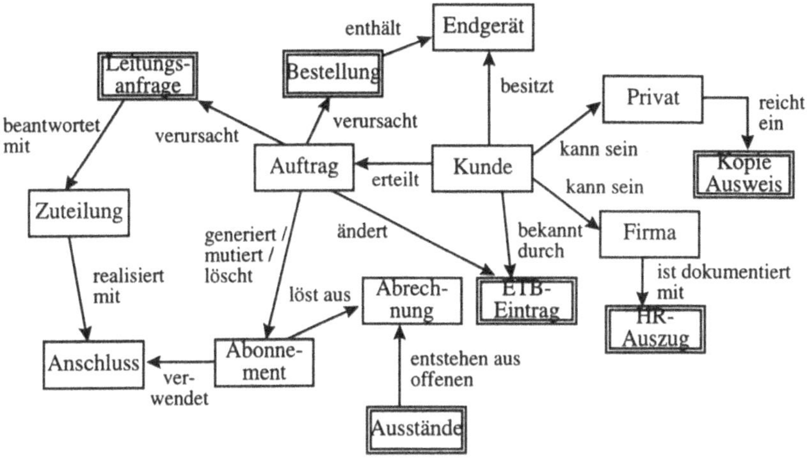

Bild 5.3.2.2./6: Lücken im ER-Diagramm

Der grobe Abgleich ist nur mit Unterstützung der Applikationsverantwortlichen machbar. Er verfolgt das Ziel, Problemfelder im Überblick zu lokalisieren.

Feiner Abgleich

Der feine Abgleich der erforderlichen Daten und Funktionen aus dem Prozess mit dem vorhandenen Informationssystem verwendet folgende Quellen:

- Anforderungsprofil: ER-Diagramm (und Einrückungslisten), Aufgaben (Aufgabenkettendiagramm, Aufgabenverzeichnis) und Prozessgrundsätze
- Ist-Informationssystembeschreibung (s. Abschnitt 5.3.1.)
- IT-Szenario

Der Abgleich der Daten bzw. Funktionen läuft konzeptionell nach dem gleichen Schema ab. Der Hauptunterschied ist, dass er einerseits direkt zwischen Aufgaben aus Aufgabenketten, welche die geforderte Funktionalität beschreiben, und Applikationsszenario bzw. der Beschreibung von logischen Transaktionen oder Serviceprogrammen aus der Ist-Informationssystembeschreibung erfolgt. Andererseits aber werden ER-Diagramm (und Einrückungslisten) dem Applikationsszenario und den Datensammlungen mit ihren Datenstrukturen gegenübergestellt. Das folgende Vorgehen analysiert Schritt um Schritt alle Bedürfnisse einzeln (s. Bild 5.3.2.2./7):

1) Bedürfnis:
   Im Bereich der Funktionen identifiziert das Projektteam je Aufgabe das Bedürfnis nach IT-unterstützter Funktionalität (s. Schritt 3).

Für die Daten muss das Projektteam aufgrund der Angaben im ER-Diagramm einzelne Ausschnitte auswählen und deren Bedürfnisse übernehmen (s. Schritt 1 bzw. 2). Ein gewählter Ausschnitt soll fachlich zusammengehörende Datenstrukturen (d.h. Entitätstypen aus dem ER-Diagramm) zusammenfassen. Die Anzahl Datenstrukturen je Ausschnitt soll zwei bis vier betragen.

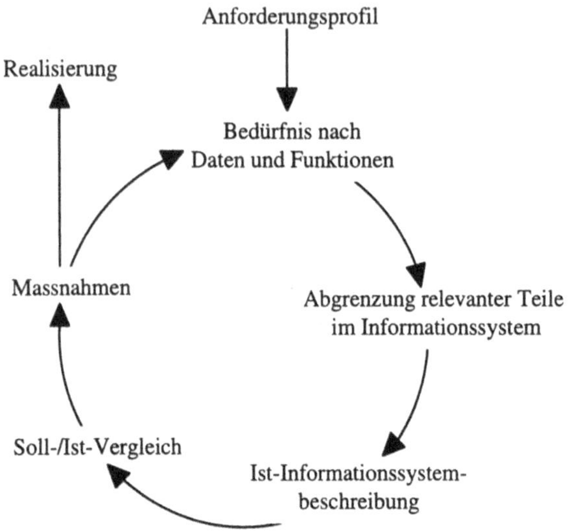

Bild 5.3.2.2./7: Daten bzw. Funktionen abgleichen

2) Abgrenzung Informationssystem:
Anhand des Applikationsszenarios aus der Ist-Informationssystembeschreibung untersucht das Projektteam, welche Teile des vorhandenen Informationssystems für den Abgleich des gewählten Bedürfnisses relevant sind. Dabei wirken die betroffenen Applikationsverantwortlichen aktiv mit.

3) Ist-Informationssystembeschreibung:
Für den Abgleich ist es nun erforderlich, dass die relevanten Teile des Informationssystems dokumentiert sind. Entweder verwenden die Projektmitarbeiter - sofern vorhanden - die unternehmenseigene Dokumentation, oder sie beschreiben die wichtigsten Aspekte im Sinne einer Nachdokumentation mit Hilfe der Dokumente aus der Ist-Informationssystembeschreibung (s. Schritt 2 und 3 in Abschnitt 5.3.1.2.).

Die Ist-Informationssystembeschreibung muss so detailliert sein, dass das Projektteam erstens einen sinnvollen Soll-/Ist-Vergleich durchführen und zweitens konkrete Massnahmen ableiten kann. Sie ist an der jeweiligen Situation auszurichten.

4) Soll-/Ist-Vergleich:
   Das Projektteam stellt nun die spezifizierten Bedürfnisse dem dokumentierten Ausschnitt des vorhandenen Informationssystems gegenüber. Dabei soll es sich mit folgenden Fragen auseinandersetzen:
   - Welche Bedeutung hat das spezifizierte Bedürfnis im Rahmen der Prozessgrundsätze? Wie wichtig ist dessen Implementierung für die Prozessziele?
   - Befriedigt das Informationssystem das Bedürfnis nach Funktionen/Daten aus dem Prozess vollständig?
   - Wie ist die Einbindung (Integration) der Funktionen möglich? Wie sind die Zugriffe (z.B. Zugriffsmechanismus, Sicherheit) auf die Daten?
   - In welchen Bereichen weicht das Bedürfnis nach Funktionen/Daten aus dem Prozess vom Informationssystem ab? Welcher Art und wie gross sind die Abweichungen?
   - Welche Alternativen stehen zur Verfügung, um die Lücke zwischen Ist und Soll zu überwinden? Was sind die Vor- und Nachteile der einzelnen Alternativen (z.B. Datenhaltung, Redundanzen, Sicherheit, Zugriff, Integration, Nutzen, Kosten)?
   - Sind einzelne Lücken nicht oder nur schwer (d.h. mit einem nicht vertretbaren Aufwand verbunden) zu beheben? Welche Konsequenzen ergeben sich für den Prozess, wenn ein Bedürfnis nach Funktionen/Daten nicht befriedigt wird?
5) Massnahmen:
   Das Ableiten von Massnahmen aus dem Soll-/Ist-Vergleich bildet hier den Abschluss. Die Massnahmen sagen aus:
   - Mit welchen Applikationen/Datensammlungen die Realisierung erfolgen wird, sofern das Ist-System ein Funktions- bzw. Datenbedürfnis des Prozesses vollständig befriedigt.
   - Inwieweit und wie der Bedarf gedeckt werden soll, wenn das Ist-System ein Funktions- bzw. Datenbedürfnis des Prozesses nicht befriedigt.

   Alle Massnahmen müssen in das technische Umfeld im Unternehmen passen. Dies stellt das IT-Szenario sicher.

Das Projektteam darf die Massnahmen nicht isoliert pro Funktions- bzw. Datenbedürfnis (Ausschnitt aus dem ER-Diagramm) beurteilen. Vielmehr muss es beim Ableiten neuer Massnahmen die bereits festgelegten Massnahmen berücksichtigen und eventuell sogar anpassen. Das Ableiten von Massnahmen im Rahmen des Abgleichs ist kein lineares

Vorgehen, sondern ist am besten als Kreislauf zu gestalten. Damit ist sichergestellt, dass bereits bestehende Entscheide einerseits in weitere Abgleiche eingehen und andererseits dynamisch einer veränderten Situation angepasst werden.

Das Dokument Datenanforderungen (s. Bild 5.3.2.2./8) fasst die Ergebnisse dieser Analyse im Bereich der Daten für das weitere Vorgehen zusammen. Es führt alle Daten im Detail auf, welche der Prozess verwendet. Aufgrund der Massnahmen dokumentiert es:

Datenanforderungen	**in Datensammlung/Applikation**	**zusätzlicher Bedarf**
Kunde (Privat, Firma, Neukunde)	Kundenverwaltung	
HR-Auszug	teilweise Angaben in Kundenverwaltung	gesamter HR-Auszug als elektr. Dokument (Archiv) Zuordnung an Kunden
Kopie Ausweis (Identitätskarte)		elektr. Dokument (Archiv) Zuordnung an Kunden Bestätigung dass ok
Auftrag	zu 95 % abgedeckt in Kundenverwaltung	keine Anpassungen nötig!
ETB-Eintrag	teilweise in Kundenverwaltung	Zugriff für alle Kunden auf dem Internet

Bild 5.3.2.2./8: Datenanforderungen (Ausschnitt)

- in welchen Datensammlungen im vorhandenen Informationssystem die Daten gespeichert sind,
- in welchen Bereichen das vorhandene Informationssystem die Anforderungen nicht (vollständig) erfüllen kann und inwieweit dieser zusätzliche Bedarf zu beheben ist.

Das Dokument Funktionsanforderungen (s. Bild 5.3.2.2./9) fasst die Ergebnisse dieser Analyse im Bereich der Funktionen für das weitere Vorgehen zusammen. Es führt zu allen Aufgaben im Detail auf:

- welche Applikation (z.B. mit welcher Transaktion) im vorhandenen Informationssystem die geforderten Funktionen anbietet,
- in welchen Bereichen das vorhandene Informationssystem die Anforderungen nicht (vollständig) erfüllen kann und inwieweit dieser zusätzliche Bedarf zu beheben ist.

Die beiden Ergebnisse Daten- bzw. Funktionsanforderungen überschneiden sich zum Teil recht stark und enthalten Redundanzen, dies aufgrund der getrennten Analyse von Daten und Funktionen. Die Bereinigung dieser Überschneidungen geschieht gegen Ende der Voruntersuchung wenn das Entscheidungsgremium einerseits Aufträge für die Konzeption formuliert und andererseits Teilprojekte im Rahmen der Prozessumsetzung für die

Bereitstellung der Infrastruktur (z.B. Neuentwicklung, Einkauf oder Anpassung von Applikationen) aufgrund der IS-Planung startet (s. Abschnitt 5.3.3.).

Aufgaben	**in Applikation**	**zusätzlicher Bedarf**
Auftrag erfassen (Elektriker, Laden, später auch Kunde)	ETB	für Elektriker Erfassung der Aufträge mit PC-Anwendung, Übertragung der Aufträge via Modem an Kundenverwaltung Zugriff über Internet
Kunden suchen	Kundenverwaltung	Ersatz durch eine grafische Benutzeroberfläche ?
Auftrag erfassen (Telefon AG)	Kundenverwaltung	Ersatz durch eine grafische Benutzeroberfläche ?
Auftrag prüfen	teilweise Kundenverwaltung (Integrität)	Unterschrift, zusätzliche Dokumente etc. vorhanden ja/nein
Zahlungsmoral prüfen	Buchhaltung	Integration (!), Abfrage
HR-Auszug einfordern		Zugriff auf öffentliche Online-Datenbank Übernahme von wichtigen Angaben Auszug in Papierform scannen und archivieren

Bild 5.3.2.2./9: Funktionsanforderungen (Ausschnitt)

Die vorliegende Methode will bewusst nicht vorschreiben, ob der Daten- vor dem Funktionsabgleich zu erfolgen hat oder umgekehrt [vgl. Denert 1992, S. 40; Olle et al. 1991, S. 70]. Ein paralleles Abgleichen reduziert den Aufwand, die Überschneidungen der Daten- und Funktionsanforderungen zu bereinigen.

5.3.3. Workflowabgrenzung

In der Voruntersuchung übernimmt die Workflowabgrenzung die wesentlichen Ergebnisse aus dem BPR und leitet daraus die umzusetzenden Workflows ab. Auf Basis der Ergebnisse der IS-Planung (s. Abschnitt 5.3.2.) plant sie das weitere Vorgehen der Prozessumsetzung.

5.3.3.1. Ziele und geplante Ergebnisse

Prozesse sind häufig relativ umfangreiche und komplexe Gebilde, da der Prozessentwurf in einem Unternehmen nur die wertschöpfenden Kernprozesse identifiziert. Mit Hilfe von Prozessen versuchen Unternehmen, aus ihren zahlreichen Abläufen die für die Wettbewerbsfähigkeit wichtigsten auszuwählen und darauf die Aufmerksamkeit des Managements zu konzentrieren [s. Österle 1995, S. 48-62]. Eine Betrachtung von Prozessen erlaubt aufgrund der gewählten (groben) Detaillierung und Zielsetzung im BPR Grundsatzentscheidungen für radikale Innovationen und tiefgreifende Verbesserungen, wie z.B. Verteilung der Aufgaben auf Organisationseinheiten, die Art der Computerunterstützung für Aufgaben oder Aspekte der Prozessführung. Für die Prozessumsetzung sind zusätzlich viele Detailentscheidungen vor allem in bezug auf das Informationssystem nötig, was aufgrund der groben und breiten Untersuchung auf Prozessebene nicht machbar ist. Ziel der Workflowabgrenzung ist es, ausgehend von einem Prozess, die Workflows zu identifizieren und abzugrenzen, um mit Hilfe von kleineren, überschaubaren Einheiten einerseits das weitere Vorgehen besser planen zu können und andererseits die Detailspezifikation zu ermöglichen.

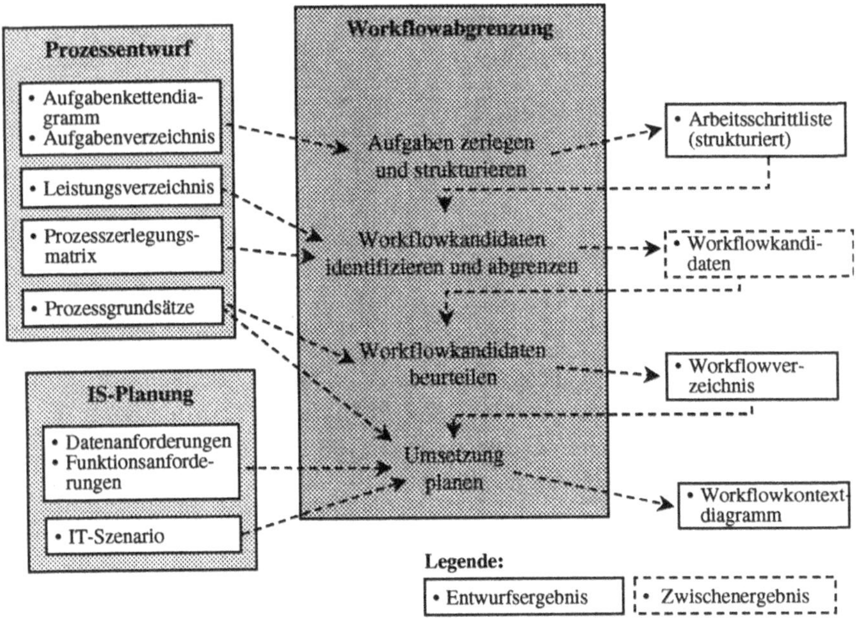

Bild 5.3.3.1./1: Übersicht Workflowabgrenzung

Bild 5.3.3.1./1 verschafft einen Überblick über die Workflowabgrenzung mit Hilfe der in Abschnitt 5.3.2.1. eingeführten Notation.

5.3.3.2. Anleitung für die Erarbeitung der Resultate

Die Workflowabgrenzung übernimmt im Schritt 1 insbesondere die aufgabenbezogenen Ergebnisse aus dem Prozessentwurf, überprüft sie auf Vollständigkeit und zerlegt bzw. strukturiert sie bei Bedarf. Darauf aufbauend werden in Schritt 2 für die Implementierung Workflowkandidaten identifiziert. Den Abschluss bilden Schritt 3, in dem die Workflowkandidaten beurteilt werden, und Schritt 4, in dem entschieden wird, wie die Umsetzung erfolgen soll. Dabei berücksichtigt vor allem Schritt 4, welche zusätzlichen Teilprojekte aufgrund der IS-Planung für die Prozessumsetzung erforderlich sind (s. Abschnitt 5.3.2.).

Schritt 1: Aufgaben zerlegen und strukturieren

Der Detaillierungsgrad, den die BPR-Ergebnisse für die Weiterverwendung im Workflow mindestens aufweisen müssen, ist beim Übergang vom BPR zum Workflow ein zentrales Problem, mit dem sich das Projektteam auseinandersetzen muss. Es ist äusserst schwierig, diesbezüglich eine allgemeingültige Aussage zu machen, da sich die Ergebnisse, unter anderem abhängig von der konkreten Projektsituation, zu stark unterscheiden.

Die unterschiedlichen Tiefen der BPR-Vorgaben aus Projekten gilt es an dieser Stelle auszugleichen. Dieser Schritt hat die Aufgabe, den Detaillierungsgrad der BPR-Dokumente zu überprüfen und, sofern die Angaben nicht konkret sind, sie zu verfeinern. Das Ergebnis dieses Schrittes fliesst einerseits in die Identifikation von Workflows ein und andererseits an verschiedenen Stellen in die Konzeption.

Klassen- und Komplexprinzip

Für die Erstellung dieses Ergebnisses verwendet die Workflowabgrenzung die Aufgaben aus dem BPR und zerlegt sie in eine strukturierte Form. Die Aufgabenketten strukturieren die Aufgaben im BPR aufgrund ihrer Ablauffolge. Sie sind Ausgangspunkt in der weiteren Zerlegung während der Workflowabgrenzung.

Der Prozessentwurf beschreibt Aufgaben mit Objekt und Verb (Verrichtung), z.B. Auftrag erfassen, Kunden suchen, Auftrag prüfen [vgl. Österle 1995, S. 85-97]. Aufgaben sind zusätzlich wie folgt strukturierbar: Eine Aufgabe kann mehrere untergeordnete Aufgaben umfassen, indem die übergeordnete Aufgabe entweder Einzelheiten unterdrückt und Gemeinsamkeiten hervorhebt (Klasse von Aufgaben) oder indem die übergeordnete Aufgabe aus mehreren (Teil-)Aufgaben besteht (Komplex von Aufgaben). Die Verfeinerung und gleichzeitige Strukturierung von Aufgaben aus dem Prozessentwurf kann sich nach dem Klassenprinzip oder dem Komplexprinzip sowohl auf das Objekt (z.B. Auftrag) als auch auf das Verb (z.B. erfassen) beziehen [vgl. IMG 1994, S. VORU 15]. Beide Prinzipien untersuchen die Lebensgeschichte eines Objekts. Damit ist die Entity-Life-History ein Mittel zur Zerlegung von Aufgaben (vgl. Abschnitt 5.3.5.2., S. 200).

Folgende Frageformen unterstützen die Analyse der BPR-Aufgaben mit Hilfe des Klassen- und Komplexprinzips [vgl. Rumbaugh et al. 1993, S. 72-80; Österle 1981, S. 68-81]:

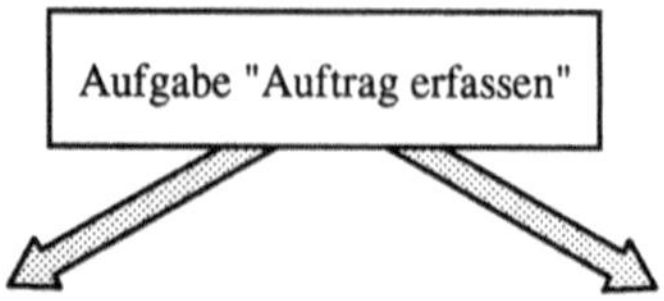

Klassenprinzip	
Objekt	**Verrichtung**
Anschluss	durchführen
Neu	abbrechen
Zusatz	ändern
Ablösung	löschen
Übernahme	
Anpassung	
Umzug	
Zuzug	
Wegzug	
Kündigung	
Medium	
Telefon	
Natel	
Fax	
Modem	

Komplexprinzip	
Objekt	**Verrichtung**
Personalien	eingeben
neue Adresse	prüfen
alte Adresse	anpassen
Beschreibung	ergänzen
Gerätebestellung	speichern
ETB-Eintrag	
Termine	
Unterschrift	

Bild 5.3.3.2./1: Beispiel Klassen- und Komplexprinzip

- Klassenprinzip:
  - Welche Arten von *Objekten* gibt es?
    Spezialfälle eines Auftrags im Rahmen der Telefongesellschaft sind beispielsweise: Neuanschlussauftrag, Umzugsauftrag, Kündigung
  - Welche Arten der *Verrichtung* (Bearbeitung) gibt es?
    Spezialfälle in der Erfassung eines Auftrags sind beispielsweise: durchführen, abbrechen, ändern, löschen
- Komplexprinzip:
  - Welche Teile des *Objekts* werden bearbeitet?
    Ein Auftrag besteht aus folgenden Teilen: Personalien, neue Adresse, alte Adresse, Gerätebestellung, ETB-Eintrag, Termine
  - Welche Teilschritte gibt es in der *Verrichtung* (Bearbeitung)?
    In der Erfassung eines Auftrags sind folgende Teilschritte erforderlich: eingeben, prüfen, ergänzen, speichern

Beide Prinzipien liefern schnell und ohne grossen Aufwand viel Information für das weitere Vorgehen. Einerseits generiert das Komplexprinzip Arbeitsschritte, welche der Workflow weiter verwendet. Arbeitsschritte sind elementare Verrichtungseinheiten, d.h.

Aufgaben, die nicht weiter zerlegt werden. Sie sind entweder manuell oder IT-unterstützt und beschreiben die Aufgaben im Detail. Der notwendige Detaillierungsgrad ist erst dann erreicht, wenn ein verantwortlicher Sachbearbeiter oder das Informationssystem mit Hilfe der Arbeitsschritte seine Aufgaben vollständig und korrekt ausführen kann.

Ein zusätzliches Kriterium für die Beurteilung der erforderlichen Detaillierung ist: IT-unterstützte Arbeitsschritte beziehen sich auf eine logische Transaktion, ein Serviceprogramm oder eine Bürosoftware (Template). Für den Benutzer sind sie durch ein Formular, ein Dokument, eine (kleine Gruppe von) Bildschirmmaske(n) etc. bestimmt.

Andererseits ist das Klassenprinzip primär für die Strukturierung verantwortlich und zeigt dadurch mögliche Varianten der Ausführung auf, für welche die Umsetzung - sofern sinnvoll - separate Workflows implementiert.

Es ist nicht das Ziel dieses Schrittes, mit Hilfe des Klassen- und Komplexprinzips eine Tabelle zu erstellen, welche zu jedem Objekt bzw. jeder Verrichtung separat alle möglichen Zerlegungen dokumentiert. Der Aufwand hierfür wäre zu gross und das Ergebnis nicht beherrschbar. Es handelt sich dabei vorwiegend um ein (gedankliches) Hilfsmittel zur Verfeinerung von Aufgaben und somit zur Erstellung der strukturierten Arbeitsschrittliste.

Arbeitsschrittliste (strukturiert)

Aus der Kombination beider Verfahren (Klassen- und Komplexprinzip) resultiert eine strukturierte Arbeitsschrittliste.

Die Struktur der Arbeitsschrittliste wird massgeblich durch das Klassenprinzip geprägt, die Beschreibung der Aufgaben hingegen stärker durch das Komplexprinzip. An welcher Stelle in der Arbeitsschrittliste nun das Klassen- oder Komplexprinzip anzuwenden ist, ist nur schwer im voraus und allgemeingültig bestimmbar.

Dieses Vorgehen hilft, die unterschiedlichen Detaillierungen der BPR-Vorgaben auszugleichen und identifiziert die Arbeitsschritte für den Workflow. Sind die Vorgaben aus dem BPR relativ grob und oberflächlich, dann liefert dieser Schritt viele zusätzliche Informationen. Das Ergebnis ist eine mehrstufige Struktur je Aufgabe (z.B. Auftrag erfassen in Bild 5.3.3.2./2). Hat hingegen bereits das BPR den Prozess stark verfeinert und im Detail untersucht, dann wird auch der Aufwand für eine weitere Zerlegung anhand des Klassen- und Komplexprinzips gering sein. Die Struktur aufgrund der weiteren Zerlegung einer BPR-Aufgabe fällt in diesem Fall tendenziell flach aus (z.B. Gerätebestellung auslösen in Bild 5.3.3.2./2). Somit schlägt dieser Schritt die Brücke zwischen BPR und Workflow.

- Auftrag erfassen
  - Auftrag eingeben
    - Stammdaten übernehmen
    - Neues Abonnement
      - Adresse des neuen Anschlusses eingeben
      - Einschalttermin eingeben
      - Gerätebestellung eingeben
      - ETB-Eintrag eingeben
    - Umzug
      - Adresse des neuen Anschlusses eingeben
      - Einschalttermin eingeben
      - bisherige Adresse eingeben
      - alten Anschluss suchen
      - Ausschalttermin eingeben
      - ETB-Eintrag eingeben
    - Änderung ETB
      - alten Anschluss suchen
      - ETB-Eintrag eingeben
    - Kündigung
      - alten Anschluss suchen
      - Ausschalttermin eingeben
    - Auftrag speichern
- Kunde suchen
  - Auftrag scannen
  - Kunden nach Name suchen
  - Neukunde
    - Stammdaten erfassen
  - Altkunde
    - Kunden auswählen
    - Stammdaten übernehmen
- Auftrag prüfen
  - Unterschrift prüfen
    - Unterschrift vergleichen
    - Ergebnis festhalten
  - fehlende Angaben markieren
  - Auftrag genehmigen
- Gerätebestellung auslösen
  - Gerätebestellung aus Auftrag übernehmen
  - Bestellung an Laden übermitteln

Bild 5.3.3.2./2: strukturierte Arbeitsschrittliste (Ausschnitt)

Schritt 2: Workflowkandidaten identifizieren und abgrenzen

Der Prozessentwurf liefert mit der Prozesszerlegungsmatrix eine Aufteilung eines Makro-Prozesses in Mikro-Prozesse (vgl. Anhang I). Ohne an dieser Stelle die Begriffe Makro und Mikro genauer zu untersuchen [s. Hess 1996, S. 160; Österle 1995, S. 90-93], orientiert sich die Zerlegung eines Prozesses im BPR vorwiegend an den Leistungen, die zwischen Prozessen ausgetauscht werden. Die Abgrenzung im Prozessentwurf berücksichtigt die Implementierung nicht, dies ist Aufgabe der Prozessumsetzung.

Aufbauend auf der Prozessabgrenzung und -zerlegung aus dem BPR, muss die Workflowabgrenzung zusätzlich die Einheiten der Implementierung (d.h. Workflows) definieren. Aus Sicht der Identifikation von Workflows kann die Prozessumsetzung aus dem Prozessentwurf folgende Angaben übernehmen:

- Die Prozessgrenzen sind aus dem BPR fest vorgegeben. Innerhalb dieses Rahmens hat die Prozessumsetzung ihre Freiräume.
- Mit der Prozesszerlegungsmatrix macht der Prozessentwurf einen ersten Vorschlag, wie der Prozess in Mikro-Prozesse bzw. Workflows aufzuteilen ist. Diese Zerlegung ist auf Leistungen (Leistungsbündel) und somit auf Kundenbedürfnisse ausgerichtet und weniger auf die konkrete Art und Weise der Leistungserstellung mit Hilfe eines

Informationssystems. Eine Berücksichtigung der Prozesszerlegung im Workflow-projekt stellt die Kundenorientierung sicher.

Aufbauend auf diesen Angaben, muss die Identifikation von Workflows auch die Aspekte der Implementierung, d.h. des Informationssystems, mitberücksichtigen. Die Komplexität im Rahmen von Workflows und deren Modellierung entsteht nicht a priori aus einer grossen Anzahl von Aufgaben innerhalb eines Workflows (Länge), sondern vielmehr aufgrund vieler Verzweigungen im Ablauf (Breite). Ziel ist es, primär die "Breite" des Prozesses mit Hilfe einer sauberen Workflowabgrenzung zu überblicken.

Dazu untersucht die Technik Workflowabgrenzung im folgenden die Art und Weise der Leistungserstellung eines Prozesses und identifiziert anhand dieses Vergleichs Workflowkandidaten. Folgendes Vorgehen ist möglich:

- Prozesszerlegungsmatrix als Quelle von Workflowkandidaten
- Workflowkandidaten vergleichen

Prozesszerlegungsmatrix als Quelle von Workflowkandidaten

Erste Hinweise für die Aufteilung eines Prozesses in Workflows liefert die Prozesszerlegungsmatrix. Ihr Fokus sind die Kundenbedürfnisse. Das Klassenprinzip im Rahmen der Zerlegung und Strukturierung von Aufgaben stellt - sofern erforderlich - eine weitere Quelle zur Identifikation von Workflows dar.

Workflowkandidaten vergleichen

Aufgrund der Prozesszerlegungsmatrix muss anschliessend die Art und Weise der Leistungserstellung der Workflowkandidaten verglichen werden. Dazu untersucht die Workflowabgrenzung, inwieweit sich die Workflowkandidaten in ihren wichtigsten Arbeitsschritten unterscheiden bzw. inwieweit sie darin übereinstimmen.

Die Matrix (s. Bild 5.3.3.2./3) stellt diesen Sachverhalt dar, indem sie die wesentlichen Arbeitsschritte aus der strukturierten Arbeitsschrittliste den Workflowkandidaten aus der Prozesszerlegungsmatrix (d.h. den Objekten) gegenüberstellt. Ein "X" bedeutet, dass der entsprechende Workflowkandidat den zugeordneten Arbeitsschritt verwendet.

Objekt	Beratung		Auftrag					
Arbeitsschritt	Firmenkunden	Privatkunden	Neuanschluss	Umzug	Kündigung	Änderung ETB-Eintrag	Änderung best. Anschluss	Bestätigung
potentiellen Kunden suchen	X	X						
potentiellen Kunden analysieren	X							
Beratungsgespräch vorbereiten	X							
Kundendokumentation aktualisieren	X							
Dokumentation zustellen	X	X						
Kundenreklamationen erfassen	X	X						
Reklamationen beurteilen + weiterleiten	X	X						
Reklamationen bearbeiten	X	X						
Kunden suchen			X	X	X	X	X	
Stammdaten erfassen			X					
Adresse des neuen Anschlusses eingeben			X	X				
bisherige Adresse eingeben				X				
alten Anschluss suchen				X	X			
Ausschalttermin eingeben				X	X			
Einschalttermin eingeben			X	X				
Gerätebestellung eingeben			X	X			X	
ETB-Eintrag eingeben			X	X		X	X	
Unterschrift prüfen			X	X	X	X	X	
Vollständigkeit prüfen			X	X	X			
Zahlungsmoral prüfen			X		X			
HR-Auszug in HRonline suchen			X					
HR-Auszug prüfen			X					
Personalien beim Einwohneramt einholen			X					
Kundenangaben prüfen			X					
fehlende Angaben u. Ausstände nachfordern			X	X	X			
Auftrag vervollständigen			X	X	X			
neuen ETB-Eintrag prüfen								X
alten ETB-Eintrag modifizieren/löschen								X
Rufnummer zuteilen								X

Bild 5.3.3.2./3: Workflowkandidaten (Ausschnitt)

Im weiteren sind die Unterschiede bzw. Übereinstimmungen im Aufbau (Art und Weise der Leistungserstellung) der einzelnen Workflowkandidaten aufgrund dieser Zusammenstellung (s. Bild 5.3.3.2./3) herauszulesen. Folgende Fragestellungen helfen bei der Analyse, welcher Workflowkandidat welche Arbeitsschritte verwendet:

- Wie stark unterscheidet sich die Art und Weise der Leistungserstellung der einzelnen Workflowkandidaten?

- Welche Workflowkandidaten sind in bezug auf ihre Arbeitsschritte identisch?
- Welche Workflowkandidaten sind bereits in anderen Workflows enthalten?
- Nach welchen Sequenzen ist die Aufteilung in Workflows aufgrund der Unterschiede in der Art und Weise der Leistungserstellung sinnvoll?
- Lässt sich der Prozess sowohl in bezug auf Länge als auch Breite in Workflows unterteilen?

Objekt / Arbeitsschritt	Beratung		Auftrag				
	Firmenkunden	Privatkunden	Neuanschluss	Umzug	Kündigung	Änderung ETB-Eintrag	Änderung best. Anschluss
potentiellen Kunden suchen	X	X					
potentiellen Kunden analysieren	X						
Beratungsgespräch vorbereiten	X						
Kundendokumentation aktualisieren	X						
Dokumentation zustellen	X	X					
Kundenreklamationen erfassen	X	X					
Reklamationen beurteilen + weiterleiten	X	X					
Reklamationen bearbeiten	X	X					
Kunden suchen			X	X	X	X	X
Stammdaten erfassen			X				
			X	X			
				X			
				X	X		
Ausschalttermin eingeben				X	X		
Einschalttermin eingeben			X	X			
Gerätebestellung eingeben			X	X			X
ETB-Eintrag eingeben			X	X		X	X
Unterschrift prüfen			X	X	X	X	X
Vollständigkeit prüfen			X	X	X		
Zahlungsmoral prüfen			X		X		
HR-Auszug in HRonline suchen			X				
HR-Auszug prüfen			X				
Personalien beim Einwohneramt einholen			X				
Kundenangaben prüfen			X				
fehlende Angaben und Ausstände nachfordern			X	X	X		
Auftrag vervollständigen			X	X	X		
neuen ETB-Eintrag prüfen			X	X		X	X
alten ETB-Eintrag modifizieren/löschen				X	X	X	X
Rufnummer zuteilen			X	X			
Geräte-Bestellung auslösen			X	X			X
Geräte versenden			X	X			X
Leitungsanfrage erstellen			X	X			
Leitung prüfen			X	X			
Leitung schalten			X	X			
Anschluss auf Termin freigeben			X	X			
alten Anschluss auf Termin sperren				X	X		
Vertrag erstellen			X	X			
Auftragsbestätigung erstellen					X		
Auftrag belasten			X			X	X

1) Beratung: Firmen- und'en Privatkunden

2) Auftrag "Neuanschluss"

3) Auftrag "Umzug"

4) Auftrag "Kündigung"

5) Auftrag "Modifikation Anschluss"

Bild 5.3.3.2./4: Workflowabgrenzung Prozess "Service"

Aufgrund dieser Fragen sind in Bild 5.3.3.2./4 die identifizierten Workflows (Ziffer 1 - 5) eingezeichnet. Es lassen sich daraus Workflows identifizieren, die sich in ihren Arbeitsschritten ausreichend unterscheiden. Die Auftragsarten "Änderung bestehender Anschluss" und "Änderungen ETB-Eintrag" lassen sich mit einem Workflow abdecken.

Die Workflowabgrenzung unterscheidet nicht mehr zwischen Auftragserfassung und Auftragsbearbeitung. Die Bearbeitung hängt vorwiegend von der Auftragsart (z.B. Neuanschluss, Kündigung) ab. Damit ein Workflow einfach und beherrschbar ist, muss die Abgrenzung vor allem seine Breite (z.B. Auftragsarten) berücksichtigen und weniger seine Länge (z.B. Auftragserfassung und -bearbeitung). Deshalb enthalten die Workflows 1 - 5 zusätzlich die für sie relevanten Arbeitsschritte aus der Auftragsbearbeitung.

Schritt 3: Workflowkandidaten beurteilen

Die Workflowkandidaten aus Bild 5.3.3.2./4 sind zusätzlich danach zu beurteilen, ob ihre Implementierung mit Hilfe eines Workflowsystems sinnvoll ist. Folgende Kriterien helfen bei der Bearbeitung dieser Fragestellung (s. Abschnitt 4.1.1.1.):

- Transaktionsvolumen:
  Wie viele Ausführungen in einem Zeitabschnitt gibt es von einem Workflow? Wie häufig werden seine Arbeitsschritte ausgeführt?

- Potential bzw. Nutzen einer Implementierung:
  Erfüllt die Implementierung des Workflows mit Hilfe eines Workflowsystems die gestellten Kosten-/Nutzenanforderungen? Welche Potentiale erschliesst die Implementierung?

- Grad der Strukturierung:
  Ist der Ablauf des Workflows strukturierbar, und lässt er sich überhaupt mit Hilfe eines Workflowsystems steuern?

- Grad der Standardisierung:
  Besteht die Möglichkeit, dass mehrere Standorte, Niederlassungen etc. denselben Workflow übernehmen? Welche Teile sind verwendbar? Wie hoch ist der Anpassungsaufwand z.B. je Standort?

- Grad der Arbeitsteilung:
  Wie viele Stellen, Mitarbeiter etc. sind am Workflow beteiligt, und wie gross ist der daraus entstehende Koordinationsbedarf, den ein Workflowsystem übernehmen kann?

- Wertschöpfungsanteil:
  Welchen Beitrag leistet der Workflow im Rahmen des Prozesses an die Wertschöpfung, d.h. an die Leistungserstellung?

- Veränderbarkeit des Workflows:
  Ist die Struktur des Workflows über einen längeren Zeitabschnitt stabil? Deckt der Workflow das (angestammte) Kerngeschäft ab, oder handelt es sich um kurzfristige Aktivitäten?

Das Ergebnis der Beurteilung fasst das Workflowverzeichnis in Bild 5.3.3.2./5 mit den wichtigsten Kriterien zusammen. Je besser ein Kriterium erfüllt ist, desto stärker ist der Kreis ausgefüllt.

Workflow / **Kriterien**	Transaktionsvolumen	Potential bzw. Nutzen	Strukturierung	Standardisierung	Arbeitsteilung	Wertschöpfungsanteil	Veränderbarkeit
1) Beratung: Firmen- und Privatkunden	○	●	○			○	
2) Auftrag "Neuanschluss"	●	●	●	●	●	●	○
3) Auftrag "Umzug"	●	○	●	●	●	●	○
4) Auftrag "Kündigung"			●	●	○		○
5) Auftrag "Modifikation Anschluss"	●	○	○	○	○	●	○

Bild 5.3.3.2./5: Workflowverzeichnis Prozess "Service"

Kriterien zur Prüfung der Prozesskandidaten im BPR sind vor allem auf geschäftliche Aspekte und damit auf die Kundenbedürfnisse ausgerichtet. Sie gehen bereits in die Prozessabgrenzung [s. Hess 1996, S. 170-172] ein und müssen somit bei der Workflowimplementierung nicht mehr überprüft werden. Sie unterscheiden sich auch von den hier verwendeten Kriterien zur Beurteilung von Workflowkandidaten, welche Argumente der Implementierung hervorheben.

Kommt das Projektteam zum Schluss, dass einzelne Workflows aus dem Workflowverzeichnis nicht mittels Workflowsystem zu realisieren sind, muss es dafür Alternativen (z.B. Standardsoftware, Eigenentwicklung, keine Implementierung) mit ihren Konsequenzen aufzeigen.

Schritt 4: Umsetzung planen

Für das weitere Vorgehen reichen die Abgrenzung und Beurteilung der Workflows anhand des Workflowverzeichnisses nicht aus. Der Umfang und auch die Komplexität von Workflowprojekten werden häufig unterschätzt. Verschiedene Stellen haben den Eindruck, dass es bei Workflows vorwiegend um das Zeichnen von Abläufen und das Modellieren von Bildschirmmasken geht. Insbesondere die IS-Planung (s. Abschnitt 5.3.2.) hat mit ihrem Anforderungsprofil im Bereich der Daten, Funktionen und IT gezeigt, dass dies keineswegs der Fall ist. Bereits das in dieser Arbeit gewählte und an vielen Stellen vereinfachte Beispiel besitzt etliche Beziehungen zu den unterschiedlichsten Applikationen.

Um die Prozessumsetzung zu planen und schliesslich Massnahmen zu bestimmen, ist es erforderlich, dass das Projektteam Unterlagen für das Entscheidungsgremium zusammenstellt, welche folgende Sachverhalte klären [vgl. Denert 1992, S. 67-69]:

- Eine Darstellung des Projektumfangs und somit eine Abgrenzung des Untersuchungsbereichs innerhalb des Informationssystems
- Die Komplexität des Projekts aufgrund der relevanten Austauschbeziehungen mit unterschiedlichen Applikationen

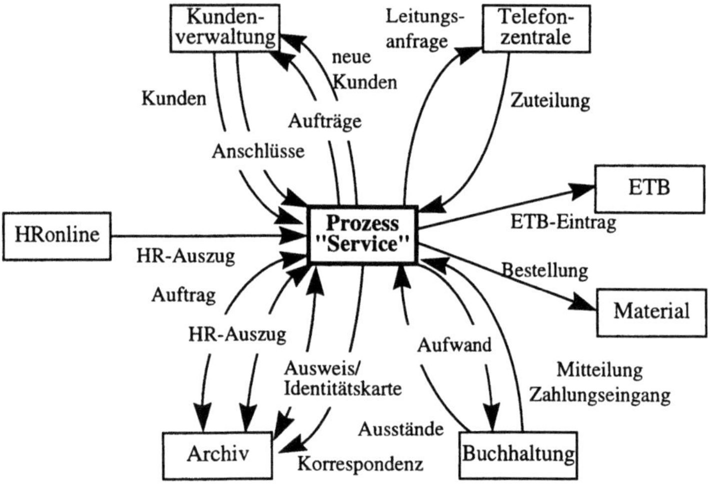

Bild 5.3.3.2./6: Workflowkontextdiagramm "Service"

Diesen Überblick liefert das Workflowkontextdiagramm (s. Bild 5.3.3.2./6). Es stellt den umzusetzenden Prozess in den Mittelpunkt und untersucht alle Applikationen, mit denen der Prozess kommuniziert [vgl. Steinweg 1995, S. 271]. Beim Prozess "Service" handelt es sich gemäss Workflowabgrenzung nicht um einen einzigen Workflow, sondern um fünf, welche gemeinsam den Prozess realisieren. Als Übersichtsdokument lohnt es sich jedoch nicht, je Workflow separat ein solches Kontextdiagramm zu erstellen, da der ganze Prozess im Rahmen der Implementierung zur Diskussion steht.

Die Rechtecke in diesem Diagramm stellen Applikationen dar, mit denen der Prozess kommuniziert. Auch der Prozess - sofern z.B. mit Hilfe eines Workflowsystems realisiert - ist eine Applikation. Die gerichteten Kanten repräsentieren die Austauschbeziehungen zwischen Prozess und Applikation. Sie sind mit den wesentlichen Daten beschriftet, welche ausgetauscht werden. Austauschbeziehungen, welche die betrieblichen Applikationen untereinander pflegen, sind an dieser Stelle nicht von Interesse. Sie sind Gegenstand des Applikationsszenarios (s. Abschnitt 5.3.1.).

Grundlage bzw. Quelle des Workflowkontextdiagramms ist vor allem das Anforderungsprofil aus der IS-Planung (s. Abschnitt 5.3.2.). Aus den Funktionsanforderungen lassen sich die verwendeten Applikationen und aus den Datenanforderungen die ausgetauschten Daten herauslesen.

Eine erfolgreiche Prozessumsetzung für den Prozess "Service" setzt unter anderem voraus, dass alle Applikationen in Bild 5.3.3.2./6 verfügbar sind. Davon sind nicht nur Aspekte der Frontend-Integration betroffen, sondern ebenso die Backend-Integration. Die Planung der Umsetzung muss an dieser Stelle beide Bereiche berücksichtigen und insbesondere auch aufeinander abstimmen. Sie macht wie folgt Vorgaben:

- In bezug auf die Backend-Integration definiert sie die Bereitstellung der erforderlichen IT-Infrastruktur (z.B. Hardware, Software, Applikationen) für den Prozess. Damit muss sie sowohl die Daten- als auch Funktionsanforderungen aus der IS-Planung abdecken. Hierzu sind Massnahmen abzuleiten, welche die Anpassung, Neuentwicklung oder den Einkauf von Applikationen betreffen können. Alle Massnahmen sind mit den Prozessgrundsätzen (s. Anhang I) abzustimmen. Komponenten, welche die Prozessgrundsätze beispielsweise als wesentliche Innovationen der entworfenen Prozesse einstufen, sind wenn möglich zu realisieren. Ist dies aus verschiedenen Gründen nicht machbar, dann ist die restliche Prozessumsetzung auf ihren Nutzen hin kritisch zu hinterfragen.
- Im Rahmen der Frontend-Integration bestimmt sie die Reihenfolge bzw. Prioritäten für die eigentliche Implementierung der Workflows. Die Frontend-Integration hängt erstens von den Ergebnissen der Backend-Integration ab. Solange beispielsweise die notwendigen Applikationen nicht vorhanden sind, ist die Realisierung eines Workflows nicht möglich bzw. sinnvoll (vgl. betriebliche Reihenfolge [Österle et al. 1992, S. 232]). Zweitens sind Workflows, welche direkt wesentliche Eckpfeiler aus den Prozessgrundsätzen (s. Anhang I) repräsentieren, in der Rangfolge solchen vorzuziehen, welche den Prozess und die Strategie nur am Rande unterstützen (vgl. unternehmerische Reihenfolge [Österle et al. 1992, S. 131]). Und drittens bestimmen die identifizierten Workflows ihre Reihenfolge der Implementierung teilweise selbst. Sie existiert aufgrund der logischen Abhängigkeiten zwischen den Workflows.

Diese Angaben fliessen in eine Wirtschaftlichkeitsrechnung [s. Berndt/Leger 1994, S. 265-278; IMG 1994, S. CONT 12 und CONT 35; Österle et al. 1992, S. 258] ein, die detailliert über Kosten und Nutzen, welche aus dem gesamten Workflowprojekt resultieren, Aufschluss geben muss. Auf dieser Grundlage formulieren die Verantwortlichen

Massnahmen für das weitere Vorgehen in Form von Aufträgen[1] sowohl für die Backend- als auch Frontend-Integration. Die vorliegende Arbeit konzentriert sich entsprechend der Problemabgrenzung in Kapitel drei auf die Realisierung von Massnahmen im Bereich der Frontend-Integration.

5.3.4. Desktop-Integration

Die Voruntersuchung hat die Ergebnisse aus dem BPR soweit konkretisiert, dass eine Umsetzung möglich ist. Die Angaben haben den erforderlichen Verfeinerungsgrad erreicht, und der Einsatz von vorhandenen oder neuen Applikationen ist festgelegt. Jedoch berücksichtigen sie weder die Arbeitsweise des Benutzers beim Abarbeiten der Arbeitsschritte noch systemtechnische Restriktionen.

5.3.4.1. Ziele und geplante Ergebnisse

Die Desktop-Integration hat die Aufgabe, aufgrund der Ergebnisse aus der Voruntersuchung die Einbindung der Applikationen am Arbeitsplatz einerseits aus Sicht des Benutzers und andererseits sowohl unter Berücksichtigung des Workflowsystems als auch des Informationssystems festzulegen (vgl. Abschnitt 3.1.3.).

Die Workflowabgrenzung hat z.B. die Arbeitsschritte "gescannten Auftrag anzeigen", "Kunden suchen", "Stammdaten Neukunde erfassen", "Daten im Auftrag erfassen", "Unterschrift prüfen" und "Auftrag konfigurieren" identifiziert (s. Abschnitt 5.3.3.2.). Die feine Steuerung dieser Arbeitsschritte aus der (strukturierten) Arbeitsschrittliste durch ein Workflowsystem ist kaum realistisch, da die Arbeitsschritte zu detailliert sind. Der Workflow muss den geschäftlichen Ablauf aus Sicht des Benutzers (Sachbearbeiters) widerspiegeln und nicht einzelne Handgriffe bzw. Tastenkombinationen z.B. zum Aufruf von Applikationen steuern. Das Workflowsystem ist für die Prozesssteuerung zuständig und nicht für die eigentliche Integration von betrieblichen Applikationen mit Hilfe von speziellen Integrationsansätzen (vgl. Abschnitt 4.4.2.). Hierzu muss die Desktop-Integration einerseits Arbeitsschritte zu sinnvollen Arbeitspaketen - d.h. Aktivitäten - bündeln, welche das Workflowsystem steuern kann. Andererseits hat die Desktop-Integration die Aufgabe, die Einbindung von Applikationen aufgrund von Arbeitsschritten in Aktivitäten zu spezifizieren.

---

[1] Das Aufstellen von Aufträgen für die Arbeit in Projekten ist allgemeines Know-how im Rahmen eines Projektmanagements [s. beispielsweise IMG 1994, S. CONT 30 - CONT 33; Zehnder 1991, S. 31-37; Humphrey 1990, S. 106]. Deshalb sind hierzu an dieser Stelle bewusst keine Entwurfsergebnisse als Beispiele vorgegeben.

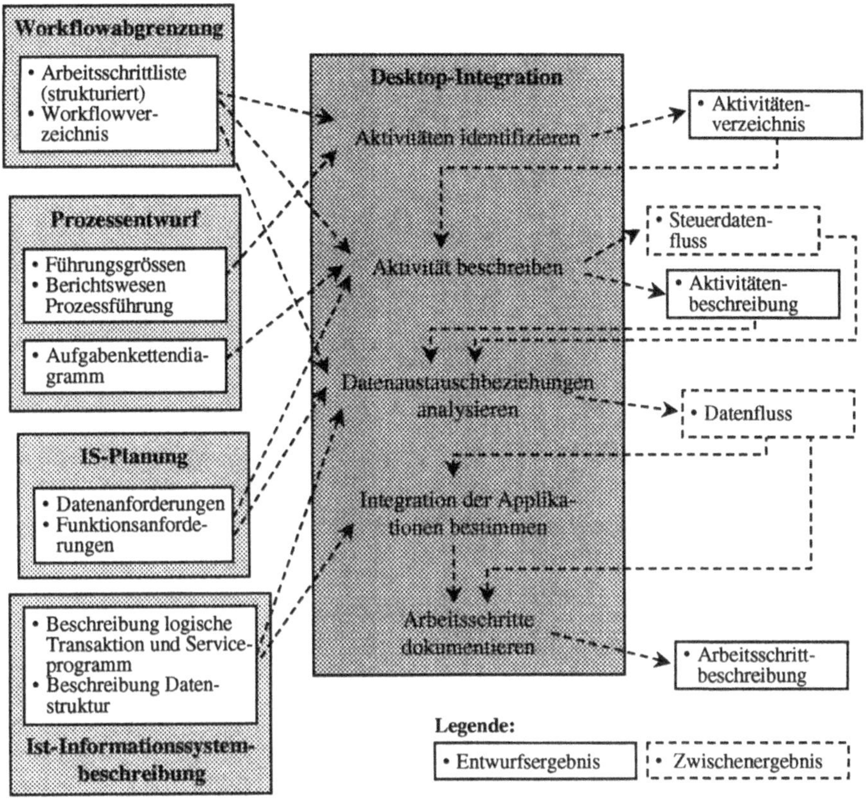

Bild 5.3.4.1./1: Übersicht Desktop-Integration

Bild 5.3.4.1./1 verschafft einen Überblick über die Desktop-Integration mit Hilfe der in Abschnitt 5.3.2.1. eingeführten Notation.

5.3.4.2. Anleitung für die Erarbeitung der Resultate

Schritt 1 identifiziert Aktivitäten, indem er Arbeitsschritte nach bestimmten Regeln gruppiert, und Schritt 2 beschreibt sie. Für die Einbindung der einzelnen Applikationen je Arbeitsschritt sind einerseits die Datenaustauschbeziehungen zwischen den Arbeitsschritten zu analysieren (Schritt 3) und andererseits die Integration festzulegen (Schritt 4). Eine übersichtliche Beschreibung der Arbeitsschritte in Schritt 5 fasst diese Zwischenergebnisse zusammen.

Schritt 1: Aktivitäten identifizieren

Eine Aktivität ist eine in sich geschlossene Verrichtungseinheit im Ablauf des Workflows. Sie setzt sich aus Arbeitsschritten zusammen, die entweder manuell oder IT-unterstützt sind. Aktivitäten können sowohl vollständig automatisch im Hintergrund als auch im Dialog mit dem Benutzer ablaufen.

Der Entwurf der Ergebnisse in diesem Schritt verwendet vor allem Dokumente aus der Voruntersuchung, nur noch teilweise greift er auf Ergebnisse aus dem Prozessentwurf zurück.

Arbeitsschritte zu Aktivitäten bündeln

Die Workflowabgrenzung hat die Aufgaben aus dem BPR mit Hilfe des Klassen- und Komplexprinzips verfeinert und in einer Arbeitsschrittliste strukturiert. Die Arbeitsschritte stellen darin die feinsten Einheiten dar und gewährleisten, dass der Benutzer während seiner Arbeit alle Applikationen zur Verfügung hat, die er zur Ausführung benötigt.

In bestimmten Situationen verwendet er mehrere Applikationen (d.h. Arbeitsschritte) gleichzeitig oder unmittelbar nacheinander. Oft setzt er die gleiche Kombination von Applikationen in ähnlichem Kontext in unterschiedlichen Workflows ein. Weiter sind wiederum Applikationen durch Datenaustauschbeziehungen eng miteinander verbunden. Das sind einfache Situationen, welche die teilweise engen Beziehungen zwischen Arbeitsschritten illustrieren. Diese Abhängigkeiten darf ein Workflowsystem nicht künstlich auseinanderreissen, vielmehr muss es aufgrund solcher Situationen Gruppen von Arbeitsschritten bilden, die der Workflow als in sich geschlossene Verrichtungseinheiten betrachtet. Aktivitäten sind Gruppen von Arbeitsschritten, die diese Bedingungen erfüllen.

Bild 5.3.4.2./1 illustriert den Zusammenhang zwischen Aufgaben aus dem BPR, Arbeitsschritten und Aktivitäten. Es zeigt die betroffenen Entwurfsergebnisse aus dem Dokumentationsmodell und die Techniken, die anzuwenden sind, um von einem Ergebnis zu einem anderen zu gelangen. Zusätzlich beschreibt es mit Hilfe der in Abschnitt 5.1. eingeführten Notation, wie die Metamodell-Komponenten zusammenhängen.

Arbeitsschritte stammen aus der strukturierten Arbeitsschrittliste. Sie sind aus BPR-Aufgaben heraus mit Hilfe des Klassen- und Komplexprinzips entstanden. Die Gruppierung von Arbeitsschritten zu Aktivitäten muss bestimmte Regeln befolgen, damit sie die Anforderungen aus Sicht

- des Workflowsystems zur aktiven Steuerung von Aktivitäten,
- der Applikationsarchitektur als Plattform für betriebliche Funktionen und

- des Benutzers

erfüllen kann. Die drei Sichten ergeben sich aus den zentralen Stossrichtungen bzw. Zielsetzungen, die der Einsatz eines Workflowsystems im Rahmen von heterogenen Altsystemen verfolgt: Ablaufsteuerung, Funktionen bzw. Daten aus den betrieblichen Applikationen und Desktop-Integration (s. Bild 5./1).

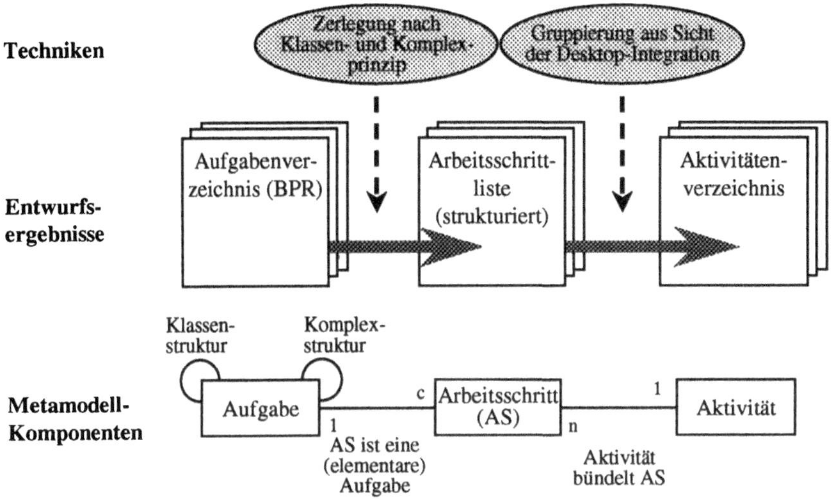

Bild 5.3.4.2./1: Arbeitsschritte zu Aktivitäten gruppieren

Kriterien zur Identifikation von Aktivitäten

Aufbauend auf den drei Zielsetzungen und aus den Erkenntnissen aus Abschnitt 4.1. bzw. 4.4., lassen sich folgende Kriterien ableiten, welche die Bildung von Aktivitäten aus Arbeitsschritten unterstützen:

- Ablaufsteuerung
  - aktive Steuerung:
    Das Workflowsystem steuert die Zuordnung zu Verantwortlichen und den Aufruf von Aktivitäten während des Ablaufs aktiv. Die Ablauffolge von Aktivitäten muss aus diesem Grund standardisierbar und für das System steuerbar sein (s. Abschnitt 4.1.1.). Demgegenüber erlaubt die Verknüpfung von Arbeitsschritten innerhalb einer Aktivität eine flexiblere Ablauffolge, da sie nicht vom Workflowsystem gesteuert wird, und ist diesbezüglich unkritischer (s. Abschnitt 4.4.3.).
  - Protokoll:
    Das Workflowsystem protokolliert die Ausführung von Aktivitäten (Start, Ende, Be-

nutzer, etc.) automatisch, nicht aber die von einzelnen Arbeitsschritten. Entsteht aus der Prozessführung (s. Abschnitt 3.1.1.) oder aus der Verfolgung von Geschäften während der Laufzeit der Bedarf nach Pflege einer Historie bzw. eines Protokolls, dann sind Arbeitsschritte aus dieser Sicht zu Aktivitäten zusammenzufassen.

• betriebliche Applikationen

- Atomarität:
Eine Aktivität ist atomar, d.h. sie wird entweder vollständig ausgeführt und abgeschlossen oder überhaupt nicht [vgl. Rusinkiewicz/Sheth 1995; Briem/Denzel 1993]. Ziel ist es, nur teilweise ausführbare Aktivitäten, deren Bearbeitung zu einem späteren Zeitpunkt wieder aufgenommen wird, im Entwurf zu vermeiden (es handelt sich dabei nicht um die Unterbrechung der Ausführung einer Aktivität z.B. aufgrund eines Telefonanrufs, sondern um das Beenden einer nur teilweise ausgeführten Aktivität). Damit ist sichergestellt, dass das Workflowsystem keine Inkonsistenzen gegenüber den betrieblichen Applikationen zulässt, die aufgrund von nicht vollständig ausgeführten Aktivitäten entstehen können [vgl. Hollingsworth/Wharton 1994, S. 42-45]. Ziel muss es sein, dass eine Aktivität als Folge von Arbeitsschritten die Daten von einem konsistenten Zustand in einen anderen überführt.

- Steuerdaten:
Das Workflowsystem verwaltet keine geschäftlichen Daten, es ist lediglich für die Steuerung der Aktivitäten zuständig [s. Jablonski 1995a, S. 45-46]. Für Daten sind grundsätzlich die betrieblichen Applikationen verantwortlich. Aktivitäten tauschen deshalb ausschliesslich Kontroll- bzw. Steuerungsdaten aus, die das Workflowsystem für die Steuerung des Ablaufs verwendet (z.B. Kundennummer, Auftragsnummer, Dokumentennummer). Als Faustregel gilt, dass Steuerdaten nur Schlüsselwerte sein dürfen. Hingegen fliessen zwischen Arbeitsschritten beliebige Geschäftsdaten, welche sie für ihre Verarbeitung benötigen (z.B. Kundennummer, Kundenadresse, Auftragsdaten).

• Desktop-Integration

- Zusammenhang:
Eine Aktivität fasst Arbeitsschritte zusammen, die der Benutzer im gleichen fachlichen oder zeitlichen Zusammenhang verwendet und in einem Zug ausführt [vgl. Stark/Lachal 1995, S. 30-35].

- Ausführung:
Die Ausführung einer Aktivität während der Laufzeit übernimmt schliesslich ein Benutzer (bzw. bei automatisch ausführbaren Aktivitäten ein System). Aktivitäten, die mehrere Benutzer (gemeinsam) ausführen, sind zu vermeiden. Ein Benutzer kann ge-

wisse Aktivitäten an (berechtigte) Dritte weiterleiten. Einzelne Arbeitsschritte kann er hingegen nicht delegieren.

Diese Kriterien gelten sowohl für benutzerinteraktive als auch für vollständig automatisch ausführbare Aktivitäten, die im Hintergrund ablaufen. Bei letzteren verlieren vor allem die Argumente aus Sicht der Desktop-Integration etwas an Bedeutung. Sie sind aber beschränkt nach wie vor anwendbar.

Das beschriebene Vorgehen (vgl. Bild 5.3.4.2./1) eignet sich insbesondere dann, wenn BPR- und Workflowprojekt separat nacheinander ablaufen. Eine Vereinfachung erscheint zweckmässig, wenn ein Projekt gleichzeitig sowohl BPR als auch die Implementierung z.B. mit Hilfe eines Workflowsystems behandelt. In diesem Fall soll bereits das BPR die Kriterien der Desktop-Integration anwenden und Aktivitäten herleiten. Die anschliessende Zerlegung von Aktivitäten in Arbeitsschritte vervollständigt in diesem Bereich den Entwurf. Somit erübrigt sich teilweise der Weg von Aufgaben über Arbeitsschritte zu Aktivitäten (vgl. hierzu auch die Ausführungen in Abschnitt 5.4.).

Grundlagen und Quellen

Grundlage für die Identifikation von Aktivitäten bilden die Arbeitsschritte. Sie stammen aus der (strukturierten) Arbeitsschrittliste, welche aus der Voruntersuchung heraus entsteht (s. Abschnitt 5.3.3.). Für die Beurteilung und Bildung von Aktivitäten aufgrund der aufgeführten Kriterien verwendet die Desktop-Integration zusätzlich folgende Dokumente:

- Workflowverzeichnis:
  Das Workflowverzeichnis grenzt die identifizierten Workflows eines Prozesses ab und bestimmt somit die einzelnen Untersuchungsbereiche. Für die Identifikation von Aktivitäten stehen vorerst nur die Arbeitsschritte eines Workflows zur Verfügung. Insbesondere für die Beurteilung der Kriterien aus Sicht eines Workflowsystems muss das Projektteam auch den Aufbau benachbarter Workflows miteinbeziehen (z.B. die Wiederverwendung von Aktivitäten in mehreren Workflows), was mit Hilfe des Workflowverzeichnisses möglich ist.

- Prozessführung:
  Insbesondere mit der Vorgabe von (direkten) Führungsgrössen bestimmt die Prozessführung beobachtbare Merkmale des Prozesses. Messpunkte im Ablauf sind wenn möglich mit dem Workflowsystem zu bestimmen. Dies erlaubt eine einfache Erhebung sowie Auswertung der Führungsgrossen im Rahmen des Prozessstatusberichts für die kontinuierliche Prozessführung.

Aktivitätenverzeichnis

Das Ergebnis aus der Identifikation von Aktivitäten ist das Aktivitätenverzeichnis. Es gliedert die Arbeitsschritte aus der Voruntersuchung in Aktivitäten.

Nr.	Aktivität	Arbeitsschritt
1	Auftrag Neuanschluss erfassen	• gescannten Auftrag anzeigen • Kunden suchen • Stammdaten Neukunde erfassen • Daten im Auftrag erfassen • Unterschrift prüfen • Auftrag konfigurieren
2	Zahlungsmoral prüfen	• Ausstehende Rechnungen zu Kunde suchen • Insolventen-Datei abfragen • Zahlungsmoral beurteilen
3	HR-Auszug einfordern	• gescannten HR-Auszug anzeigen • HR-Auszug im HRonline suchen • Angaben aus Auftrag anzeigen • HR-Auszug beurteilen

Bild 5.3.4.2./2: Aktivitätenverzeichnis (Ausschnitt)

Das Aktivitätenverzeichnis sammelt alle Aktivitäten zu einem Workflow. Es bestimmt weder die Ablauffolge der Aktivitäten im Workflow noch die Ablauffolge der Arbeitsschritte innerhalb einer Aktivität. Es unterstreicht aber die zwei zentralen Ebenen im Rahmen von Workflowprojekten:

- Aktivitäten:
  Workflowsysteme steuern die Ablauffolge von Aktivitäten, indem sie Aktivitäten aufrufen und über spezifizierte Schnittstellen Steuerdaten mit ihnen austauschen. Sie gehen als "wiederverwendbare Bausteine" in die Workflowplanung (s. Abschnitt 5.3.5.) ein.

- Arbeitsschritte:
  Arbeitsschritte sind die zentralen Komponenten der Desktop-Integration. Sie stellen dem Benutzer während der Ausführung einer Aktivität alle Applikationen zur Verfügung. Sie beschreiben den Inhalt von Aktivitäten.

Schritt 2: Aktivität beschreiben

Neben einer allgemeinen Beschreibung und Auflistung der Arbeitsschritte zu einer Aktivität sind einerseits ihre Schnittstelle und andererseits die Ablauffolge der Arbeitsschritte festzulegen.

Schnittstellen von Aktivitäten spezifizieren

Aktivitäten sind vom Workflowsystem gesteuerte Einheiten. Für deren Ausführung ruft das Workflowsystem eine Aktivität in Form eines Programms auf. Beim Aufruf von Aktivitäten muss das Workflowsystem Daten übergeben, damit die Aktivität für ihre Arbeitsschritte die erforderlichen Grundinformationen erhält. Am Ende der Ausführung einer Aktivität liefert sie dem Workflowsystem Daten zurück, die für die weitere Ablauffolge des Workflows relevant sind. Aus diesem Grund muss die Desktop-Integration die Schnittstellen - d.h. Daten-Input und -Output - von Aktivitäten spezifizieren.

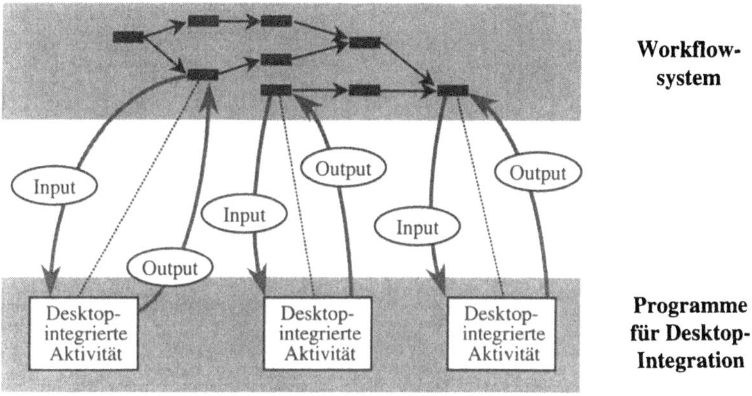

Bild 5.3.4.2./3: Physischer Datentransfer

Über Schnittstellen von Aktivitäten werden Daten ausgetauscht, es entsteht daraus ein Datentransfer. Er besteht physisch zwischen Aktivität und Workflowsystem bzw. umgekehrt (s. Bild 5.3.4.2./3). Aus logischer Sicht entspricht er dem Datenaustausch zwischen Aktivitäten und lässt sich mit einem einfachen Diagramm darstellen (s. Bild 5.3.4.2./4):

- Aktivität:
  Die Knoten (Rechtecke) stellen Aktivitäten eines Workflows dar. Sie stammen aus dem Aktivitätenverzeichnis.

- Daten:
  Die zwischen Aktivitäten ausgetauschten Daten werden entweder als Ellipsen oder mit einem Dokumentensymbol dargestellt:

  - Eine Ellipse stellt elektronische Daten dar. Es handelt sich dabei um einfache Datenstrukturen (Entitätstypen).
  - das Dokumentensymbol zeigt Daten z.B. in Papierform (d.h. nicht elektronische Daten) auf. Das Symbol steht für ein physisches Dokument.

Den konkreten Inhalt der ausgetauschten Daten dokumentiert die Aktivitätenbeschreibung (s. Bild 5.3.4.2./5) im Detail auf der Ebene von Datenelementen (Attributen).

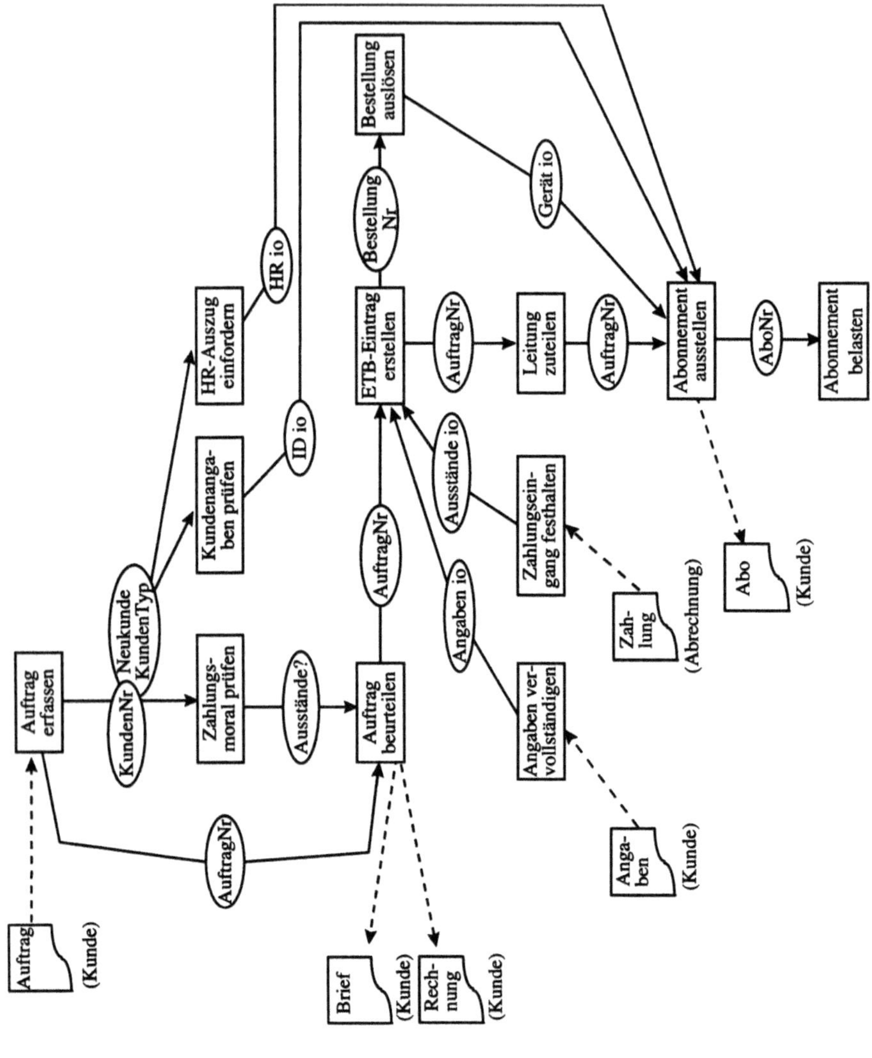

Bild 5.3.4.2./4: Steuerdatenfluss "Auftrag Neuanschluss"

- Datenaustausch:

  Quelle und/oder Senke eines Datenaustausches sind jeweils Aktivitäten. Die Kanten zeigen die Richtung des Datentransfers an, dabei unterscheidet die Notation folgende Arten:

- Eine gerichtete Kante zeigt an, dass zwischen den Aktivitäten ein elektronischer Datenaustausch besteht.

- Eine gestrichelte, gerichtete Kante symbolisiert einen Datenaustausch z.B. auf Papier (d.h. in nicht elektronischer Form).

Diese Darstellung unterscheidet sich von bekannten Datenflussdiagrammen z.B. aus der Systementwicklung [s. Gutzwiller 1994, S. 76-77; Shelly et al. 1991, S. 4.2-4.22; Yourdon 1989, S. 66-69; DeMarco 1979, S. 47-122]. Es geht hier vor allem um den Austausch von Daten zwischen Aktivitäten und nicht um das Lesen, Schreiben etc. einer Aktivität aus Datensammlungen. Es handelt sich um einen logischen Datenaustausch.

Im weiteren zeigt diese Abbildung die Interdependenzen aufgrund von Daten zwischen Aktivitäten auf und nicht etwa den Kontrollfluss, d.h. die sachlogische Ablauffolge von Aktivitäten [vgl. Jablonski 1995a, S. 34-51; Reinwald 1993, S. 28-29].

Beim Datenaustausch zwischen Aktivitäten handelt es sich um solche Daten, die das Workflowsystem übernimmt, zwischenspeichert und schliesslich an Folgeaktivitäten weitergibt. Um keine (unkontrollierten) Redundanzen zu erzeugen, sind für die Definition der Schnittstelle einer Aktivität bestimmte Kriterien auf den Steuerdatenfluss anzuwenden (vgl. Schritt 1):

- Es handelt sich ausschliesslich um Kontroll- bzw. Steuerungsdaten, welche das Workflowsystem für die Ablaufsteuerung, Überwachung etc. benötigt. Darin sind beispielsweise folgende Daten zu berücksichtigen:
  - Bedingungen, welche die Ablauffolge und die zu bearbeitenden Aktivitäten eines Geschäftes festlegen,
  - Statusinformationen, welche den Stand eines Geschäftes wiedergeben und
  - zusätzliche Datenelemente, welche der Postkorb für seinen Aufbau verwendet.
- Die ausgetauschten Datenelemente (Attribute) aus den Datensammlungen sind in der Regel Schlüsselwerte (z.B. Kundennummer, Auftragsnummer, Artikelnummer, Dokumentennummer).
- Von Aktivitäten generierte Daten, welche das Unternehmen für die Prozessführung im Sinne der evolutionären Weiterentwicklung eines Prozesses verwendet, darf das Workflowsystem übernehmen (Führungsgrössen z.B. für Statistik, Monitoring).

So beschreiben beispielsweise nicht Auftrag und Kunde die Schnittstelle für den Steuerdatenfluss, sondern lediglich Kundennummer sowie Auftragsnummer.

Quellen für die Ableitung des Steuerdatenflusses sind vor allem Dokumente aus der Voruntersuchung, welche die Daten betreffen. Es sind dies: Datenanforderungen und Teile der Ist-Informationssystembeschreibung. Die Aktivitäten im Steuerdatenfluss stammen aus dem Aktivitätenverzeichnis. Die abgeleiteten Datenelemente beschreiben die Input- bzw. Output-Schnittstellen von Aktivitäten.

Mit Hilfe der Analyse des Steuerdatenflusses in Bild 5.3.4.2./4 kann das Projektteam erstens die relevanten Daten für die Schnittstellen von Aktivitäten identifizieren. Zweitens wird damit die Bildung der Aktivitäten aus Schritt 1 in bezug auf die Steuerdaten überprüft. Mit diesem Vorgehen ist jedoch die Gefahr verbunden, dass die grafische Darstellung für einen etwas umfangreicheren Workflow komplex und unübersichtlich wird. Der damit verbundene Aufwand ist zu reduzieren, indem das Projektteam sich auf kleine Ausschnitte konzentriert und ihre Datenflüsse nur grob grafisch dokumentiert.

Kontrollstruktur der Arbeitsschritte je Aktivität festlegen

Eine Realisierung einer Aktivität setzt voraus, dass die Reihenfolge ihrer Arbeitsschritte spezifiziert ist. Da die Implementierung von Aktivitäten nicht das Workflowsystem übernehmen sollte, sondern oft eine moderne Entwicklungsumgebung (s. Abschnitt 4.4.2.), verwendet die Methode zur Beschreibung der Ablauffolge von Arbeitsschritten Pseudocode. Pseudocode ist eine vereinfachte Programmiersprache. Er standardisiert lediglich die Schlüsselwörter der Kontrollstruktur (Steuerung des Ablaufs) und überlässt die Anweisungen zur Verarbeitung der natürlichsprachlichen Formulierung [s. Denert 1992, S. 352; Ott 1991, S. 178].

Ziel ist es, die Arbeitsschritte einer Aktivität als Anweisungen mit Hilfe des Pseudocodes in ihrer Ablauffolge zu strukturieren. Die relevanten Kontrollkonstrukte sind [vgl. Österle 1995, S. 332-337]:

- Sequenz von Arbeitsschritten:

```
Arbeitsschritt 1
Arbeitsschritt 2
...
Arbeitsschritt n
```

- Selektion von Arbeitsschritten (Einfach- und Mehrfachselektion):

```
IF Bedingung                  CASE Ausdruck OF
THEN                            Wert-1: Arbeitsschritt 1
    Arbeitsschritt 1            Wert-2: Arbeitsschritt 2
ELSE                            ...
    Arbeitsschritt 2            OTHERWISE: Arbeitsschritt n
ENDIF                         ENDCASE
```

- Iteration von Arbeitsschritten:

```
WHILE Wiederholungsbedingung      DO
   Arbeitsschritt 1                  Arbeitsschritt 1
ENDWHILE                          WHILE Wiederholungsbedingung
```

- Nebenläufigkeit von Arbeitsschritten:

```
CONCURRENTLY DO
   Arbeitsschritt 1
   Arbeitsschritt 2
   ...
   Arbeitsschritt n
ENDCONCURRENTLY
```

Die Herleitung der Ablauffolge von Arbeitsschritten muss in vielen Fällen in Zusammenarbeit mit dem Benutzer erarbeitet werden. Sofern das BPR sehr detaillierte Aufgabenketten - beinahe auf der Ebene von Arbeitsschritten - erstellt hat, kann das Projektteam bereits aus diesen den groben Ablauf für die Arbeitsschritte ableiten. Selten sind aber aus dem BPR so detaillierte Angaben vorgegeben. Beim Ableiten der Ablauffolge von Arbeitsschritten sind folgende Fragen zu beachten:

- Welche Arbeitsschritte (Applikationen, Transaktionen etc.) verwendet der Benutzer nacheinander? Ist diese Reihenfolge standardisierbar?
- Setzt der Benutzer bestimmte Applikationen nur bedingt ein? Welches sind diese Bedingungen?
- Welche Applikationen gelangen "gleichzeitig" zum Einsatz? Welche Beziehungen (z.B. Abhängigkeiten, Datenaustausch) existieren zwischen solchen Applikationen?
- Sind zusätzliche Arbeitsschritte erforderlich?
- Bei welchen Arbeitsschritten verlangt der Benutzer mehr Flexibilität in bezug auf ihre Ablauffolge?

Da eine Aktivität während der Laufzeit durch einen Benutzer ausgeführt wird, erübrigt sich das Zuordnen von Arbeitsschritten innerhalb einer Aktivität z.B. zu Stellen, Organisationseinheiten, Abteilungen. Die Zuständigkeit ist durch die Aktivität bestimmt (s. Abschnitt 5.3.5.).

Aktivitätenbeschreibung

Den Abschluss der Identifikation von Aktivitäten auf Basis der Arbeitsschritte bildet die strukturierte Beschreibung von Aktivitäten. Sie hat das Ziel, alle wesentlichen Angaben zu den einzelnen Arbeitsschritten aus der Voruntersuchung zu übernehmen und mit den neu gebildeten Aktivitäten abzustimmen. Die Beschreibung enthält folgende Elemente:

<table>
<tr><td>Aktivität:</td><td colspan="2">1 Auftrag Neuanschluss erfassen</td></tr>
<tr><td colspan="3">Beschreibung:
Der Sachbearbeiter lässt sich den gescannten Auftrag für einen Neuanschluss am Bildschirm anzeigen. Im Kundenverwaltungssystem kontrolliert er, ob der Auftraggeber bereits bei der Telefon AG Kunde ist. Wenn ja, dann übernimmt er die Stammdaten und erstellt den Auftrag Neuanschluss aufgrund der gescannten Dokumente. Wenn nein, erfasst er vorerst die Stammdaten im Kundenverwaltungssystem und erst anschliessend den eigentlichen Auftrag.
Die abschliessende Konfiguration betrifft die Vollständigkeit des Auftrags betr. Angaben, Unterschrift und bei Neukunden Kopie Identitätskarte bzw. bei Firma Neukunde Kopie HR-Auszug.</td></tr>
<tr><td colspan="3">Schnittstelle - Steuerdaten:</td></tr>
<tr><td rowspan="2">Input</td><td>Geschäftsfallnummer</td><td></td></tr>
<tr><td>Typ</td><td>Neuanschluss</td></tr>
<tr><td rowspan="6">Output</td><td>Geschäftsfallnummer</td><td></td></tr>
<tr><td>Neukunde</td><td>Ja / Nein</td></tr>
<tr><td>Gerätebestellung</td><td>Ja / Nein</td></tr>
<tr><td>Kundentyp</td><td>Firma / Privat</td></tr>
<tr><td>Unterschrift ok?</td><td>Ja / Nein</td></tr>
<tr><td>Angaben vollständig?</td><td>Ja / Nein</td></tr>
<tr><td>Arbeitsschritte</td><td colspan="2">Applikation/Transaktion</td></tr>
<tr><td>1) gescannten Auftrag anzeigen</td><td colspan="2">Archiv/Dokument anzeigen</td></tr>
<tr><td>2) Kunden suchen</td><td colspan="2">Kundenverw./Kunde suchen</td></tr>
<tr><td>3) Stammdaten erfassen</td><td colspan="2">Kundenverw./Neukunde erfassen</td></tr>
<tr><td>4) Daten im Auftrag erfassen</td><td colspan="2">Kundenverw./Auftrag erfassen</td></tr>
<tr><td>5) Auftrag konfigurieren</td><td colspan="2">Workflow/</td></tr>
<tr><td colspan="3">Ablauf der Arbeitsschritte:
CONCURRENTLY DO
  (1) gescannten Auftrag anzeigen
  DO Auftrag erfassen
    (2) Kunden suchen
    IF Neukunde
      (3) Stammdaten Neukunde erfassen
    ENDIF
    (4) Daten in Auftrag erfassen
    (5) Auftrag konfigurieren
ENDCONCURRENTLY</td></tr>
</table>

Bild 5.3.4.2./5: Aktivitätenbeschreibung

- Aktivität:

  Bezeichner (und Nummer) der Aktivität. Der Bezeichner einer Aktivität setzt sich aus Objekt und Verrichtung zusammen.

- Beschreibung:
  Eine kurze Beschreibung erläutert den fachlichen Hintergrund (Inhalt) der Aktivität sowie ihre Bedeutung im Rahmen des Workflows.

- Schnittstelle:
  Liste sämtlicher Datenelemente (Attribute), welche eine Aktivität vom Workflowsystem übernimmt (Input) und umgekehrt (Output).

- Arbeitsschritte:
  Liste aller Arbeitsschritte, welche zu einer Aktivität gehören. Sie ist wie folgt aufgebaut:

  - Arbeitsschritt:
    Bezeichner (und Nummer) des Arbeitsschritts. Der Bezeichner eines Arbeitsschritts setzt sich aus Objekt und Verrichtung zusammen (analog zur Aktivität).

  - Applikation/Transaktion:
    Führt auf, welche Applikation der Arbeitsschritt verwendet und, im Detail, welche logische Transaktion bzw. welches Serviceprogramm er aufruft. Die Angaben dazu stammen aus den Funktions- und Datenanforderungen (IS-Planung) der Voruntersuchung. Hierzu sind zusätzlich die Angaben einerseits der Ist-Informationssystembeschreibung (Applikationen, Transaktionen etc.) und andererseits bei neuen (d.h. einzuführenden bzw. zu entwickelnden) Applikationen die entsprechenden Anforderungsspezifikationen zu berücksichtigen.

- Ablauf der Arbeitsschritte:
  Strukturiert die Arbeitsschritte einer Aktivität in ihrer Ablauffolge mit Hilfe des Pseudocodes.

Das Zusammenführen der Angaben aus verschiedenen Entwurfsdokumenten der Voruntersuchung und deren Abstimmung mit den identifizierten Aktivitäten mit Hilfe einer Aktivitätenbeschreibung unterstützt das weitere Vorgehen in zwei Punkten:

1) Aufgrund dieser Angaben definiert die Workflowplanung die Ablauffolge der Aktivitäten (s. Abschnitt 5.3.5.). Voraussetzung dafür ist, dass die Aktivitäten soweit beschrieben sind.

2) Die folgenden Abschnitte der Desktop-Integration übernehmen die Aktivitätenbeschreibung und verfeinern sie einerseits bzw. leiten andererseits aus ihr die Einbindung der Applikationen je Arbeitsschritt ab.

Schritt 3: Datenaustauschbeziehungen analysieren

Die Aktivitätenbeschreibung spezifiziert den Inhalt von Aktivitäten detailliert, aber noch relativ unabhängig von den einzubindenden Applikationen (Alt- oder Neusysteme). Auch berücksichtigt sie die Arbeitsschritte nur insoweit, als diese den Arbeitsablauf innerhalb einer Aktivität ausmachen. Weitere Interdependenzen sind darin noch nicht abgedeckt. Es fehlt insbesondere die Analyse der Datenaustauschbeziehungen zwischen Arbeitsschritten.

Grundlage für die Erstellung der Ergebnisse in Schritt 3 bilden die Dokumente aus der Voruntersuchung und, soweit vorhanden, aus der Konzeption. BPR-Ergebnisse finden keine direkte Verwendung mehr.

Schnittstellen von Arbeitsschritten spezifizieren

Arbeitsschritte - bei der Prozessumsetzung mit Hilfe eines Workflowsystems sind vor allem die IT-unterstützten Arbeitsschritte von Interesse - stellen logische Transaktionen, Serviceprogramme, Bürosoftware etc. dar, wobei es sich um Alt- oder Neuanwendungen handeln kann. Über die Schnittstellen tauschen Arbeitsschritte untereinander Daten aus. Beispielsweise liest die Transaktion "Kunden suchen" in der Kundenverwaltung die Stammdaten eines Kunden und übergibt sie dem nachfolgenden Arbeitsschritt "Auftrag erfassen", welcher die Stammdaten im Auftragskopf einfügt.

Der Datenfluss zwischen Arbeitsschritten innerhalb einer Aktivität lässt sich - analog zum Steuerdatenfluss zwischen Aktivitäten - mit einem einfachen Diagramm ausdrücken, das die in Schritt 2 (s. S. 182) definierte Notation verwendet. Die einzige Abweichung in Bild 5.3.4.2./6 besteht darin, dass die Knoten nicht Aktivitäten, sondern Arbeitsschritte repräsentieren.

Im Unterschied zum Steuerdatenfluss können beim Datenfluss zwischen Arbeitsschritten beliebige Daten vorkommen. Die abgeleiteten Datenelemente (Attribute) beschreiben die Input- bzw. Output-Schnittstellen von Arbeitsschritten. Sie bestimmen die Datenübernahme von einer Applikation in eine andere am Desktop des Benutzers, z.B. die Übergabe der Kundenadresse aus dem Kundeninformationssystem in eine Briefvorlage im Textverarbeitungssystem.

Quellen für die Ableitung des Datentransfers zwischen Arbeitsschritten sind vor allem Dokumente aus der Voruntersuchung, welche einerseits die Daten und andererseits auch die Funktionen betreffen. Es sind dies: Datenanforderungen und Teile der Ist-Informationssystembeschreibung (insbesondere Beschreibung von Funktionen).

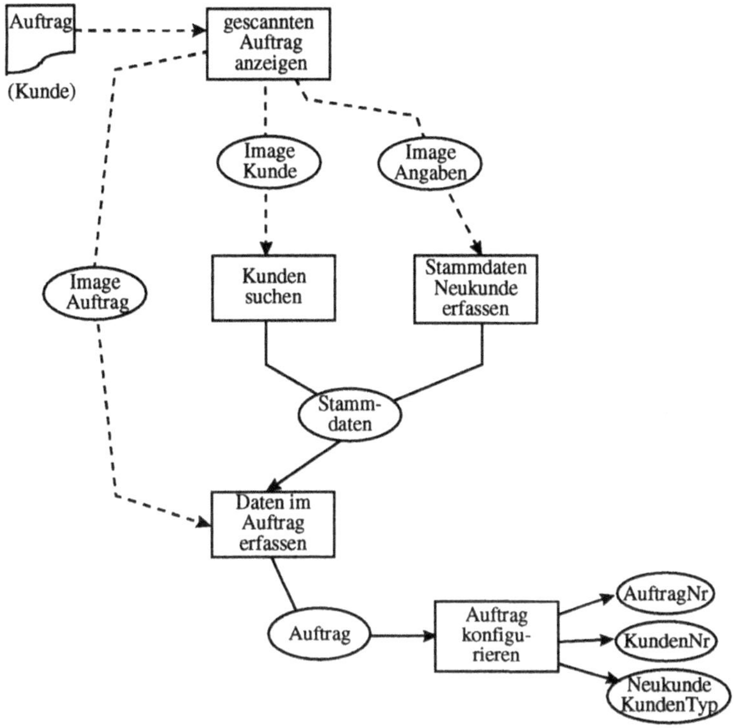

Bild 5.3.4.2./6: Datenfluss in der Aktivität "Auftrag erfassen"

Steuerdatenfluss und Datenfluss

Analog zum Steuerdatenfluss handelt es sich auch hier um einen logischen Datenfluss zwischen Arbeitsschritten und nicht etwa zwischen Arbeitsschritt und Datensammlung.

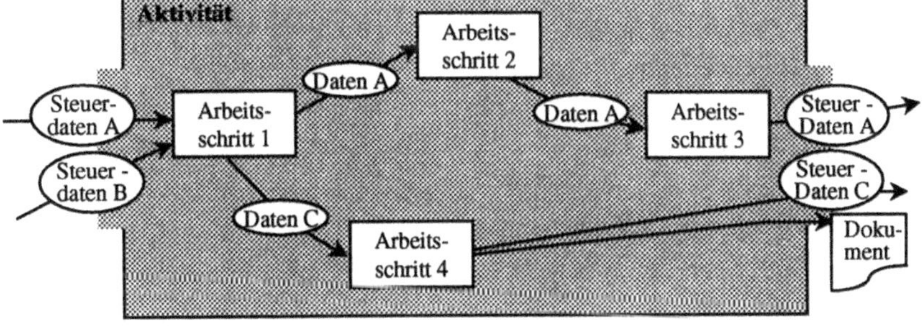

Bild 5.3.4.2./7: Steuerdatenfluss und Datenfluss

Die Verbindung Steuerdatenfluss mit Datenfluss erfolgt an den Grenzen der Aktivität, d.h. bei den ersten bzw. letzten Arbeitsschritten innerhalb einer Aktivität (s. Bild 5.3.4.2./7).

Schritt 4: Integration der Applikationen bestimmen

Neben den Beziehungen zwischen Arbeitsschritten (Ablauffolge und Datenfluss) muss die Desktop-Integration auch die Einbindung der Applikationen an sich festlegen. Es geht in diesem Schritt darum, wie die vorhandenen Funktionen (Transaktionen, Serviceprogramme, Bürosoftware etc.) zu integrieren sind. Dabei stehen drei Fragestellungen im Mittelpunkt:

- Welcher Ansatz steht für die Integration einer bestimmten Applikation zur Verfügung?
- Wie ist der Aufruf einer Applikation zu gestalten, und wie ist die mit der Applikation verbundene Präsentationsebene (Benutzerdialog) zu berücksichtigen?
- Auf welche Art und Weise erfolgt der Datentransfer zwischen Arbeitsschritten?

Integrationsansätze

Meistens hat das Projektteam keinen grossen Spielraum, welchen Ansatz es einsetzen will. Die zu integrierenden Applikationen bestimmen oft die Möglichkeiten der Integration im voraus (s. Abschnitt 4.4.). Sie gelten deshalb als Restriktionen und sind in die Spezifikation an dieser Stelle unbedingt aufzunehmen.

Zeitverhalten

Ein weiteres Kriterium im Rahmen der Integration betrifft die Unterscheidung in synchronen und asynchronen Aufruf von Altsystemen. Dabei ist das Zeitverhalten nicht in bezug auf den ganzen Workflow zu betrachten, sondern aus Sicht einer Aktivität.

So ruft in Bild 5.3.4.2./8 beim synchronen Zeitverhalten der Arbeitsschritt 2 in der Aktivität A eine logische Transaktion auf. Dieselbe Aktivität A kann mit dem nächsten Arbeitsschritt 3 erst fortfahren, wenn die aufgerufene Transaktion ihre Bearbeitung abgeschlossen hat. Beispielsweise liest die Transaktion die Kundenstammdaten, die der nächste Arbeitsschritt benötigt. Arbeitsschritt 2 in der Aktivität B (s. Bild 5.3.4.2./8) startet dagegen z.B. ein Serviceprogramm und kann danach sofort die Arbeit mit dem Arbeitsschritt 3 fortführen. Die Aktivität B wartet in diesem Fall nicht, bis die Ausführung des Serviceprogramms beendet ist. Aus Sicht der Aktivität B handelt es sich dabei um einen asynchronen Aufruf. Beispielsweise ruft Arbeitsschritt 2 ein Programm auf, das automatisch eine Gerätebestellung ausführt und an die entsprechende Stelle weiterleitet. Der Sachbearbeiter kann diese Aktivität abschliessen und wird nicht blockiert, bis das aufgerufene Programm die Gerätebestellung erledigt hat. Hingegen muss das Serviceprogramm abgeschlossen sein, bevor die Aktivität X aus dem Workflow bearbeitet werden kann. D.h. die Gerätebestellung muss beendet sein, bevor ein Mitarbeiter den gesamten Auftrag für einen Neuanschluss belasten kann. Die Synchronisation bezieht sich dabei auf den Workflow und nicht auf einzelne Aktivitäten.

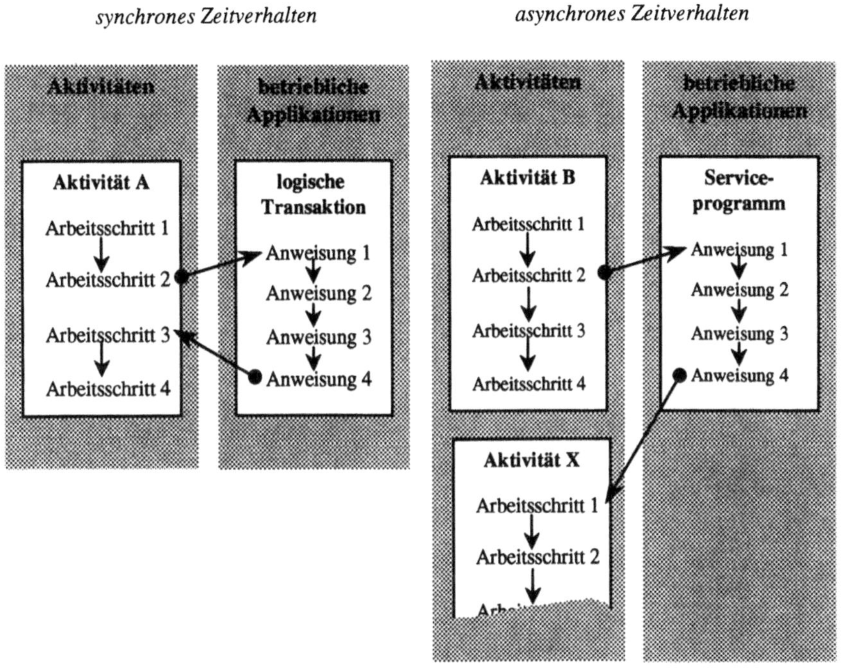

Bild 5.3.4.2./8: synchrones und asynchrones Zeitverhalten

Sofern es aus Sicht der Applikationsarchitektur grundsätzlich technisch machbar ist, hängt die Wahl einer synchronen oder asynchronen Einbindung vorwiegend davon ab, ob die zu integrierende betriebliche Applikation Benutzerinteraktionen verlangt. Bei Applikationen, die der Benutzer im Dialog verwendet, ist primär die synchrone Variante zu wählen. Bei Applikationen ohne Benutzerinteraktionen, die mehr oder weniger im Hintergrund ablaufen können, sind sowohl synchrone als auch asynchrone Arten denkbar. Jedoch hängt die Wahl grundsätzlich von der Applikationsarchitektur, aber auch von den im Unternehmen bereits eingesetzten Middleware-Produkten ab [s. Riehm/ Vogler 1995].

Präsentation

Wesentlich mehr Gestaltungsspielraum hat das Projektteam in bezug auf die Berücksichtigung der Präsentation bzw. des Benutzerdialogs von betrieblichen Applikationen. Im Rahmen der Integration von Applikationen mit Benutzerdialog - wobei die Einbindung nicht zwingend auf der Ebene Präsentation des Client/Server-Modells anzusiedeln ist - stehen zwei Ansätze zur Verfügung, wie die Bildschirmmasken einer betrieblichen Applikation zu verwenden sind (s. Bild 5.3.4.2./9) [vgl. Halter 1996, S. 194]:

- im Vordergrund:
  Der gesamte Dialog der zu integrierenden betrieblichen Applikation wird am Desktop angezeigt. Die Aktivität präsentiert ihrerseits den eigenen Dialog parallel dazu auf dem Desktop. Die Aufgabe der Aktivität ist es, die erforderliche betriebliche Applikation aufzurufen und den Benutzer in derselben an die gewünschte Stelle zu führen (z.B. Bildschirmmaske im Dialogablauf einer logischen Transaktion, Seite in einem Textdokument, Image in einem Dokumentenbündel). Der Benutzer arbeitet im folgenden direkt in der betrieblichen Applikation. Nach Beendigung seiner Arbeit verlässt er die Applikation und kehrt wieder zurück in den Dialog (Präsentation) der Aktivität.

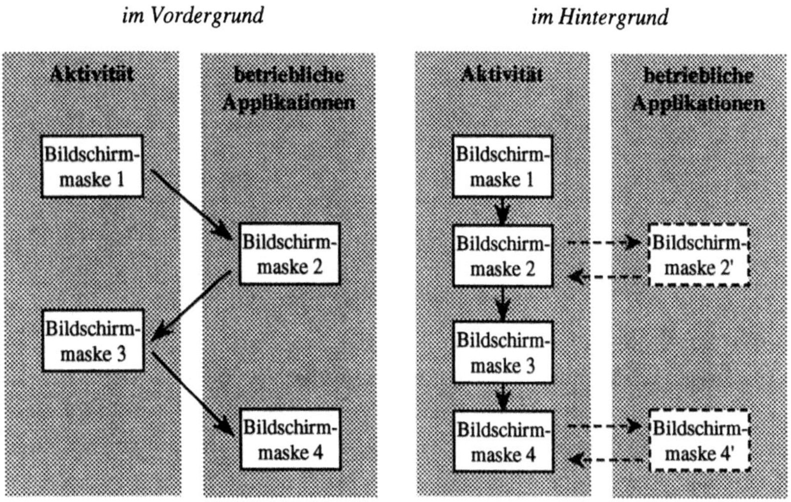

Bild 5.3.4.2./9: Betriebliche Applikation im Vorder- oder Hintergrund

- im Hintergrund:
  Die Aktivität ist für den gesamten Benutzerdialog zuständig. Besitzt die Applikation eine Präsentationsschicht, wird diese am Desktop nicht angezeigt, sie bleibt im Hintergrund versteckt. Die Aktivität stellt - sofern erforderlich - als Ersatz eine neue (grafi-

sche) Benutzeroberfläche zur Verfügung, die inhaltlich den Masken (Schnittstelle) der Applikation entweder vollständig oder auch nur teilweise entspricht.

Die Ansätze skizzieren zwei extreme Pole auf, eine Vielzahl von Zwischenstufen ist denkbar. Je nach Entscheid, der vorwiegend durch die Projektziele (z.B. einheitliche grafische Benutzeroberfläche, Navigation zwischen Applikationen) und den Integrationsansatz beeinflusst wird, ist der Aufwand für die Dialogspezifikation und die Realisierung von Bildschirmmasken entsprechend grösser (s. Abschnitt 5.3.6.). Der Grundsatzentscheid ist aber an dieser Stelle im Rahmen der Desktop-Integration zu fällen.

Datenübernahme

Der Datentransfer zwischen Arbeitsschritten, d.h. die Datenübernahme der Aktivität aus einer betrieblichen Applikation und ihre Übergabe an eine andere Applikation, betrifft einen wesentlichen Teil der Integration. Er verfolgt das Ziel, den Bruch zwischen Applikationen (z.B. Medienbruch) zu überwinden und somit Mehrfacheingaben von Daten in verschiedene Applikationen (und die damit verbundenen Probleme) zu vermeiden [s. Rau 1991, S. 8-10]. Die Arten des Datenaustausches sind:

- manuell:
  Der Benutzer übernimmt die Daten, indem er sie von einer Applikation (Vorlage) in eine andere Applikation abtippt. Beispielsweise übernimmt der Sachbearbeiter manuell den Namen des Kunden aus dem Auftrag, der als Image gescannt am Desktop angezeigt wird, und sucht damit den Kunden im Kundeninformationssystem.
- automatisch:
  Der Datenaustausch zwischen zwei betrieblichen Applikationen erfolgt automatisch. Wenn der Sachbearbeiter den Kunden beispielsweise im Kundeninformationssystem findet, dann übernimmt die Aktivität daraus die Adresse des Kunden und fügt sie automatisch im Auftragskopf ein.

Schritt 5: Arbeitsschritte dokumentieren

Aufgrund der Aktivitätenbeschreibungen und der Ergebnisse der IS-Planung stellt der folgende Schritt die einzelnen Arbeitsschritte strukturiert im Detail dar. Dabei spezifiziert er mit Hilfe der erläuterten Konzepte die Integration von betrieblichen Applikationen in Aktivitäten. Das Ergebnis besteht aus folgenden Elementen (s. Bild 5.3.4.2./10):

- Arbeitsschritt:
  Bezeichner (und Nummer) des Arbeitsschritts. Der Bezeichner eines Arbeitsschritts setzt sich aus Objekt und Verrichtung zusammen.

- in Aktivität:
  Bezeichner (und Nummer) der Aktivität(en), in welchen der Arbeitsschritt verwendet wird.

- Beschreibung:
  Eine kurze Beschreibung erläutert den fachlichen Hintergrund (Inhalt) des Arbeitsschritts, die Integration von Applikationen sowie deren Bedeutung im Rahmen einer Aktivität.

- Schnittstelle:
  Liste sämtlicher Datenelemente (Attribute), welche ein Arbeitsschritt übernimmt (Input) und umgekehrt (Output).

Arbeitsschritt:	2	Kunden suchen		
in Aktivität:	1	Auftrag Neuanschluss erfassen		
Beschreibung: Das System führt den Benutzer direkt in die Kundenverwaltung, wo er interaktiv den Kunden aufgrund der Angaben im gescannten Auftrag frei suchen kann. Mit Funktionstaste F12 übernimmt er die Stammdaten des ausgewählten Kunden. Existiert der Auftragsteller in der Kundenverwaltung noch nicht, verlässt er die Transaktion Kunde suchen mit der Funktionstaste F11 und übernimmt keine Daten.				
Schnittstelle:				
Input	-			
Output	Kundennummer	Schlüssel		
	Stammdaten	Name, Vorname, Privat/Firma		
Integration	**Art**	**Beschreibung**		
Zugriff	Terminal	Kundenverwaltung/Kunde suchen		
Dialog	interaktiv	KV_10823		
Datenübernahme	automatisch	F12: Kundennummer und Stammdaten		
Effekt auf Daten	*Append*	*Modify*	*Delete*	*Read*
Kundenverwaltung/Kunde				X

Bild 5.3.4.2./10: Arbeitsschrittbeschreibung

- Integration
  - Zugriff:
    Beschreibt die Art des Zugriffs auf die Applikation und bestimmt den Integrationsansatz. Zusätzlich führt eine Beschreibung die aufzurufende Funktion (z.B. logische Transaktion, Serviceprogramm) der Applikation auf.
  - Dialog:
    Definiert die grundsätzliche Weiterverwendung der Präsentation einer betrieblichen Applikation in der Aktivität, d.h. im Vorder- oder Hintergrund. Bei interaktiven

Arbeitsschritten legt die Beschreibung die zu verwendenden Bildschirmmaske(n) fest.

- Datenübernahme:
  Dokumentiert die Art der Datenübernahme (manuell oder automatisch, Initialisierung der Datenübernahme z.B. mit der Funktionstaste F 12).

- Effekte:
  Führt alle Effekte eines Arbeitsschritts aufgrund der Integration einer Applikation auf die bearbeiteten Daten (z.B. Entitätstypen) detailliert auf. Die Beschreibung dokumentiert betroffene Datenstrukturen und zugehörige Effekte. Mögliche Effekte sind:

  R - Lesen (Read)

  M - Verändern (Modify)

  A - Hinzufügen (Append)

  D - Löschen (Delete)

Mit Hilfe der Arbeitsschrittbeschreibung erstellt die Konzeption die Dialogspezifikation, und in der Realisierung ist sie die zentrale Grundlage für die Einbindung von (heterogenen) Applikationen in Aktivitäten.

5.3.5. Workflowplanung

Workflowsysteme zeichnen sich dadurch aus, dass sie den Arbeitsfluss zwischen den beteiligten Stellen (Benutzer oder System) steuern. Sie sollen die nächste Aktivität und den dafür Verantwortlichen ermitteln, die notwendigen Informationen bereitstellen, automatisch Programme zur Ausführung einzelner Schritte starten und deren fristgerechte Erledigung überwachen. Zentrale Aufgabe der Workflowplanung ist die Festlegung des Ablaufs der Aktivitäten im Workflow (vgl. Abschnitt 3.1.2. bzw. 4.1.).

5.3.5.1. Ziele und geplante Ergebnisse

Für die Definition der Steuerung liefern die Workflowabgrenzung und die Desktop-Integration die erforderlichen Grundlagen. So hat die Workflowabgrenzung aufgrund der BPR-Ergebnisse die umzusetzenden Workflows identifiziert und damit die Grenzen der einzelnen Workflows abgesteckt. Die Desktop-Integration hat zu Beginn die Aktivitäten aufgrund von Arbeitsschritten gebildet und dadurch die Einheiten definiert, welche das Workflowsystem steuert. Zusätzlich verwendet die Workflowplanung verschiedene Dokumente aus dem BPR, die sich einerseits auf ablauforganisatorische und andererseits auf aufbauorganisatorische Aspekte konzentrieren.

Mit Hilfe dieser Ergebnisse muss die Workflowplanung an dieser Stelle die Ablauffolge der Aktivitäten spezifizieren und die verantwortlichen Stellen bestimmen.

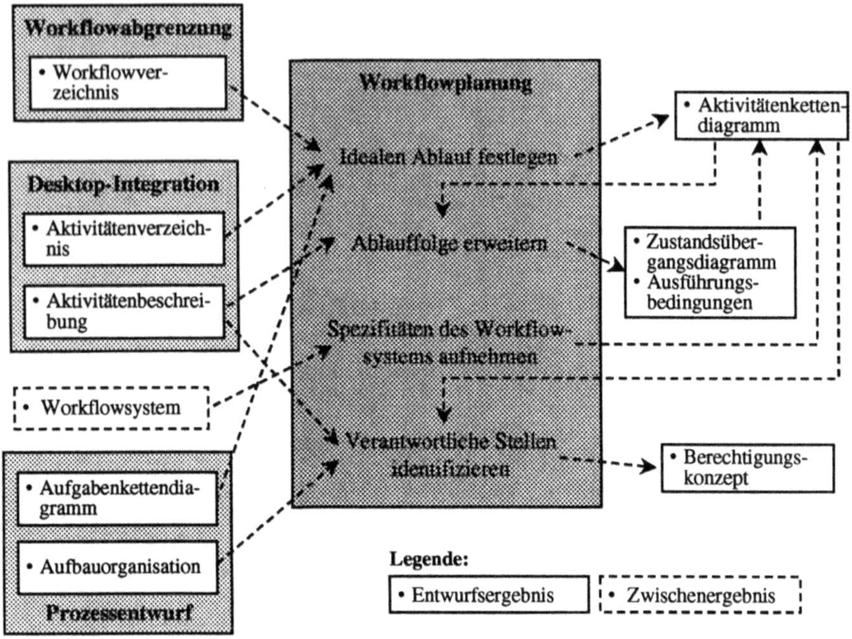

Bild 5.3.5.1./1: Übersicht Workflowplanung

Bild 5.3.5.1./1 verschafft einen Überblick über die Workflowplanung mit Hilfe der in Abschnitt 5.3.2.1. eingeführten Notation.

5.3.5.2. Anleitung für die Erarbeitung der Resultate

Insbesondere im Bereich der Spezifikation der Ablauffolge von Aktivitäten, aber auch der Aufbauorganisation, ist es aus Sicht dieser Arbeit relativ schwierig, wenn nicht gar unmöglich, einen allgemeingültigen Lösungsweg mit Entwurfsergebnissen vorzugeben. So unterscheiden sich die auf dem Markt verfügbaren Workflowsysteme gerade in diesen Punkten recht stark. Die Wahl eines Tools bestimmt die Notation der (grafischen) Darstellung von Abläufen und stellt zusätzliche Restriktionen in der Modellierung der Steuerung auf (vgl. Abschnitt 4.1.). Die folgenden Schritte zeigen deshalb den Weg einer Modellierung auf, der unabhängig von einem Produkt grundsätzlich zu verfolgen ist.

Besitzt ein Unternehmen bereits ein Workflowsystem, kann es problemlos die folgenden Ergebnisse mit Hilfe seines Werkzeugs entwerfen und sie mit besonderen Möglichkeiten, die das Tool anbietet, schrittweise erweitern. Muss die Workflowplanung aber auch an dieser Stelle systemunabhängig modelliert werden, ist dies mit den hier aufgeführten Entwurfsdokumenten möglich. Sie erlauben mit geringem Aufwand eine spätere Überführung der Ergebnisse in ein Workflowsystem; da sie sich auf den allgemeinen Gedanken der Steuerung konzentrieren und sich nicht in Details verlieren.

Zu Beginn erstellt das Projektteam einen einfachen Ablauf für den Workflow (Schritt 1), den es sukzessiv erweitern (Schritt 2) und dabei auch die Besonderheiten des gewählten Workflowsystems miteinbeziehen (Schritt 3) kann. Abschliessend wird in Schritt 4 die Verantwortung für die Ausführung von Aktivitäten im Detail festgelegt.

Schritt 1: Idealen Ablauf festlegen

Die Bestimmung der Ablauffolge von Aktivitäten verfolgt vorerst das Ziel, einen mehr oder weniger "idealen" Ablauf zu formulieren. Damit ist ein einfacher, stark strukturierter und somit starrer Ablauf gemeint. In ihm sind möglichst wenig Ausnahmesituationen, Ausstiegsmöglichkeiten, Rücksprünge etc. vorgesehen und damit kaum Freiheiten zugelassen. Er entspricht in etwa einem Ablauf, welcher in frühen Phasen der Schulung einem auszubildenden Mitarbeiter vermittelt wird.

Für die Erstellung des Ablaufs verwendet die Workflowplanung folgende Quellen:

- Aktivitäten:
  Das Aktivitätenverzeichnis listet alle Aktivitäten zu einem Workflow auf. Es handelt sich dabei um die Einheiten, welche das Workflowsystem steuert.

- Aufgabenkettendiagramm:
  Die meisten BPR-Projekte befassen sich mit Abläufen von Aufgaben. Sie fassen das Ergebnis in Aufgabenkettendiagrammen zusammen.

Da Aktivitäten eines Workflows in der Praxis selten den BPR-Aufgaben entsprechen (vgl. Abschnitt 5.3.3. und 5.3.4.), unterscheiden sich auch ihre Abläufe. Die Abweichung der Abläufe (BPR bzw. idealer Workflow) hängt vor allem davon ab, wie konkret der Prozessentwurf Ergebnisse in bezug auf die Implementierung liefert. Trotz der Unterschiede im Detaillierungsgrad (BPR und Workflow) muss die Workflowplanung den Ablauf aus dem BPR aufgrund des Aufgabenkettendiagramms soweit wie möglich im Workflow übernehmen.

Das Ergebnis aus diesem Schritt ist ein Aktivitätenkettendiagramm, das einen stark strukturierten Ablauf von Aktivitäten widerspiegelt. Im wesentlichen kann eine grafische Workflowdarstellung nicht viel mehr Information abdecken als die aus dem BPR. Eine grafische Aktivitätenkette hat das Ziel, den Ablauf übersichtlich darzustellen. Enthält eine Grafik zuviel Information, kann sie nicht mehr als Übersichtsdokument dienen. Die Notation im Beispiel (s. Bild 5.3.5.2./2) richtet sich nach den Prinzipien von Ablaufplänen aus der Organisationslehre [s. Böhm 1994, S. 61-63; Schmidt 1994, S. 301-305][1]. Bild 5.3.5.2./1 zeigt die verwendeten Grundformen von Ablaufstrukturen.

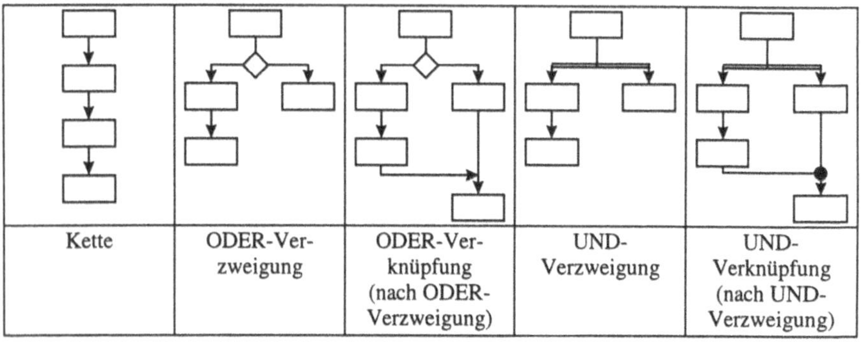

Bild 5.3.5.2./1: Grundformen von Ablaufstrukturen

Die Notation wird an dieser Stelle bewusst nicht weiter erläutert, da sie einerseits weit verbreitet ist [s. Müller 1995, S. 136]. Andererseits bestimmt in der Regel das Workflowsystem die eigene Darstellungstechnik, und die vorliegende Arbeit will an dieser Stelle keine neue Notation entwickeln bzw. vorschreiben[2].

Zwei wesentliche Unterschiede dieser Darstellung im Vergleich zu Aufgabenketten aus dem BPR (s. Anhang I) sind im Hinblick auf eine aktive Steuerung durch ein Workflowsystem festzuhalten: Erstens ist der Fokus im Workflow ausschliesslich auf solche Aktivitäten gerichtet, welche zu implementieren und zu steuern sind. So sind im Beispiel keine Aktivitäten des Kunden aufgeführt, da sie in dieser Phase der Prozessumsetzung noch nicht IT-unterstützt werden. Zweitens berücksichtigt das Aktivitätenkettendiagramm zusätzlich Bedingungen, welche den Ablauf steuern.

Jedoch zeigt bereits dieses einfache Beispiel deutlich auf, dass eine grafische Darstellung kaum alle Bedingungen innerhalb eines Ablaufs übersichtlich abbilden kann. So können die Aktivitäten "Angaben vervollständigen" und "Zahlungseingang festhalten" gemäss Aktivitätenkettendiagramm parallel ablaufen. Der Sachverhalt, dass die erste und/oder die zweite Aktivität (inklusives ODER) abhängig vom Ergebnis der vorangehenden Aktivität "Auftrag beurteilen" auszuführen sind, ist noch nicht in Bild 5.3.5.2./2 enthalten - dies aus Gründen der Übersichtlichkeit.

---

1 Bild 5.3.5.2./2 erweitert die bekannte Notation aus der Literatur wie folgt: Die Spalten repräsentieren im Aktivitätenkettendiagramm die für Aktivitäten verantwortlichen Stellen. Es handelt sich aber an dieser Stelle erst um eine grobe Zuteilung (vgl. Schritt 4).

2 Verschiedene Darstellungsarten der Ablaufmodellierung für Workflowsysteme untersuchen beispielsweise [Oberweis 1996], [Müller 1995] und [Gais 1994].

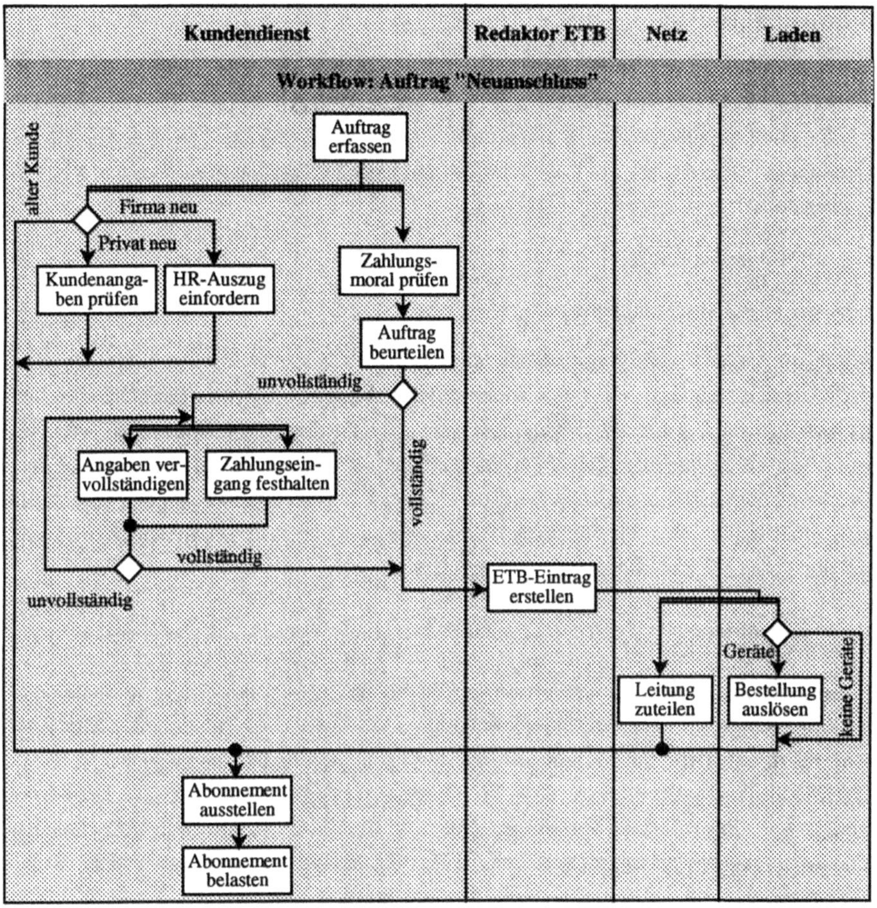

Bild 5.3.5.2./2: Aktivitätenkettendiagramm (Beispiel)

Im weiteren muss der Workflow dem Sachbearbeiter die Möglichkeiten bieten, an bestimmten Stellen im Ablauf z.B. ein Geschäft abzubrechen, im Geschäft zurückzuspringen. Solche Aspekte machen die Darstellung zusätzlich unübersichtlicher und erschweren die Analyse.

Aus solchen Überlegungen drängt es sich auf, die grafische Spezifikation des Ablaufs wohl als Übersichtsdokument zu erstellen, aber für die detaillierte Ausarbeitung des Ablaufs auf andere Techniken zurückzugreifen. Dies ist Gegenstand des nächsten Schritts.

Schritt 2: Ablauffolge erweitern

Die Spezifikation der Ablauffolge von Aktivitäten in der Workflowplanung ist durch ein Vorgehen bestimmt, das von einfachen (idealen) Abläufen zu komplexeren, um Besonderheiten ergänzten Abläufen übergeht. Sie erstellt zuerst einen idealen Ablauf, den sie dann schrittweise erweitert und in bezug auf seine Ablauffolge mit folgenden Schritten verfeinert:

- Ablauffolge flexibilisieren
- Bedingungen ausformulieren

Abhängig von den Anforderungen der Benutzer, kann es in der Praxis vorkommen, dass der beschriebene ideale Workflow so nicht umsetzbar ist. Die starke Strukturierung des Ablaufs kann den Arbeitsfluss behindern, und er ist nur für eine kleine Anzahl von z.B. Aufträgen so anwendbar. Der Benutzer verlangt in solchen Fällen mehr Flexibilität, welche die vorgestellte grafische Notation grösstenteils auch abbilden könnte, aber nur in einer unübersichtlichen Grafik. In der Konzeption sind deshalb Techniken erforderlich, welche die Analyse solcher Aspekte unterstützen.

Ablauffolge flexibilisieren

Flexible Ablaufmodelle dokumentieren herkömmliche Entwurfsmethoden der Systementwicklung oder auch moderne objektorientierte Ansätze bei der konzeptionellen Modellierung häufig mit Hilfe von Zustandsübergangsdiagrammen [s. Robinson/Berrisford 1994, S. 219-241; Gutzwiller 1994, S. 181]. Eine Entity-Life-History beschreibt aus Sicht eines Entitätstyps die zulässige Eintreffsequenz von Update-Transaktionen. Eine Update-Transaktion führt eine Entität von einem Ursprungszustand in einen Zielzustand, wobei der Ursprungs- und der Zielzustand gleich sein können [s. Österle 1995, S. 298-303; Eva 1992, S. 82-84]. Die Gesamtheit der Zustände und Zustandsübergänge beschreibt die Lebensgeschichte einer Entität. Ähnlich verwenden objektorientierte Methoden Zustandsübergangsdiagramme, mit denen sie das Verhalten von Objekten mit Hilfe von Ereignissen und Zuständen spezifizieren [vgl. Yourdon et al. 1995; Booch 1994; Jacobson et al. 1994]. Es entstehen State Transition Diagrams (Zustandsübergangsdiagramme). Beide Ansätze (Entity-Life-History und State Transition Diagram) wenden das Prinzip der Zustandsmaschine an.

Dieser Ansatz einer Zustandsmaschine, übertragen auf Workflow, bedeutet folgendes [vgl. Robinson/Berrisford 1994, S. 124]:

- Ein Workflow aus Sicht der Objektorientierung durchläuft während seiner Lebenszeit vordefinierte Zustände. Der Workflow bildet eine Sequenz von Zuständen ab, die der Benutzer verfolgt.

- In einem Zustand sind bestimmte Aktivitäten ausführbar. Aktivitäten führen einen Workflow von einem Ursprungs- in einen Zielzustand, wobei beide gleich sein können.

Für die Spezifikation der Zustandsübergänge mit dem Ziel, eine Flexibilisierung des Ablaufs zu untersuchen, sind folgende Inhalte zu erarbeiten:

1) Zustände:
Ein Zustand entspricht einer Zeitspanne während der Laufzeit. Die Attributwerte der Steuerdaten beschreiben den Zustand eines Workflows, wobei eine Kombination von Attributwerten zu einem Zustand zusammengefasst wird [vgl. Rumbaugh et al. 1993, S. 107-109]. Die identifizierten Zustände repräsentieren die Phasen eines Workflows (z.B. eines Auftrags), welche der Sachbearbeiter mitverfolgt und auch überwacht.

   Ziel ist es, eine überschaubare Anzahl von Zuständen zu identifizieren und sie in einer Reihenfolge zu ordnen (s. Bild 5.3.5.2./3). Ein Workflow besitzt während der Laufzeit in jedem Zeitpunkt genau einen Zustand.

   Auftrag konfiguriert
   Zahlungsmoral geprüft
   Auftrag beurteilt
   Rufnummer zugeteilt
   Anschluss geschaltet
   Abonnement erstellt
   Auftrag abgeschlossen

   Bild 5.3.5.2./3: Zustände im Workflow "Auftrag Neuanschluss" (Beispiel)

2) Beziehungen zwischen Aktivitäten und Zuständen:
Aktivitäten lösen Zustandsübergänge aus. In einem Zustand kann der Benutzer eine oder mehrere Aktivitäten ausführen, die je einen vordefinierten Zustandsübergang verursachen. Die folgende Darstellung in Bild 5.3.5.2./4 führt zu jeder Aktivität auf, welche Zustandsveränderung sie auslöst. Ein "-" bedeutet, dass Ursprungs- und Zielzustand gleich sind.

   Die Aktivitäten stammen aus dem Aktivitätenverzeichnis oder dem Aktivitätenkettendiagramm. Ihre Beziehungen zu den Zuständen eines Workflows übernimmt im folgenden das Zustandsübergangsdiagramm.

Nr.	Aktivität	Zustandsveränderung
1	Auftrag Neuanschluss erfassen	Auftrag konfiguriert
2	Zahlungsmoral prüfen	Zahlungsmoral geprüft
3	HR-Auszug einfordern	-
4	Kundenangaben prüfen	-
5	Auftrag beurteilen	Auftrag beurteilt
6	Angaben vervollständigen	-
7	Zahlungseingang festhalten	-
8	ETB-Eintrag erstellen	Rufnummer zugeteilt
9	Gerätebestellung auslösen	-
10	Leitung zuteilen	Anschluss geschaltet
11	Abonnement ausstellen	Abonnement erstellt
12	Abonnement belasten	Auftrag abgeschlossen

Bild 5.3.5.2./4: Zustände und Aktivitäten (Beispiel)

3) Zustandsübergangsdiagramm:
Das Zustandsübergangsdiagramm dokumentiert alle Zustandsübergänge eines Workflows. Aktivitäten lösen Zustandsübergänge aus. Auf der linken Seite der Grafik (s. Bild 5.3.5.2./5) stehen die Aktivitäten eines Workflows, rechts davon die Zustände, die von den jeweiligen Aktivitäten erzeugt werden. Die Liste der Aktivitäten führt solche Aktivitäten, bei denen der Ursprungs- und Zielzustand gleich sind, erst am Ende auf. Weil solche Aktivitäten häufig in verschiedenen Ursprungszuständen ausführbar sind, stehen rechts von denselben keine Zielzustände, da sie ihrem Ursprungszustand entsprechen, in welchem die Aktivität gestartet wurde. Nach der Ausführung solcher Aktivitäten bleibt der Workflow im gleichen Zustand. Pfeile (gerichtete Kanten) stellen die Zustandsübergänge dar, d.h. welche Aktivität einen Workflow von einem Zustand in einen anderen überführt. Die Grafik kennzeichnet Zustandsübergänge (Pfeile), bei denen der Ursprungs- und Zielzustand gleich sind, mit einem Punkt.

Für die grafische Darstellung dieses Sachverhalts bieten bekannte Methoden spezielle Techniken an [s. Yourdon et al. 1995, S. 66-73; Österle 1995, S. 298-303; Rumbaugh et al. 1993, S. 103-147; Raasch 1993, S. 216-235; Downs et al. 1992, S. 170-195]. Im weiteren geben diese Methoden auch konkrete Hinweise, wie ein Objekt bzw. ein Workflow für diesen Zweck zu zerlegen ist.

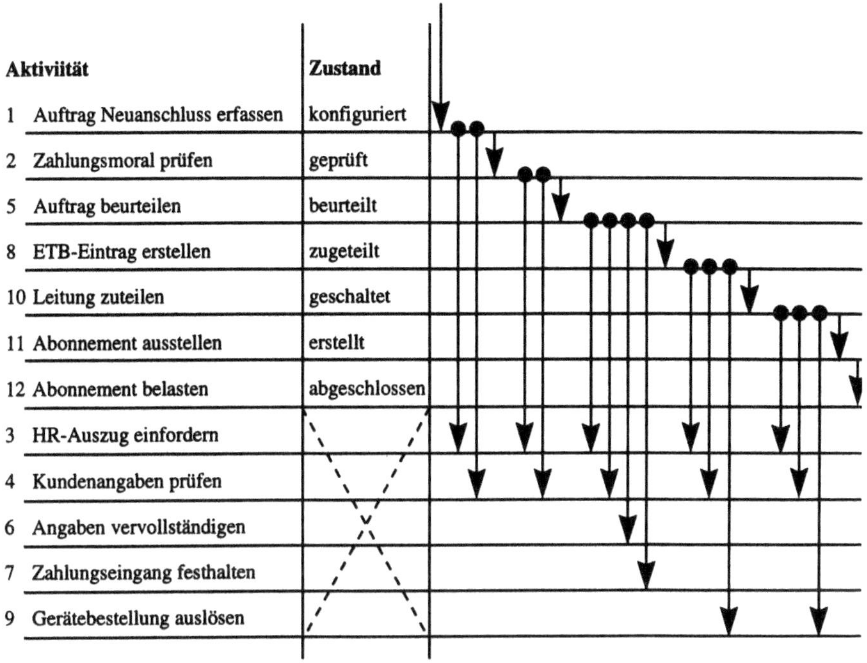

Bild 5.3.5.2./5: Zustandsübergangsdiagramm

Bedingungen ausformulieren

Da aus Sicht des Zustandsübergangsdiagramms vor allem die möglichen Aktivitäten in einem bestimmten Zustand von Interesse sind, untersucht der folgende Abschnitt die Bedingungen der Ablauffolge von Aktivitäten ebenfalls im Rahmen ihres Zustands, in dem sie ausführbar sind. Dabei stehen die Ausführungsbedingungen je Aktivität im Vordergrund, welche von einer aktiven Steuerung berücksichtigt werden. Das Workflowsystem regelt die Steuerung von Aktivitäten mit Hilfe von Steuerdaten, die es über Schnittstellen mit Aktivitäten austauscht. Die Desktop-Integration hat die Schnittstellen von Aktivitäten definiert und damit die Steuerdaten festgelegt.

Die Ausformulierung der Bedingungen legt in diesem Schritt die Ausführungsbedingungen je Aktivität in einem Zustand mit Hilfe der Werte von Steuerdaten fest. Sie erfolgt mit einer Matrix, welche für jeden Zustand eines Workflows zu erstellen ist (s. Bild 5.3.5.2./6). Im oberen Teil des Dokuments steht der Ursprungszustand, für welchen die Matrix die Ausführungsbedingungen ihrer Aktivitäten untersucht. Die Matrix enthält in den Spalten alle im Ursprungszustand ausführbaren Aktivitäten, in den Zeilen listet sie die relevanten Datenelemente (Attribute) der Steuerdaten auf. Die Zellen (Schnittpunkte von Zeilen und Spalten) dokumentieren die Werte, welche die Steuerdaten zur Ausführung von Aktivitäten einnehmen müssen. Folgende Einträge sind möglich:

- Attributwert:
  Dieser (zulässige) Wert eines Datenelements bestimmt zusammen mit weiteren Werten die Ausführungsbedingung einer Aktivität.
- "*":
  Ein "*" kennzeichnet, dass in diesem Datenelement jeder zulässige Wert erlaubt ist. Dieser Wert hat keinen Einfluss auf die untersuchte Ausführungsbedingung, er ist unbedeutend.
- leere Zelle:
  Eine leere Zelle deutet an, dass das Datenelement keinen Wert besitzen darf, da das Datenelement aufgrund des gewählten Ablaufs nicht belegt werden konnte.

Die Ausführungsbedingung einer Aktivität setzt sich somit aus den zugehörenden Werten der Steuerdaten zusammen.

Auftrag beurteilt					
Aktivität / **Steuerdaten**	3 HR-Auszug einfordern	4 Kundenangaben prüfen	6 Angaben vervollständigen	7 Zahlungseingang festhalten	8 ETB-Eintrag erstellen
Neukunde	Ja	Ja	*	Nein	*
Kundentyp	Firma	Privat	*	*	*
HR-Auszug ok?	Nein		*	*	*
Identitätskarte ok?		Nein	*	*	*
Angaben vollständig?	*	*	Nein	*	Ja
Zahlungsmoral ok?	*	*	*	Nein	Ja

Bild 5.3.5.2./6: Ausführungsbedingungen im Zustand "konfiguriert"

Die ersten beiden Datenelemente der Steuerdaten sagen in Bild 5.3.5.2./6 aus, ob und welche der beiden Aktivitäten 3 und 4 grundsätzlich für diesen Auftrag relevant sind. Demgegenüber stellen die weiteren Datenelemente sicher, dass die Aktivitäten 3 bzw. 4 nur dann noch zur Verfügung stehen, wenn sie noch nicht ausgeführt wurden.

Damit ist die Steuerung ausführlich dokumentiert, so dass ein Workflowsystem sie automatisieren kann. Die Kombination von Zustandsübergangsdiagrammen mit Ausführungsbedingungen bietet eine übersichtliche Analyse der flexiblen Steuerung von Aktivitäten. Ihr Ergebnis fliesst wieder in die Aktivitätenketten des Workflowsystems ein.

Schritt 3: Spezifitäten des Workflowsystems aufnehmen

Bis zu diesem Punkt erfolgte die Spezifikation der Steuerung im Rahmen der Workflowplanung unabhängig von einem konkreten Workflowsystem. Jedes Werkzeug setzt bestimmte Schwerpunkte und hebt seine Besonderheiten hervor (vgl. 4.1.). Ein produktunabhängiger Methodenvorschlag kann deshalb nicht alle Details der einzelnen Systeme berücksichtigen bzw. Konzepte mit unterschiedlichen Lösungsansätzen strukturieren. Abhängig vom gewählten Workflowsystem muss das Projektteam die Steuerung um weitere Spezifitäten erweitern. Sie betreffen beispielsweise folgende Punkte [s. Stark/-Lachal 1995; Erdl/Schönecker 1995]:

- Terminierung und Setzen eines Alarms für Aktivitäten im Workflow
- im voraus definierte Wiedervorlagen
- Priorisierung von Aktivitäten, Workflows
- Unterbrechung oder Abbruch eines Workflows
- Überspringen von Aktivitäten
- Ausstiegspunkte im Workflow
- Steuerung von Aktivitäten mit Hilfe von (externen) Ereignissen
- Fehlerhandhabung
- Rückführung von Aktivitäten oder Wiederherstellung der Ausgangssituation (Rollback-Verfahren) mit Hilfe z.B. von Kompensationsaktivitäten [vgl. Deacon et al. 1994]
- etc.

Für diese Aspekte liefert diese Arbeit keine Entwurfsdokumente und auch kein strukturiertes Vorgehen, denn Fragestellungen in diesem Bereich sind kaum generalisierbar. Vielmehr konzentriert sich das Vorgehen in der Workflowplanung auf den zentralen Gedanken der Steuerung, in dem solche Ergänzungen nachträglich problemlos möglich sind.

Schritt 4: Verantwortliche Stellen identifizieren

BPR-Projekte konzentrieren sich auf Leistungen, Aufgabenketten, die Prozessführung und das Informationssystem. Im Vordergrund steht die mit Hilfe von Applikationen unterstützte Ablauforganisation, welche kontinuierlich weiterentwickelt wird (s. Abschnitt 3.1.1.). Die Aufbauorganisation steht nicht im Zentrum des Interesses. Da sie jedoch für die Umsetzung ein zwingender Bestandteil ist, erstellt der Prozessentwurf verschiedene Dokumente, welche diesen Bereich am Rande abdecken (s. Anhang I).

So sind im BPR bestimmte aufbauorganisatorische Elemente auch bereits in den Aufgabenketten enthalten, wie z.B. die Organisationseinheiten, Stellen (kleinste organisatorische Einheiten). Der Prozessentwurf berücksichtigt die Aufbauorganisation soweit, wie es für den Prozess von Bedeutung ist. Die Prozessumsetzung übernimmt aus dem BPR die für das Workflowprojekt relevanten Ergebnisse mit Bezug zur Aufbauorganisation. Im folgenden untersucht die Workflowplanung den Aspekt der Aufbauorganisation nur insoweit, als er als ein Hilfsmittel die Zuordnung und Kontrolle von Kompetenzen betrifft. Damit ist direkt die Autorisierung im Workflowsystem angesprochen. Sie verleiht dem Benutzer das Recht, bestimmte Aktivitäten auszuführen bzw. überträgt ihm die Pflicht, für bestimmte Aktivitäten verantwortlich zu sein (vgl. Abschnitt 4.1.2.).

Eine grobe Zuteilung von Aktivitäten zu Stellen erfolgt bereits mit Hilfe des Aktivitätenkettendiagramms (zuständige Stellen sind in Bild 5.3.5.2./2 als Spalten aufgeführt), das diese Angaben grösstenteils aus dem BPR (Aufgabenketten) übernehmen kann. In der Praxis reicht aber diese Zuordnung von Aktivitäten zu Stellen nicht aus, auch decken Workflowsysteme diesbezüglich ein wesentlich breiteres Spektrum ab. Beispiele hierfür sind: Stellvertretungsregelungen, Weiterleitungs- bzw. Umleitungsmöglichkeiten, Vier-Augen-Prinzip [s. Stark/Lachal 1995; Erdl/Schönecker 1995]. Eine grafische Darstellung wie beispielsweise das Aktivitätenkettendiagramm lässt sich kaum um diese Punkte erweitern. Die Verfeinerung erfolgt deshalb in einer separaten Matrix. Das Dokument stellt alle Aktivitäten aus einem Workflow den betroffenen Stellen gegenüber.

Die Autorisierung im Workflowsystem räumt einer organisatorischen Stelle den Zugriff auf bestimmte Aktivitäten ein. Die Grundlage für diese Matrix bildet das Aktivitätenkettendiagramm. Seine Angaben fliessen beinahe unverändert in dieses Dokument ein und betreffen vorwiegend die Felder, die mit einem "X" gekennzeichnet sind. Ein "X" bedeutet im Berechtigungskonzept, dass die entsprechende Stelle die zugeordneten Aktivitäten ausführen darf. Das Beispiel berücksichtigt folgende Erweiterung:

- Stellen, welche einen Workflow "Auftrag Neuanschluss" starten dürfen, sind mit einem "S" bezeichnet.
- Der Manager für alle Instanzen während der Laufzeit eines Workflows (z.B. für die Behebung von Problemen, Fehlern, Ausnahmen, Engpässen, Terminüberschreitungen) ist mit einem "M" markiert.
- Mögliche Stellvertretungsregelungen für einzelne Aktivitäten dokumentiert das Beispiel mit "Stv".

- In der Matrix bedeutet ein "W", dass an die entsprechende Stelle eine Aktivität in bestimmten Situationen zur Ausführung weitergeleitet werden darf, obwohl sie ansonsten dafür nicht zuständig ist.

Stelle / **Aktivität**	Leiter Abo-Dienst	Assistent Leiter Abo-Dienst	Sekretariat Abo-Dienst	Sachbearbeiter Abo-Dienst	Administration Abo-Dienst	Leiter Netz	Sachbearbeiter Schaltungen	Verkauf Laden	Logistik Laden	Redaktor ETB
Workflow: Auftrag "Neuanschluss"	M	Stv		S				S		
1 Auftrag Neuanschluss erfassen				X						
2 Zahlungsmoral prüfen				X	W					
3 HR-Auszug einfordern				X	W					
4 Kundenangaben prüfen				X	W					
5 Auftrag beurteilen				X						
6 Angaben vervollständigen				X	W					
7 Zahlungseingang festhalten				X	W					
8 ETB-Eintrag erstellen										X
9 Gerätebestellung auslösen								W	X	
10 Leitung zuteilen						W	X			
11 Abonnement ausstellen			Stv		X					
12 Abonnement belasten					X					

Bild 5.3.5.2./7: Berechtigungskonzept

Es sind auch andere Regelungen in bezug auf die Autorisierung denkbar. Sie alle sind aber stark vom jeweiligen Workflowsystem abhängig. Aus diesem Grund formuliert dieser Methodenvorschlag kein umfassendes aufbauorganisatorisches Modell. Auf dem Markt sind heute in Workflowsystemen die unterschiedlichsten Konzepte integriert (s. Abschnitt 4.1.2. bzw. 4.1.3.).

Die Zuordnung von Aktivitäten zu Stellen im Sinne einer Autorisierung betrifft nur den Bereich der Steuerung und gilt somit innerhalb des Workflowsystems. Hingegen ist die Autorisierung für logische Transaktionen, Serviceprogramme, Bürosysteme etc. häufig Gegenstand der zu integrierenden Applikationen oder von Fremdprodukten. Eine Integration der verschiedenen Autorisierungssysteme einer Unternehmung (z.B. Workflowsystem, Host-Applikationen) ist zur Zeit noch ein ungelöstes Problem [s. Derungs et al. 1995b, S. 60]. Die pragmatische Lösung ist: separate Verwaltung der Zugriffsrechte je Anwendung (was Redundanzen und damit erheblichen Aufwand verursacht) sowie individuelle Verwaltung und Identifikation der Benutzer je Applikation.

5.3.6. Dialogspezifikation

Die Desktop-Integration hat aufgrund der Arbeitsschritte Aktivitäten definiert und soweit spezifiziert, wie es für deren Einbindung in einen Workflow während der Workflowplanung erforderlich ist. Dabei standen sowohl die Arbeitsschritte, welche die Integration von betrieblichen Applikationen ermöglichen, als auch die Schnittstellen von Aktivitäten, welche für die Übergabe von Kontroll- bzw. Steuerungsdaten an das Workflowsystem zuständig sind, im Mittelpunkt. Wohl erfolgte die Bündelung von Arbeitsschritten zu Aktivitäten in der Desktop-Integration unter anderem aus Sicht des Benutzers, jedoch hat die Methode bis an diese Stelle die Kommunikation des Workflows mit dem Benutzer noch nicht untersucht.

5.3.6.1. Ziele und geplante Ergebnisse

Ziel der Dialogspezifikation ist es, den gesamten Dialog des Workflows zu beschreiben und damit alle Benutzerinteraktionen abzudecken. Im Dialog sind Bildschirmmasken, Menüs, Dokumente, Listen, Reports etc. enthalten [s. Steinweg 1995, S. 119-121]. Die zu integrierenden Applikationen verwenden häufig bereits einen Dialog, d.h. Präsentationsdienste, unabhängig vom Workflow. Im Rahmen der Integration vorhandener Informationssysteme mit Hilfe eines Workflowsystems bedeutet dies, dass vorhandene Präsentationsdienste weiter zu verwenden sind (vgl. Abschnitt 5.3.2.). Die Dialogspezifikation muss sie - sofern relevant - berücksichtigen und nur für bestimmte Bereiche z.B. neue Bildschirmmasken entwerfen. Teilweise werden im Rahmen von Workflowprojekten gleichzeitig auch neue, einheitliche (grafische) Benutzeroberflächen entwickelt. Zeit- und Kostengründe sind meistens ausschlaggebend dafür, inwiefern durch den Workflow z.B. alte Bildschirmmasken ersetzt werden können.

Aufgrund dieser Überlegungen ist es Aufgabe der Dialogspezifikation, im folgenden vorwiegend bestehende, für den Workflow relevante Bildschirmmasken, Listen etc. zu sammeln, und nur am Rande beschäftigt sie sich mit dem Entwurf von neuen Dialogelementen, welche die betrieblichen Applikationen noch nicht abdecken. Hinzu kommt, dass Unternehmen im Bereich der Dialogspezifikation verschiedene Techniken, Entwurfsergebnisse bereits standardmässig anwenden, die unverändert in einem Workflowprojekt zu übernehmen sind. Deshalb konzentrieren sich die folgenden Abschnitte auf den Zusammenhang zwischen Workflow und Dialog und die dafür zu verwendenden Dokumente.

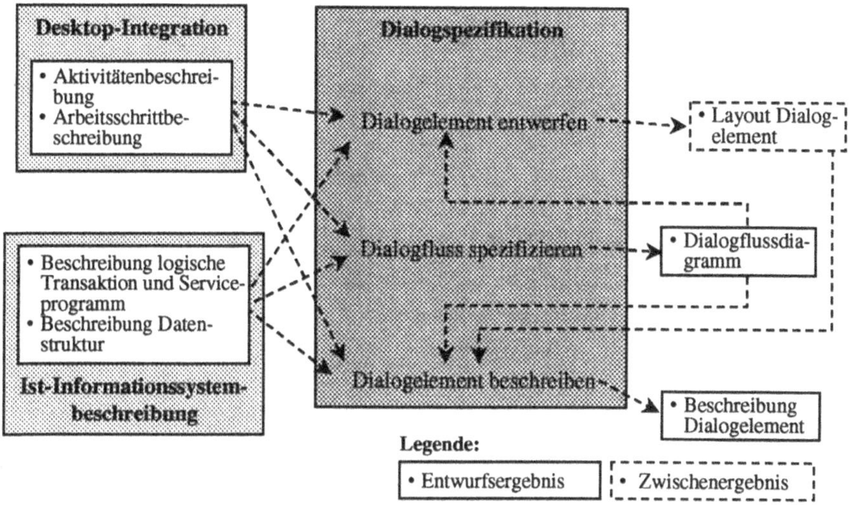

Bild 5.3.6.1./1: Übersicht Dialogspezifikation

Bild 5.3.6.1./1 verschafft einen Überblick über die Dialogspezifikation mit Hilfe der in Abschnitt 5.3.2.1. eingeführten Notation.

5.3.6.2. Anleitung für die Erarbeitung der Resultate

Zu Beginn werden in Schritt 1 die relevanten Dialogelemente gesammelt und ihr Layout skizziert. In Schritt 2 werden sie in einer Ablauffolge geordnet und abschliessend werden in Schritt 3 insbesondere neue Elemente im Detail spezifiziert.

Schritt 1: Layout Dialogelemente entwerfen

Im Sinne der Wiederverwendung vorhandener Applikationen kann der Workflow die bereits existierenden Dialogelemente übernehmen. Deshalb kommt die Dialogspezifikation im Sinne eines Entwurfs (gestalterischer Aspekt) hauptsächlich ausserhalb der betrieblichen Applikationen zum Tragen, insbesondere bei der Kommunikation mit dem Workflowsystem. Dabei geht es in vielen Unternehmen um die Gestaltung des Postkorbs (Arbeitsliste), der die auszuführenden Aktivitäten entsprechend der Autorisierung auflistet. Beinahe alle Workflowsysteme bieten heute standardmässig einen Postkorb an. Erfahrungen aus der Praxis zeigen einen deutlichen Trend auf, den in einem Produkt enthaltenen Postkorb nicht zu verwenden, sondern einen unternehmenseigenen zu entwickeln. Dazu steht (künftig) im Rahmen der Workflow Client Application das Interface 2 der WfMC zur Verfügung (s. Bild 4.4.3./1 auf S. 79).

Decken die Applikationen den Bedarf nach Dialogelementen nicht vollständig ab, dann können Aktivitäten z.B. die fehlenden Bildschirmmasken oder Dokumente bereitstellen. Angaben über die notwendigen Dialogelemente kann das Projektteam aus vorhandenen Entwurfsdokumenten ableiten:

- Arbeitsschrittbeschreibung:
  Sie führt die einzusetzenden Bildschirmmasken auf. Dabei stützt sie sich einerseits auf vorhandene Masken der betrieblichen Applikationen, und andererseits enthält sie auch neue Dialogelemente. Sie definiert die grundsätzliche Weiterverwendung der Präsentationsdienste einer Applikation in der Aktivität, d.h. ob sie im Vorder- oder Hintergrund steht. Bei interaktiven Arbeitsschritten legt die Beschreibung die zu verwendenden Bildschirmmaske(n) fest.

- Ist-Informationssystembeschreibung:
  Verschiedene Dokumente der Ist-Informationssystembeschreibung berücksichtigen mindestens Verweise auf Dialogelemente, welche für den Workflow relevant sind.

Für vorhandene Dialogelemente reicht eine Hardcopy z.B. der Bildschirmmaske sowie deren genaue Bezeichnung an dieser Stelle aus [s. IMG 1994, S. VORU 36]. Für neue Dialogelemente, die noch von keiner Applikation abgedeckt werden, muss das Projektteam ihr Layout entwerfen.

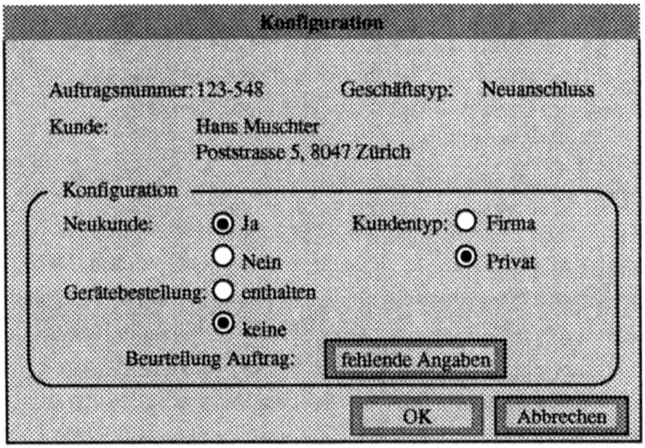

Bild 5.3.6.2./1: Layout Bildschirmmaske "Konfiguration" (Beispiel)

Für den Entwurf von neuen Dialogelementen stehen im Unternehmen die unterschiedlichsten Werkzeuge zur Verfügung (z.B. Prototyping). Die Dialogspezifikation bestimmt bzw. dokumentiert das Layout sowohl von Dialogelementen (z.B. Bild 5.3.6.2./1), welche von Applikationen verwendet werden (z.B. Bildschirmmasken), als auch von solchen, welche von Applikationen produziert werden (z.B. Dokument, Brief).

Das Dialogprototyping ist eine hervorragende Möglichkeit, dem Benutzer das abstrakte und statische Konzept einer Applikation bzw. eines Workflows anhand seines dynamischen Verhaltens frühzeitig zu vermitteln. Es kann sehr teure Fehlentwicklungen, die aus einer falsch verstandenen Spezifikation entstehen können, vermeiden. Jedoch ist das Dialogprototyping kein Ersatz für eine saubere Spezifikation, sondern eine Ergänzung [vgl. Österle 1995, S. 329-330; Downs et al. 1992, S. 50].

Zusätzlich unterstützt das Dialogprototyping das Zusammenführen der Dialogelemente aus den verschiedenen Applikationen und verfolgt damit eine wesentliche Aufgabe der Dialogspezifikationen. Es überprüft damit gleichzeitig die Aktivitäten auf Vollständigkeit in bezug auf ihre Arbeitsschritte und damit auch in bezug auf ihre Dialogelemente.

Schritt 2: Dialogfluss spezifizieren

Der Benutzer navigiert in einer vordefinierten Reihenfolge durch die Dialogelemente. Dieser Ablauf wird im folgenden mit Hilfe einer Grafik dargestellt ist [vgl. Gutzwiller 1994, S. 329-331; Downs et al. 1992, S. 100; Yourdon 1989, S. 349].

Die Ablauffolge der Arbeitsschritte aus der Aktivitätenbeschreibung gibt die Grundstruktur des Dialogflusses vor, der grundsätzlich für benutzerinteraktive Aktivitäten zu untersuchen ist. Sowohl Ausgangs- als auch Endpunkt ist der Postkorb (Arbeitsliste) im Workflowsystem, aus welchem der Verantwortliche eine Aktivität auswählt und deren Bearbeitung startet. Nach der Ausführung einer Aktivität führt der Dialog den Benutzer wieder zurück in seinen Postkorb.

Die Grafik (s. Bild 5.3.6.2./2) listet die Bildschirmmasken der Aktivität auf. Die gerichteten Kanten (Pfeile) bezeichnen einen Weg von einer Bildschirmmaske zu einer anderen. Ein Punkt am Anfang einer gerichteten Kante kennzeichnet, dass der Benutzer nach einer Bildschirmmaske automatisch zu ihrem Ausgangspunkt zurückgeführt wird. In der Bildschirmmaske "Konfiguration" wählt der Benutzer z.B. den Button "fehlende Angaben" zur genauen Beurteilung eines Auftrags. Es erscheint die Bildschirmmaske "fehlende Angaben", in welcher der Sachbearbeiter die Mängel eines Auftrags erfassen kann. Durch eine Bestätigung springt er automatisch zurück zum Bildschirm "Konfiguration" [s. Österle 1995, S. 326-329].

Der Dialogfluss konzentriert sich auf Bildschirmmasken, welche den Workflow aus Sicht des Benutzers beschreiben. Im Mittelpunkt der Untersuchung stehen jeweils die Masken einer Aktivität, wobei Start und Ziel der Postkorb ist. Ihre Reihenfolge ist teilweise bereits vorgegeben:

- Aktivitätenbeschreibung:
  Die Aktivitätenbeschreibung hält mit der Ablauffolge der Arbeitsschritte die Grundstruktur des Dialogflusses fest.

- Arbeitsschrittbeschreibung:
  Definiert die grundsätzliche Weiterverwendung der Präsentationsdienste einer Applikation in der Aktivität, d.h. beispielsweise eine Bildschirmmaske und ob sie im Vorder- oder Hintergrund steht. Bei interaktiven Arbeitsschritten legt die Beschreibung die zu verwendenden Bildschirmmaske(n) fest.

- Ist-Informationssystembeschreibung:
  Die Integration der vorhandenen Applikationen im Workflow bedingt, dass die Applikation den Dialogfluss eines Arbeitsschrittes stark bestimmt.

Dialogflussdiagramm der Aktivität: Auftrag Neuanschluss erfassen

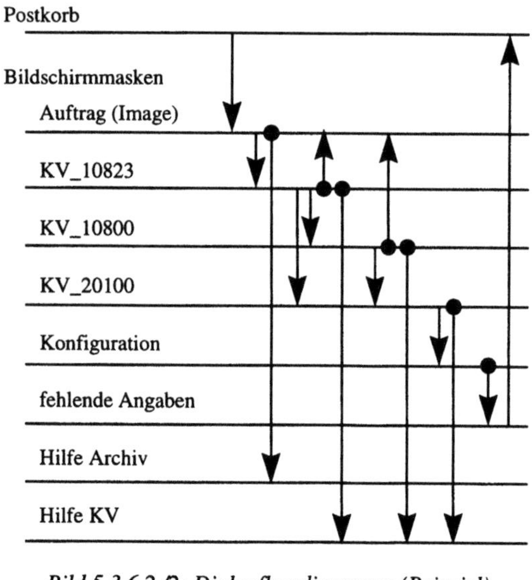

Bild 5.3.6.2./2: Dialogflussdiagramm (Beispiel)

Die Hauptaufgabe beim Spezifizieren des Dialogflusses besteht darin, die einzelnen Dialogbestandteile der Arbeitsschritte aus den Applikationen je Aktivität zusammenzuführen und in einer Reihenfolge zu strukturieren.

Schritt 3: Dialogelemente beschreiben

Die Beschreibung der Dialogelemente ist im Rahmen eines Workflowprojekts vor allem für neue Elemente, welche nicht in betrieblichen Applikationen enthalten sind, von

Interesse. Im Bereich vorhandener Applikationen kann das Projektteam meistens auf eine derartige Dokumentation verzichten. Es reicht nämlich häufig z.B. eine Hardcopy aus. Bestimmte Situationen verlangen trotzdem eine Nachdokumentation dieser Dialogelemente. Dies gilt insbesondere dann, wenn es für die Integration (z.B. Integrationsansatz) von grosser Bedeutung ist.

Die Beschreibung enthält folgende Elemente [vgl. Österle 1995, S. 315-320]:

- Dialogelement:
  Bezeichner (und Nummer) der Bildschirmmaske, Liste etc. Ihr Layout hat der Schritt "Dialogelemente identifizieren" festgelegt.

- Aktivität(en)/Arbeitsschritt(e):
  Bezeichner (und Nummer) der Aktivität(en) bzw. Arbeitsschritt(e), welche das Dialogelement verwenden oder produzieren.

- Datenelemente:
  Beschreibt den eigentlichen Aufbau des Dialogelements mit Hilfe seiner Datenelemente (z.B. Attribute). Minimal muss die Beschreibung die Datenelemente strukturiert aufführen und deren Semantik erläutern. Eine detailliertere Dokumentation berücksichtigt zusätzlich folgende Elemente:

  - Name:
    Bezeichner des Datenelements, welches die Bildschirmmaske, Liste etc. verwendet.

  - Speicher:
    Beschreibt die Quelle bzw. Senke von Datenelementen, welche das Dialogelement verwendet. Datenelemente können verschiedene Quellen bzw. Senken als Speicher nutzen: z.B. Attribute in Entitätstypen einer Datensammlung, Steuerdaten in der Datenbank Steuerdaten. Datenelemente, die am Bildschirm aus anderen (angezeigten) Datenelementen berechnet werden (z.B. Betrag = Preis * Menge), können auch keinen festen Speicher besitzen.

  - Häufigkeit des Vorkommens:
    Wie häufig ein Datenelement im Dialogelement auftreten kann.

  - I/O:
    Zeigt an, ob ein Datenelement der Eingabe "I", der Anzeige "O" oder der Anzeige mit Möglichkeit der Änderung "I/O" dient.

  - Berechnungsformel:
    Beschreibt die Berechnung von Datenelementen.

Dialogelement:	Bildschirmmaske "Konfiguration"			
Verwendende Aktivität(en) / Arbeitsschritt(e): Auftrag Neuanschluss erfassen / Auftrag konfigurieren				
Datenelemente:		*Häufigkeit des Vorkommens*		
Name	*Speicher*		*I/O*	*Berechnungsformel*
Auftragsnummer	Workflow/Geschäft Kundenverwaltung/Auftrag	1	O	Übernahme aus KV_10100
Geschäftstyp	Workflow-DB/Geschäft	1	I/O	
Kunde	Kundenverwaltung/Kunde	1	O	Übernahme aus KV-_10100
Neukunde	Workflow-DB/Kunde	1	I/O	Übernahme aus KV_10800
Kundentyp	Workflow-DB/Kunde	1	I/O	Übernahme aus KV_10800
Gerätebestellung	Workflow DB/Konfiguration	1	I	

Bild 5.3.6.2./3: Beschreibung Bildschirmmaske (Beispiel)

Die Erstellung einer Beschreibung für Dialogelemente berücksichtigt Angaben aus mehreren Entwurfsdokumenten:

- Arbeitsschrittbeschreibung:
  Sie beschreibt den Inhalt des Arbeitsschritts und dadurch auch die Inhalte ihrer Dialogelemente. Diese basieren vor allem auf der Dokumentation ihrer Effekte auf Daten der betrieblichen Applikationen. Zusätzlich liefern ihre Schnittstellen wichtige Hinweise für weitere Datenelemente.

- Aktivitätenbeschreibung:
  Die Schnittstelle einer Aktivität dokumentiert den Austausch von Kontroll- und Steuerungsdaten zwischen Aktivität und Workflowsystem. Sie bestimmen z.B. aufgrund einer Konfiguration durch den Benutzer massgeblich den weiteren Ablauf des Workflows. Darin sind Datenelemente enthalten, welche der Benutzer explizit erfassen muss.

- Ist-Informationssystembeschreibung:
  Die Struktur der Dialogelemente von betrieblichen Applikationen ist in der Ist-Informationssystembeschreibung nur am Rande abgedeckt. Die Dialogspezifikation verfolgt nicht das Ziel, alle verwendeten Bildschirmmasken, Listen, Reports etc. der vorhandenen Applikationen zu dokumentieren.

Die Wahl der Entwicklungsumgebung bestimmt massgeblich die Möglichkeiten der Dialoggestaltung. Abhängig davon sind entsprechende Entwurfsdokumente zu erweitern (z.B. Feldtypen, Fenster- bzw. Windowtechnik, Bearbeiten von Grafiken oder Images, Möglichkeiten der Benutzerinteraktionen).

5.3.7. Implementierung

Die Techniken haben am Ende der Phase Konzeption die Aktivitäten und ihre Verwendung in einem Workflow im Detail entworfen und spezifiziert. Dabei nahmen sie eine klare Trennung zwischen Workflowplanung einerseits und Desktop-Integration andererseits vor. In beiden Bereichen hat die Konzeption den Entwurf - d.h. die eigentliche Gestaltung des Informationssystems - abgeschlossen. Die Implementierung hat im folgenden die Aufgabe, diese Entwurfsergebnisse in ausführbare Software umzusetzen. Ihr Schwerpunkt liegt in der Phase Realisierung.

Zusätzlich behandelt dieser Abschnitt im Rahmen der Implementierung ausgewählte Aspekte der Qualitätssicherung (5.3.7.3.) und des Prototypings (5.3.7.4.).

5.3.7.1. Ziele und geplante Ergebnisse

Auch die Implementierung verfolgt während der Phase Realisierung weiterhin die Trennung, wie sie die Konzeption mit Desktop-Integration und Workflowplanung vornimmt, und betont damit noch einmal die Unterscheidung der Ebenen Steuerung, Desktop-Integration bzw. betriebliche Applikationen (s. Bild 5./1 auf S. 83). Aber die Ausführungen hierzu werden an dieser Stelle relativ kurz ausfallen, denn sie sollen sich vorwiegend auf workflowspezifische Aspekte konzentrieren. Der Entwurf im Rahmen von Workflow unterscheidet sich während der Konzeption von anderen Paradigmen recht stark. Hingegen sind die Unterschiede bei der Implementierung geringfügig. Abweichungen in der Realisierung ergeben sich vielmehr aufgrund unterschiedlicher Hardware-, Software- bzw. Entwicklungsplattformen. Aus diesem Grunde durchleuchten die folgenden Abschnitte vor allem die Weiterverwendung der Entwurfsergebnisse aus der Konzeption in der Implementierung unter besonderer Berücksichtigung von workflowspezifischen Aspekten. Darüber hinausgehende Angaben decken vorhandene Methoden (Handbücher) des Software-Engineerings ausführlich ab. Das Projektteam kann sie in diesen Bereichen mehr oder weniger unverändert übernehmen.

Bei den Ergebnissen der Implementierung handelt es sich weniger um Dokumente, als vielmehr um ausführbare Programme.

Bild 5.3.7.1./1 verschafft einen Überblick über die Implementierung mit Hilfe der in Abschnitt 5.3.2.1. eingeführten Notation.

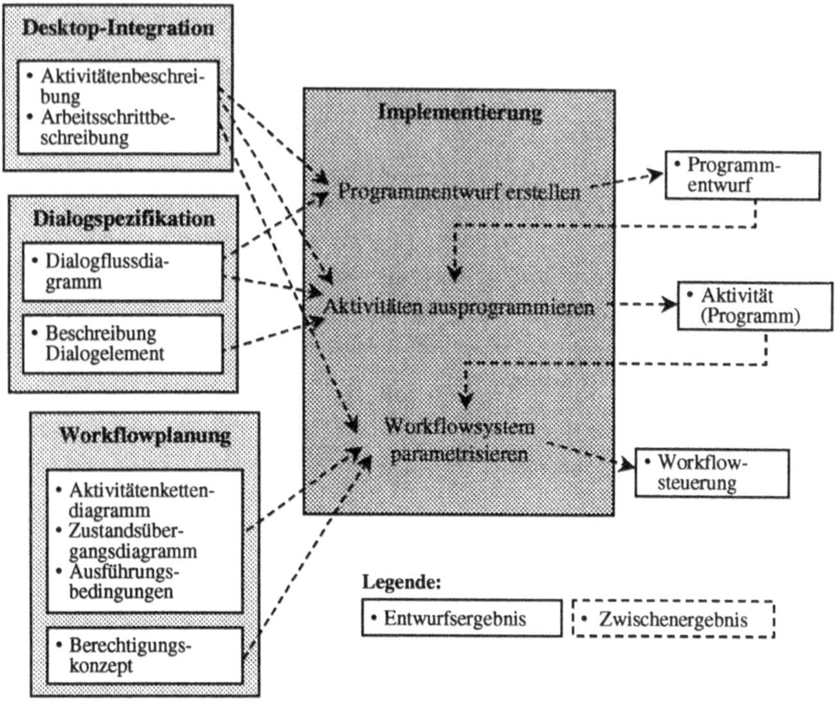

Bild 5.3.7.1./1: Übersicht Implementierung

5.3.7.2. Anleitung für die Erarbeitung der Resultate

Die Implementierung hat die Aufgabe, die Ergebnisse aus der Konzeption in ein ausführbares System umzusetzen. Dabei erstellt sie einerseits einen Programmentwurf aufgrund der Desktop-Integration und der Dialogspezifikation (Schritt 1) und implementiert anschliessend die Aktivitäten (Schritt 2). Andererseits parametrisiert Schritt 3 das Workflowsystem mit den Angaben aus der Workflowplanung.

Schritt 1: Programmentwurf erstellen

Die Desktop-Integration hat Aktivitäten mit ihren Arbeitsschritten identifiziert und spezifiziert. Zu den Aktivitäten hat die Dialogspezifikation die Kommunikation zwischen Benutzer und System festgelegt. Die Umsetzung dieser Ergebnisse verfolgt das Ziel, die Aktivitäten unabhängig von ihrer konkreten Verwendung in einem Workflow zu implementieren. Als Entwicklungswerkzeuge stehen hier herkömmliche Programmiersprachen und immer häufiger moderne Client/Server-Entwicklungsumgebungen zur Verfügung (s. Abschnitt 4.4.).

Abhängig von der gewählten Entwicklungsumgebung ist das Vorgehen an dieser Stelle teilweise verschieden. Der hier vorgeschlagene Weg orientiert sich stärker an prozeduralen Programmiersprachen [vgl. Ott 1991, S. 221-247; DeMarco 1979, S. 297-324]. Bei der Verwendung einer objektorientierten Entwicklungsplattform sind z.B. entsprechende Analyse- und Designverfahren aufzunehmen [vgl. Yourdon et al. 1995, S. 216-227; Rumbaugh et al. 1993, S. 343-356].

Ziel des Programmentwurfs ist es, im Sinne der strukturierten Programmierung die Programme in einzelne kleinere, überschaubare Blöcke zu untergliedern, welche durch ihre Verkopplung Aktivitäten bilden [vgl. Raasch 1993, S. 345-353]. Für die Gliederung von Programmen in hierarchische Strukturen verwendet der Programmentwurf kleine übersichtliche Bestandteile, d.h. Module. Ein Modul ist eine abgeschlossene softwaretechnische Einheit mit wohldefinierter Schnittstelle, die eine Funktions- oder Datenabstraktion realisiert [s. Denert 1992, S. 36 und 316-323]. Auch hier geht das Prinzip davon aus, die Komplexität einer Aktivität aufgrund der Integration von Alt- und Neusystemen durch Untergliederung (Strukturierung) in den Griff zu bekommen.

Aktivitäten bilden den Ausgangspunkt für den Programmentwurf. Er untergliedert jede Aktivität in einzelne Module, welche das Programm strukturieren. Durch die Arbeitsschritte innerhalb einer Aktivität und die damit verbundene Einbindung von betrieblichen Applikationen ist das Prinzip der Modularisierung teilweise bereits enthalten. Es ist aber noch zu grob und stark durch die Sicht des Benutzers geprägt. Für die Programmierung sind Arbeitsschritte oft in mehrere Module zu zerlegen (z.B. Applikation aufrufen, Kundendaten übernehmen, Benutzereingabe abfragen). Die Zerlegung orientiert sich dabei an den Prinzipien der strukturierten Programmierung. Das Ergebnis eines Programmentwurfs ist z.B. im Structure Chart abgebildet.

Die Structure Chart zeigt den Aufbau einer Aktivität aus den einzelnen Modulen und die Kopplung zwischen diesen Modulen über "Calls" in hierarchischer Form [vgl. Raasch 1993, S. 354-358]. Ein Modul kann z.B. eine Applikation einbinden.

In Bild 5.3.7.2./1 sind Module durch ein Rechteck mit Namen repräsentiert. Die gerichteten Kanten (Pfeile) stellen einen Modulaufruf ("Call") dar. Ein Punkt in einem Modul bedeutet, dass dieses Modul einen Dialog mit dem Benutzer führt. Ein grau schraffiertes Modul (Rechteck) sagt aus, dass es durch eine vorhandene betriebliche Applikation abgedeckt ist. Verschiedene Erweiterungen dieser Grafik sind möglich:

- unterschiedliche Modulaufrufe (z.B. synchron, asynchron)
- Schnittstellendaten (Übergabeparameter) zwischen Modulen in Form von Datenelementen oder Steuerdaten
- Kennzeichnung von Bibliotheksmodulen

- Aufruf von spezifischen technischen Services (z.B. Security Service, Directory Service, Transaction Service)

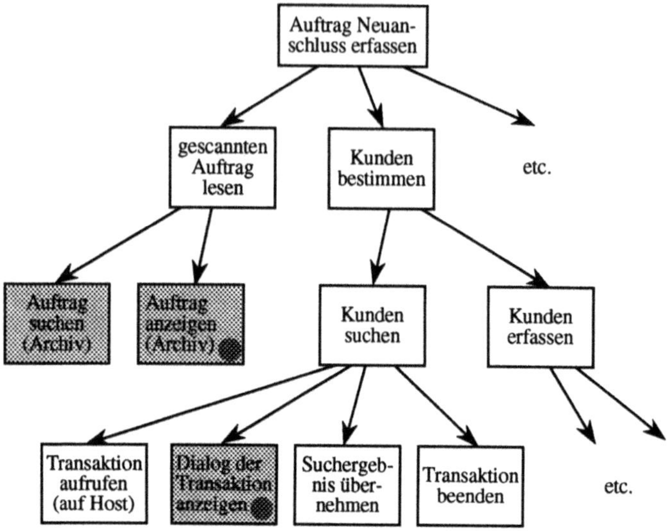

Bild 5.3.7.2./1: Programmentwurf als Structure Chart (Ausschnitt)

Für die Erstellung des Programmentwurfs verwendet das Projektteam beinahe alle Ergebnisse aus der Desktop-Integration. Sie bilden die Grundlage für die Modularisierung der Programme:

- Aktivitätenbeschreibung:
  Aus der Aktivitätenbeschreibung stammen alle Arbeitsschritte, welche im Programmentwurf zu einer Aktivität zu untersuchen sind. Sie bilden zugleich den Einstieg in die Modulspezifikation. Weitere Module lassen sich aufgrund der verbalen Beschreibung oder der Bildschirmmasken ableiten. Die Beziehungen zwischen den Arbeitsschritten sind im Pseudocode enthalten. Er bestimmt die Grundstruktur der Modulspezifikation.

- Arbeitsschrittbeschreibung:
  Sie bestimmt vorwiegend den Aufruf von Applikationen, der im Programmentwurf als ein Modul vorkommt. Zusätzliche Module lassen sich aus der verbalen Beschreibung ableiten. Die Schnittstellen von Arbeitsschritten sind die Basis für Übergabeparameter zwischen Modulen.

- Dialogflussdiagramm:
  Im Dialogflussdiagramm sind alle Dialogelemente innerhalb einer Aktivität aufgeführt. Die Modulspezifikation nimmt z.B. das Anzeigen von Dialogelementen in den Programmentwurf auf.

Der Programmentwurf wendet die Prinzipien der strukturierten Programmierung im Rahmen einer Aktivität an. Das Ziel sollte dabei sein, möglichst viele Module durch die Integration von betrieblichen Applikationen abzudecken.

Schritt 2: Aktivitäten ausprogrammieren

Der Programmentwurf hat aufgrund der Angaben aus der Desktop-Integration die Aktivitäten insoweit definiert, als das Projektteam sie jetzt mit Hilfe einer Entwicklungsumgebung implementieren kann. Die Ausprogrammierung der Aktivitäten - d.h. die Integration von betrieblichen Applikationen - übernimmt unverändert die Modulspezifikation. Die konkrete Realisierung hängt vom gewählten Werkzeug ab. Die erforderlichen Angaben für die Realisierung der Aktivitäten liefern folgende vorhandenen Entwurfsergebnisse:

- Programmentwurf
- Aktivitätenbeschreibung
- Arbeitsschrittbeschreibung
- Beschreibung Dialogelement
- Dialogflussdiagramm

Im Zentrum steht der Programmentwurf (s. Schritt 1). Er definiert die einzelnen Module, welche für den Aufruf von Applikationen, Anzeigen von Dialogelementen etc. verantwortlich sind. Detailinformationen sind in den anderen Dokumenten enthalten. So kann die Programmierung im Rahmen der Integration von betrieblichen Applikationen sogar bestimmte Dokumente der Ist-Informationssystembeschreibung verwenden.

Das Ergebnis dieses Schrittes ist ein ausführbares Programm, das eine Aktivität repräsentiert und im Workflow verwendet wird. Im Sinne eines wiederverwendbaren Softwarebausteins können es mehrere Workflows aufrufen.

Schritt 3: Workflowsystem parametrisieren

Dieser Schritt hat die Aufgabe, die Angaben vor allem aus der Workflowplanung in einem Workflowsystem abzubilden. Dabei geht es bei der Parametrisierung innerhalb eines Workflowsystems um folgende Sichten:

- Ablauffolge der Aktivitäten eines Workflows abbilden
- Autorisierung in Form einer Aufbauorganisation realisieren
- Aufruf der Aktivitäten parametrisieren

Das Ergebnis daraus ist die Workflowsteuerung. Alle drei Sichten sind in ihrer Mächtigkeit, aber auch in der Art und Weise der Parametrisierung stark vom jeweiligen Workflowsystem abhängig (vgl. Abschnitt 4.1.2.). Die folgenden Ausführungen beschränken sich deshalb darauf, vorwiegend die Verwendung der Quellen aus den früheren Projektphasen für die Parametrisierung der Workflowsteuerung aufzuzeigen. Weitere allgemeingültige Aussagen im Rahmen dieses Schritts sind kaum möglich.

Ablauffolge von Aktivitäten

Die meisten Workflowsysteme erlauben eine grafische Darstellung der Ablauffolge von Aktivitäten. Eine einheitliche Notation hat sich aber in diesem Bereich noch nicht durchsetzen können. Die Workflowplanung hat diesbezüglich Aussagen (s. Abschnitt 5.3.5.) gemacht und aufgrund verschiedener Stufen im Entwurf (idealer Ablauf bzw. erweiterte Ablauffolge) folgende Entwurfsergebnisse vorgelegt:

- Aktivitätenkettendiagramm
- Zustandsübergangsdiagramm
- Ausführungsbedingungen

Der Detaillierungsgrad der Aktivitäten ist aus diesen Dokumenten im Workflowsystem unverändert zu übernehmen. Sie entsprechen den Aktivitäten, welche aus der Desktop-Integration heraus entstehen.

Zusammen mit den Ausführungsbedingungen liefert das Zustandsübergangsdiagramm detaillierte Angaben für die Workflowsteuerung, insbesondere in bezug auf die hierzu verwendeten Steuerdaten.

Zusätzliche Spezifitäten (z.B. Wiedervorlagen, Termine, ereignisgesteuerte Aktivitäten) sind bei der Abbildung zu berücksichtigen.

Autorisierung

Grundlage für die Realisierung der Autorisierung im Workflowsystem bildet das Berechtigungskonzept aus der Workflowplanung. Es ist von der Parametrisierung möglichst unverändert zu übernehmen.

Zusätzliche Informationen über die Aufbauorganisation stammen direkt aus dem BPR. Sofern diese Angaben nicht bereits in die Workflowplanung eingegangen sind, sind sie spätestens jetzt zu übernehmen.

Dieser Abschnitt hat sich nur mit der Autorisierung innerhalb des Workflowsystems befasst. Die Autorisierung in bezug auf betriebliche Applikationen ist zur Zeit noch in den jeweiligen Anwendungen zu lösen. Eine sinnvolle Integration der in einem Unternehmen vorhandenen Autorisierungssysteme ist nicht abgedeckt (s. Abschnitt 5.3.5.).

Aufruf von Aktivitäten

Aufgrund der Trennung zwischen Workflowsteuerung, Desktop-Integration und betrieblichen Applikationen sind bei der Parametrisierung eines Workflowsystems weder Bildschirmmasken noch betriebliche Funktionen abzubilden. Das Prinzip der in dieser Methode vorgeschlagenen Architektur ist, dass das Workflowsystem je Aktivität ein Programm aufruft, welches die erforderlichen Präsentations-, Funktions- und Datendienste bereitstellt (vgl. Abschnitt 4.4.2.). Somit beschränkt sich die Parametrisierung in bezug auf Aktivitäten im Workflowsystem (neben Ablauffolge und Autorisierung) auf folgende Punkte:

- Aufruf von Aktivitäten (z.B. Bezeichner, auszuführender Befehl)
- Übergabeparameter zwischen Workflowsystem und Aktivität gemäss ihrer Schnittstelle

Die Parametrisierung des Aufrufs von Aktivitäten verwendet folgende Quellen:

- Aktivität (Programm aus Schritt 2)
- Aktivitätenbeschreibung (Schnittstelle)

Die Workflowsteuerung konzentriert sich ausschliesslich auf die Steuerung von Aktivitäten und den Aufruf zugehöriger Applikationen.

5.3.7.3. Workflow testen

Die Grundlagen des Testens und die damit verfolgten Ziele und Probleme sind sowohl im Bereich Workflow als auch in anderen Informatikprojekten identisch. Aus diesem Grund führt sie diese Arbeit nicht noch einmal auf, denn im Mittelpunkt stehen auch hier workflowspezifische Aspekte. Hierzu zeigen die folgenden Abschnitte lediglich die Einbindung bekannter Testverfahren in ein Workflowprojekt auf. Die Kürze der Ausführungen entspricht keinesfalls der Bedeutung des Testens als eine zentrale Massnahme der Qualitätssicherung, welche das ganze Vorgehensmodell begleiten muss [s. Steinweg 1995, S. 141-154; Downs et al. 1992, S. 261-263; Humphrey 1990, S. 195-224]. In Anlehnung an bekannte Testverfahren empfiehlt es sich, untenstehende Tests für die verschiedenen Stufen durchzuführen:

- Modultest:
  Die einzelnen Module aus dem Programmentwurf für Aktivitäten sind zu testen. Da die Module häufig Applikationen aufrufen, steht beim Modultest die Integration im Mittelpunkt. Die einzubindenden Applikationen sind grundsätzlich an dieser Stelle nicht zu

testen, da sie bereits früher getestet wurden und als gegeben zu betrachten sind. Der Modultest erfolgt laufend während der Programmierung [vgl. Ott 1991, S. 246].

- Einzeltest:
  Gegenstand des Einzeltests sind die Aktivitäten. Er untersucht im Zusammenhang alle Teile (getestete Module) des Programms, jedoch unabhängig von der Verwendung in einem konkreten Workflow.

- Kettentest:
  Der Kettentest betrifft den eigentlichen Workflow, d.h. die Steuerung von Aktivitäten. In einer frühen Phase untersucht er vor allem die Workflowsteuerung, bei der die Ablauffolge der Aktivitäten (z.B. Sequenz, Selektion, Parallelität, Wiedervorlagen, Terminierung) und deren Zuweisung an Stellen (Autorisierung) getestet wird. Dabei kann eine Aktivität mit einem Dummy [vgl. Denert 1992, S. 356] hinterlegt sein. Der Aufruf von (getesteten) Aktivitäten ersetzt schrittweise diese Dummies. Die Verkettung von Aktivitäten, die betriebliche Applikationen aufrufen, zu einem Workflow ist am Ende Gegenstand des Kettentests. Aufgrund der Einbindung von Applikationen in einen Workflow ergeben sich neue Testfälle (z.B. gleichzeitiges Bearbeiten der gleichen Geschäftsdaten durch unterschiedliche Stellen, externe Ereignisse zur Steuerung des Ablaufs, Zusammenspiel mehrerer Autorisierungssysteme).

- Systemtest:
  Der Systemtest untersucht nicht mehr einzelne Applikationsteile oder den Workflow in einer isolierten Umgebung. Vielmehr ist das Zusammenspiel aller Komponenten in einem realistischen Umfeld mit einer maximalen Anzahl zu bearbeitender Geschäfte von Interesse. Dabei kommen Aspekte wie z.B. Performance, Stabilität, Sicherheit zum Tragen [s. Denert 1992, S. 375-383; Ott 1991, S.253].

Dies sind die zentralen Stufen des Testens im Rahmen des Workflows. Weitere Möglichkeiten sind z.B. Anwendertest (Usability Test), Abnahmetest, Probebetrieb.

5.3.7.4. Prototyping

Prototyping ist vor allem in Workflowprojekten eine beliebte Technik, um möglichst schnell konkrete Ergebnisse mit dem Workflowsystem vorzuweisen. Jedoch birgt vor allem bei der Umsetzung von Prozessen in einer heterogenen Applikationsarchitektur ein einseitiges Prototyping grosse Gefahren in sich. Es verdeckt die Sicht auf vorhandene Probleme der Integration (s. Kapitel zwei). Die Arbeit hat aus solchen Gründen in den einzelnen Techniken das Prototyping etwas vernachlässigt und das Schwergewicht auf einen sauberen Entwurf gelegt.

Das Prototyping kann aber sehr wohl die vorgestellten Techniken unterstützen. Das Prototyping ist eine sinnvolle Ergänzung und keinesfalls als ein Widerspruch bzw. Gegensatz zum vorgeschlagenen Vorgehen zu verstehen [s. Spitta 1989]. Verschiedene Techniken in der Methode erlauben z.B. die Überprüfung und iterative Verbesserung der Ergebnisse mit Hilfe von Prototyping [vgl. Olle et al. 1991, S. 35 und 282; Humphrey 1990, S. 272-276].

Prototyping in unterschiedlichsten Ausprägungen kann im Vorgehensmodell beispielsweise an folgenden Stellen angewendet werden [vgl. Steinweg 1995, S. 236-242]:

- in der Phase Voruntersuchung:
  - Prototyp "Desktop-Integration" für die Machbarkeit der Integration von einzelnen Applikationen in der IS-Planung (s. Abschnitt 5.3.2.)
  - Prototyp "Applikation" für eine neue betriebliche Applikation zur Anforderungsspezifikation im Rahmen der IS-Planung (s. Abschnitt 5.3.2.)
  - Prototyp "Applikation" für eine neue Technologie bzw. ein neues Werkzeug zur Überprüfung der Machbarkeit (Abschnitt 5.3.2.)
- in der Phase Konzeption:
  - Prototyp "Workflow" für die Ablauffolge von Aktivitäten während der Workflowplanung mit Hilfe des Workflowsystems (s. Abschnitt 5.3.5.)
  - Prototyp "Aktivität" für Aktivitäten in der Desktop-Integration (s. Abschnitt 5.3.4.)
  - Prototyp "Dialogentwurf" für Dialogelemente bzw. Dialogflussdiagramme im Rahmen der Dialogspezifikation (s. Abschnitt 5.3.6.)
- in der Phase Realisierung:
  - Übernahme der Prototypen aus der Phase Konzeption, sofern im Sinne eines evolutionären Prototypings [s. Floyd 1984; Mayhew/Dearnley 1987] sinnvoll (z.B. Ablauffolge von Aktivitäten im Workflowsystem)

Das Prototyping ist ein zusätzliches Hilfsmittel in allen Phasen der Prozessumsetzung. Es ersetzt aber weder den Entwurf und die damit verbundene Spezifikation noch das Testen des Workflows [vgl. Raasch 1993, S. 17-20].

5.4. Einordnung in den Prozessentwurf

Die Techniken in Abschnitt 5.3. haben die Verwendung der relevanten Ergebnisse aus dem Prozessentwurf in der Prozessumsetzung mit Hilfe eines Workflowsystems ausführlich dokumentiert.

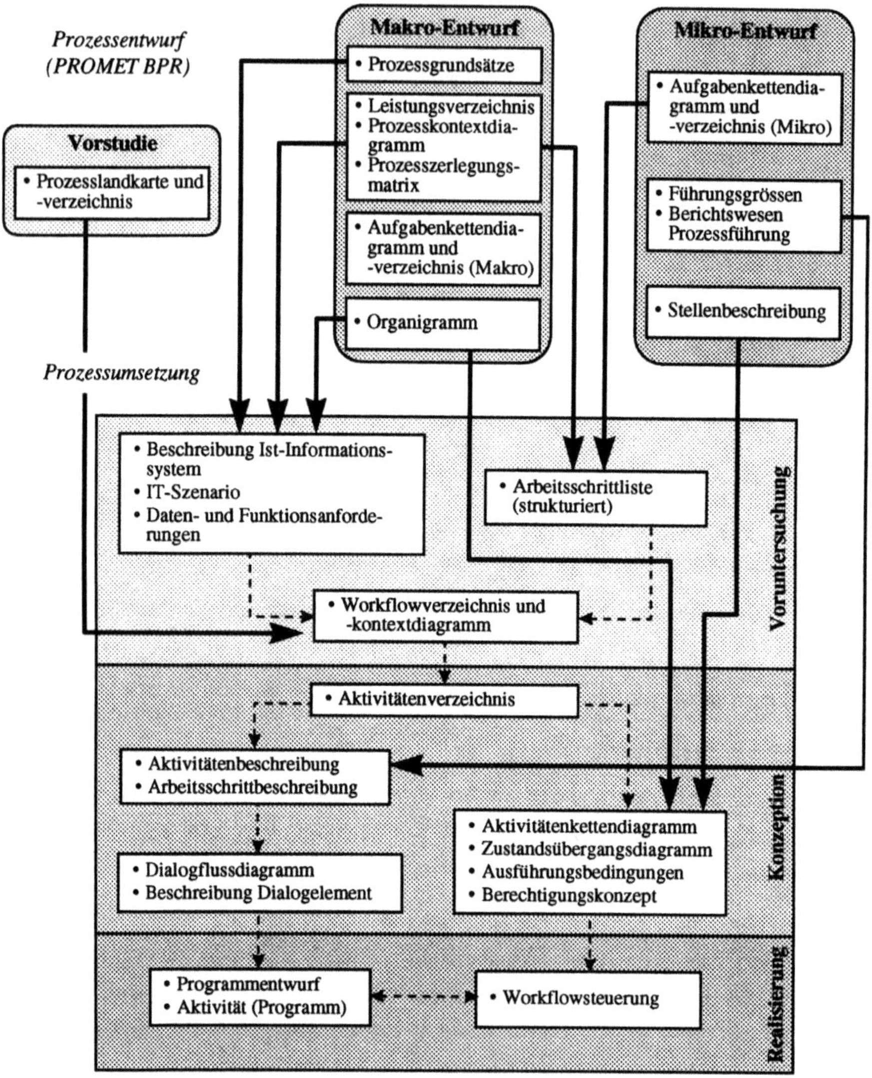

Bild 5.4./1: Ergebnisse aus dem Prozessentwurf in der Prozessumsetzung

Die folgenden Ausführungen sollen die Durchgängigkeit zwischen Prozessentwurf - insbesondere PROMET BPR (s. Anhang I) - und der Methode für die Prozessumsetzung (s. Kapitel fünf) im Überblick darstellen.

Von grossem Interesse ist, welche Outputs aus dem Prozessentwurf an welchen Stellen im Vorgehensmodell der Prozessumsetzung als Input vorkommen. Bild 5.4./1 zeigt diesen Sachverhalt auf, wobei jeweils nur die wichtigsten Entwurfsergebnisse aufgeführt sind. Die Beziehungen zwischen den Ergebnissen innerhalb der Methode für die Prozessumsetzung sind nur gestrichelt eingezeichnet, da sie hier nicht im Zentrum stehen. Die wichtigsten Beziehungen zwischen Ergebnissen des Prozessentwurfs und der Prozessumsetzung sind mit einer gerichteten Kante (durchgezogen und fett) eingetragen.

Die Darstellung kann den Eindruck erwecken, dass die Beziehungen zwischen den Ergebnissen aus dem BPR und der Prozessumsetzung einseitig sind. Rückwirkungen aus der Prozessumsetzung in den Prozessentwurf sind nicht eingezeichnet. Solche Wechselwirkungen und die genaue Verwendung der BPR-Ergebnisse in der Prozessumsetzung dokumentieren die entsprechenden Techniken im Detail. Jedoch sind Rückkopplungen nur schwer als Standardvorgaben formalisierbar. Sie sind der jeweiligen Situation anzupassen.

Aufgrund dieser Untersuchung gibt es grundsätzlich zwei Wege, um den Übergang vom Prozessentwurf zur Prozessumsetzung zu bewältigen (s. Bild 5.4./2):

- Prozessumsetzung folgt anschliessend an den Prozessentwurf:
  Ein BPR-Projekt gestaltet einen Prozess z.B. gemäss PROMET BPR anhand der Phasen Vorstudie, Makro-Entwurf und Mikro-Entwurf neu. Die Art der Umsetzung wird überhaupt nicht oder nur am Rande berücksichtigt. Nach Abschluss des Prozessentwurfs initialisiert der Auftraggeber zur Prozessumsetzung z.B. ein Workflowprojekt. Das umfangreiche BPR-Projekt, das losgelöst von irgendeiner direkten Umsetzung abgeschlossen wurde, hat relativ detaillierte Prozesse entworfen, aber ohne grossen Bezug zum (vorhandenen) Informationssystem. Bild 5.4./1 dokumentiert grob dieses Vorgehen, in dem Prozessentwurf und Prozessumsetzung zwei getrennte Projekte sind.

- Prozessentwurf und Prozessumsetzung laufen nebeneinander ab:
  Der Prozessentwurf gestaltet einen Prozess neu, jedoch berücksichtigt er bereits frühzeitig sowohl die Art der Implementierung als auch die vorhandenen Applikationen. Das bedeutet, dass spätestens zu Beginn der Phase Mikro-Entwurf im PROMET BPR verschiedene Ergebnisse in bezug auf die Implementierung (z.B. Dokumente der IS-Planung, teilweise der Workflowabgrenzung) aus dieser Arbeit zu erstellen sind, die das weitere Vorgehen im Prozessentwurf und bei der Prozessumsetzung beeinflussen. Teilweise ersetzen Ergebnisse aus der Prozessumsetzung bestimmte Dokumente im Mikro-Entwurf. Die Phasen laufen nebeneinander ab. Bild 5.4./3 versucht, beide Vor-

gehensmodelle (BPR und Prozessumsetzung) in einem durchgängigen Modell darzustellen.

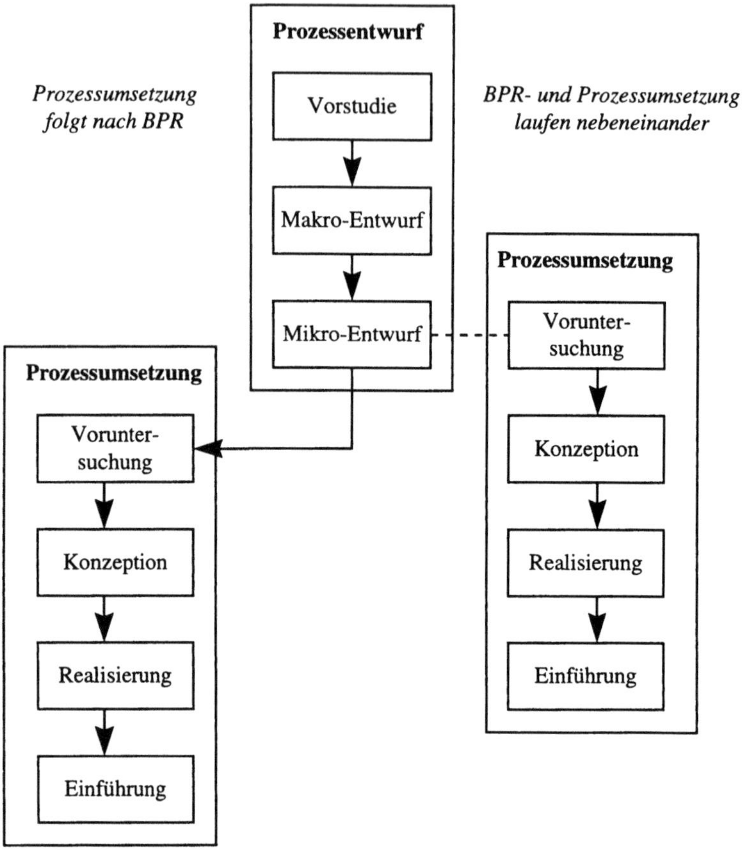

Bild 5.4./2: Prozessentwurf und Prozessumsetzung

- Die Phasen Vorstudie und Makro-Entwurf stammen aus dem Prozessentwurf (s. Anhang I).

- Die mittlere Phase stellt eine Kombination aus den Phasen Mikro-Entwurf (aus BPR) und Voruntersuchung (aus Prozessumsetzung) dar. Aus dem Prozessentwurf stammen die Ergebnisse in bezug auf die Prozessführung und Aufbauorganisation. Nicht enthalten sind das Mikro-Aufgabenkettendiagramm und -verzeichnis. An ihre Stelle treten die Ergebnisse der Workflowabgrenzung (insbesondere Arbeitsschrittliste) aus der Prozessumsetzung. Parallel dazu erstellt die IS-Planung den Abgleich zwischen Anforderungen aus dem Prozess und dem Ist-Informationssystem.

- Die Darstellung übernimmt die beiden letzten Phasen (Konzeption und Realisierung) aus der Prozessumsetzung (s. Abschnitt 5.2.2.).

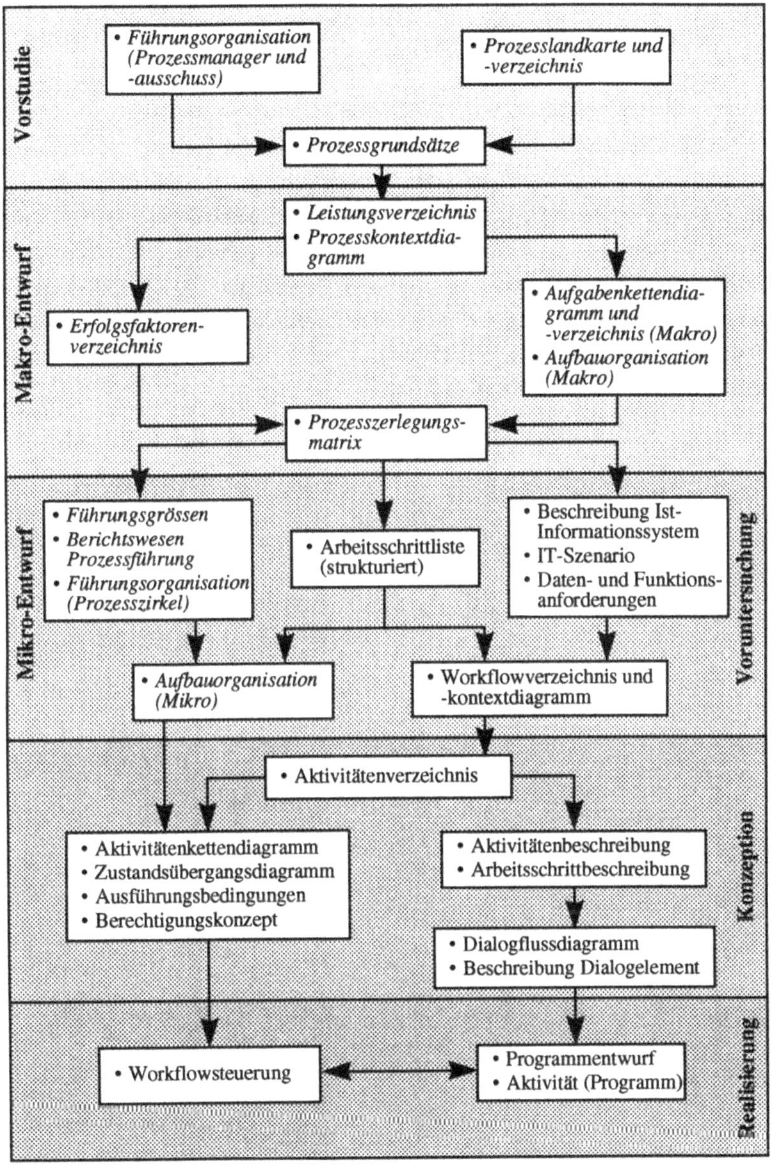

Bild 5.4./3: Vorgehensmodell BPR mit anschliessender Implementierung

Bild 5.4./3 verwendet für Ergebnisse aus dem BPR kursive Schrift, ansonsten gilt die bereits in Abschnitt 5.2.2. eingeführte Notation. Die Phasen laufen nebeneinander ab. Dieses Szenario wagt den Schritt von wenig konkreten BPR-Ergebnissen zum Informationssystem frühzeitig. Alle Detaillierungen für den Prozess entstehen nur in Abstimmung mit der Implementierung.

Beide dargestellten Wege haben Vor- und Nachteile. Sind beispielsweise die Restriktionen aufgrund des vorhandenen Informationssystems in einem Unternehmen von grosser Bedeutung, scheint der zweite Weg sinnvoller zu sein. Er ermöglicht die frühzeitige Abstimmung des Prozessentwurfs mit den wesentlichen Rahmenbedingungen. Damit reduziert er die Gefahr, dass im BPR mit grossem Aufwand detaillierte Resultate erarbeitet werden, die nicht umsetzbar sind. Ein mögliches Gegenargument ist, dass die Berücksichtigung des vorhandenen Informationssystems bereits im BPR radikale Innovationen verhindert. Aber erst Projekte aus der Praxis werden schliesslich die entscheidenden Argumente für die Wahl des Vorgehens liefern.

5.5. Beurteilung der Methode

In den Abschnitten 5.1. bis 5.4. wurde eine Methode für die Prozessumsetzung mit Hilfe eines Workflowsystems im Detail beschrieben, und ihre Verknüpfung mit dem Prozessentwurf wurde aufgezeigt. Abschnitt 5.5.1. soll wieder den Bezug zum Ausgangspunkt dieser Arbeit herstellen und die vorgeschlagene Methode anhand der zu Beginn aufgestellten Anforderungen aus Abschnitt 3.2. im Überblick beurteilen. Anschliessend wird in Abschnitt 5.5.2. die praktische Erprobung mit einem Fallbeispiel erläutert.

5.5.1. Beurteilung anhand der Anforderungen

Techniken \ **Anforderungen**	Systematisches Vorgehen	Durchgängigkeit zum Prozessentwurf	Computerunterstützte Ablaufsteuerung	Evolutionäre Weiterentwicklung des Informationssystems	Einbindung heterogener Applikationen
Ist-Informationssystembeschreibung	●			○	○
IS-Planung	●	●		○	○
Workflowabgrenzung	●	●	○		
Desktop-Integration	●			○	●
Workflowplanung	●	●	●		
Dialogspezifikation	●			○	○
Implementierung	●		●	○	●

Legende:
- (leer) Anforderung wird nicht erfüllt
- ○ Anforderung wird teilweise erfüllt
- ● Anforderung wird erfüllt

Bild 5.5.1./1: Beurteilung der Methode

Die Beurteilung konzentriert sich auf die Techniken (Abschnitt 5.3.), da sie einerseits die Erstellung der Entwurfsergebnisse und damit die Verwendung der Metamodell-Komponenten beschreiben und andererseits den Hauptteil sowohl in der entwickelten Methode als auch in Projekten ausmachen. Bild 5.5.1./1 unterscheidet hierzu in der Beurteilung zwischen "Technik erfüllt Anforderung nicht", "Technik erfüllt Anforderung teilweise" und "Technik erfüllt Anforderung". Die erste Anforderung (systematisches Vorgehen) erfüllen alle Techniken. Da sich die Techniken im weiteren auf die Erstellung einzelner Dokumente und somit auf einen bestimmten Ausschnitt im Metamodell beziehen, kann und muss nicht jede Technik alle folgenden Anforderungen vollständig abdecken. Von Interesse ist daher vielmehr, dass jede Anforderung von mindestens einer Technik aus Sicht der Prozessumsetzung ausreichend behandelt wird.

Dabei ist lediglich eine kleine Lücke bei der Anforderung "evolutionäre Weiterentwicklung des Informationssystems" festzustellen. Zwar behandeln insgesamt fünf Techniken einzelne Aspekte dieser Anforderung, jedoch können sie (auch zusammen) das Bedürfnis noch nicht abschliessend befriedigen. Sie berücksichtigen dieses Thema - gemäss Problemabgrenzung - vorwiegend aus Sicht der Frontend-Integration (s. Abschnitt 3.1.3.), der Bezug zur Backend-Integration wird nur am Rande erwähnt. Für die umfassende evolutionäre Weiterentwicklung fehlen beispielsweise Aussagen zu folgenden Fragen: Wie sind die Anforderungen aus der IS-Planung zu bewerten, und nach welchen Kriterien sind hierzu Massnahmen abzuleiten? Wie sind die Neuentwicklungen oder Anpassungen von Applikationen, die Einführung von Standardsoftware und Workflowsystem zusammen in einer umfassenden Prozessumsetzung zu planen? Wie sind schliesslich diese Anforderungen aus Sicht der Backend-Integration zu implementieren und in das vorhandene Informationssystem einzubinden?

Im Bereich der Frontend-Integration hingegen deckt die vorgestellte Methode mit ihren sieben Techniken die Anforderungen ab. Sie ist vorerst ein Vorschlag und stellt damit einen Beitrag zur Methodenentwicklung in Forschung und Praxis dar. Sie wurde zusammen mit den im CC PSI mitarbeitenden Unternehmen entwickelt und in Projekten erfolgreich eingesetzt. Damit ist ihre Leistungsfähigkeit aber bei weitem nicht bewiesen. Jedoch wird über ihre Problemlösungskraft letztlich nur die praktische Anwendung entscheiden können. Die Weiterentwicklung der Methode mit besonderer Berücksichtigung der Backend-Integration ist zur Zeit in Arbeit. Die Methode wird in konkreten Projekten überprüft, und die Resultate werden anschliessend publiziert.

5.5.2. Praktische Erprobung

Ein Fallbeispiel rundet die Ausführungen zum Methodenvorschlag ab. Es dokumentiert im Überblick, wie ein Unternehmen in einem realen Projekt bei der Prozessumsetzung mit Hilfe eines Workflowsystems vorgegangen ist. Es handelt sich dabei um eine Schweizer Bank, die sich mit der Verbesserung der Leistungserstellung im Kreditbereich auseinandergesetzt hat. Gegenstand des Fallbeispiels ist der Prozess der Kreditvergabe für die Wohnbaufinanzierung. Dieser Prozess beinhaltet die Kundenberatung, Prüfung, Bewilligung und Administration und endet mit der Freigabe des Kredits.

Das wichtigste Ergebnis aus dem im voraus durchgeführten BPR ist die Neuverteilung der Aufgaben. Dabei sieht das BPR eine Zusammenfassung der Administrationsaufgaben in einem zentralen Verarbeitungszentrum vor, die Kundenberatung soll hingegen nach wie vor direkt zwischen Kundenberater und Kunden z.B. am Bankschalter (dezentral) stattfinden. Die organisatorische Umsetzung bringt hier im weiteren eine Umformulierung bzw. Vereinfachung der Kompetenzen und Regelungen im Rahmen der Bewilligung von Kreditanträgen mit sich. Neben diesen vorwiegend organisatorischen Massnahmen plant die Bank für diesen Prozess zugleich eine umfangreiche Computerunterstützung. Dabei verfolgt sie einerseits das Ziel, neue Mittel der IT wie beispielsweise Archiv, Dokumentenmanagement, Mobiles Computing, Multimedia, Workflowmanagement einzusetzen. Andererseits will sie aber auch weiterhin - trotz hoher Anforderungen aus dem neugestalteten Prozess - die vorhandenen Altsysteme verwenden.

Bei der Realisierung dieser Vorgaben aus dem Prozessentwurf hat das Projektteam drei zentrale Arbeitsblöcke behandelt: (1) IS-Planung, (2) Workflowabgrenzung und Desktop-Integration sowie (3) Workflowplanung.

IS-Planung

Zu Beginn hat die Bank untersucht, welche Applikationen sie für den Prozess Wohnbaufinanzierung benötigt und welche von den bereits vorhandenen Applikationen sie dafür weiterhin nutzen kann (vgl. IS-Planung). Eine grobe Analyse hat ergeben, dass sie vor allem auf das Kundeninformationssystem, das Buchungssystem und eine einfache Hypothekenlösung zurückgreifen kann. Bei den drei Systemen handelt es sich um Grossrechnerapplikationen mit unter anderem 3270-Terminals. Im Mittelpunkt steht das Kundeninformationssystem, das unter anderem die Stammdaten der Kunden verwaltet. Der Prozess benötigt sie während seiner ganzen Laufzeit. Sowohl das Buchungssystem als auch die Hypothekenlösung gelangen erst gegen Ende eines Geschäfts zum Einsatz.

Damit besitzt die Bank bereits die wichtigsten Applikationen für den neugestalteten Prozess. Zusätzlich plant sie, für die Verwaltung von elektronischen Dokumenten (z.B. Kaufvertrag, Pfandvertrag, Auszug Grundbuchamt) ein Archivsystem einzuführen.

In einem weiteren Schritt haben die Projektmitarbeiter zusammen mit den jeweiligen Applikationsverantwortlichen die Anforderungen an die Computerunterstützung im Detail untersucht. Für diesen feinen Abgleich der Anforderungen mit den vorhandenen Applikationen hat das Team die relevanten Ausschnitte des Systems auf eine einfache Art und Weise nachdokumentiert (vgl. Ist-Informationssystembeschreibung). Dieses Vorgehen hat ergeben, dass die wichtigsten Applikationen aus Sicht des untersuchten Prozesses existieren, dass sie jedoch seine Anforderungen im Detail keineswegs vollständig erfüllen.

Im Kundeninformationssystem fehlen einzelne Felder des Kundenstamms. Die Daten z.B. eines Kreditantrags oder einer Schätzung sind in keiner Applikation abgebildet. Die Sicherheiten zu einem Kredit werden noch nicht elektronisch verwaltet, oder die Bank kann viele Formulare (Kreditvertrag, Schätzung, Kündigung etc.) nicht automatisch mit den vorhandenen Daten erstellen.

Im weiteren hat diese Untersuchung zusätzlich zwei Restriktionen identifiziert: Erstens wird im Kreditbereich insbesondere für die Verwaltung der Sicherheiten mittelfristig eine zur Zeit in Entwicklung stehende Applikation KREDI eingeführt. Änderungen in den Altsystemen oder auch eine unabhängige Neuentwicklung für den Prozess erachtet die Bank deshalb in diesem Bereich nicht als sinnvoll. Zweitens ist die Integration der Altsysteme kurzfristig nur über die Präsentationsebene (Screen Scraping) realisierbar. Die mehrmalige Übernahme z.B. der Kundenstammdaten aus dem Kundeninformationssystem in den Kreditantrag dauert mit diesem Verfahren zu lange. Der Benutzer wird solche Antwortzeiten an mehreren Stellen im Ablauf nicht akzeptieren. Unter Berücksichtigung dieser Argumente hat die Bank für das Projekt, das als Pilotprojekt gilt, wie folgt entschieden:

- Daten, welche die Altsysteme noch nicht abdecken, werden in einer separaten Datenbank gespeichert. Das Projekt muss sich auf die wichtigsten Elemente beschränken und darf nicht ein umfassendes Kreditsystem aufbauen. Diese Lösung soll später einmal durch das Kreditsystem KREDI abgelöst werden.

- Zu Beginn eines Geschäfts werden im Kreditantrag die relevanten Stammdaten aus dem Kundeninformationssystem übernommen und ebenfalls in der separaten Datenbank abgespeichert. Danach liest der Prozess die Kundenstammdaten für den Kreditantrag direkt aus dieser Datenbank und nicht mehr aus dem Kundeninformationssystem. Damit hat der Benutzer jeweils nur beim Neueröffnen eines Antrags aufgrund des Zugriffs auf das Altsystem eine schlechtere Antwortzeit. Bei den folgenden Aufrufen des Kreditantrags gelten die normalen Antwortzeiten. Durch diese Lösung ist jedoch z.B. die Kundenadresse redundant, d.h. sie ist sowohl im Altsystem als auch in der neuen Datenbank gespeichert. Die Bank muss deshalb Mechanismen für den Redundanzabgleich entwickeln: Erstens sind Änderungen der Stammdaten nur im zentralen Kundeninformationssystem möglich. Zweitens aktualisiert der Prozess in seiner Datenbank z.B. die Adresse eines Kunden, sobald ein Schreiben an diesen Kunden oder der Kreditvertrag zu erstellen ist.

Ähnlich wie im Bereich der Daten sind auch die fehlenden Funktionen anzubieten bzw. Formulare oder Masken für Anträge, Aktennotizen, Briefe und Kreditverträge etc. zu erstellen.

Workflowabgrenzung und Desktop-Integration

Um die Umsetzung besser vorzubereiten, hat das Projektteam in einem nächsten Schritt die groben Aufgabenketten aus dem BPR zerlegt. Zu den einzelnen Aufgaben hat es über mehrere Hierarchieebenen die einzelnen Arbeitsschritte identifiziert und analog einer Funktionshierarchie dargestellt (vgl. Workflowabgrenzung). Die Arbeitsschritte sind sehr detailliert (z.B. Geschäftsfallnummer vergeben, Kunden suchen, Stammdaten übernehmen), und für ihre Steuerung eignen sich Workflowsysteme nicht. Deshalb haben die Mitarbeiter sie anschliessend in Aktivitäten zusammengefasst (vgl. Desktop-Integration).

Die Verfeinerung der BPR-Ergebnisse hat die Komplexität des Prozesses Wohnbaufinanzierung aufgedeckt. Abhängig von der konkreten Situation sind für ein Geschäft unterschiedliche Aktivitäten aus dem Prozess relevant oder nicht von Bedeutung. Durch die strukturierte Zerlegung nach dem Klassen- und Komplexprinzip (vgl. Workflowabgrenzung) hat der Sachbearbeiter den Prozess in Klassen aufgeteilt, d.h. er hat mehrere Varianten abgegrenzt. Insgesamt existieren für die Wohnbaufinanzierung acht verschiedene Grundvarianten (z.B. Neugeschäft, Erhöhung, Ablösung durch uns, Ablösung bei uns, Kauf, Hypothek mit Zusatzsicherheit). Eine Variante ist durch eine bestimmte Anzahl von Aktivitäten beschrieben. Dabei handelt es sich entweder um Muss- oder Kann-Aktivitäten. Eine Muss-Aktivität ist in der gewählten Variante zwingend zu bearbeiten (z.B. Kreditvertrag erstellen). Demgegenüber besteht bei Eröffnung eines Neugeschäfts die Möglichkeit, bestimmte Kann-Aktivitäten individuell festzulegen (z.B. Schätzung durchführen, Kopie Kaufvertrag einfordern). Somit wählt ein Sachbearbeiter am Anfang eines Geschäfts nicht nur den Kunden aus, sondern bestimmt auch die Variante (oder eine Kombination von Varianten aus den acht Grundvarianten, z.B. Neugeschäft mit Zusatzsicherheit), die für das Geschäft gelten soll. Anschliessend konfiguriert er das Geschäft im Detail, indem er Kann-Aktivitäten entweder aufnimmt oder streicht. Die Konfiguration kann er später mehrmals modifizieren.

Im folgenden hat das Projektteam jeweils eine Variante bearbeitet, womit die Komplexität wesentlich reduziert werden konnte. Für die Detailspezifikation hat das Projektteam vorerst die Variante Neugeschäft aufgrund der Angaben aus dem Mengengerüst ausgewählt. Für diese Variante hat es alle Aktivitäten beschrieben und schrittweise mit einer Entwicklungsumgebung implementiert (vgl. Implementierung). Die Aktivitätenbeschreibung umfasst im wesentlichen eine Definition der Schnittstellen für den Datenaustausch zwischen Aktivität und Workflowsystem zur Ablaufsteuerung und die Festlegung der Ablauflogik der Arbeitsschritte innerhalb einer Aktivität (vgl. Desktop-Integration). Der Entwurf der einzelnen Arbeitsschritte dokumentiert die verwendeten Daten und auf sie ausgeführte Effekte (Read, Modify, Append, Delete), die Benutzeroberfläche, die konkrete Computerunterstützung und die Einbindung von Altsystemen.

Für die Präsentation von Informationen am Bildschirm hat die Bank teilweise neue Bildschirmmasken entwickelt (z.B. Kreditantrag, Schätzung). Ebenso stehen heute für das ganze Kreditgeschäft im Bereich der Wohnbaufinanzierung elektronische Formulare bzw. Masken zur Verfügung, die der Prozess abhängig vom Geschäft aufruft, mit den erforderlichen Daten automatisch ergänzt und - sofern nötig - anschliessend ausdruckt (z.B. Kreditvertrag, Mahnschreiben). Der Prozess verwendet aber nach wie vor die Bildschirmmasken der Altsysteme (z.B. 3270-Terminal des Kundeninformationssystems) unverändert (vgl. Dialogspezifikation). Die Bank kann den Aufwand für eine durchgehende grafische Benutzeroberfläche (d.h. auch für die Altsysteme) nicht rechtfertigen. Eine Verbesserung im Bereich der Altsysteme besteht darin, dass der Benutzer nicht mehr über mehrstufige Menübäume und Transaktionscodes navigieren muss, sondern direkt auf die gewünschte Seite geführt wird. Zusätzlich vermeidet die neue Lösung mit Hilfe eines automatischen Datenaustausches die Mehrfacheingabe von Daten durch den Benutzer in unterschiedlichen Systemen.

Bei allen acht Grundvarianten ist das Projektteam ähnlich vorgegangen. Ausgehend von der zuerst implementierten Variante Neugeschäft haben die restlichen Varianten die bereits realisierten Aktivitäten in hohem Mass wiederverwendet, was den Entwicklungsaufwand im folgenden erheblich reduziert hat.

Workflowplanung

Für den Einsatz eines Workflowsystems hat das Projektteam die abgegrenzten Aktivitäten einer Variante zuerst in einer rigiden Ablaufstruktur angeordnet. Schrittweise hat es anschliessend den Ablauf aufgelockert und damit flexibilisiert (vgl. Workflowplanung). Der Prozess Wohnbaufinanzierung besitzt eine Sequenz von drei Phasen: Beratung/Prüfung, Bewilligung und Administration (die beiden nachfolgenden Phasen Überwachung und Saldierung sind nicht Gegenstand des Projektes). Der Benutzer erwartet nur einen groben Ablauf und dafür eine hohe Flexibilität innerhalb einer Phase. Die Ablauffolge der jeweiligen Aktivitäten innerhalb einer Phase ist kaum strukturierbar. Wichtig ist, dass beim Übergang von einer Phase in die nächste klar definiert ist, welche Aktivitäten zuvor erledigt sein müssen, damit der Phasenwechsel überhaupt erlaubt ist. Demgegenüber werden innerhalb einer Phase möglichst viele Nebenläufigkeiten, Wahlfreiheiten, Rücksprünge, Ausnahmehandhabungen etc. eingeräumt.

Beispielsweise kann der Sachbearbeiter die Konfiguration eines Geschäfts beliebig oft modifizieren, solange er sich in der Phase Beratung/Prüfung befindet. Danach ist diese Aktivität (Konfiguration modifizieren) gesperrt.

Die Bank hat den Ablauf um ein zusätzliches Element der Flexibilisierung erweitert. Der Benutzer hat an vielen Stellen im Prozess die Möglichkeit, ein laufendes Geschäft abzubrechen. Beispielsweise kommt das Kreditgeschäft nicht zustande, wenn der Kunde den vorgelegten Vertrag nicht unterschreibt. In dieser Situation muss der Sachbearbeiter das laufende Geschäft anhalten, die nachfolgenden Aktivitäten streichen und alle bereits ausgeführten Aktivitäten - sofern sinnvoll - rückgängig machen. Für solche Fälle sind spezielle Aktivitäten definiert, welche ein Rollback aufgrund eines Ausstiegs aus einem Geschäft an fast beliebiger Stelle erlauben. Dabei werden nicht einfach alle Daten zu diesem Geschäft gelöscht. Der Fachbereich verlangt über alle bearbeiteten Kredite (d.h. abgeschlossene, abgebrochene etc.) ein ausführliches Protokoll. Das Protokoll zeigt unter anderem bei abgebrochenen Geschäften den Grund für den Ausstieg auf. Solche Angaben verwendet die Bank z.B. für die Marktbearbeitung.

Das Protokoll (oder die Historie) ist eine wichtige Grundlage für die Überwachung des Prozesses. Geht während des Ablaufs ein Schreiben mit einer Aufforderung beispielsweise von der Bank an den Kunden, überwacht das Workflowsystem die Rückmeldung des Kunden. Bleibt die Antwort des Kunden bis zu einem bestimmten Zeitpunkt aus, benachrichtigt das System den Sachbearbeiter und schlägt ihm eine Aktivität für das weitere Vorgehen vor. Ähnlich überwacht das System auch das Bewilligungsverfahren.

Zusätzlich speichert die Bank im Protokoll definierte Führungsgrössen. Mit ihnen misst sie die Qualität des Prozesses. Erste Erhebungen im Pilotbetrieb haben eine Aufwandsreduktion von 30-35% ergeben.

Das Fallbeispiel hat die Verwendung der Techniken aus dem Methodenvorschlag skizziert. Sie sind auf Probleme in Projekten ausgerichtet und unterstützen die Erstellung von wichtigen Ergebnissen, welche für den Erfolg einer Prozessumsetzung mit Hilfe eines Workflowsystems ausschlaggebend sind. Dabei geht es erstens vor allem um den Abgleich der Anforderungen aus dem Prozess mit Hilfe der IS-Planung und die Berücksichtigung der vorhandenen Applikationen, welche mit der Ist-Informationssystembeschreibung zu dokumentieren sind. Zweitens verfeinert die Workflowabgrenzung die BPR-Ergebnisse und definiert Teilprojekte für das weitere Vorgehen. Die Desktop-Integration beschreibt die Aktivitäten eines Workflows und ermöglicht so die Einbindung sowohl alter als auch neuer betrieblicher Applikationen. Dabei muss sie die Dialogspezifikation berücksichtigen. Und drittens legt die Workflowplanung die Ablauffolge der Aktivitäten fest, um ein Workflowsystem für die Steuerung einzusetzen und somit den Prozess zu implementieren. Zusätzlich zeigt das Beispiel, dass das Vorgehen - abhängig von den Rahmenbedingungen im Projekt - vom Vorschlag in Abschnitt 5.2.2. oder 5.4. abweichen kann. Die vorgestellten Techniken in Abschnitt 5.3.1. bis 5.3.7. gelangen hingegen unverändert zum Einsatz, da die beschriebenen Fragestellungen mehr oder weniger gleich sind.

6. Zusammenfassung und Ausblick

Kapitel sechs rundet die Arbeit ab. Abschnitt 6.1. fasst die wichtigsten Ergebnisse zusammen, und Abschnitt 6.2. skizziert wesentliche Trends, die in Zukunft Workflowprojekte beeinflussen werden.

6.1. Ergebnisse der Arbeit

Im wesentlichcn hat die Arbeit eine Methode für die Implementierung von neugestalteten betrieblichen Prozessen mit Hilfe eines Workflowsystems unter Berücksichtigung heterogener Applikationen aufgezeigt. Ausgangspunkt hierfür war, dass sich die Neuentwicklung von Systemen aufgrund unternehmensweiter, daten- und funktionsintegrierter Soll-Informationssystemarchitekturen als zu teuer und zu zeitaufwendig erwiesen hat. Die sich laufend schneller verändernden Marktbedingungen und die zunehmende Orientierung der Unternehmen an ihren Geschäftsprozessen verlangen eine evolutionäre Fortentwicklung und damit die Weiterentwicklung bestehender Informationssysteme. Damit soll die Reaktionsfähigkeit von Unternehmen auf Umweltveränderungen insgesamt verbessert werden.

Der Lösungsvorschlag beinhaltet - aufbauend sowohl auf der Problemabgrenzung in Kapitel zwei als auch auf der Analyse verfügbarer Workflowsysteme und bestehender Ansätze in Kapitel vier - ein Metamodell, Dokumentationsmodell und eine ausführliche Beschreibung von sieben Techniken für das Arbeiten in Projekten[1]. Diese Elemente der Methode orientieren sich je an den vier abgeleiteten Problembereichen: Ablaufsteuerung, Informationssystem, Desktop-Integration und Berechtigungskonzept. In der Arbeit wurde beschrieben, wie Workflowprojekte diese vier Sichten behandeln:

- Für die *Ablaufsteuerung* von Aktivitäten setzt die vorgestellte Methode Workflowsysteme ein. Jedoch haben die Ausführungen gezeigt, dass nicht alle beliebigen Prozesse damit abbildbar sind. Einerseits schränken die verfügbaren Tools z.B. die Möglichkeiten einer flexiblen Steuerung erheblich ein. Andererseits ist es aus Sicht des Unternehmens oder der Mitarbeiter nicht immer erwünscht, die Ablaufsteuerung zu automatisieren.
- Das *Informationssystem* bietet mit seinen Applikationen und Datensammlungen sämtliche betrieblichen Daten und Funktionen an, die ein Workflow verwendet. Die Methode hat zwar zu Beginn die Anforderungen des Prozesses an Daten und Funktionen abgeleitet, jedoch ist sie im weiteren davon ausgegangen, dass das Informationssystem sowohl Daten als auch Funktionen bereits abdeckt. Es wurde nicht untersucht, wie im

[1] Die Entwurfsergebnisse sind dokumentenbasiert und vorwiegend in Papierform zu erstellen. Einfache Templates auf dem PC sind hierzu verfügbar, es fehlt jedoch ein integrierter, durchgängig computerunterstützter Entwurf dieser Methode. Die vorliegende Arbeit hat auf diesen Aspekt bewusst verzichtet.

Detail beispielsweise eine neue Applikation in das Informationssystem einzuführen oder eine alte Applikation abzulösen ist. Die Beurteilung der Methode hat verdeutlicht, dass an dieser Stelle in bezug auf die Backend-Integration nach wie vor eine Lücke besteht, dies unabhängig von einem Workflowprojekt.

- Die *Desktop-Integration* bindet die heterogenen Applikationen am Arbeitsplatz des Benutzers ein. Dazu stehen moderne Entwicklungsumgebungen zur Verfügung, welche die Integration mit Hilfe von Middleware ermöglichen. Jedoch hängt die Wahl des Integrationsansatzes vorwiegend vom Informationssystem ab, d.h. welche Schnittstellen die vorhandenen Applikationen anbieten. Die Desktop-Integration behandelt die Applikationen der Arbeitsschritte jeweils von einer Aktivität und ist insofern unabhängig vom Workflowsystem.
- Das *Berechtigungskonzept* betrifft im Hinblick auf ein Workflowsystem vor allem die Ablaufsteuerung, d.h. es legt fest, wer welche Aktivität bearbeiten darf. Die Autorisierung in bezug auf den Aufruf von betrieblichen Funktionen oder den Zugriff auf Daten ist damit nicht abgedeckt. Insbesondere bei der Integration von Applikationen fehlt bei einem Workflowsystem die Verknüpfung mit den verschiedenen Berechtigungskonzepten bzw. -systemen des Informationssystems.

Obwohl Workflow im Zentrum der Betrachtungen stand, zeigt diese kurze Zusammenstellung in bezug auf Workflowsysteme ein eher ernüchterndes Bild. Es sind zusätzlich weitere Aspekte zum Vorschein gekommen, welche den Erfolg von Workflowprojekten massgeblich beeinflussen. In der Arbeit wurde hervorgehoben, dass es bei solchen Vorhaben in den vier Sichten vorwiegend um Integration geht und dass Workflowsysteme dazu nur einen kleinen Lösungsbeitrag leisten.

6.2. Weiterentwicklungen für Workflowprojekte

Für die nächsten Jahre sind im Bereich Workflow verschiedene Entwicklungen absehbar, die erhebliche Effekte auf Workflowvorhaben haben werden. Die folgenden Abschnitte behandeln aus Sicht der vorliegenden Arbeit die wichtigsten Trends und skizzieren ihre Wirkungen auf den Lösungsvorschlag. Die drei Gestaltungsebenen eines Unternehmens (s. Bild 6.2./1 [s. Österle 1995]) ordnen diese Aussagen.

Da die ganze Arbeit vorwiegend der Ebene Informationssystem zuzuordnen ist (s. Abschnitt 3.1.4.), beginnen die Ausführungen mit dieser Ebene und setzen hier auch den Schwerpunkt.

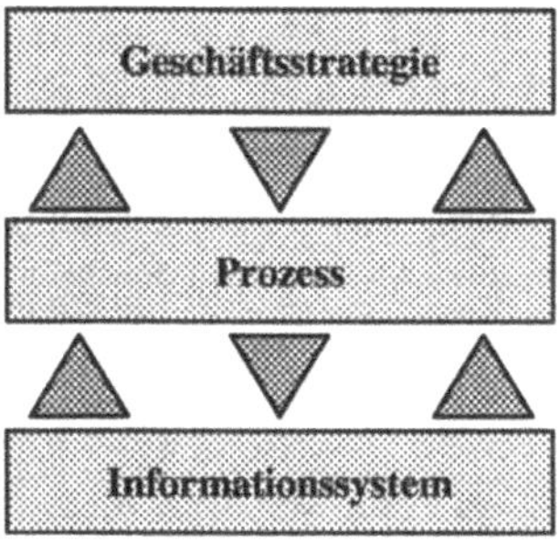

Bild 6.2./1: Gestaltungsebenen eines Unternehmens

6.2.1. Informationssystem

Die Ebene Informationssystem beschäftigt sich mit eigenentwickelten oder zugekauften Applikationen und den dazugehörigen Datensammlungen. Für die Realisierung des Informationssystems verwendet ein Unternehmen eine bestimmte Informationstechnologie, d.h. sie muss sich für Plattformen, Middleware und (de facto) Standards entscheiden. Für Workflowprojekte stehen auf dieser Ebene folgende Entwicklungen im Vordergrund:

Workflowsysteme für die Ablaufsteuerung

Zur Zeit sind auf dem Markt sehr viele verschiedenartige Workflowsysteme verfügbar. Sie unterscheiden sich in mehreren Bereichen recht stark. Die WfMC will hierzu Standards definieren, die einerseits die grundlegenden Begriffe zu diesem Thema und andererseits die Schnittstellen zu Umsystemen betreffen [s. WfMC 1996d]. Beispielsweise hat sie in einem Glossar die Workflowgrundlagen festgelegt, trotzdem verwenden die Hersteller von Produkten nach wie vor ihre eigene Terminologie (s. Bild 4.1.3./1). Ähnlich verhält es sich bei der Definition der Schnittstellen. Einige wenige Hersteller werden diesen Standard bestimmen.

Gleichzeitig ist der Workflowmarkt durch eine erhöhte Dynamik geprägt. Laufend bieten Softwarehersteller neue Produkte mit der Bezeichnung Workflow an, oder andere ziehen ihre Produkte vom Markt zurück. Im weiteren versuchen Anbieter, die Vorteile von einzelnen Tools über Kooperationen oder sogar Akquisitionen zu kombinieren und gemeinsam zu nutzen. Welche Produkte im Wettbewerb bestehen werden, ist noch offen. Prognosen machen hierzu noch keine einheitlichen Aussagen [s. Casonato 1995; Stark/-Lachal 1995, S. 91-111].

Sowohl die Bemühungen der WfMC als auch der Markt an sich beeinflussen die Weiterentwicklung der Workflowsysteme massgeblich. Jedoch wird vor allem der Markt zu einer Konsolidierung der Workflowsysteme führen. Workflowsysteme werden als

Middleware zur Koordination von Aktivitäten eine wichtige Rolle spielen [vgl. Eckerson 1995; Jablonski 1995b, S. 13]. Das bedeutet, dass Funktionen wie z.B. Integration von heterogenen Applikationen, einheitliche grafische Benutzeroberfläche, Formular- und Dokumentenmanagement, Sicherheit, Ressourcenverwaltung nicht mehr Bestandteil von Workflowsystemen sein werden, sondern von anderen Middlewareprodukten. Workflowsysteme werden in Zukunft nur noch Werkzeuge für die Ablaufsteuerung sein [vgl. IBM 1995].

Durch diese Fokussierung ist zu erwarten, dass zugleich die heute mit Workflowsystemen verbundenen technischen Probleme (z.B. die Rollback- und Transaktionsproblematik bei der Integration von Fremdanwendungen [s. Vogler 1996, S. 352-356]) durch spezielle Tools gelöst werden können.

Internet- und Intranet-Technologien als Middleware der Zukunft

In Abschnitt 4.4.1. wurde im Rahmen der Desktop-Integration Middleware vorgestellt. Der enorme Bedarf an Integration und die zunehmende Heterogenität lassen in dieser Softwarekategorie neue Produkte entstehen, welche die Integration von Fremdanwendungen in Workflows technisch ermöglichen bzw. vereinfachen.

Gerade in diesem Bereich hat sich das *Internet* zu einem bedeutenden Integrator entwickelt. Es gilt heute als eine Ansammlung von Tausenden über die ganze Welt verteilten Netzwerken von Computern. Die Kommunikation zwischen den Netzwerken erfolgt auf Basis des gemeinsamen Kommunikationsprotokolls TCP/IP (Transmission Control Protocol/Internet Protocol) [s. Schneider 1995]. Weitere Standards wie HTTP (Hypertext Transfer Protocol), HTML (Hypertext Markup Language), SMTP (Simple Mail Transfer Protocol) und FTP (File Transfer Protocol) sowie das universelle Adressierungssystem URL (Universe Resource Locator) ermöglichen die Kommunikation zwischen Applikationen auf vielfältigen Plattformen. Eine der bekanntesten Anwendungen auf dem Internet ist heute das WWW (World Wide Web) auf Basis von HTTP. Der Einsatz von diesen offenen und standardisierten Internet-Technologien für Rechnernetze innerhalb eines Unternehmens wird als *Intranet* bezeichnet [vgl. Kaiser et al. 1996; Strom 1995].

Die Integration von Applikationen kann in einem Intranet z.B. über die Schnittstelle CGI (Common Gateway Interface) erfolgen [s. CGI 1996; Flynn 1996, S. 41]. Eine andere Möglichkeit besteht darin, die Integration mit Java zu realisieren. Java ist eine objektorientierte Programmiersprache, und sie eignet sich für sämtliche Hardware von Mobiltelefon und PDA (Personal Digital Assistant) bis hin zum PC oder Grossrechner. Die Ausführung von Java Programmen erfordert eine virtuelle Maschine auf der Zielhardware und ist somit unabhängig von einer bestimmten Hardware oder einem bestimmten Betriebssystem [s. Sun 1996].

Die Ansätze der Integration auf Basis der Internet-Technologien sind im Rahmen von Workflowprojekten einsetzbar. Sie führen sowohl zu einer neuen Form der Client-/Server-Architektur als auch zu Veränderungen in der Entwicklung, Verteilung und Wartung entsprechender Applikationen. Im Gegensatz zu bisherigen desktopzentrierten Architekturen unterstützen die Internet-Technologien netzwerkzentrierte Ansätze (z.B. Netzwerk Computer) [vgl. Kaiser et al. 1996].

Das wohl wichtigste Argument für die Internet-Technologie ist, dass dadurch ein Standard vorgegeben ist, der viele technische Fragestellungen der Integration z.B. in einem Workflowprojekt sowohl inner- als auch zwischenbetrieblich löst.

Schnittstellen zu betrieblichen Applikationen

Für Workflowsysteme, elektronische Archive, Dokumentenmanagementsysteme etc. haben sich Gremien gebildet, die standardisierte Schnittstellen für ihre Softwarekategorie festlegen wollen. Ein solches API definiert die Zugriffe auf Services oder Daten einer Applikation von aussen. Ähnliche Bestrebungen laufen auch im Bereich von Standardsoftware. Die OMG (Object Management Group), die den CORBA-Standard geschaffen hat, versucht hierzu die Standardisierung mit Hilfe von Business Objects einzuführen [vgl. OMG 1996; Riehm/Vogler 1996]. Die OAG (Open Application Group), eine Vereinigung von Herstellern von Standardsoftware (Baan, PeopleSoft, SAP etc.) verfolgt ähnliche Ziele und will die betrieblichen Funktionen ihrer Anwendungen über ein standardisiertes API z.B. den Workflow anbieten [vgl. OAG 1995].

Zahlreiche Unternehmen, vor allem Banken und Versicherungen, versuchen, die Integration heterogener Applikationen durch eine sogenannte Servicearchitektur zu erleichtern. Dabei wollen sie vorhandene Applikationen verkapseln und im Sinne der objektorientierten Systementwicklung z.B. bank- oder versicherungsfachliche Services als wiederverwendbare Applikationsbausteine realisieren, welche beispielsweise ein Workflow aufrufen kann.

Beide Ansätze überzeugen aus Sicht von Workflowprojekten und sind erstrebenswert. Ein API für verschiedene Standardsoftwarepakete wird es mittelfristig geben, jedoch wird es sich dabei eher - wie es beinahe für alle Softwarestandards in der Vergangenheit der Fall war - um einen de facto Standard handeln, der vorwiegend durch einen Hersteller geprägt wird. Der Gedanke der Servicearchitektur als Baukastenprinzip wurde bereits im Rahmen der Objektorientierung immer wieder versprochen, bislang jedoch für betriebswirtschaftliche Objekte bei weitem nicht verwirklicht. Zusätzlich beinhaltet die Servicearchitektur eine unternehmensweite Sicht, die z.B. bei entsprechenden Datenmodellen (unternehmensweites Datenmodell) nicht zum Erfolg führte [s. Österle 1996b]. Ob der Umbau von Altsystemen mit dem Ziel einer unternehmensweiten Servicearchitektur machbar ist, ist heute noch schwer abzuschätzen. Demgegenüber scheint der schrittweise Ersatz von Altsystemen durch Standardsoftware mit entsprechenden Schnittstellen realistischer.

6.2.2. Prozess

Die Prozessebene beschäftigt sich mit der Detaillierung und Umsetzung der strategischen Entscheidungen in Prozesse bzw. Abläufe. Dabei muss sie die Aktivitäten bilden und ihre Ablauffolge festlegen, die Aufgabenträger für die Ausführung zuteilen und die Aktivitäten mit Daten und Funktionen aus dem Informationssystem unterstützen. Der folgende Abschnitt skizziert die wichtigsten Einflüsse dieser Ebene auf künftige Workflowprojekte.

Der Prozess verlangt für die Leistungserstellung eine möglichst umfangreiche Computerunterstützung. Dabei geht es nicht nur um die Einbindung von transaktionsorientierten Applikationen. Vielmehr sind davon - abhängig vom Unternehmen und seiner Branche - immer häufiger mehrere Applikationstypen betroffen. In der Applikationsarchitektur sind Administrations-, Office-, Führungs-, Entwurfs- Know-how- und Prozesssteuerungssysteme vertreten. Zusätzlich bearbeiten diese Applikationstypen nicht ausschliesslich formatierte Daten in definierten Tabellen und Datenbanken, sondern sie berücksichtigen weitere Formen der Information. Die multimediale Verarbeitung verbindet formatierte Daten mit Grafik, Text, Ton, Video oder anderen Programmen bzw. Applikationen (vgl. neue Informationsobjekte in [Schmid 1996]).

Es sind nicht nur - wie in Abschnitt 6.2.1. beschrieben - die Systeme verteilt, sondern auch die Prozesse und die in einem Prozess verantwortlichen Mitarbeiter. Die Auftragserfassung und -prüfung erledigt ein Sachbearbeiter in der Zentrale, die Ausführung der Aufträge erfolgt beispielsweise dezentral in einer regionalen Niederlassung, welcher der Kunde zugeordnet ist. Eine weitere Verteilung streben die Unternehmen auf Prozessebene an, indem sie die Ausführung von ausgewählten Aktivitäten an ihre Geschäftspartner verlagern. Beispielsweise kann der Kunde bei Federal Express einen Auftrag im Internet online erfassen, womit er in den Prozess eingebunden wird und die Aktivität "Auftrag erfassen" ihm zugeteilt wird. Der Kunde übernimmt in diesem Prozess weitere Aktivitäten, indem er z.B. Informationsabfragen, Auskunft über den Auftragsstatus im Internet selbst erledigt [s. FedEx 1996].

In den letzten Jahren sind neuere organisatorische Strukturkonzepte und innerbetriebliche Koordinationsmechanismen entstanden. Dies, da ein hoher Grad an Standardisierung und Arbeitszerlegung nur noch unter bestimmten Bedingungen als bestmöglicher Koordinationsmechanismus gilt [vgl. Picot 1990, S. 116-118]. Hoch standardisierbare Arbeiten werden immer häufiger weitgehend automatisiert, für komplexere Aufgabenstellungen ist dies kaum möglich. Beispiele von neueren Koordinationsmechanismen für solche Aufgabentypen sind (teilautonome) Arbeitsgruppen oder ein (elektronischer) Markt im Unternehmen [s. Schwarzer/Krcmar 1994]. Eine Standardisierung von Abläufen und damit der Einsatz von Workflowsystemen eignet sich in solchen Situationen nur bedingt und hängt in erster Linie vom Gestaltungsziel ab [s. Becker 1996, S. 327-334].

Die Prozessführung benötigt für die kontinuierliche Weiterentwicklung des Prozesses die Messung seiner Qualität auf Basis von Führungsgrössen (s. Abschnitt 3.1.1.). Hierfür sind Workflowsysteme ein geeignetes Werkzeug, um die Messungen automatisch durchzuführen [vgl. Bach et al. 1995b]. Für die Auswertungen der Ergebnisse liefert das System erstens die Daten, und zweitens kann es teilweise einfachere Berichte für zuständige Gremien sogar direkt generieren.

Mit dem Prozess ist eine Systementwicklung eng verknüpft, die in Zukunft alle Applikationstypen und sowohl multimediale als auch verteilte Informationsverarbeitung berücksichtigen muss. Workflowsysteme für die Ablaufsteuerung von standardisierten Prozessen nehmen dabei eine wichtige Rolle ein, jedoch wurde ihre Bedeutung für die Prozessumsetzung in den letzten Jahren überschätzt. Demgegenüber wird die Prozessführung mit Hilfe von Workflowsystemen an Bedeutung gewinnen, was bis heute noch nicht der Fall ist. Damit wird einerseits eine wichtige Komponente des Prozessmodells abgedeckt, und andererseits liefert die Prozessführung Daten für die Rechtfertigung von Workflowsystemen.

6.2.3. Strategie

Die Geschäftsstrategie eines Unternehmens legt die Grundsätze des Geschäftes fest. Sie dokumentiert damit die Position des Unternehmens mit ihren Produkten im Markt und versucht dabei, die Potentiale der Informationstechnik auszunutzen.

Wie bereits in Abschnitt 6.2.2. angedeutet, kann z.B. mit Internet-Technologien der Kunde in den Prozess eingebunden werden. Damit entstehen neue Vertriebskanäle, über die ein Unternehmen ohne geographische Einschränkungen seine Produkte weltweit anbieten kann. Einerseits öffnen sich damit die bisher räumlich abgegrenzten Märkte, und das Kundenpotential wächst enorm. Andererseits wird auf einem globalen Markt auch die Konkurrenz grösser und somit steigt der Wettbewerbsdruck.

Dadurch sind die Unternehmen gezwungen, zukünftig noch stärker auf ihre Kernkompetenzen zu fokussieren. Hierzu sind heute zwei Entwicklungen zu beobachten [vgl. Österle 1996b]:

- Unternehmen zerlegen sich in vielfältige, kleinere Einheiten, welche sogar teilweise rechtlich eigenständige Firmen bilden, oder sie lagern ihre Logistik, Informatik und andere Unternehmensfunktionen aus (z.B. ABB).
- Gleichzeitig bilden Unternehmen Allianzen in Netzwerken [s. Bleicher 1994, S. 408-435], um sowohl auf gleicher Produktionsstufe in gleichen (z.B. Fluggesellschaften) oder sich ergänzenden Branchen (z.B. Touristik) als auch auf unterschiedlichen Produktionsstufen entlang der Wertschöpfungskette (z.B. Automobilindustrie und Zulieferer) unter den herrschenden Wettbewerbsbedingungen zusammenzuarbeiten.

Es handelt sich dabei nicht um zwei gegensätzliche Entwicklungen. Die Zerlegung eines Unternehmens und Verteilung der Einheit setzen inner- und überbetriebliche Kooperationsformen zwischen den Geschäftseinheiten für die Zusammenarbeit voraus [vgl. Klein 1996; Schmid 1995]. Das Ziel sind vernetzte Unternehmen, welche im Idealfall die Beweglichkeit und Effizienz von Kleinbetrieben mit den Synergien grosser Unternehmen verbinden [vgl. Picot et al. 1996, S. 349-357].

Die vorliegende Arbeit hat den Einsatz von Workflowsystemen innerbetrieblich untersucht, wo Prozesse vom eigenen Unternehmen beeinflussbar sind. Demgegenüber haben bei vernetzten Unternehmen mehrere Parteien Einfluss auf die Gestaltung. Stehen bei zwischenbetrieblichen Prozessen vor allem Marktmechanismen im Vordergrund, sind Workflowsysteme dafür weniger geeignet. Ist hingegen die Zusammenarbeit zwischen verteilten Unternehmenseinheiten in einer Ablauffolge von Aktivitäten standardisiert, ist die Problemstellung sehr wohl mit der aus Kapitel zwei vergleichbar. Zusätzliche Probleme treten vorerst im engeren Gestaltungsspielraum (z.B. Wahl des Standards, verfügbare Zugriffsmechanismen, erhöhte Heterogenität) und bei sich ändernden Allianzen bzw. häufig wechselnden Kooperationspartnern im Netzwerk auf. Derartige Überlegungen müssen in den Lösungsvorschlag einfliessen.

Zusammenfassend zeigen die Abschnitte 6.2.1. bis 6.2.3., dass sich insbesondere die Systementwicklung aufgrund der Anforderungen bzw. Veränderungen auf den Ebenen Strategie, Prozess und Informationssystem noch intensiver mit dem Thema Integration beschäftigen muss. Die Existenz von technischen Mechanismen zur Kommunikation von Programmen kann die Fragen der Integration auf allen drei Ebenen nicht ausreichend beantworten. Genauso lösen Workflowsysteme nur eine kleine Auswahl der Probleme im Rahmen der Prozessumsetzung. Der Erfolg von Workflowsystemen hängt deshalb nicht alleine von technischen Raffinessen ab, sondern auch davon, ob eine Methode verfügbar ist, die ergebnisorientiert den Entwurf auf den einzelnen Ebenen in seiner vollen Breite abdeckt und die Beziehungen zwischen den Ebenen unterstützt. Letztlich ist dafür ausschlaggebend, in welchem Ausmass vernetzte Unternehmen für ihre neugestalteten Prozesse Workflowsysteme überhaupt sinnvoll einsetzen können.

Anhang I: Ergebnisse aus dem BPR-Projekt der Telefon AG

Dieser Anhang führt die Entwurfsergebnisse aus einem BPR-Projekt für ein fiktives, keinesfalls aber unrealistisches Beispiel auf. Es beschreibt eine private Telefongesellschaft, nachfolgend als Telefon AG bezeichnet, welche Kommunikationsdienstleistungen anbietet. Es handelt sich dabei um ein durchgängiges Beispiel, das die ganze Arbeit begleitet. Seine Inhalte stammen aus konkreten Projekten. Sie wurden anonymisiert und auf die Telefon AG übertragen.

Ziel der folgenden Abschnitte ist es, die für die Prozessumsetzung erforderlichen Informationen aus dem BPR anhand eines zusammenhängenden Beispiels zu illustrieren. Sie orientieren sich an den Darstellungen aus PROMET BPR [s. IMG 1995; Österle 1995] und werden kurz erläutert. Die Verwendung der aufgeführten BPR-Dokumente durch die Prozessumsetzung behandelt Kapitel fünf.

AI.1. Prozessabgrenzung

Die Prozessabgrenzung verfolgt das Ziel, eigenständig gestaltbare und gleichzeitig im Rahmen der inkrementellen Weiterentwicklung führbare Prozesse eines Unternehmens zu identifizieren. Ein Prozess bündelt gleichartige, aus Sicht des Leistungsempfängers (Kunde) zusammenhängende und auf die gleiche Art und Weise zu erstellende Leistungen.

Mit der Prozesslandkarte erhält die Telefon AG einen Überblick über ihre wettbewerbsentscheidenden Prozesse, die wichtigsten Prozesse der Geschäftspartner sowie den Leistungsaustausch zwischen den Prozessen. Die Knoten repräsentieren Prozesse, die gerichteten Kanten den Leistungsaustausch, und die grauen Rechtecke zeigen die Zugehörigkeit eines Prozesses zum eigenen Unternehmen bzw. zu einem Geschäftspartner an.

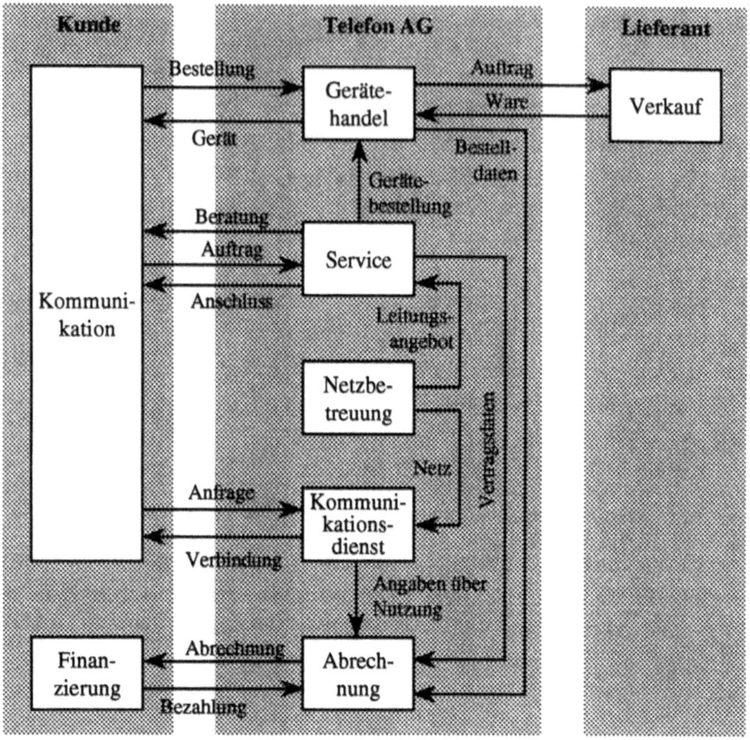

Bild AI.1./1: Prozesslandkarte der Telefon AG

Das Prozessverzeichnis ergänzt die Prozesslandkarte um zusätzliche Angaben zu den Prozessen des eigenen Unternehmens, d.h. der Telefon AG. Es werden die zentralen Aufgaben, die unterstützten Produkte und Dienstleistungen sowie die betroffenen Organisationseinheiten der Prozesse beschrieben.

Prozess	**Wichtige Aufgaben**	**Unterstützte Produkte / Dienstleistungen**	**Betroffene Organisationseinheiten**
Abrechnung	Erstellt aufgrund der Angaben aus Abonnement und Nutzung die monatliche Abrechnung je Anschluss und überwacht alle Zahlungen (monatl. Rechnungen, Kautionen etc.)	• monatliche Abrechnung • Übersicht über Verbindungen • Mahnungen • Verwaltung von Kautionen	• Rechnungswesen • Rechenzentrum • Telefonzentrale (Region 1-4) • Logistik

Führung[1]	Zieldefinition, Zielüberprüfung und Ableitung von Massnahmen für die wichtigsten Führungsgrössen der Telefon AG		• Geschäftsleitung • Logistik
Gerätehandel	Handel mit Telefon- und Faxgeräten sowie Zubehör für den Kunden (Kauf oder Miete)	• Telefon- und Faxgeräte • Zubehör (z.B. Kabel, Steckdosen) • Verkauf oder Miete, Austausch, Reparatur Endgeräte • Installation	• Einkauf • Verkauf • Werkstatt • Servicetechniker • Logistik
Kommunikationsdienst	Erstellen von Verbindungen In- und Ausland, Konferenzgespräche, Telefonservices (z.B. Anrufumleitung, Anrufbeantworter), Störungsdienst und Auskunft über ETB (elektr. Telefonbuch)	• Auskunft • Konferenzgespräche • Vermittlung • Verbindungen In- und Ausland	• Auskunft • Telefondienste • Rechenzentrum • Logistik • Telefonzentrale (Region 1-4)
Netzbetreuung	Stellt gesamtes Netz für die Kommunikation (Leitungen) zur Verfügung und betreibt es	• Netz, Leitungen • Wartung, Betrieb	• Leitungsbau • Telefonzentrale (Region 1-4) • Rechenzentrum
Service	Von Auftrag erfassen (5 Varianten) über das Bearbeiten von Reklamationen bis zur Zuteilung einer Rufnummer und Schaltung eines Anschlusses bzw. Bestätigung bei Änderung oder Kündigung	• aktive Marktbearbeitung • Beratung für Anschlüsse (insbesondere bei Firmen) • Rahmenvertrag mit Grosskunden • Abonnement, Anschluss	• Abonnementsdienst • Telefonzentrale (Region 1-4) • Verkauf • Beratung • Redaktion ETB

Bild AI.1./2: Prozessverzeichnis der Telefon AG

Im folgenden untersucht das BPR-Projekt der Telefon AG im Detail nur den Prozess "Service".

1 Der Prozess "Führung" ist in der Prozesslandkarte (vgl. Bild AI.1/1) zur Vereinfachung nicht eingezeichnet.

AI.2. Prozessgrundsätze

Die Prozessgrundsätze verfolgen das Ziel, einerseits die Geschäftsstrategie im Prozess umzusetzen und andererseits die Erkenntnisse aus den Prozessgrundsätzen in die Strategie einzubringen. Sie stellen die Eckpfeiler des Prozesses dar, die sowohl im Entwurf als auch in der Umsetzung zu beachten sind, indem sie die Schwerpunkte des neugestalteten Prozesses betonen.

Rahmenbedingungen:

- Aufträge stammen direkt vom Kunden oder gelangen über einen Elektriker, welcher mit der Installation beim Kunden beauftragt ist, zu uns.
- Handel mit Geräten verliert stark an Bedeutung. Die Kunden beschaffen (Kauf oder Miete) ihre Endgeräte unabhängig vom Prozess "Service" (z.B. Elektriker, Kaufhäuser, Versandhandel, Prozess "Gerätehandel" der Telefon AG).

Gestaltungsmerkmale:

- Abonnements werden zentral verwaltet. Der Kunde soll alle Aufträge im Rahmen von Abonnements an eine Stelle richten können.
- Elektriker soll die Aufträge seiner Kunden elektronisch/online erfassen und übermitteln können. Ein späterer Ausbau dieses Vertriebskanals auch für die Kunden muss oberstes Ziel sein. Dann können Kunden Aufträge direkt aus dem ETB (elektronisches Telefonbuch) über das Internet erteilen bzw. in Läden dezentral erfassen.
- Schriftliche Kundenaufträge oder Aufträge per Fax werden elektronisch archiviert.
- Die Telefon AG geht davon aus, dass der Kunde seine Geräte (Telefon, Fax etc.) vermehrt separat beschaffen will. Jedoch kann der Kunde weiterhin in einem Auftrag optional ein Standardgerät der Telefon AG bestellen. Der Prozess "Service" übergibt solche Bestellungen dem Prozess "Gerätehandel" und verfolgt sie nicht weiter.
- Beratung konzentriert sich vor allem auf Firmenkunden. Mit Grosskunden schliesst die Telefon AG Rahmenverträge mit speziellen Konditionen ab.
- Die Angaben in bezug auf den Anschluss aus den Kundenaufträgen werdem zugleich als Einträge für das elektronische Telefonbuch (ETB) verwendet. Das ETB soll für alle Kunden (z.B. im Internet, bei öffentlichen Telefonanschlüssen, als CD-ROM) für Abfragen verfügbar sein.
- Neukunden und Kunden mit schlechter Zahlungsmoral sind besonders zu behandeln. Jedoch darf der Ablauf nicht unnötig verzögert werden. Die Telefon AG geht folgendermassen vor: (1) Kunden mit schlechter Zahlungsmoral erhalten erst den neuen Anschluss, wenn alle Ausstände beglichen wurden. (2) Bei Neukunden nimmt die Telefon AG eine allgemeine Kundenüberprüfung vor.
- Nummernvergabe, Schaltung etc. werden soweit wie möglich automatisiert (digitale Telefonzentralen).

Bild AI.2./1: Prozessgrundsätze

AI.3. Kontextdiagramm und Leistungsverzeichnis

Kontextdiagramm

Das Kontextdiagramm zeigt den Leistungsfluss zwischen Prozessen auf. Prozesse empfangen Inputs und geben Ergebnisse internen oder externen Kunden (Prozesse) ab. Sowohl Prozessinputs als auch -outputs sind Leistungen, welche materiell oder immateriell sein können. Die Leistungen stellen somit das Ergebnis der Wertschöpfung eines Prozesses dar.

Das Kontextdiagramm stellt den umzusetzenden Prozess (z.B. in Bild AI.3./1 ist es der Prozess "Service") ins Zentrum und untersucht alle mit ihm kommunizierenden Prozesse, wobei das Hauptaugenmerk auf den Austausch von Leistungen gerichtet ist. Die Knoten repräsentieren Prozesse, die gerichteten Kanten die zwischen Prozessen ausgetauschten Leistungen. Aus Gründen der Übersichtlichkeit enthält das Kontextdiagramm nur die wesentlichen Leistungen.

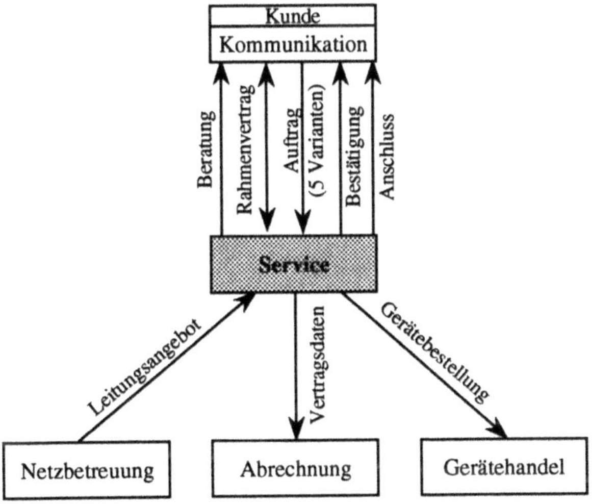

Bild AI.3./1: Kontextdiagramm

Leistungsverzeichnis

Das Leistungsverzeichnis ergänzt das Kontextdiagramm um folgende Punkte:

- Es enthält alle Leistungen, die ein Prozess konsumiert oder erbringt.
- Es enthält insbesondere auch Angaben zu den Varianten, mit denen einzelne Leistungen erbracht werden.

- Es enthält eine verbale Beschreibung der einzelnen Leistungen.

Leistung	**Beschreibung**
Anschluss	Abonnement über die Nutzung eines Anschlusses.
Auftrag	Auftrag des Endkunden per Formular (Brief oder Fax), Telefon oder Elektriker (Online-Terminal). Auftrag betrifft: (1) Neuanschluss, (2) Umzug, (3) Kündigung, (4) Änderung ETB-Eintrag, (5) Änderung bestehender Anschluss. Endkunde kann eine Person oder eine Firma sein.
Auftragsbestätigung	Bestätigung des Auftrags oder einer Reklamation per Telefon, Brief, Fax oder Online-Terminal.
Beratung	Beratung von Grosskunden im Rahmen der Planung und Umsetzung seiner Kommunikationsinfrastruktur.
Brief	Fehlen wichtige Angaben im Auftrag oder sind alte Rechnungen noch nicht beglichen, dann erstellt der Prozess Service einen Brief bzw. eine Rechnung (Zahlungsaufforderung) an den Kunden.
Gerätebestellung	Der Prozess "Service" leitet Bestellungen von Geräten (Telefon, Fax etc.) an den Prozess "Gerätehandel" weiter.
Information	Dokumentation, Werbematerial über Angebote der Telefon AG und Unterstützung der Kunden bei der Formulierung ihrer Aufträge.
Leitungsangebot	Gesamtes Netz (Leitungen), welches für Anschlüsse zur Verfügung steht.
Leitungsnachfrage	Leitungsanforderungen an den Prozess "Netzbetreuung" für einen Anschluss, welchen das vorhandene Netz noch nicht abdeckt.
Rahmenvertrag	Schriftliche Grundsatzvereinbarung zwischen der Telefon AG und einem Grosskunden über Bedingungen und Konditionen.
Reklamation	Reklamation durch den Kunden im Rahmen eines Auftrags, Abonnements etc.
Vertragsdaten	Sobald ein Anschluss in Betrieb ist, teilt der Prozess "Service" dem Prozess "Abrechnung" die Vertragsdaten mit. Sie bilden die Grundlage für die monatlichen Rechnungen (Abrechnungen).
zusätzliche Dokumente (HR-Auszug)	Eingetragene Firmen müssen - sofern sie Neukunde sind - einen Auszug aus dem Handelsregister (HR) beilegen. Fehlt der Auszug, kann die Telefon AG den Auszug selbst elektronisch in einer öffentlichen Datenbank (HRonline) abfragen.
zusätzliche Dokumente (Kopie Ausweis)	Privatkunden müssen - sofern sie Neukunde sind - eine Kopie der Identitätskarte (Pass) beilegen. Fehlt die Kopie, kann die Telefon AG sie direkt beim zuständigen Gemeindeamt einfordern.

Bild AI.3./2: Leistungsverzeichnis

AI.4. Prozesszerlegungsmatrix

Prozesse sind für eine grobe Betrachtung geeignet und lassen vor allem Grundsatzentscheidungen zu. Für Detailentscheidungen, so z.B. die genaue Bestimmung der Ablauffolge von Aufgaben oder die Zuordnung der Aufgaben zu Stellen, zerlegt das BPR einen Prozess (Makro-Prozess) in Mikro-Prozesse.

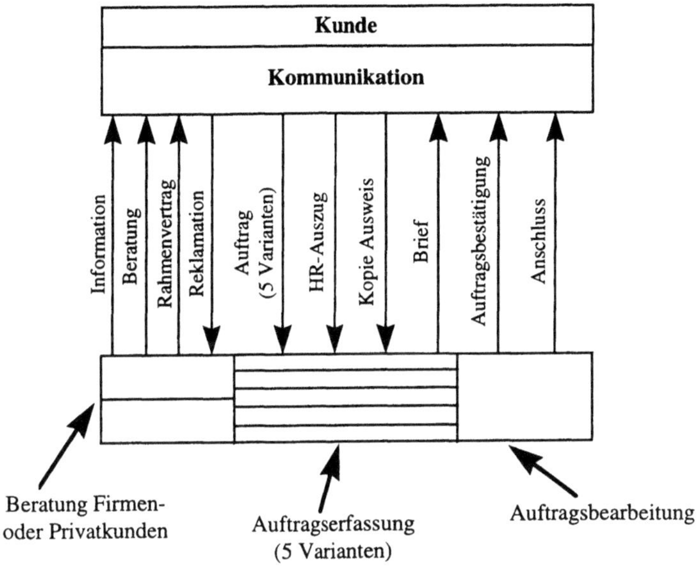

Bild AI.4./1: Übersicht über die Mikro-Prozesse im Prozess "Service"

Die Zerlegung orientiert sich vorwiegend an Leistungen und versucht, nur eine Variante der Leistungen bzw. eine Kombination von Leistungsvarianten zu berücksichtigen. Das Ergebnis ist in der Prozesszerlegungsmatrix beschrieben.

Ziel der Zerlegung ist es, einen Prozess in unabhängig voneinander ausführbare, in sich geschlossene Mikro-Prozesse zu gliedern.

Leistungen	**Mikro-Prozess**
Information Beratung Rahmenvertrag Reklamation	Beratung Firmenkunden
Information Reklamation	Beratung Privatkunden
Auftrag "Neuanschluss" HR-Auszug Kopie Ausweis Brief	Auftragserfassung "Neuanschluss"
Auftrag "Umzug"	Auftragserfassung "Umzug"
Auftrag "Kündigung" Brief	Auftragserfassung "Kündigung"
Auftrag "Änderung ETB-Eintrag"	Auftragserfassung "Änderung ETB-Eintrag"
Auftrag "Änderung bestehender Anschluss"	Auftragserfassung "Änderung bestehender Anschluss"
Auftragsbestätigung Anschluss	Auftragsbearbeitung

Bild AI.4./2: Prozesszerlegungsmatrix

AI.5. Aufgabenkettendiagramm und Aufgabenverzeichnis

Aufgabenkettendiagramm

Das Aufgabenkettendiagramm dokumentiert den Ablauf eines Prozesses. Bei der Ablaufmodellierung sind zwei Ebenen zu unterscheiden: die Makro- und die Mikromodellierung. Ziel der Makromodellierung ist, den Gesamtüberblick über den Prozess zu gewinnen. Ziel der Mikromodellierung ist die detaillierte Darstellung aller Aufgaben und ihrer personellen und technischen Unterstützung.

Im Aufgabenkettendiagramm repräsentiert ein Knoten eine Aufgabe. Ganz oder teilweise computergestützte Aufgaben sind hell hinterlegt. Die Kanten beschreiben zeitliche Abhängigkeiten zwischen Aufgaben:

- Eine gestrichelte Kante bedeutet, dass beide Aufgaben gemeinsam ausgeführt werden.
- Eine gerichtete Kante heisst, dass die nachfolgende Aufgabe ohne Zeitverzug nach Abschluss der vorangehenden starten kann.
- Eine gestrichelte, gerichtete Kante zeigt an, dass die nachfolgende Aufgabe erst nach Zeitverzug starten kann.

- Haben zwei Aufgaben weder eine direkte noch eine indirekte Verbindung, so sind sie nebenläufig, d.h. sie können nacheinander oder nebeneinander ablaufen.

Die Spalten im Aufgabenkettendiagramm repräsentieren Aufgabenträger (z.B. Organisationseinheiten, Stellen, Applikationen).

Der Detaillierungsgrad von Aufgabenketten wird massgeblich durch ihre Aufgaben als betriebliche Funktionen mit einem bestimmbaren Ergebnis festgelegt.

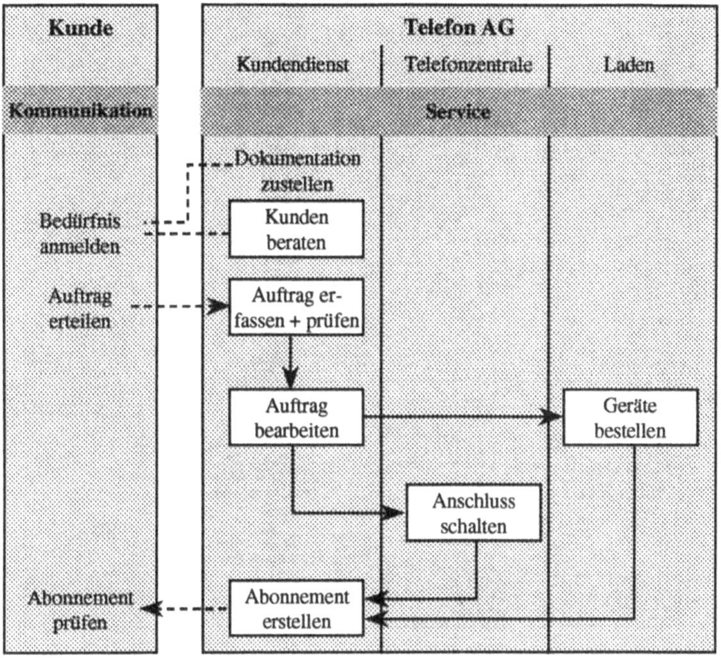

Bild AI.5./1: Aufgabenkettendiagramm Prozess "Service" (Makro)

In der Mikromodellierung wird die Aufgabenkette für den Makro-Prozess in bezug auf die Aufgaben und ihre organisatorische Zuordnung verfeinert.

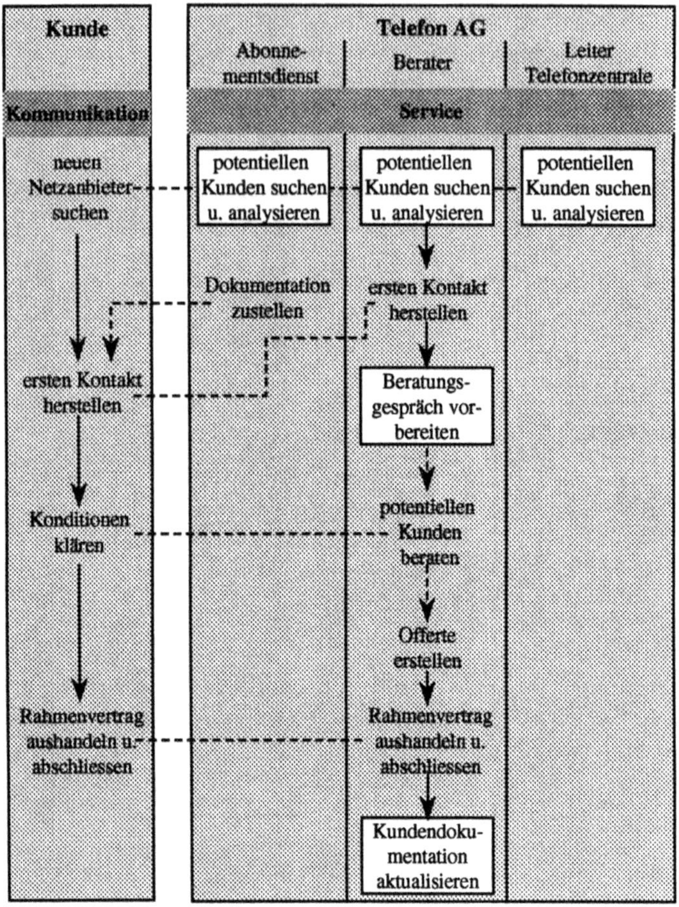

Bild AI.5./2: Aufgabenkettendiagramm Mikro-Prozess "Beratung"

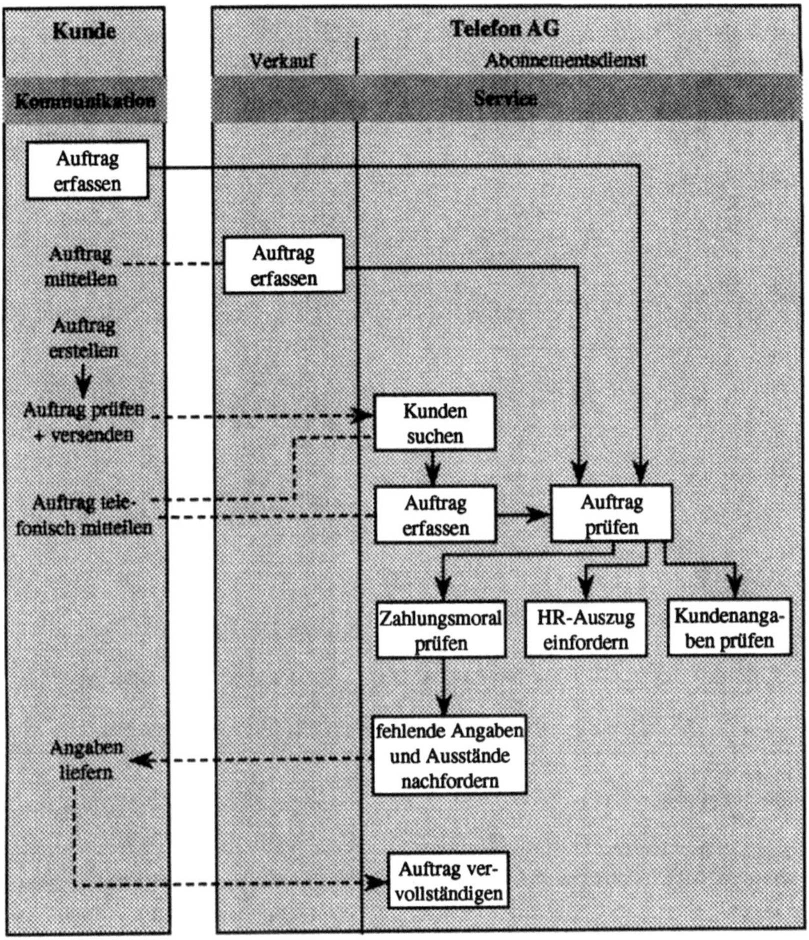

Bild AI.5./3: Aufgabenkettendiagramm Mikro-Prozess "Auftragserfassung"

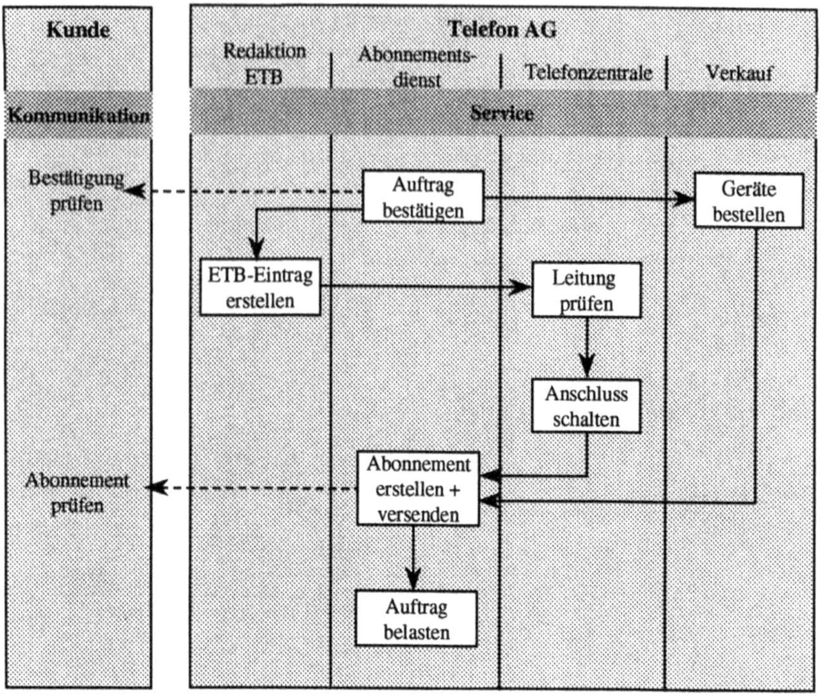

Bild AI.5./4: Aufgabenkettendiagramm Mikro-Prozess "Auftragsbearbeitung"

Aufgabenverzeichnis

Ergänzend zum Aufgabenkettendiagramm als Übersichtsdarstellung erstellt das BPR während der Mikromodellierung ein Aufgabenverzeichnis, welches spezifische Fragestellungen bearbeitet. Die Grundstruktur des Aufgabenverzeichnisses enthält je Aufgabe die betroffene Organisationseinheit, eine verbale Beschreibung (z.B. Anforderungen an das Informationssystem) und Angaben zum Mengengerüst (z.B. Anzahl Ausführungen/Monat, Zeitbedarf/Ausführung in Minuten).

Aufgabe	**OE**	**Anforderungen IT**	**Anzahl /Monat**	**Zeitbedarf**
potentiellen Kunden suchen und analysieren	Be LTZ	potentielle Kunden in branchenspezifischen Adressdatenbanken auf CD-ROM suchen	10	90
Dokumentation zustellen	AD		100	15
ersten Kontakt herstellen	Be		10	60

Beratungsgespräch vorbereiten	Be	Angaben über potentiellen Kunden erfassen, Bedarf ermitteln und Möglichkeiten analysieren	10	30
potentiellen Kunden beraten	Be	Konditionen und Bedingungen ermitteln, diverse Berechnungen durchführen	10	180
Offerte erstellen	Be		10	120
Rahmenvertrag aushandeln und abschliessen	Be		5	180
Kundendokumentation aktualisieren	Be	zusätzliche Kundendaten erfassen (z.B. Konditionen) und elektronisches Dossier erstellen	5	30
Kunden suchen	AD V	Kontrolle, ob Kunde in Kundenverwaltung bereits existiert und ev. Daten in den neuen Auftrag übernehmen	1'300	1
Auftrag erfassen	AD V	alle Angaben für einen Auftrag elektronisch erfassen	1'300	4
Auftrag prüfen	AD	Kontrolle betr. Unterschrift, zusätzl. Dokumente und einzelne Angaben	2'000	3
Zahlungsmoral prüfen	AD	hat der Kunde noch ausstehende Rechnungen bei uns, oder sind unsere Erfahrungen mit ihm in bezug auf seine Zahlungsmoral negativ?	1'500	2
HR-Auszug einfordern	AD	Angaben aus HR-Auszug übernehmen und Auszug elektr. archivieren	500	3
Kundenangaben prüfen	AD	telefonische Anfrage beim Einwohneramt und Bestätigung der Kundenangaben	350	3-30
fehlende Angaben und Ausstände nachfordern	AD	Brief an Kunden mit der Aufforderung, Unterlagen einzureichen (Unterschrift, Angaben) oder Rechnungen zu begleichen (Ausstände)	1'000	5
Auftrag vervollständigen	AD	Angaben nachdokumentieren und bestätigen bzw. abwarten, bis Ausstände beglichen	1'000	2
Auftrag bestätigen	AD	Auftragsbestätigung erstellen und versenden	2'000	5
Geräte bestellen	V	relevante Angaben aus Auftrag in die Gerätebestellung übernehmen	100	1
ETB-Eintrag erstellen	Re	ETB-Eintrag erfassen	2'000	2

Leitung prüfen	TZ	in Netz-DB kontrollieren, ob Leitung bereits vorhanden	1'300	3-15
Anschluss schalten	TZ	Anschluss in digitaler Telefonzentrale schalten	1'300	2
Abonnement erstellen und versenden	AD	Auftrag als Abonnement ausdrucken und mit Begleitbrief versenden	1'950	4
Auftrag belasten	AD	automatische Belastung nach 10 Tagen (einmalige Kosten, monatliche Gebühren)	1'950	1

Legende Organisationseinheit (OE):
Abonnementsdienst (AD), Berater (Be), Leiter Telefonzentrale (LTZ), Redaktion ETB (Re), Telefonzentrale (TZ), Verkauf (V)

Bild AI.5./5: Aufgabenverzeichnis Prozess "Service" (Mikro)

AI.6. Prozessführung

Führungsgrössen

Führungsgrössen konkretisieren die kritischen Erfolgsfaktoren (KEF) eines Prozesses, wobei die kritischen Erfolgsfaktoren die wenigen für den Erfolg entscheidenden Merkmale eines Unternehmens oder, wie im BPR, eines Prozesses sind. Die wichtigsten Erfolgsfaktoren für den Prozess "Service" sind:

- Geschwindigkeit der Abwicklung von Aufträgen
- Flexibilität Leitungsnetz
- Qualität von Schaltungen

Führungsgrössen sind Indikatoren für die Effektivität und Effizienz eines Prozesses. Sie sind somit Messgrössen für die kritischen Erfolgsfaktoren und teilen sich in zwei Gruppen auf:

- Finanzielle Führungsgrössen:
  Es handelt sich dabei um Grössen aus dem finanziellen Rechnungswesen, z.B. Prozesskosten, Kundenrentabilität.
- Direkte Führungsgrössen:
  Sie beschreiben direkt beobachtbare Merkmale von Prozesskomponenten, z.B. Anzahl Neukunden, Durchlaufzeit.

Für die Prozessführung sind Führungsgrössen sowohl auf Basis quantitativer Messgrössen als auch aufgrund qualitativer Aussagen (z.B. mit Hilfe einer Befragung zu erheben) aufzubauen. Die Führungsgrössen in Bild AI.6./1 konkretisieren die kritischen Erfolgsfaktoren des Prozesses "Service".

Führungsgrösse	**Beschreibung**	**Messverfahren**
Abwicklungskosten	Durchschnittliche, direkte Personal- und Infrastrukturkosten pro Auftrag	Maschinelle Auswertung aus Prozesskosten
Abonnements nach Kundengruppen	Anzahl Abonnements nach Person und Firma/Grosskunden	Maschinelle Auswertung aus Kundenverwaltung
Kündigungen	Anzahl Kündigungen von Abonnements	Maschinelle Auswertung der Aufträge im Workflow und aus der Kundenverwaltung
Bearbeitungszeit	Zeitbedarf (Durchlaufzeit) für Auftrag empfangen bis Schaltung (ev. Änderung) abgeschlossen	Auswertung aus Protokoll im Workflowsystem
Verzögerungen nach Ursache	Anzahl Aufträge mit Verzögerungen im Ablauf, bei denen Ausstände nicht beglichen bzw. Netz fehlt	Auswertung aus Protokoll im Workflowsystem
Abgebrochene Aufträge	Anzahl abgebrochene Aufträge nach Ausständen, Kaution	Auswertung aus Protokoll im Workflowsystem
Kanalnutzung	Anzahl Aufträge je Kanal	Auswertung aus Protokoll im Workflowsystem
digitale Anschlüsse	Anzahl Schaltungen manuell oder maschinell	Maschinelle Auswertung aus Telefonzentrale
Fehlschaltungen	Anzahl Fehlschaltungen	Manuelle Auswertung aus Reklamationen

Bild AI.6./1: Beispiele von Führungsgrössen des Prozesses "Service"

Zur Operationalisierung der Führungsgrössen formuliert der Prozessentwurf Ziele. Sie beschreiben die angestrebte Soll-Entwicklung von einzelnen Führungsgrössen über einen längeren Zeitraum mit folgenden Elementen:

- Führungsgrösse
- Soll-Wert
- Zeitpunkt, bis zu dem das Ziel erreicht werden soll (Termin)

Führungsgrösse	**Einheit**	**Ist**	**Soll**	
		31.12.95	**31.12.96**	**31.12.97**
Abwicklungskosten	SFR	140	140	110
Abonnements nach Kundengruppen • Privatkunden • Firmenkunden	%	 75 25	 65 35	 50 50
Verteilung Kanalnutzung: • Brief, Fax • Telefon • elektronisch, Internet	%	 95 5 0	 45 5 50	 25 5 70
Kündigungen	Anzahl/ Monat	100	75	50
Bearbeitungszeit	Tage	5	1	1
Netzwerkerweiterung	%	4	3	3
Fehlschaltungen	Anzahl/ Monat	100	10	10

Bild AI.6./2: Beispiel einer Prozesszielplanung für den Prozess "Service"

Berichtswesen Prozessführung

Damit die Prozessführung die Führungsgrössen kontinuierlich überwachen und somit als Frühwarnsystem nutzen kann, muss das BPR ein entsprechendes Berichtswesen aufbauen. Das Berichtswesen legt fest, über welche Führungsgrössen ein periodisch zu erstellender Prozessstatusbericht informieren soll. Er enthält:

Bericht	**Termin**	**Einbezogene Führungsgrössen**	**Empfänger**
Monatsbericht	Am ersten Werktag jedes Monats	Bearbeitungszeit, Kanalnutzung, Fehlschaltungen, Kündigungen	• Prozessmanager • Prozesszirkel • Prozessausschuss
Halbjahresbericht	Am ersten Werktag von Januar und Juli	Abwicklungskosten, Abonnements nach Kundengruppen, Netzwerkerweiterungen und Führungsgrössen des Monatsberichts im Halbjahresrückblick	• Prozessmanager • Prozesszirkel • Prozessausschuss • Geschäftsleitung

Bild AI.6./3: Berichtsverzeichnis für den Prozess "Service"

- Die wesentlichen Zielabweichungen und Schwachstellen in einer Übersicht,
- die grafische Darstellung der Entwicklung der wichtigsten Führungsgrössen,
- Darstellung der im Berichtszeitraum durchgeführten Weiterentwicklungsmassnahmen und

• Abweichungen vom Projektplan.

Stellen und Gremien der Prozessführung

Zur Ausgestaltung der Prozessorganisation im Unternehmen unterscheidet PROMET BPR drei Typen von Stellen bzw. Gremien:

Stelle bzw. Gremium	Besetzung	Zentrale Aufgaben
Prozessmanager	Leiter Kundendienst	Bis 31.12.96: Massnahmen anordnen, Ist-Werte erfassen, Ziele/Ist vergleichen, Vorschläge für Ziele und Massnahmen entwickeln Ab 1.1.97: Massnahmen anordnen, Ist-Werte erfassen, Ziele/Ist vergleichen, Vorschläge für Ziele und Massnahmen gemeinsam mit dem Prozessausschuss bestimmen
Prozesszirkel	Mitarbeiter aus Kundendienst, Finanz- und Rechnungswesen, Telefonzentralen sowie zwei langjährige Kunden	Erarbeiten von Massnahmenvorschlägen für selbst erkannte Probleme bzw. auf Vorgabe des Prozessmanagers
Prozessausschuss	Leiter Laden, Leiter Kundendienst und Leiter Telefonzentralen	Bis 31.12.96: Ziele und Massnahmen bestimmen Ab 1.1.97: Ziele und Massnahmen gemeinsam mit dem Prozessausschuss bestimmen

Bild AI.6./4: Führungsorganisation für den Prozesses "Service"

• Prozessmanager:
Der Prozessmanager ist für die Qualität des Prozesses verantwortlich. Er plant und kontrolliert den Prozess, koordiniert zwischen den betroffenen organisatorischen Einheiten und sorgt für die Weiterentwicklung des Prozesses. Er führt den Prozess als autonome Einheit.

• Prozesszirkel:
Der Prozesszirkel ist ein Gremium aus Vertretern aller organisatorischen Einheiten des Prozesses unter Leitung des Prozessmanagers. Sein Ziel ist es, den Prozessmanager bei der Führung und Weiterentwicklung des Prozesses zu unterstützen. Er erarbeitet auf eigene Initiative und auf Vorschlag des Prozessmanagers Vorschläge zur Weiterentwicklung des Prozesses.

• Prozessausschuss:
Der Prozessausschuss setzt sich aus den Leitern der in den Prozess involvierten Organi-

sationseinheiten zusammen. Er koordiniert die Prozessführung (Abstimmung der Ziel- und Ressourcenplanung) mit dem Management der Organisationseinheiten.

AI.7. Aufbauorganisation

Die Realisierung von Prozessen benötigt neben prozessorientierten Dokumenten eine stellenbezogene Sicht. Stellen sind die kleinsten organisatorischen Einheiten. Eine Kapazitätsplanung bestimmt die notwendige Stellenzahl. Weiter beschreibt die Aufbauorganisation für jede Stelle deren Kompetenz und Verantwortung, die Qualifikationsanforderungen, Stellvertretungsregelungen usw.

Die Stellenbildung und Kapazitätsplanung sowie die daraus üblicherweise entstehenden Dokumente wie Funktionendiagramm, Stellenbeschreibung und Organigramm sind auf eine prozessorientierte Organisation ohne Probleme übertragbar. Hierzu zentrale Dokumente aus dem Prozessentwurf sind beispielsweise:

- Organigramm
- Matrix Organisationseinheit - Standort
- Matrix Stelle - Organisationseinheit
- Matrix Stelle - Standort
- Stellenbeschreibung

Die Dokumente sind einerseits mehr oder weniger selbsterklärend, und andererseits sind sie sowohl in der Literatur als auch in der Praxis im Rahmen der klassischen Organisationslehre ausführlich abgedeckt. Der Anhang geht deshalb hier auf sie nicht weiter ein und führt stellvertretend für sie nur das Organigramm der Telefon AG auf.

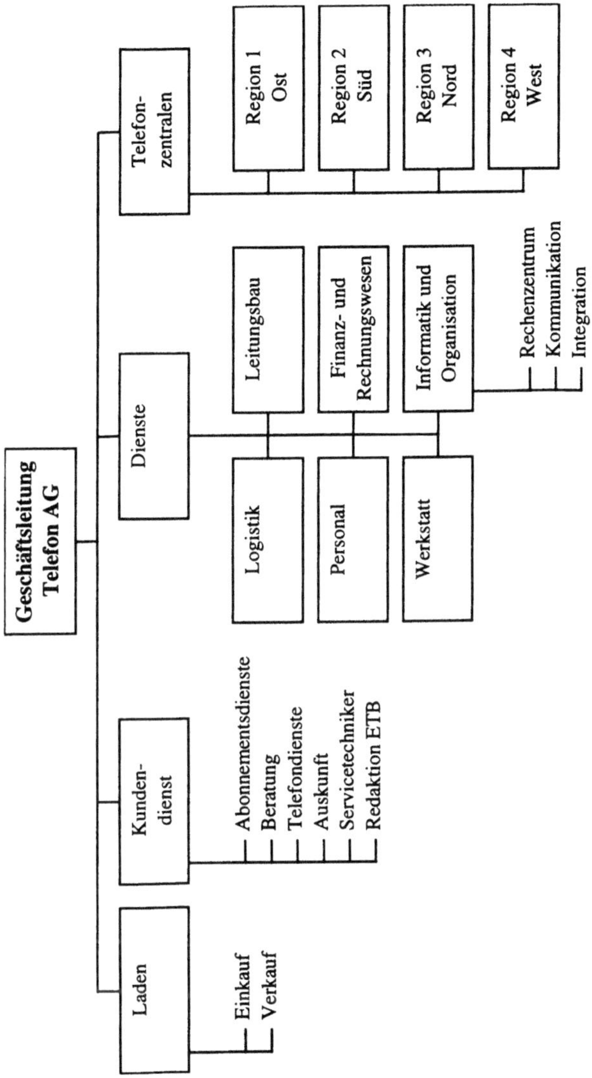

Bild AI.7./1: Organigramm der Telefon AG

Anhang II: Ansprechpartner der Hersteller

Produkt (Hersteller)	**Firma**	**Ansprechpartner**
COSA Workflow (Software-Ley)	Software-Ley GmbH Venloer Straße 83-85 D-50259 Pulheim	Herrn Dr. Martin Bartonitz
FlowMark (IBM)	IBM Schweiz Bändliweg 21 CH-8010 Zürich	Herrn Marcus Gustav Williams
OPEN/workflow (Wang)	WANG (Schweiz) AG Birgistrasse. 4a CH-8304 Wallisellen	Herrn Jürg Brunner
Staffware (Staffware)	OBIS AG Amselweg 13 CH-3627 Heimberg	Herrn Hans-Peter Käppeli
Visual WorkFlo (FileNet)	FileNet Solutions AG Stampfenbachstrasse 131 CH-8006 Zürich	Herrn Urs Salzmann
Work Party (Siemens Nixdorf)	Siemens Nixdorf Informationssysteme AG Heinz-Nixdorf-Ring 1 D-33106 Paderborn	Frau Gisela Sommer

Abkürzungsverzeichnis

ACM	Association for Computing Machinery
API	Application Programming Interface
BAPI	Business API (SAP)
BFG	Black Forest Group
BIFOA	Betriebswirtschaftliches Institut für Organisation und Automation an der Universität zu Köln
BPR	Business Process Redesign
CASE	Computer Aided Software Engineering
CC PRO	Kompetenzzentrum "Prozessentwicklung"
CC PSI	Kompetenzzentrum "Prozess- und Systemintegration"
CD-ROM	Compac Disc - Read Only Memory
CGI	Common Gateway Interface
CILabs	Component Integration Laboratories
CIM	Computer Integrated Manufacturing
CORBA	Common Object Request Broker Architecture (OMG)
CSCW	Computer-Supported Cooperative Work
DDE	Dynamic Data Exchange (Microsoft)
EDV	elektronische Datenverarbeitung
ER	Entity-Relationship
ETB	elektronisches Telefonbuch
FBO	Fachverlag für Büro- und Organisationstechnik GmbH
FedEx	Federal Express
FTP	File Transfer Protocol
GUI	Graphical User Interface
HLLAPI	High Level Language Application Programming Interface (IBM)
HMD	Handbuch der modernen Datenverarbeitung
HTML	Hypertext Markup Language
HTTP	Hypertext Transfer Protocol

HW	Hardware
IEEE	Institute of Electrical and Electronic Engineers
IM HSG	Forschungsprogramm "Informationsmanagement Universität St. Gallen"
IMG	Information Management Gesellschaft
IS	Informationssystem
IT	Informationstechnik
IWI	Institut für Wirtschaftsinformatik
MAPI	Messaging API (Microsoft)
MBit/s	Megabit pro Sekunde
OAG	Open Application Group
OE	Organisationseinheit
OLE	Object Linking and Embedding (Microsoft)
OMG	Object Management Group
PC	Personal Computer
PDA	Personal Digital Assistant
PPS	Produktionsplanung und -steuerung
RPC	Remote Procedure Call
SMTP	Simple Mail Transfer Protocol
SNI	Siemens Nixdorf Informationssysteme AG
SQL	Structured Query Language
SW	Software
TCP/IP	Transmission Control Protocol/Internet Protocol
URL	Universe Resource Locator
vdf	Verlag der Fachvereine
WAPI	Workflow API (WfMC)
WfMC	Workflow Management Coalition
WWW	World Wide Web

Literaturverzeichnis

[AIC 1995a]
AIC Software und Consulting GmbH (AIC), Staffware Entwicklerkurs 1, Schulungsunterlagen, Sulzbach 1995

[AIC 1995b]
AIC Software und Consulting GmbH (AIC), Staffware Entwicklerkurs 2, Schulungsunterlagen, Sulzbach 1995

[Bach et al. 1995a]
Bach, V., Brecht, L., Österle, H., Software-Tools für das Business Process Redesign, FBO-Verlag, Wiesbaden 1995

[Bach et al. 1995b]
Bach, V., Brecht, L., Österle, H., Workflow-Systeme und BPR-Tools in der Führung von Geschäftsprozessen, in: Management & Computer, Jg. 3, 1995, Heft 4, S. 285-289

[Barker 1992]
Barker, R., Case*Method, Tasks and Deliverables, Addison-Wesley, Wokingham 1992

[Bate/Travell 1994]
Bate, J., Travell, N., Groupware, Business success with computer supported cooperative working, Alfred Waller, Henley on Thames 1994

[Becker 1991]
Becker, J., CIM-Integrationsmodell, Die EDV-gestützte Verbindung betrieblicher Bereiche, Springer, Berlin 1991

[Becker 1996]
Becker, M., Workflow-Management, Szenarien und Potentiale, in: Österle, H., Vogler, P. (Hrsg.), Praxis des Workflow-Managements, Vieweg, Braunschweig/Wiesbaden 1996, S. 319-341

[Bennett 1995]
Bennett, K., Legacy Systems, Coping with Success, in: IEEE Software, Jg. 12, 1995, Heft 1, S. 19-23

[Berndt/Leger 1994]
Berndt, O., Leger, L., Dokumenten-Management-Systeme, Nutzen, Organisation, Technik, Luchterhand, Berlin 1994

[BFG 1996]
Black Forest Group (BFG), Workflow Requirements of the Black Forest Group, in: Österle, H., Vogler, P. (Hrsg.), Praxis des Workflow-Managements, Vieweg, Braunschweig/Wiesbaden 1996, S. 171-198

[Bleicher 1991]
Bleicher, K., Das Konzept Integriertes Management, Campus, Frankfurt 1991

[Bleicher 1994]
Bleicher, K., Normatives Management, Campus, Frankfurt 1994

[Böhm 1994]
Böhm, R., Methoden und Techniken der System-Entwicklung, vdf Hochschulverlag AG, Zürich 1994

[Bonaccorsi 1994]
Bonaccorsi, D., An Enterprise Workflow Architecture for Optimal Customer Service, in: Coleman, D. (Hrsg.), GroupWare '94 San Jose (August 7-10, 1994) - Proceedings, The Conference Group, Scottsdale 1994, S. 311-318

[Booch 1994]
Booch, G., Object-Oriented Analysis and Design with Applications, Benjamin/Cummings, Menlo Park 1994

[Brenner 1995]
Brenner, C., Techniken und Metamodell des Business Engineering, Dissertation der Universität St. Gallen, St. Gallen 1995

[Briem/Denzel 1993]
Briem, J., Denzel, B., Online Transaction Processing mit Client-Server-Architekturen, in: HMD, Jg. 30, 1993, Heft 174, S. 25-41

[Brockschmidt 1995]
Brockschmidt, K., Inside OLE 2, Second Edition, Microsoft Press, Redmond 1995

[Bullinger 1994]
Bullinger, H., Workflow-Management bei Dienstleistern, Integrierte Bearbeitung von Geschäftsprozessen, FBO-Verlag, Baden-Baden 1994

[Burns 1994]
Burns, N., Workflow Automation, A Methodology for Change, in: Fischer, L. (Hrsg.), Workflow '94 Boston (March 2-4, 1994) - Proceedings, Future Strategies Inc., Alameda 1994, S. 226-235

[Buschor et al. 1993]
Buschor, F., Derungs, M., Sauter, F., Stanoevska, K., Auf Dokumenten basierende Prozesse rationalisieren mit Document Image Processing (DIP), in: io Management Zeitschrift, Jg. 62, 1993, Heft 1, S. 76-80

[Carlsen 1995]
Carlsen, S., Organizational Perspectives of Workflow Technology, The Norwegian Institute of Technologie, University of Trondheim, Trondheim 1995

[Casonato 1995]
Casonato, R., Work Management and Imaging, New Dynamics, Gartner Group Conference Presentation, The 1995 International Partner Conference Wang (November 29 - December 1, 1995), Madrid 1995

[CGI 1996]
Common Gateway Interface (CGI), WWW: http://hoohoo.ncsa.uiuc.edu/cgi/intro.html, 21.8.1996

[Chappell et al. 1994]
Chappell, C., Lachal, L., Hewett, J., Client-server Markets: Strategies for Success, Ovum, London 1994

[Chen 1976]
Chen, P., The Entity-Relationship-Model, Towards a Unified View of Date, in: ACM Transactions on Database Systems, Jg. 1, 1976, Heft 1, S. 9-13

[Chikofsky/Cross 1990]
Chikofsky, E., Cross, J., Reverse Engineering and Design Recovery, A Taxonomy, in: IEEE Software, Jg. 7, 1990, Heft 1, S. 13-17

[Chroust/Bergmann 1995]
Chroust, G., Bergmann, J., Umfrage Workflow, Eine Momentaufnahme über Verbreitung, Einsatz und Meinungen über Workflow in den deutschsprachigen Ländern, Oldenbourg, Wien 1995

[CILabs 1996]
Component Integration Laboratories (CILabs), WWW: http://www.cilabs.org/, 21.8.1996

[Damschik/Häntschel 1995]
Damschik, I., Häntschel, I., Evaluierung von Workflow-Systemen, in: Wirtschaftsinformatik, Jg. 37, 1995, Heft 1, S. 18-23

[Davenport 1993]
Davenport, T., Process Innovation, Reengineering Work through Information Technology, Harvard Business School Press, Boston/Massachusetts 1993

[Davis 1991]
Davis, D., Software that Makes Your Work Flow, in: Datamation, Jg. 37, 1991, Heft April 15, S. 75-78

[de Pury et al. 1995]
de Pury, D., Hauser, H., Schmid, B., Mut zum Aufbruch, Eine wirtschaftspolitische Agenda für die Schweiz, Orell Füssli, Zürich 1995

[Deacon et al. 1994]
Deacon, A., Schek, H., Weikum, G., Semantics-based Multilevel Transaction Management in Federated Systems, in: Proceeding of the 10th International Conference of Data Engineering (ICDE-94, February 14-18, 1994), Jouston 1994

[Dechent/Ljubojevic 1993]
Dechent, R., Ljubojevic, M., Methoden und Techniken zur Erstellung von Client-Server-Anwendungen, in: HMD, Jg. 30, 1993, Heft 174, S. 58-72

[DeMarco 1979]
DeMarco, T., Structured Analysis and System Specification, Yourdon Press, Englewood Cliffs 1979

[Denert 1992]
Denert, E., Software-Engineering, Springer, Berlin 1992

[Derungs 1996]
Derungs, M., Vom Geschäftsprozess zum Workflow, in: Österle, H., Vogler, P. (Hrsg.), Praxis des Workflow-Managements, Vieweg, Braunschweig/Wiesbaden 1996, S. 123-146

[Derungs et al. 1995a]
Derungs, M., Vogler, P., Österle, H., Kriterienkatalog Workflow-Systeme, Arbeitsbericht IM HSG/CC PSI/1, Institut für Wirtschaftsinformatik der Universität St. Gallen, St. Gallen 1995

[Derungs et al. 1995b]
Derungs, M., Gutzwiller, T., Österle, H., Vogler, P., Workflow Integration, in: Dokumenten- und Workflow-Managementsysteme, 3. Auflage, IMACO GmbH, Zürich 1995

[Derungs et al. 1997]
Derungs, M., Vogler, P., Österle, H., From BPR Models to Workflow Applications, in: Lawrence, P. (Hrsg.), Workflow Handbook 1997, Wiley, Chichester 1997, S. 49-59

[Doblaski 1995]
Doblaski, L., Flexible Architekturen und wiederverwendbare Softwarebausteine für die Anwendung der Zukunft dargestellt an Systemen der Württembergischen Versicherung AG, in: König, W. (Hrsg.), Wirtschaftsinformatik '95, Physica-Verlag, Heidelberg 1995, S. 373-393

[Downs et al. 1992]
Downs, E., Coe, I., Clare, P., Structured Systems Analysis and Design Methode, Application and Context, Prentice-Hall, New York 1992

[Eckerson 1995]
Eckerson, W., Middleware Vendors Offer Enterprise Workflow Tools, in: SnapShots, Patricia Seybold Group, January 1995

[Eicker et al. 1992]
Eicker, S., Kurbel, K., Pietsch, W., Rautenstrauch, C., Einbindung von Software-Altlasten durch integrationsorientiertes Reengineering, in: Wirtschaftsinformatik, Jg. 34, 1992, Heft 2, S. 137-145

[Ellis/Nutt 1996]
Ellis, C., Nutt, G., Workflow, The Process Spectrum, in: Sheth, A. (Hrsg.), Proceedings of the NSF Workshop on Workflow and Process Automation in Information Systems, State-of-the-art and Future Directions (May 8-10, 1996), Georgia 1996, WWW: http://optimus.cs.uga.edu:5080/activities/NSF-workflow/finaldocs.html, 3.7.1996

[Engel 1995]
Engel, A., Vorgangsbearbeitung im Informationsverbund, in: Huber-Wäschle, F., Schauer, H., Widmayer, P. (Hrsg.), GISI 95, Herausforderungen eines globalen Informationsverbundes für die Informatik, Springer, Berlin 1995, S. 118-126

[Erdl/Schönecker 1995]
Erdl, G., Schönecker, H., Workflowmanagement, Workflow-Produkte und Geschäftsprozessoptimierung, FBO-Verlag, Wiesbaden 1995

[Eva 1992]
Eva, M., SSADM Version 4, A User's Guide, McGraw-Hill, London 1992

[FedEx 1996]
Federal Express (FedEx), FedEx Learning Lab, WWW: http://www. fedex.com/, 21.8.1996

[FileNet 1993]
FileNet, Workshop, Student Training Guide, ED 118-0893-A, Costa Mesa 1993

[FileNet 1994a]
FileNet, Introduction to FileNet Imaging, Student Training Guide, ED 133, Costa Mesa 1994

[FileNet 1994b]
FileNet, Visual WorkFlo, ED 140, Beta Release 1.0, 1994

[FileNet 1994c]
FileNet, Visual WorkFlo/Composer Handbook, Release 1.0, Costa Mesa 1994

[FileNet 1994d]
FileNet, Visual WorkFlo/Concuctor, ED 141, 1994

[FileNet 1994e]
FileNet, Visual WorkFlo Application Design, ED 142, 1994

[FileNet 1995]
FileNet, Getting Started with Visual WorkFlo, Release 1.1, Costa Mesa 1995

[Floyd 1984]
Floyd, C., A systematic Look at Prototyping, in: Budde, R., Kuhlenkamp, K., Mathiassen, L., Züllighoven, H. (Hrsg.), Approaches to Prototyping, Springer, Berlin 1984, S. 1-18

[Flynn 1996]
Flynn, J., CGI, Poor Person´s Client/Server, in: Datamation, Jg. 42, 1996, Heft 7, S. 41

[Fritz 1994]
Fritz, F., Business Workflow Management und Standard-Anwendungssoftware, in: Management & Computer, Jg. 2, 1994, Heft 4, S. 277-286

[Gais 1994]
Gais, U., Methodenunterstützung bei der Einführung eines Vorgangssystems, Peter Lang GmbH, Frankfurt am Main 1994

[Galler 1995]
Galler, J., Metamodelle des Workflow-Managements, IWI-Heft 121, Institut für Wirtschaftsinformatik an der Universität des Saarlandes, Saarbrücken 1995

[Galler et al. 1995]
Galler, J., Scheer, A., Peter, S., Workflow-Projekte, Erfahrungen aus Fallstudien und Vorgehensmodell, IWI-Heft 117, Institut für Wirtschaftsinformatik an der Universität des Saarlandes, Saarbrücken 1995

[Galler/Scheer 1994]
Galler, J., Scheer, A., Workflow-Management, Die ARIS-Architektur als Basis eines multimedialen Workflow-Systems, IWI-Heft 108, Institut für Wirtschaftsinformatik an der Universität des Saarlandes, Saarbrücken 1994

[Galler/Scheer 1995]
Galler, J., Scheer, A., Workflow-Projekte, Vom Geschäftsprozessmodell zur unternehmensspezifischen Workflow-Anwendung, in: IM Information Management, Jg. 10, 1995, Heft 1, S. 20-27

[Gassner 1996]
Gassner, C., Konzeptionelle Integration heterogener Transaktionssysteme, Dissertation der Universität St. Gallen, St. Gallen 1996

[Gates 1995]
Gates, B., The Road Ahead, Viking, London 1995

[Gomez/Zimmermann 1992]
Gomez, P., Zimmermann, T., Unternehmensorganisation, Profile, Dynamik, Methodik, Campus, Frankfurt 1992

[Götzer 1995]
Götzer, K., Workflow, Unternehmenserfolg durch effizientere Arbeitsabläufe, Computerwoche Verlag, München 1995

[Grover et al. 1993]
Grover, V., Teng, J., Fiedler, K., Information Technology enabled Business Process Redesign, An Integrated Planning Framwork, in: International Journal of Management Science, Jg. 21, 1993, Heft 4, S. 443-447

[Grudin 1994]
Grudin, J., Computer-Supported Coopertive Work, History and Focus, in: Computer, Jg. 27, 1994, Heft 5, S. 19-26

[Gruhn 1993]
Gruhn, V., Entwicklung von Informationssystemen in der LION-Entwicklungsumgebung, in: Scheschonk, G., Reisig, W. (Hrsg.), Petri-Netze im Einsatz für Entwurf und Entwicklung von Informationssystemen, Springer, Berlin 1993

[Gruhn/Haack 1995]
Gruhn, V., Haack, B., Geschäftsprozess-Management und Qualitätssicherung am Beispiel des WIS-Projekts, in: König, W. (Hrsg.), Wirtschaftsinformatik '95, Physica-Verlag, Heidelberg 1995, S. 115-132

[Gutzwiller 1994]
Gutzwiller, T., Das CC RIM-Referenzmodell für den Entwurf von betrieblichen, transaktionsorientierten Informationssystemen, Physica-Verlag, Heidelberg 1994

[Hackathorn 1993]
Hackathorn, R., Enterprise Database Connectivity, The Key to Enterprise Applications on the Desktop, Wiley, New York 1993

[Hales/Lavery 1991]
Hales, K., Lavery, M., Workflow Management Software, the Business Opportunity, Ovum, London 1991

[Halter 1996]
Halter, U., Workflow-Integration im Kreditbereich, in: Österle, H., Vogler, P. (Hrsg.), Praxis des Workflow-Managements, Vieweg, Braunschweig/Wiesbaden 1996, S. 171-198

[Hammer/Champy 1993]
Hammer, M., Champy, J., Reengineering the Corporation, Harper Business, New York 1993

[Hasenkamp/Syring 1993]
Hasenkamp, U., Syring, M., Konzepte und Einsatzmöglichkeiten von Workflow-Management-Systemen, in: Kurbel, Karl (Hrsg.), Wirtschaftsinformatik '93, Physica-Verlag, Heidelberg 1993, S. 405-422

[Hasenkamp/Syring 1994]
Hasenkamp, U., Syring, M., CSCW (Computer Supported Cooperative Work) in Organisationen, Grundlagen und Probleme, in: Hasenkamp, U., Kirn, S., Syring, M. (Hrsg.), CSCW, Computer Supported Cooperative Work, Informationssysteme für dezentralisierte Unternehmensstrukturen, Addison-Wesley, Bonn 1994, S. 15-37

[Heilmann 1994]
Heilmann, H., Workflow Management, Integration von Organisation und Informationsverarbeitung, in: HMD, Jg. 31, 1994, Heft 176, S. 8-21

[Heinrich et al. 1995]
Heinrich, L., Damschik, I., Gappmaier, M., Häntschel, I., Workflow-Management, Produktevaluation im Labor, in: HMD, Jg. 32, 1995, Heft 181, S. 101-112

[Henzler/Späth 1995]
Henzler, H., Späth, L., Countdown für Deutschland, Siedler, Berlin 1995

[Hess 1996]
Hess, T., Entwurf betrieblicher Prozesse, Deutscher Universitäts Verlag, Wiesbaden 1996

[Hess et al. 1995]
Hess, T., Brecht, L., Österle, H., BPR-Projekte im deutschsprachigen Raum, Erfolg, Vorgehen und methodische Unterstützung, Arbeitsbericht IM HSG/CC PRO/17, Institut für Wirtschaftsinformatik der Universität St. Gallen, St. Gallen 1995

[Hess/Brecht 1995]
Hess, T., Brecht, L., State of the Art des Business Process Redesign, Gabler, Wiesbaden 1995

[Heym 1993]
Heym, M., Methoden-Engineering, Spezifikation und Integration von Entwicklungsmethoden für Informationssysteme, Dissertation der Universität St. Gallen, St. Gallen 1993

[Hilbers 1992]
Hilbers, K., Entwicklung eines Idealmodells des Informationssystem-Managements, Dissertation der Universität St. Gallen, St. Gallen 1992

[Hollingsworth/Wharton 1994]
Hollingsworth, D., Wharton, P., An Architecture for Developing CSCW, in: Spurr, K., Layzell, P., Jennison, L., Richards, N. (Hrsg.), Computer Support for Co-operative Work, Wiley, Chichester 1994, S. 33-54

[Hsu/Howard 1994]
Hsu, M., Howard, M., Work-Flow and Legacy Systems, in: Byte, Jg. 19, 1994, Heft 7, S. 109-116

[Humphrey 1990]
Humphrey, W., Managing the Software Process, Addison-Wesley, Massachusetts 1990

[IBM 1994a]
IBM, VisualAge, Building GUIs for Existing Applications, First Edition, International Technical Support Center, San Jose 1994

[IBM 1994b]
IBM, IBM Smalltalk Programmer's Reference, Second Edition, 1994

[IBM 1995]
IBM, Einführung in den Open Blueprint, Bauplan für offene Client/Server-Lösungen, IBM Deutschland, 1995

[IBM 1996a]
IBM, IBM FlowMark, Modeling Workflow, Version 2 Release 2, Böblingen 1996

[IBM 1996b]
IBM, IBM FlowMark, Application Integration Guide, Version 2 Release 2, Böblingen 1996

[IMACO 1995]
IMACO GmbH, Dokumenten- und Workflow-Managementsysteme, 3. Auflage, Zürich 1995

[IMG 1994]
Information Management Gesellschaft (IMG), PROMET SSW, Projekt-Methode zur Einführung von Standardanwendungssoftware, Version 2.0, St. Gallen/München 1994

[IMG 1995]
Information Management Gesellschaft (IMG), PROMET BPR, Methodenhandbuch für den Entwurf von Geschäftsprozessen, Version 1.5, St. Gallen/München 1995

[Irving/Higgins 1991]
Irving, R., Higgins, C., Office Information Systems, Management Issues and Methods, Wiley, Chichester 1991

[Iten 1996]
Iten, A., Workflow-Management bei Landis & Gyr, in: Österle, H., Vogler, P. (Hrsg.), Praxis des Workflow-Managements, Vieweg, Braunschweig/Wiesbaden 1996, S. 253-269

[IWI 1996]
Jahresbericht 1995 des Instituts für Wirtschaftsinformatik der Universität St. Gallen (IWI), St. Gallen 1996, WWW: http://www-iwi.unisg.ch/, 27.8.1996

[Jablonski 1994]
Jablonski, S., Workflow Management and Business Process Reengineering, in: Coleman, D. (Hrsg.), GroupWare '94 San Jose (August 7-10, 1994) - Proceedings, The Conference Group, Scottsdale 1994, S. 321-329

[Jablonski 1995a]
Jablonski, S., Workflow-Management-Systeme, Modellierung und Architektur, Thomson Publ., Bonn 1995

[Jablonski 1995b]
Jablonski, S., Workflow-Management-Systeme, Motivation, Modellierung, Architektur, in: Informatik Spektrum, Jg. 18, 1995, Heft 1, S. 13-24

[Jacobson et al. 1994]
Jacobson, I., Ericsson, M., Jacobson, A., The Object Advantage, Business Process Reengineering with Object Technology, Addison-Wesley, New York 1994

[Johansen 1988]
Johansen, R., Groupware, Computer Support for Business Teams, The Free Press Macmillan, New York 1988

[Joosten et al. 1994]
Joosten, S., Aussems, G., Duitshof, M., Huffmeijer, R., Mulder, E., WA-12 an Empirical Study about the Practice of Workflow-Management, University of Twente, Enschede 1994

[Kaiser et al. 1996]
Kaiser, T., Vogler, P., Österle, H., Middleware der Zukunft, Internet- und Intranet-Technologien, in: Österle, H., Riehm, R., Vogler, P. (Hrsg.), Middleware, Grundlagen, Produkte, Praxisbeispiele für die Integration heterogener Welten, Vieweg, Braunschweig/Wiesbaden 1996, S. 137-164

[Khoshafian/Buckiewicz 1995]
Khoshafian, S., Buckiewicz, M., Introduction to Groupware, Workflow an Workgroup Computing, Wiley, New York 1995

[Kirn 1995]
Kirn, S., Organisatorische Flexibilität durch Workflow-Management-Systeme?, in: HMD, Jg. 32, 1995, Heft 182, S. 100-112

[Klein 1996]
Klein, S., Interorganisationssysteme und Unternehmensnetzwerke, Wechselwirkungen zwischen organisatorischer und informationstechnischer Entwicklung, Deutscher Universitäts Verlag, Wiesbaden 1996

[Kock et al. 1995]
Kock, T., Rehäuser, J., Krcmar, H., Ein Vergleich ausgewählter Workflow-Systeme, in: IM Information Management, Jg. 10, 1995, Heft 1, S. 36-43

[Koller 1994]
Koller, H., Die Integration von Textverarbeitung und Datenverarbeitung, Deutscher Universitäts Verlag, Wiesbaden 1994

[Koulopoulos 1994]
Koulopoulos, T., The Workflow Food Chain, in: The Delphi Report, Jg. 1, 1994, Heft 2, S. 1-3

[Kränzle 1995]
Kränzle, H., Dokumentenmanagement, Technik und Konzepte, in: HMD, Jg. 32, 1995, Heft 181, S. 26-43

[Krcmar 1990]
Krcmar, H., Bedeutung und Ziele von Informationssystem-Architekturen, in: Wirtschaftsinformatik, Jg. 32, 1990, Heft 5, S. 397-402

[Krüger 1993]
Krüger, W., Organisation der Unternehmung, Kohlhammer, Stuttgart 1993

[Küng 1995]
Küng, P., Ein Vorgehensmodell zur Einführung von Workflow-Systemen, Institutsbericht 95.02 des Instituts für Wirtschaftsinformatik der Universität Linz, Linz 1995

[Kurbel et al. 1995]
Kurbel, K., Rautenstrauch, C., Rödding, T., Scheuch, R., Funktionsintegration in heterogenen verteilten Informationssystemen, Innovative Konzepte und Fallstudien, in: König, W. (Hrsg.), Wirtschaftsinformatik '95, Physica-Verlag, Heidelberg 1995, S. 445-460

[Lawrence 1996]
Lawrence, P., Application Understanding Key to Workflow Success, in: Document World, 1996, Heft 2, S. 22-23

[Ley 1994]
Software-Ley GmbH (Ley), COSA Benutzer Handbuch, Version 1.4, Pulheim 1994

[Ley 1995a]
Software-Ley GmbH (Ley), COSA Referenz Handbuch, Version 1.4.03, Pulheim 1995

[Ley 1995b]
Software-Ley GmbH (Ley), COSA Administrator Handbuch, Version 1.4.03, Pulheim 1995

[Ley 1996]
Software-Ley GmbH (Ley), COSA Workflow, Organisator Seminar, CWS3a, Dokumentationsversion 2.0, Pulheim 1996

[Leymann et al. 1995]
Leymann, F., Roller, D., Vogt, E., Open Blueprint Workflow Resource Manager, IBM Software Solutions Division, Böblingen 1995

[Leymann/Altenhuber 1994]
Leymann, F., Altenhuber, W., Managing Business Processes as an Information Resource, in: IBM Systems Journal, Jg. 33, 1994, Heft 2, S. 326-348

[Lindtner 1992]
Lindtner, P., Domänenwissen in Methoden zur Analyse betrieblicher Informationssysteme, Dissertation der Universität St. Gallen, St. Gallen 1992

[Linß 1995]
Linß, H., Integrationsabhängige Nutzeffekte der Informationsverarbeitung, Deutscher Universitäts Verlag, Wiesbaden 1995

[Lippold et al. 1993]
Lippold, H., Hett, H., Hilgenfeldt, J., Klagge, D., BIFOA-Marktübersicht, Vorgangsmanagement, Betriebswirtschaftliches Institut für Organisation und Automation an der Universität zu Köln (BIFOA), Köln 1993

[Litke 1991]
Litke, H., Projektmanagement, Methoden, Techniken, Verhaltensweisen, Hanser, München 1991

[Manganelli/Klein 1994]
Manganelli, R., Klein, M., The Reengineering Handbook, AMACOM, New York 1994

[Marshak 1992]
Marshak, R., Requirements for Workflow Products, in: Coleman, D. (Hrsg.), Groupware '92, Morgan Kaufmann Publishers, San Mateo 1992, S. 281-285

[Marshak 1994]
Marshak, R., Workflow White Paper, An Overview of Workflow Software, in: Bierman, B. (Hrsg.), Workflow '94 San Jose (August 10-12, 1994) - Proceedings, The Conference Group, Scottsdale 1994, S. 15-42

[Marshak 1995a]
Marshak, R., Rethinking Workflow, Part I, Incremental Steps to BPR, in: Workgroup Computing Report, Jg. 18, 1995, Heft 3, S. 2-3

[Marshak 1995b]
Marshak, R., Rethinking Workflow, Part II, Routine Processing vs. Exception-Handling, in: Workgroup Computing Report, Jg. 18, 1995, Heft 4, S. 2

[May 1994]
May, T., Know Your Work-Flow Tools, in: Byte, Jg. 19, 1994, Heft 7, S. 103-108

[Mayhew/Dearnley 1987]
Mayhew, P., Dearnley, P., An Alternative Prototyping Classification, in: The Computer Journal, Jg. 30, 1987, Heft 6, S. 481-484

[McClure 1989]
McClure, C., CASE is software automation, Prentice-Hall, Englewood Cliffs 1989

[Medina-Mora 1992]
Medina-Mora, R., ActionWorkflow Technology and Applications for Groupware, in: Coleman, D. (Hrsg.), Groupware '92, Morgan Kaufmann Publishers, San Mateo 1992, S. 165 - 167

[Mertens et al. 1991]
Mertens, P., Bodendorf, F., König, W., Picot, A., Schumann, M., Grundzüge der Wirtschaftsinformatik, Gabler, Wiesbaden 1991

[Mertens/Morschheuser 1994]
Mertens, P., Morschheuser, S., Stufen der Integration von Daten- und Dokumentenverarbeitung, dargestellt am Beispiel eines Maschinenbauunternehmens, in: Wirtschaftsinformatik, Jg. 36, 1994, Heft 5, S. 444-454

[Microsoft 1996]
Microsoft, Microsoft MAPI Workflow Framework, Overview and Reference, Version 2, 1996

[Moore 1996]
Moore, C., What does the Future hold for Workflow?, in: Document World, 1996, Heft 2, S. 26

[Morschheuser et al. 1996]
Morschheuser, S., Raufer, H., Wargitsch, C., Challenges and Solutions of Document and Workflow Management in a Manufacturing Enterprise, A Case Study, Proceedings of the Hawaii Conference on System Sciences (HICSS '96), IEEE Computer Society Press, Los Alamitos 1996

[Mowbray/Zahavi 1995]
Mowbray, T., Zahavi, R., The Essential CORBA, Systems Integration using Distributed Objects, Wiley, New York 1995

[Müller 1995]
Müller, S., Ablaufmodellierung als Analyse-, Entwurfs- und Realisierungsmethodik im Softwareentwicklungsprozess, Josef Eul Verlag GmbH, Bergisch Gladbach 1995

[Muth 1995a]
Muth, M., Client/Server Considered, in: The Delphi Report, Jg. 1, 1995, Heft 9, S. 1-3

[Muth 1995b]
Muth, M., Workflow Budgets, Experience is not the Best Teacher, in: The Delphi Report, Jg. 1, 1995, Heft 10, S. 1-3

[Nastansky 1993]
Nastansky, L., Workgroup Computing, Steuer- und Wirtschaftsverlag, Hamburg 1993

[Nippa 1988]
Nippa, M., Gestaltungsgrundsätze für die Büroorganisation, Konzepte für eine informationsorientierte Unternehmensentwicklung unter Berücksichtigung neuer Bürokommunikationstechniken, Schmidt, Berlin 1988

[OAG 1995]
Open Applications Group (OAG), OAG White Paper, Chicago IL 1995

[Oberweis 1996]
Oberweis, A., Modellierung und Ausführung von Workflows mit Petri-Netzen, Teubner, Stuttgart 1996

[O'Connell 1994]
O'Connell, J., Integrating Workflow with Legacy Systems, CIGNA Case Study, in: Bierman, B. (Hrsg.), Workflow '94 San Jose (August 10-12, 1994) - Proceedings, The Conference Group, Scottsdale 1994, S. 61-77

[O'Connell 1996]
O'Connell, J., Workflow, the Link between BPR and Groupware, in: Document World, 1996, Heft 2, S. 25

[Olle et al. 1991]
Olle, T., Hagelstein, J., Macdonald, I., Rolland, C., Sol, H., Van Assche, F., Information Systems Methodologies, A Framework for Understanding, Addison-Wesley, Workingham 1991

[OMG 1996]
Object Management Group (OMG), WWW: http://www.omg.org, 21.8.1996

[OpenDoc 1996]
Welcome to OpenDoc Web, WWW: http://opendoc.apple.com/, 21.8.1996

[Oracle 1995a]
Oracle, Oracle Designer/2000, A Guide to Process Modeling, Release 1, 1995

[Oracle 1995b]
Oracle, Oracle Designer/2000, A Guide to Systems Modeling, Release 1, 1995

[Oracle 1995c]
Oracle, Oracle Designer/2000, A Guide to Systems Design, Release 1, 1995

[Oracle 1995d]
Oracle, Oracle Designer/2000, A Guide to Developer/2000 Generation, Release 1, 1995

[Orfali et al. 1994]
Orfali, R., Harkey, D., Edwards, J., OLE vs OpenDoc, Are All Parts just Parts, in: Datamation, Jg. 40, 1994, Heft 22, S. 38-46

[Orfali et al. 1996]
Orfali, R., Harkey, D., Edwards, J., The Essential Distriibuted Objects Survival Guide, Wiley, New York 1996

[Österle 1981]
Österle, H., Entwurf betrieblicher Informationssysteme, Hanser, München 1981

[Österle 1995]
Österle, H., Business Engineering, Prozess- und Systementwicklung, Band 1, Entwurfstechniken, Springer, Heidelberg 1995

[Österle 1996a]
Österle, H., Business Engineering, Von intuitiver Organisation zu rationalen Workflows, in: Österle, H., Vogler, P. (Hrsg.), Praxis des Workflow-Managements, Vieweg, Braunschweig/Wiesbaden 1996, S. 1-18

[Österle 1996b]
Österle, H., Integration, Schlüssel zur Informationsgesellschaft, in: Österle, H., Riehm, R., Vogler, P. (Hrsg.), Middleware, Grundlagen, Produkte, Praxisbeispiele für die Integration heterogener Welten, Vieweg, Braunschweig/Wiesbaden 1996, S. 1-24

[Österle et al. 1992]
Österle, H., Brenner, W., Hilbers, K., Unternehmensführung und Informationssystem, Der Ansatz des St. Galler Informationssystem-Managements, Teubner, Stuttgart 1992

[Österle/Vogler 1996]
Österle, H., Vogler, P., Praxis des Workflow-Managements, Vieweg, Braunschweig/Wiesbaden 1996

[Ott 1991]
Ott, H., Software-Systementwicklung, Praxisorientierte Verfahren und Methoden, Carl Hanser, München 1991

[Palermo/McCready 1992]
Palermo, A., McCready, S., Workflow Software, A Primer, in: Coleman, David D. (Hrsg.), GroupWare '92, Morgan Kaufmann Publishers, San Mateo 1992, S. 155-159

[Palmer/Fields 1994]
Palmer, J., Fields, N., Computer Supported Cooperative Work, in: Computer, Jg. 27, 1994, Heft 5, S. 15-17

[Pearce 1995]
Pearce, D., Where Clients meet Objects, The next Horizon, in: Enterprise Client/Server, 1995, Heft April, S. 15-19

[Petzold/Schmitt 1993]
Petzold, H., Schmitt, H., Verteilte Anwendungen auf Basis von Client-Server-Architekturen, in: HMD, Jg. 30, 1993, Heft 170, S. 79-92

[Picot 1990]
Picot, A., Organisation, in: Vahlens Kompendium der Betriebswirtschaftslehre, Band 2, Vahlen, München 1990, S. 101-163

[Picot et al 1996]
Picot, A., Reichwald, R., Wigand, R, Die grenzenlose Unternehmung, Information, Organisation und Management, Gabler, Wiesbaden 1996

[Picot/Rohrbach 1995]
Picot, A., Rohrbach, P., Organisatorische Aspekte von Workflow-Management-Systemen, in: IM Information Management, Jg. 10, 1995, Heft 1, S. 28-35

[Raasch 1993]
Raasch, J., Systementwicklung mit Strukturierten Methoden, Carl Hanser, München 1993

[Rau 1991]
Rau, K., Integrierte Bürokommunikation, Organisation und Technik, Gabler, Wiesbaden 1991

[Rautenstrauch 1993]
Rautenstrauch, C., Integration Engineering, Konzeption, Entwicklung und Einsatz integrierter Softwaresysteme, Addison-Wesley, Bonn 1993

[Reinwald 1993]
Reinwald, B., Workflow-Management in verteilten Systemen, Teubner, Stuttgart 1993

[Riehm/Vogler 1995]
Riehm, R., Vogler, P., Middleware als Enabler der Integration, Arbeitsbericht IM HSG/CC PSI/6, Institut für Wirtschaftsinformatik der Universität St. Gallen, St. Gallen 1995

[Riehm/Vogler 1996]
Riehm, R., Vogler, P., Middleware, Infrastruktur für die Integration, in: Österle, H., Riehm, R., Vogler, P. (Hrsg.), Middleware, Grundlagen, Produkte, Praxisbeispiele für die Integration heterogener Welten, Vieweg, Braunschweig/Wiesbaden 1996, S. 25-136

[Rivizzigno 1994]
Rivizzigno, P., The Integration of Workflow Systems with Legacy Systems, in: Fischer, L. (Hrsg.), Workflow '94 Boston (March 2-4, 1994) - Proceedings, Future Strategies Inc., Alameda 1994, S. 215-216

[Robinson/Berrisford 1994]
Robinson, K., Berrisford, G., Object-oriented SSADM, Prentice-Hall, Englewood Cliffs 1994

[Rock-Evans 1992]
Rock-Evans, R., Data Modelling and Process Modelling, Butterworth-Heinemann, Oxford 1992

[Rumbaugh et al. 1993]
Rumbaugh, J., Blaha, M., Premerlani, W., Eddy, F., Lorensen, W., Objektorientiertes Modellieren und Entwerfen, Carl Hanser, München 1993

[Rusinkiewicz/Sheth 1995]
Rusinkiewicz, M., Sheth, A., Specification and Execution of Transactional Workflow, in: Kim, W. (Hrsg.), The Modern Database Systems, The Object Model, Interoperability and beyond, ACM Press, New York 1995

[SAP 1995]
SAP, SAP Business Workflow Kongress (12./13. September 1995), SAP AG Deutschland, Karlsruhe 1995

[SAP 1996]
SAP, Whitepaper, The Foundation for Genuine Business on the Internet, SAP AG Deutschland, Walldorf 1996, WWW: http://www.sap-ag.de/lead/week24_1.htm, 21.8.1996

[Sauter 1996]
Sauter, F., Projekt-Vorgehen für die Implementierung von Workflow-Management-Systemen am Beispiel eines Projektes im Bankenbereich, in: Österle, H., Vogler, P. (Hrsg.), Praxis des Workflow-Managements, Vieweg, Braunschweig/Wiesbaden 1996, S. 215-227

[Scheer 1990]
Scheer, A., CIM, Der computergesteuerte Industriebetrieb, Springer, Berlin 1990

[Scheer 1992]
Scheer, A., Architektur betrieblicher Informationssysteme, Grundlagen der Unternehmensmodellierung, Springer, Berlin 1992

[Scheer 1994]
Scheer, A., Wirtschaftsinformatik, Referenzmodelle für industrielle Geschäftsprozesse, Springer, Berlin 1994

[Schmid 1995]
Schmid, B., Infrastrukturen für die Informationsgesellschaft, in: Thommen, J. (Hrsg.), Management-Kompetenz, Die Gestaltungsansätze des NDU/Executive MBA der Hochschule St. Gallen, Versus, Zürich 1995, S. 401-416

[Schmid 1996]
Schmid, B., Der Information Highway als Infrastruktur der Informationsgesellschaft, in: Hilty, R. (Hrsg.), Information Highway, Beiträge zu rechtlichen und tatsächlichen Fragen, Stämpfli, Bern 1996, S. 65-86

[Schmidt 1994]
Schmidt, G., Methode und Techniken der Organisation, Dr. Götz Schmidt, Giessen 1994

[Schmidt 1995]
Schmidt, M., Notes - FlowMark Integration, IBM Software Solutions Division, Böblingen 1995

[Schneider 1995]
Schneider, G., Eine Einführung in das Internet, in: Informatik Spektrum, Jg. 18, 1995, Heft 5, S. 263-271

[Schumacher 1995]
Schumacher, W., Barrieren bei der Umsetzung des Business Reengineering, in: Brenner, W., Keller, G. (Hrsg.), Business Reengineering mit Standardsoftware, Campus, Frankfurt 1995, S. 135-160

[Schwarzer/Krcmar 1994]
Schwarzer, B., Krcmar, H., Neue Organisationsformen, in: IM Information Management, Jg. 9, 1994, Heft 4, S. 20-27

[Shelly et al. 1991]
Shelly, G., Cashman, T., Adamski, J., Adamski, J., System Analysis and Design, Boyd & Fraser publishing company, Boston 1991

[Silver 1994]
Silver, B., Automating the Business Environment, in: White, T., Fischer, L. (Hrsg.), New Tools for New Times, The Workflow Paradigm, Future Strategies Inc., Alameda 1994, S. 129-154

[Slaghuis 1996]
Slaghuis, H., Der direkte Übergang vom BPR zum Workflow mit Leu, in: Becker, J., Rosemann, M. (Hrsg.), Workflowmanagement, State-of-the-Art aus Sicht von Theorie und Praxis, Arbeitsbericht Nr. 47, Institut für Wirtschaftsinformatik der Westfälischen Wilhelms-Universität, Münster 1996, S. 57-65

[SNI 1994a]
Siemens Nixdorf Informationssysteme AG (SNI), Work Party Organisatortool, Entwicklungsumgebung, Version 1.1, München 1994

[SNI 1994b]
Siemens Nixdorf Informationssysteme AG (SNI), Work Party Laufzeitsystem, Benutzerhandbuch, Version 1.1, München 1994

[SNI 1994c]
Siemens Nixdorf Informationssysteme AG (SNI), ORM Organisations- und Ressourcenmanagement, Grundlagenhandbuch, Version 1.2, München 1994

[SNI 1994d]
Siemens Nixdorf Informationssysteme AG (SNI), ORM Organisations- und Ressourcenmanagement, Referenzbuch, Version 1.2, München 1994

[Soles 1994a]
Soles, S., Work Reengineering and Workflow, Beyond the Hype, in: Fischer, L. (Hrsg.), Workflow '94 Boston (March 2-4, 1994) - Proceedings, Future Strategies Inc., Alameda 1994, S. 117-121

[Soles 1994b]
Soles, S., Work Reengineering and Workflows, Comparative Methods, in: White, T., Fischer, L. (Hrsg.), New Tools for New Times, The Workflow Paradigm, Future Strategies Inc., Alameda 1994, S. 70-104

[Spitta 1989]
Spitta, T., Software Engineering und Prototyping, Springer, Berlin 1989

[Spurr et al. 1994]
Spurr, K., Layzell, P., Jennison, L., Richards, N., Computer Support for Co-operative Work, Wiley, Chichester 1994

[Staffware 1994a]
Staffware plc., Staffware User Manual, Eleventh Edition, London 1994

[Staffware 1994b]
Staffware plc., Staffware for Windows, Graphical Workflow Definer Manual, First Edition, London 1994

[Staffware 1994c]
Staffware plc., Staffware for Windows, User's Manual, Third Edition, London 1994

[Staffware 1994d]
Staffware plc., Staffware for Windows, Manager's Manual, Third Edition, London 1994

[Stark/Lachal 1995]
Stark, H., Lachal, L., Workflow, Ovum, London 1995

[Steinbock 1993]
Steinbock, H., Unternehmerische Potentiale der Informationstechnik in den neunziger Jahren, Dissertation der Universität St. Gallen, St. Gallen 1993

[Steinweg 1995]
Steinweg, C., Praxis der Anwendungsentwicklung, Wegweiser erfolgreicher Gestaltung von IV-Projekten, Vieweg, Wiesbaden 1995

[Strom 1995]
Strom, D., Creating Private Intranets, Challenges and Prospects for IS, November 1995, WWW: http://www.strom.com/pubwork/intranetp.html, 16.11.1995

[Sun 1996]
Sun Microsystems Schweiz AG (Sun), Java im Detail, Alles Wissenswerte über Java, Schwarzenbach 1996

[Syring 1994]
Syring, M., Computerunterstützung arbeitsteiliger Prozesse, Konzipierung eines Koordinationssystems für die Büroarbeit, Deutscher Universitäts Verlag, Wiesbaden 1994

[Teufel 1996]
Teufel, S., Computerunterstützte Gruppenarbeit, Eine Einführung, in: Österle, H., Vogler, P. (Hrsg.), Praxis des Workflow-Managements, Vieweg, Braunschweig/Wiesbaden 1996, S. 35-63

[Trammell 1996]
Trammell, K., Work Flow Without Fear, in: Byte, Jg. 21, 1996, Heft 4, S. 55-60

[Ulrich 1970]
Ulrich, H., Die Unternehmung als produktives soziales System, Haupt, Bern 1970

[Ulrich 1984]
Ulrich, H., Management, Haupt, Bern 1984

[Ulrich 1990]
Ulrich, W., The Evolutionary Growth of Software Reengineering and the Decade Ahead, in: American Programmer, Jg. 3, 1990, Heft 10, S. 14-20

[van Gigch 1991]
van Gigch, J., System Design Modeling and Metamodeling, Plenum Press, New York 1991

[Versteegen 1996]
Versteegen, G., Geschäftsprozesse objektorientiert modellieren, in: iX Multiuser Multitasking Magazin, 1996, Heft 4, S. 156-162

[Vogler 1996]
Vogler, P., Chancen und Risiken von Workflow-Management, in: Österle, H., Vogler, P. (Hrsg.), Praxis des Workflow-Managements, Vieweg, Braunschweig/Wiesbaden 1996, S. 343-362

[Wächter et al. 1995]
Wächter, H., Fritz, F., Berthold, A., Drittler, B., Eckert, H., Gerstner, R., Modellierung und Ausführung flexibler Geschäftsprozesse mit SAP Business Workflow 3.0, in: Huber-Wäschle, F., Schauer, H., Widmayer, P. (Hrsg.), GISI 95, Herausforderungen eines globalen Informationsverbundes für die Informatik, Springer, Berlin 1995, S. 197-204

[Wang 1995a]
Wang Laboratories, Inc., Wang Work Management Software, RouteBuilder User's Guide, Release 3.0 for NT, Massachusetts 1995

[Wang 1995b]
Wang Laboratories, Inc., Wang Work Management Software, Technical Overview Guide, Release 3.0 for NT, Massachusetts 1995

[Wang 1995c]
Wang Laboratories, Inc., Wang Work Management Software, Document Management Workstation User's Guide, Release 3.0 for NT, Massachusetts 1995

[Wang 1995d]
Wang Laboratories, Inc., Wang Work Management Software, FormBuilder User's Guide, Release 3.0 for NT, Massachusetts 1995

[Wersch 1995]
Wersch, M., Workflow Management, Systemgestützte Steuerung von Geschäftsprozessen, Deutscher Universitäts Verlag, Wiesbaden 1995

[WfMC 1995a]
Workflow Management Coalition (WfMC), Workflow Process Definition, Read/-Write Interface, TC-1000, Brussels 1995

[WfMC 1995b]
Workflow Management Coalition (WfMC), Application Programming Interface (WAPI) Specification, TC-1009, Brussels 1995

[WfMC 1995c]
Workflow Management Coalition (WfMC), Workflow Application Programmer's Interface (WAPI) Naming Conventions, TC-1013, Brussels 1995

[WfMC 1996a]
Workflow Management Coalition (WfMC), Terminology & Glossary, TC-1011 Issue 2.0, Brussels 1996

[WfMC 1996b]
Workflow Management Coalition (WfMC), Interoperability, Abstract Specification, TC-1012, Brussels 1996

[WfMC 1996c]
Workflow Management Coalition (WfMC), Interoperability, Internet e-mail MIME Binding, TC-1012a, Brussels 1996

[WfMC 1996d]
Workflow Management Coalition (WfMC), WWW: http://www.aiai.ed.uk/WfMC/, 17.7.1996

[Wunderer/Grunwald 1980]
Wunderer, R., Grunwald, W., Führungslehre, Band I, Grundlagen der Führung, de Gruyter, Berlin 1980

[Yourdon 1989]
Yourdon, E., Modern Structured Analysis, Prentice-Hall, Englewood Cliffs 1989

[Yourdon et al. 1995]
Yourdon, E., Whitehead, K., Thomann, J., Oppel, K., Nevermann, P., Mainstream Objects, An Analysis and Design Approach for Business, Yourdon Press, Upper Saddle River 1995

[Zehnder 1991]
Zehnder, C., Informatik-Projektentwicklung, vdf Verlag der Fachvereine Zürich, Zürich 1991

[zur Mühlen/Rosemann 1996]
zur Mühlen, M., Rosemann, M., Der Lösungsbeitrag von Metadatenmodellen beim Vergleich von Workflowmanagementsystemen, in: Becker, J., Rosemann, M. (Hrsg.), Workflowmanagement, State-of-the-Art aus Sicht von Theorie und Praxis, Arbeitsbericht Nr. 47, Institut für Wirtschaftsinformatik der Westfälischen Wilhelms-Universität, Münster 1996, S. 12-21

Batch number: 10815964

Printed by Printforce, the Netherlands